GEORG MILBRADT / INGOLF DEUBEL (Hrsg.)

Ordnungspolitische Beiträge zur Finanz- und Wirtschaftspolitik

Studien zu Finanzen, Geld und Kapital

Band 14

Ordnungspolitische Beiträge zur Finanz- und Wirtschaftspolitik

Festschrift für Heinz Grossekettler
zum 65. Geburtstag

Herausgegeben von

Georg Milbradt und Ingolf Deubel

Duncker & Humblot · Berlin

Bibliografische Information Der Deutschen Bibliothek

Die Deutsche Bibliothek verzeichnet diese Publikation in der Deutschen Nationalbibliografie; detaillierte bibliografische Daten sind im Internet über <http://dnb.ddb.de> abrufbar.

Fremddatenübernahme: Klaus-Dieter Voigt, Berlin
Druck: Berliner Buchdruckerei Union GmbH, Berlin
Printed in Germany

ISSN 0939-5113
ISBN 3-428-11370-5

Gedruckt auf alterungsbeständigem (säurefreiem) Papier
entsprechend ISO 9706 ♾

Vorwort

Prof. Dr. Heinz Grossekettler hat sich in seiner wissenschaftlichen Laufbahn mit einem breiten Spektrum volkswirtschaftlicher Themen beschäftigt. Wettbewerb und Kooperation, das Genossenschaftswesen, Ordnungspolitik, dogmenhistorische Untersuchungen, Verwaltungsstrukturpolitik und vor allem die vielen Teilgebiete der Finanzwissenschaft waren und sind seine Hauptforschungsgebiete.

In seiner wissenschaftlichen Arbeit verbindet er eine konsequente theoretische und ordnungspolitische Fundierung mit dem Anspruch auf praktische Verwertbarkeit der Ergebnisse. Als Vorsitzender des Wissenschaftlichen Beirats beim Bundesministerium der Finanzen gehört er zu den wichtigsten ökonomischen Politikberatern in Deutschland.

Der vorliegende Festband, der anlässlich seines 65. Geburtstages erscheint, enthält Beiträge von Freunden, Schülern und wissenschaftlichen Wegbegleitern zu Themen, mit denen sich auch der Jubilar intensiv auseinander gesetzt hat.

Die Autoren und die Herausgeber gratulieren mit diesem Sammelband Prof. Dr. Heinz Grossekettler zu seinem 65. Geburtstag und freuen sich auf eine Fortsetzung der guten und fruchtbaren wissenschaftlichen Zusammenarbeit.

Für die technische Unterstützung bei der Erstellung dieses Sammelbandes bedanken wir uns insbesondere bei Frau Elke Stroh und den Herren Dr. Dieter Stahl und Horst Meffert.

Münster, im April 2004

Georg Milbradt
Ingolf Deubel

Inhaltsverzeichnis

Teil 4

Internalisierung externer Effekte

Teil 5

Ordnungs- und Wettbewerbspolitik

Teil 1

Finanzausgleich

Die Rolle des Solidarpakts für die Entwicklung der neuen Länder

Von Georg Milbradt[1]

Vor zehn Jahren wurden die Weichen für die vollständige Integration der neuen Länder in die Finanzverfassung der Bundesrepublik Deutschland mit der Verabschiedung des Gesetzes zur Umsetzung des Föderalen Konsolidierungsprogramms (FKP) gestellt.[2] Dies gibt Anlass, den bisherigen Weg der Länder in die gesamtdeutsche Finanzverfassung und das erzielte Ergebnis sowie den Konvergenzprozess kritisch zu reflektieren.

A. Der Einigungsvertrag und der Fonds „Deutsche Einheit“

Mit dem Einigungsvertrag (EV) wurden bundesrepublikanische Rechtsvorschriften für das Beitrittsgebiet unmittelbar wirksam. Eine Ausnahme bildete der Bereich der Finanzverfassung. Hier sah der Vertrag eine 4-jährige Übergangsregelung vor. Danach nahmen die späteren neuen Länder nicht am bestehenden Umsatzsteuerausgleich, nicht am Länderfinanzausgleich (LFA) und auch nicht an den Bundesergänzungszuweisungen (BEZ) teil. Hintergrund waren fehlende verlässliche Vergleichsdaten für den Finanzausgleich und die mangelnde Bereitschaft der westdeutschen Länder, kurzfristig Einschnitte zur Finanzierung der Einheit hinzunehmen.[3] Um den zu diesem Zeitpunkt noch nicht wiedergegründeten neuen Ländern und ihren Gemeinden eine entsprechende Finanzausstattung zu gewährleisten, wurde mit dem Fonds „Deutsche Einheit“ eine bis 1994 geltende Ersatzlösung geschaffen.

In der Ausgestaltung des Fonds spiegelten sich die illusorischen Erwartungen[4] zum Zeitpunkt der Wiedervereinigung wider: Zum einen waren die

---

[1] Der Autor ist Ministerpräsident des Freistaates Sachsen.

[2] Gesetz zu Maßnahmen zur Bewältigung der finanziellen Erblasten im Zusammenhang mit der Herstellung der Einheit Deutschlands, zur langfristigen Sicherung des Aufbaus in den neuen Ländern, zur Neuordnung des bundesstaatlichen Finanzausgleichs und zur Entlastung der öffentlichen Haushalte (Gesetz zur Umsetzung des Föderalen Konsolidierungsprogramms) vom 23.06.1993, BGBl. I, 1993, S. 944.

[3] Als Grundlage für eine konsistente Aufbaupolitik waren die im EV vorgesehenen Instrumente ungeeignet. Vgl. *Milbradt* (1995), S. 180.

Fondszuweisungen an die neuen Ländern degressiv ausgestaltet, zum anderen war das ursprünglich geplante Fondsvolumen mit 115 Mrd. DM [58,8 Mrd. EUR] deutlich zu niedrig angesetzt[5], das zudem noch in hohem Maße kreditfinanziert war.

Völlig verkannt wurde die Dynamik der öffentlichen Ausgaben, die durch die Übernahme des westdeutschen Rechts- und Verwaltungssystems ausgelöst wurde. Insbesondere im sozialpolitischen Bereich brachte die weitgehende Übernahme des westdeutschen Systems erhebliche Belastungen für die Haushalte der ostdeutschen Gebietskörperschaften mit sich.

Auch der infrastrukturelle Nachholbedarf wurde bei der Ausstattung des Fonds „Deutsche Einheit" deutlich unterschätzt. Die rasch einsetzende Lohnangleichung in den neuen Ländern führte zudem dazu, dass die Personalausgaben der neuen Länder 1992 bereits 75 Prozent der vergleichbaren Ausgaben der alten Länder erreichten und bis 1994 bereits auf 90 Prozent angestiegen waren. Demgegenüber lagen die Steuereinnahmen bei weniger als 50 Prozent des westdeutschen Niveaus. Ein dramatischer Anstieg der Verschuldung der neuen Länder war die Folge dieses Prozesses. Nach vier Jahren übertraf die Pro-Kopf-Verschuldung der neuen Länder die der alten. Die Schulden dort waren immerhin in 45 Jahren angewachsen (vgl. Abb. 1).

Die neuen Länder machten gleich nach ihrer Wiedergründung im Oktober 1990 nachdrücklich auf die unzulänglichen finanziellen Regelungen des EV aufmerksam. Erste Korrekturen erfolgten bereits 1991. Die neuen Länder wurden in die Verteilung der Umsatzsteuer einbezogen. Der Bund verzichtete auf den ursprünglich vorgesehenen 15-Prozent-Anteil am Fonds „Deutsche Einheit" für Bundesinvestitionen und der Fonds wurde aufgestockt. Gleichzeitig wurde das Gemeinschaftswerk „Aufbau Ost" beschlossen.[6]

B. Die Verhandlungen über das FKP und den Solidarpakt

Ende 1992 begannen die Verhandlungen über die gleichberechtigte Integration der neuen Länder in die Finanzverfassung nach Ablauf der bis 1994 geltenden Übergangslösung Fonds „Deutsche Einheit". Für eine tragfähige

[4] Die für den Aufbau der Infrastruktur notwendigen öffentlichen Ausgaben sollten in kurzer Frist aus eigener Steuerkraft gewonnen werden. Vgl. u. a. *Kitterer* (1994), S. 71.

[5] Der Fonds umfasste nach mehrmaligen Aufstockungen letztendlich insgesamt 160,7 Mrd. DM [82,2 Mrd. EUR]. Wird darüber hinaus berücksichtigt, dass dem Bund ursprünglich 15% des Fondsvolumens zustehen sollten, worauf der Bund später verzichtete, zeigt dies die Dimension der Fehleinschätzung.

[6] Vgl. Haushaltsbegleitgesetz vom 24. Juni 1991, BGBl. I, S. 1314.

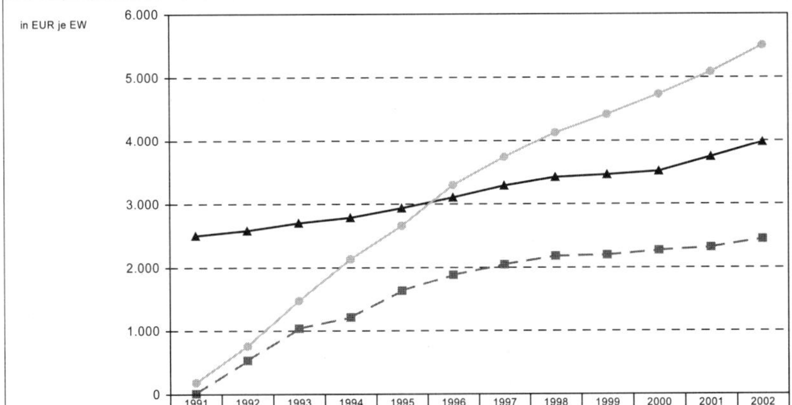

	1991	1992	1993	1994	1995	1996	1997	1998	1999	2000	2001	2002
Flächenländer West	2.505	2.584	2.701	2.785	2.935	3.102	3.288	3.421	3.459	3.515	3.742	3.974
Freistaat Sachsen	11	532	1.035	1.212	1.630	1.881	2.047	2.179	2.196	2.266	2.315	2.446
Flächenländer Ost o. SN	181	757	1.470	2.131	2.657	3.295	3.737	4.127	4.416	4.731	5.083	5.500

Quelle: Schuldenstatistik des Bundes (SFK 4 ohne Auslaufperiode) – Kreditmarktverschuldung der Länder zum 31.12.

Abb. 1: Entwicklung der Pro-Kopf-Verschuldung

Lösung mussten sowohl die absehbaren Belastungen der alten Länder, als auch die vertikale Lastverteilung zwischen Bund und Ländern ausgewogen gestaltet werden. Die weiterhin großen Unterschiede der Finanzkraft zwischen ost- und westdeutschen Ländern machten eine Änderung des bestehenden Systems unabdingbar.[7]

Die langwierigen und konfliktreichen Verhandlungen fanden im Frühjahr 1993 ihren Abschluss. Fast 3 Jahre nach dem EV bekamen die neuen Länder mit Verabschiedung des Föderalen Konsolidierungsprogrammgesetzes die längst überfällige verlässliche finanzielle Grundlage für den Aufbau Ost.

[7] Folgende Zahlen verdeutlichen die Situation: Für das Jahr 1995 wurde vom Arbeitskreis Steuerschätzungen eine durchschnittliche Steuerkraft der neuen Länder von ca. 50 Prozent des westdeutschen Niveaus vorausgesagt. Damit hatte sich die Ausgangslage für eine Integration der neuen Länder in den Finanzausgleich gegenüber 1990 nicht wesentlich verbessert. Wäre das geltende Recht unverändert beibehalten worden, hätte dies erhebliche Transferleistungen zur Folge gehabt. Das Volumen des LFA von 2,9 Mrd. DM [1,5 Mrd. EUR] im Jahre 1994 wäre auf über 18 Mrd. DM [9,2 Mrd. EUR] im Jahr 1995 angewachsen. Von den alten Ländern hätten Transferzahlungen dieser Größenordnung nicht getragen werden können. Allein die Beiträge Bayerns wären um das 8-fache gestiegen. 98 Prozent der gesamten Zahlungen im Ausgleichssystem wären in die neuen Länder geflossen (Quelle: Eigene Berechnungen für den LFA 1995 nach Rechtsstand von 1994).

Ein wichtiges Teilergebnis war die erneute Aufstockung des Fonds „Deutsche Einheit“. Die Zahlungen für 1993 wurden um 3,7 Mrd. DM [1,9 Mrd. EUR] und für 1994 um 10,7 Mrd. DM [5,5 Mrd. EUR] erhöht. Damit wurde für beide Jahre ein Volumen von rd. 35 Mrd. DM [17,9 Mrd. EUR] erreicht und die bislang bestehende Degression zurückgenommen.[8]

Zentrales Ergebnis war zum einen die Integration der neuen Bundesländer in den Bund-Länder-Finanzausgleich[9] ab 1995 sowie zum anderen die Einführung zweier spezieller Finanzierungsinstrumente, mit denen der besonderen Bedarfslage der neuen Länder Rechnung getragen wurde:

Mit den Sonderbedarfs-Bundesergänzungszuweisungen (SoBEZ) nach § 11 Abs. 4 FAG wurden den neuen Ländern für 10 Jahre (1995–2004) jährliche Zuweisungen in Höhe von jeweils 14,0 Mrd. DM [7,15 Mrd. EUR] (Sachsen: 3.658 Mio. DM [1.871 Mrd. EUR]) vom Bund gewährt. Damit sollten bzw. sollen weiterhin bis zum Ende des Solidarpakts I die teilungsbedingten Sonderlasten abgebaut und gleichzeitig die unterproportionale kommunale Steuerkraft ausgeglichen werden.

Ebenso wurden für die Dauer von 10 Jahren investive Finanzhilfen des Bundes nach dem Investitionsförderungsgesetz Aufbau Ost (IfG) in Höhe von 6,6 Mrd. DM [3,4 EUR] p.a. (Sachsen: 1.725 Mio. DM [882 Mio. EUR]) gewährt. Diese auf Art. 104a Abs. 4 GG basierenden Zuweisungen unterlagen den im IfG genannten Bedingungen[10] und galten als „weitere flankierende Maßnahme zur Steigerung der Wirtschaftskraft der neuen Länder“.[11]

Mit der Etablierung dieser beiden Finanzierungsinstrumente[12] sowie der Integration in das gesamtdeutsche Finanzgefüge hatten die neuen Ländern erstmals nach der Vereinigung eine verlässliche Grundlage für den Aufbau

---

[8] Ein Blick auf die Entwicklung des sächsischen Budgets für 1994 verdeutlicht die Wirkung dieser nochmaligen Aufstockung. Nach den Regelungen des Einigungsvertrages hätte die Finanzausstattung je Einwohner im Vergleich zu den alten Ländern bei 47 Prozent gelegen. Nach der ersten Aufstockung des Fonds war mit zumindest 78 Prozent der Einnahmen zu rechnen. Nach der beschlossenen zweiten Erhöhung wurde annähernd das westdeutsche Niveau erreicht.

[9] Zur Finanzierung des höheren LFA-Volumens trat der Bund 7 Umsatzsteuerpunkte an die Länder ab. Deren Anteil am Umsatzsteueraufkommen erhöhte sich damit von 37 auf 44 Prozentpunkte.

[10] Damit unterscheiden sie sich von den als allgemeine Deckungsmittel zur Verfügung stehenden SoBEZ. Nach § 5 IfG beteiligt sich der Bund mit maximal 90% an den zu fördernden Investitionen, so dass – ebenfalls im Gegensatz zu den SoBEZ – eine Komplementärfinanzierung erforderlich ist.

[11] Bundesministerium der Finanzen (1993), S. 45.

[12] Wird im Weiteren von den Solidarpaktmitteln gesprochen, sind darunter die beiden Finanzierungsinstrumente – SoBEZ und IfG-Mittel – in ihrer Summe zu verstehen.

Ost.[13] Das bis dahin beängstigende Maß an Kreditfinanzierung der deutschen Einheit auf allen Ebenen wurde deutlich abgesenkt, allerdings überwiegend durch eine Belastung der Steuerzahler, nicht aber durch neue gesamtdeutsche Prioritäten in allen öffentlichen Haushalten.

C. Die Notwendigkeit einer Anschlussregelung

1993 herrschte noch Optimismus, der Aufbau in den neuen Ländern könnte in 10 Jahren weitgehend abgeschlossen sein. Ende der 90er Jahre wurde allerdings deutlich, dass der Aufbau Ost deutlich länger dauern würde und der Solidarpakt entsprechend fortgesetzt werden müsste. Die zweistelligen Wachstumsraten in den ersten Jahren nach der Vereinigung gingen zurück (vgl. hierzu auch Abb. 3). Sie waren durch den Bauboom verursacht, der bald an Kraft verlor.[14] Seither stagnierte der wirtschaftliche Aufholprozess in den neuen Ländern. Das sächsische Pro-Kopf-BIP liegt seit 5 Jahren relativ unverändert bei 62% des westdeutschen Niveaus (vgl. hierzu auch Tab. 2).

Gleichzeitig wurde gegen Ende der 90er Jahre deutlich, dass es den neuen Länder bis 2005 nicht gelingen würde, ihre Standortnachteile gegenüber den Altbundesländern abzubauen. Eine solide Anschlussregelung für den Solidarpakt[15] war damit unerlässlich.[16]

---

[13] Vgl. u.a. *Grossekettler* (1994), S. 112.

[14] Quelle: AK VGR der Länder; Nach zweistelligen Wachstumsbeiträgen des Baugewerbes von 1991–1995 ist von 1996–2001 ein andauernder Schrumpfungsprozess (durchschnittlich: – 7,3% p. a.) festzustellen.

[15] SoBEZ und die IFG-Mittel belaufen sich für Sachsen zusammengenommen auf 2.752 Mio. EUR p.a. Im Durchschnitt der Jahre 1995–2002 belief sich das sächsische Haushaltsvolumen auf 15.718 Mio. EUR. Der Wegfall der Solidarpaktmittel hätte – Konstanz der Summe der übrigen Einnahmen vorausgesetzt – Einschnitte im sächsischen Budget in Höhe von 17,5% mit sich gebracht. Auf Grund der Strukturen des Haushaltes hätten diese Kürzungen in erster Linie bei den investiven Ausgaben aufgefangen werden müssen (vgl. hierzu *Sächsisches Staatsministerium der Finanzen,* Mittelfristige Finanzplanung 2001–2006, S. 43 ff.).

[16] Nicht nur die nachlassende Geschwindigkeit des Konvergenzprozesses gab Anlass, frühzeitig über eine Fortführung des 2004 auslaufenden Solidarpaktes zu diskutieren: Das Bundesverfassungsgericht forderte Ende 1999 eine Neufassung des Finanzausgleichsgesetzes (BVerfGE 101, 158 vom 11. Nov. 1999). Das Urteil erging auf eine Klage der süddeutschen Zahlerländer, die u.a. eine Reduzierung der Ausgleichsintensität eingefordert hatten. Der Auftrag des BVerfG an den Gesetzgeber lautete, Maßstäbe zu erarbeiten, auf denen das künftige Finanzausgleichsgesetz aufbauen sollte. Eine parallele Einigung über den Solidarpakt wurde damit unabdingbar, da die SoBEZ im Finanzausgleich geregelt werden (vgl. hierzu auch: *Peffekoven* (1999), S. 709 ff.).

Die Beseitigung der zum Teil erheblichen Defizite im Bereich der öffentlichen Infrastruktur stellt eine wesentliche Begründung für die Gewährung der Solidarpaktmittel dar. Im Rahmen der Verhandlungen über die Fortführung des Solidarpaktes nach 2004 wurde vom DIW in einem von den neuen Ländern und Berlin in Auftrag gegebenen Gutachten[17] eine Bestandsaufnahme der staatlichen Infrastruktur (Bruttoanlagevermögen nach Aufgabenbereichen) in den neuen Ländern und Berlin vorgenommen. Im Ergebnis wurde für 1999 eine Pro-Kopf-Ausstattung der ostdeutschen Flächenländer in Preisen von 1991 von 69,9% der westdeutschen Flächenländer ermittelt.[18]

Die Ausstattungsdifferenz entsprach in Preisen von 1991 rd. 7.000 EUR je EW. Unter Einbeziehung der Kommunalen Gemeinschaftsdienste, der Energie- und Wasserwirtschaft, Dienstleistungen sowie der Wirtschaftsunternehmen, der Sondervermögen und des allgemeinen Grundvermögens ergab sich mit 57,1% eine deutlich geringere Pro-Kopf-Ausstattung und damit eine größere Ausstattungslücke. Die größten relativen Ausstattungsdefizite gegenüber den westdeutschen Flächenländern wurden im Verkehrs- und Nachrichtenwesen (dort vor allem bei den Straßen), im Bereich der Hochschulen und der Forschung sowie den Schulen, bei den Kommunalen Gemeinschaftsdiensten und den Wirtschaftsunternehmen festgestellt.[19]

Im Ergebnis der von den neuen Ländern in Auftrag gegebenen Gutachten verschiedener wissenschaftlicher Forschungsinstitute[20] wurde der nach 2005 weiterhin bestehende infrastrukturelle Nachholbedarf der neuen Länder mit rund 300 Mrd. DM [153 Mrd. EUR] beziffert.

Neben den Bedarfen zur Schließung der Infrastrukturlücke machte insbesondere die Steuerschwäche der ostdeutschen Kommunen, die von den Län-

---

[17] DIW, Gutachten: „Infrastrukturausstattung und Nachholbedarf in Ostdeutschland" 2000.

[18] Im Vergleich zu den westdeutschen Empfängerländern im LFA fiel der Nachholbedarf bei einer relativen Ausstattung je Einwohner von 74,3% etwas geringer aus.

[19] Die Ausstattung der westdeutschen Flächenländer in den einzelnen Aufgabenbereichen kann für den notwendigen Aufholprozess nur eine Orientierung darstellen. Die Prioritätensetzung muss sich an dem übergeordneten Ziel orientieren, die Grundlagen für eine eigenständige, dynamische wirtschaftliche Entwicklung und die Schaffung international wettbewerbsfähiger Arbeitsplätze zu legen. Identische Ausstattungen sind in einigen Bereichen schon allein aufgrund der soziodemographischen Unterschiede keine geeignete Zielmarke. Während die künftige Altersstruktur im Bereich der sozialen Sicherung und der Krankenanstalten langfristig vergleichsweise höhere Ausstattungen erforderlich macht, ist beispielsweise im Aufgabenbereich Schulen den rückläufigen Schülerzahlen Rechnung zu tragen.

[20] Neben dem DIW Berlin, legten das RWI Essen, Ifo München, IWH Halle und das IfLS (Institut für ländliche Strukturforschung) Gutachten zur Vorbereitung der Solidarpaktverhandlungen vor.

Tabelle 1

Vergleich des Bruttoanlagevermögens (je Einwohner) der west- und ostdeutschen Länder und Gemeinden nach Aufgabenbereichen

	Ostdeutsche Flächenländer					
Aufgabenbereiche	in% der westdt. Flächenländer insgesamt		in% finanzstarker westdt. Flächenländer gesamt		in% finanzschwacher westdt. Flächenländer gesamt	
	1992	1999	1992	1999	1992	1999
Politische Führung und zentrale Verwaltung	35,9	103,9	35,0	101,7	39,6	112,8
Öffentliche Sicherheit und Ordnung	58,2	98,5	57,6	96,8	60,3	105,4
Rechtsschutz	59,1	82,4	56,8	78,3	69,5	102,6
Schulen	47,4	61,1	47,8	61,3	45,9	60,3
Hochschulen und sonstige Forschung	35,0	56,1	32,9	52,7	46,4	74,9
Kultur	122,2	146,9	112,1	135,1	186,2	220,3
Soziale Sicherung	116,8	119,4	112,1	113,8	139,6	146,6
Sport und Erholung	62,4	76,6	60,3	74,0	71,7	88,0
Krankenanstalten	71,2	110,9	69,0	106,6	81,2	131,1
Wohnungswesen, Raumordnung	8,4	92,5	8,0	88,9	10,1	109,3
Ernährung, Landwirtschaft und Forsten	96,9	79,7	103,6	85,1	77,8	64,1
Verkehrs- und Nachrichtenwesen	44,5	53,2	44,4	53,1	45,0	53,4
darunter: Straßen	38,1	49,3	38,1	49,3	38,1	49,2
Zusammen	**50,1**	**69,9**	**49,4**	**68,8**	**52,9**	**74,3**
Kommunale Gemeinschaftsdienste	5,6	20,4	5,5	19,7	6,1	23,5
darunter: Ortsentwässerung	5,2	19,8	5,1	19,0	5,8	23,5
Energie, Wasserwirtschaft, Dienstleistungen	12,8	73,8	13,2	76,5	11,3	65,1
Wirtschaftsunternehmen	2,2	16,9	2,0	15,4	3,3	26,8
Allg. Grundvermögen, Sondervermögen	1,3	46,1	1,2	45,2	1,4	50,1
Insgesamt	**37,1**	**57,1**	**36,4**	**55,8**	**39,8**	**62,4**

Quelle: Infrastrukturausstattung und Nachholbedarf in Ostdeutschland, DIW (2000).

dern durch kommunale Zuweisungen ausgeglichen werden muss, eine Anschlussregelung für den Solidarpakt erforderlich.

D. Ergebnisse der Verhandlungen zur Fortführung des Solidarpakts

Die im Juni 2001 vereinbarten und im Dezember 2001 im Solidarpaktfortführungsgesetz (SFG)[21] beschlossenen Anschlussregelungen des Solidarpaktes II und der Neuordnung des LFA ab 2005 sind Ausdruck einer enormen nationalen Solidarität und finanziellen Kraftanstrengung. Der Solidarpakt II gewährt den neuen Länder eine verlässliche Einnahmebasis bis 2019, um die derzeit unzweifelhaft noch vorhandenen Defizite vor allem in der öffentlichen Infrastruktur abzubauen und die geringe kommunale Steuerkraft ihrer Gemeinden auszugleichen. Das den neuen Ländern zugesagte Gesamtvolumen von 156 Mrd. EUR wurde in Korb I und Korb II unterteilt:

Aus Korb I erhalten die neuen Länder in der Laufzeit des Solidarpakts II von 2005 bis 2019 SoBEZ in Höhe von rd. 105 Mrd. EUR zur Deckung von teilungsbedingten Sonderlasten aus dem bestehenden infrastrukturellen Nachholbedarf und zum Ausgleich unterproportionaler kommunaler Finanzkraft. Darin enthalten sind auch die bislang im Rahmen des IfG zur Verfügung gestellten Finanzhilfen des Bundes. Die jährlichen IfG-Zahlungen in Höhe von 3.375 Mio. EUR wurden bereits mit Wirkung vom 1. Januar 2002 in gleicher Höhe in die SoBEZ überführt. Damit entfiel auch die gesetzliche investive Zweckbindung dieser Mittel zu Gunsten einer stärkeren eigenverantwortlichen Verwendung durch die Länder. Im Gegensatz zu den Zahlungen aus dem Solidarpakt I sind die jährlichen Leistungen aus Korb I degressiv ausgestaltet und werden insbesondere ab 2008 signifikant reduziert (vgl. Abb. 2). Dahinter verbirgt sich eine eindeutige Erwartungshaltung der föderalen Gemeinschaft. Der Anschluss an westdeutsche Länder wie Niedersachsen oder Rheinland-Pfalz muss in 16 Jahren geschafft sein. Bis 2019 müssen die neuen Länder das Fundament für die Zukunft gelegt haben.

Ergänzend zu den 105 Mrd. EUR im Korb I wurden den neuen Länder für den gleichen Zeitraum weitere 51 Mrd. EUR aus dem Korb II zugesichert. Vereinbarte Bestandteile sind überproportionale Leistungen des Bundes an die Länder u. a. für die Gemeinschaftsaufgaben, Finanzhilfen, EU-Strukturfondsmittel und die Investitionszulage. Als problematisch kann sich dabei erweisen, dass diese Komponente der Solidarpaktvereinbarungen

---

[21] Die Regelungen zum Solidarpakt II sind Teil des Solidarpaktfortführungsgesetzes; BGBl. I, 2001, S. 3955.

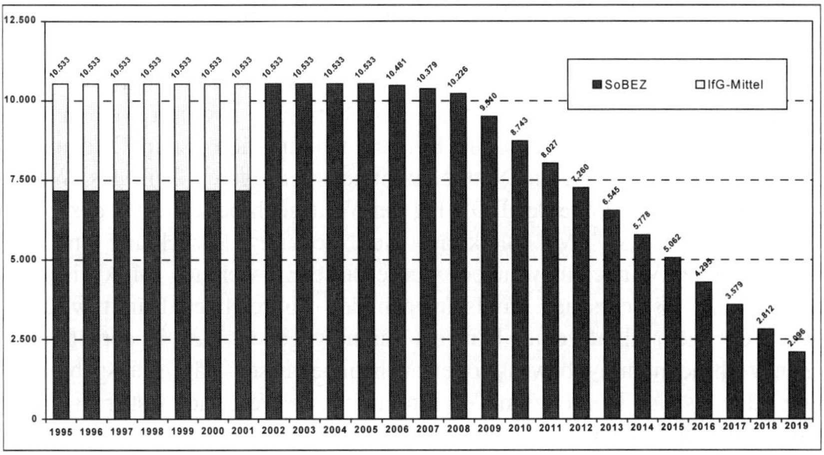

Quelle: Investitionsförderungsgesetz Aufbau Ost (IfG)/FAG.

Abb. 2: SoBEZ an die neuen Länder und Berlin in Mio. EUR[22]

nicht gesetzlich fixiert ist. Für die neuen Länder stellen sich die genannten überproportionalen Leistungen lediglich als Zweckzuweisungen an die Länderhaushalte dar.

Auch die Zuweisungen der EU werfen im Zusammenhang mit Korb II brennende Fragen auf. Gegenwärtig fallen die ostdeutschen Länder mit Ausnahme von Berlin als Regionen mit Entwicklungsrückstand unter die Ziel-1 Gebiete, die eine besonders großzügige EU-Strukturförderung erhalten.[23] Die neuen Länder können angesichts der EU-Osterweiterung nicht erwarten, nach Ablauf der gegenwärtigen Förderperiode im Jahr 2006 mehr Geld aus den EU-Töpfen als bisher zu bekommen. In den derzeitigen Verhandlungen mit der EU sowie dem Bund streben die neuen Länder nach einer den derzeitigen Problemen adäquaten Anschlusslösung.

---

[22] SoBEZ (einschließlich IfG-Mittel); Der Anteil der Länder bemißt sich grundlegend nach Einwohneranteilen (Freistaat Sachsen = 26,1 % entspricht 2.746 Mio. EUR im Jahr 2005).

[23] Artikel 3 Absatz 2 der Verordnung (EG) Nr. 1260/1999 i. V. m. Artikel 1 der Entscheidung 1999/502/EG.

E. Zwischenbilanz des Konvergenzprozesses

Wird das Zwischenfazit an der Angleichung der Lebensverhältnisse festgemacht, könnte der Aufbauprozess äußerst positiv bewertet werden. Bezieht man sich dabei nur auf die Einkommenssituation, ist in Ostdeutschland mit 90% des realen Nettoeinkommens ein guter Teil des Weges zurückgelegt. Zum Ende der DDR lag der Wert noch bei ca. 30% des westdeutschen Niveaus.[24] Mit Blick auf die Nachkriegsentwicklung und das westdeutsche „Wirtschaftswunder" wurde diese Entwicklung mit kritischem Unterton als ostdeutsches Wohlstandswunder[25] bezeichnet. Damit wird zu Recht ein mehr als dezenter Hinweis darauf gegeben, dass in der öffentlichen Wahrnehmung – bewusst oder auch unbewusst – häufig ausgeblendet wird, dass es sich hierbei zum Teil um einen von West nach Ost transferierten Wohlstand handelt.

Entscheidend für die Beurteilung des Aufholprozesses ist jedoch die wirtschaftliche Leistungsfähigkeit der ostdeutschen Länder. Erfolg oder Misserfolg des Aufbauprozesses ist daran zu messen, ob es den neuen Länder über ein vergleichsweise hohes Maß an endogenem Wachstum gelingt, den ökonomischen Konvergenzprozess voranzubringen. Die aktuelle Bilanz hierzu kann nicht befriedigen: Nach der durch das Baugewerbe angekurbelten, kurzen „Aufholjagd" Anfang der 90er Jahre, liegt das ostdeutsche Wirtschaftswachstum seit 1998 sogar knapp unter dem Westdeutschlands. Die Wachstumsraten der neuen Länder verliefen über den gesamten Zeitraum auffallend parallel (vgl. Abb. 3). Dass der Freistaat Sachsen – wenn auch mit sehr niedrigen Wachstumsraten – in den letzten beiden Jahren die günstigste BIP-Entwicklung unter den neuen Ländern aufweisen konnte, ist das Ergebnis einer erfreulichen Entwicklung im Bereich des verarbeitenden Gewerbes, welches 2002 17,2% (1992: 10,7%) zum sächsischen BIP beitrug. Dagegen hat sich der Beitrag der Bauwirtschaft von 1995 (17,6%) auf 8,6% im letzten Jahr mehr als halbiert.

Die deutlichen wirtschaftlichen Disparitäten zwischen Ost und Westdeutschland werden 13 Jahre nach der Vereinigung auch mit Blick auf das BIP/Kopf deutlich: Seit 1995 stagniert die einwohnerbezogene Wirtschaftskraft bei rund 60% des westdeutschen Niveaus. Innerhalb Ostdeutschlands liegt der Freistaat Sachsen mit geringem Abstand vor Brandenburg und den anderen neuen Ländern.

---

[24] Vgl. *Sinn* (2001).

[25] Vgl. z.B. *Sinn* (2000), S. 12 f.

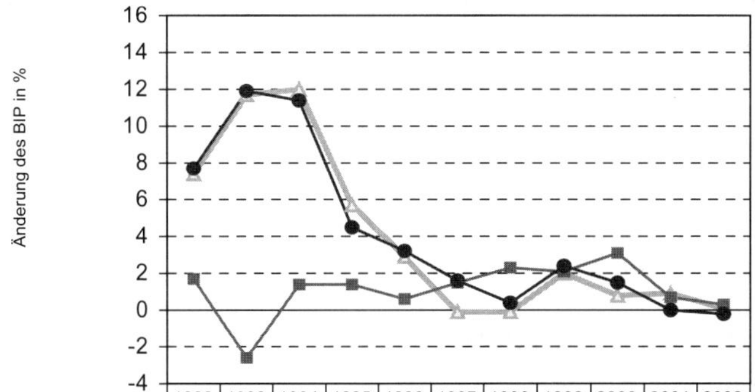

	1992	1993	1994	1995	1996	1997	1998	1999	2000	2001	2002
Brandenburg	6,5	11,9	11,8	5,5	4	2,3	1,5	3,6	3,2	-0,6	-0,5
Mecklenburg-Vorpommern	4,2	10,7	12	5,9	3	1,4	-0,4	3,5	0,7	-1,1	-0,2
Sachsen	7,4	11,7	12	5,7	2,9	-0,1	-0,1	2	0,8	0,9	0,1
Sachsen-Anhalt	6,9	12,6	9,3	2,8	3,4	2,7	0,4	1,3	1,2	-0,5	0,1
Thüringen	13,6	12,7	11,6	1,8	3	3,4	1,1	2,3	1,8	0,2	-0,6
Alte Bundesländer o. Berlin	1,7	-2,6	1,4	1,4	0,6	1,5	2,3	2,1	3,1	0,7	0,3
Neue Bundesländer o. Berlin	7,7	11,9	11,4	4,5	3,2	1,6	0,4	2,4	1,5	0	-0,2

Quelle: Arbeitskreis Volkswirtschaftliche Gesamtrechnung der Länder – Stand Februar 2003.

Abb. 3: Entwicklung des BIP in Ostdeutschland

Tabelle 2

BIP/Kopf (in Preisen von 1995) im Vergleich

BIP/Kopf (in Preisen von 1995)	1991	1995	2002
Sachsen	9.982	14.638	16.359
Neue Bundesländer (ohne Berlin und Sachsen)	9.708	13.934	15.914
Alte Bundesländer (ohne Berlin)	24.153	23.803	25.870
Neue Bundesländer (gesamt) im Verhältnis (Alte Bundesländer = 100)	40	59	62

Quelle: Arbeitskreis Volkswirtschaftliche Gesamtrechnung der Länder – Stand Februar 2003.

Gleichzeitig liegt die Arbeitslosenquote im Osten weiterhin mehr als doppelt so hoch wie in den alten Ländern. Auch wenn die rückläufige aktive Arbeitsmarktpolitik in Rechnung gestellt wird, ist die aus Tabelle 3 ersichtliche Entwicklung der Arbeitslosigkeit besorgniserregend.

Tabelle 3

Arbeitslose in Prozent der abhängigen zivilen Erwerbspersonen[26]

Durchschnittliche Arbeitslosenquote (in %)	**1991**	**1995**	**2002**
Sachsen	9,1	14,4	19,3
Neue Bundesländer (ohne Sachsen)	10,7	15,5	19,2
Altes Bundesgebiet	6,3	9,3	8,7
Neue Bundesländer (gesamt) im Verhältnis (Alte Bundesländer = 100)	164	160	228

Quelle: Bundesanstalt für Arbeit; Sächsisches Staatsministerium für Wirtschaft und Arbeit.

Die strukturellen Anpassungsprozesse der ostdeutschen Wirtschaft spiegeln sich bei allen neuen Ländern in ähnlicher Weise wider. Auch wenn sich der Freistaat Sachsen bei der einwohnerbezogenen Wirtschaftskraft leicht an die Spitze setzen konnte, kann mitnichten von einer Abkopplung des sächsischen Konvergenzprozesses von der Entwicklung der anderen neuen Länder gesprochen werden.

F. Einsatz der Solidarpaktmittel

Ein wesentlicher Erfolgsgarant für eine sich dynamischer gestaltende wirtschaftliche Entwicklung in Sachsen wie auch in den neuen Ländern ist

---

26 Die deutlich höheren Arbeitslosenquoten in den neuen Ländern erklären sich zu einem gewissen Teil auch durch die höhere Erwerbsneigung in den neuen Ländern. Mit 52,9% (Erwerbstätigen je 100 EW) weist der Osten Deutschlands (neue Länder und Berlin Ost) weiterhin eine höhere Erwerbsquote als das alte Bundesgebiet (48,4%) auf (Quelle: Sächsisches Staatsministerium für Wirtschaft und Arbeit). Bei einem Vergleich sowohl zwischen Ost und West als auch innerhalb der neuen Länder sind zudem die Aktivitäten auf dem 2. Arbeitsmarkt zu berücksichtigen. Im Freistaat Sachsen lag der Anteil von geförderten Personen (Arbeitsbeschaffungsmaßnahmen/Stukturanpassungsmaßnahmen/Förderung beruflicher Weiterbildung) bei 14,6 je 100 Arbeitslose, in den anderen neuen Ländern dagegen bei 16,1. Vgl. Sächsisches Staatsministerium der Finanzen, Fortschrittsbericht Aufbau Ost des Freistaates Sachsen 2002, Kapitel I.

der Abbau der noch bestehenden Infrastrukturdefizite.[27] Um den Aufbauprozess voranzutreiben muss es den neuen Ländern (einschließlich ihrer Kommunen) daher unbedingt gelingen, ihre Sachinvestitionen auf möglichst hohem Niveau zu halten und in die Bereiche zu lenken, in denen entsprechende Defizite identifiziert wurden. Im Freistaat Sachsen ist dies in den vergangenen Jahren zufriedenstellend gelungen:

Die Sachinvestitionen je Einwohner über alle Aufgabenbereiche der Jahre 1998 bis 2002[28] der sächsischen öffentlichen Haushalte (Land/sächsische Kommunen/kommunale Zweckverbände) lagen um 64% über den vergleichbaren Ausgaben der finanzschwachen westdeutschen Flächenländer.[29] Sichtbar wird allerdings auch die sich tendenziell verringernde Differenz zu den westdeutschen Vergleichsländern. Lag diese im Jahr 1998 noch bei 294 EUR je Einwohner reduzierte sich der „Investitionsüberschuss" auf 165 EUR im Jahr 2001. Im Jahr 2002 konnte dieser Trend mit 181 EUR je Einwohner allerdings aufgrund der stärker rückläufigen Investitionen in den alten Ländern wieder leicht umgekehrt werden.

Tabelle 4

Entwicklung der Sachinvestitionen (Land u. Kommunen) in EUR/EW

	1998	1999	2000	2001	2002
Sachsen	625	580	558	500	480
Finanzschwache Flächenländer West	331	348	358	335	299
Differenz	294	232	200	165	181

Quelle: Jahresrechnungsstatistik 1998–2000/Vierteljährl. Kassenstatistik 2001 u. 2002.

Der Blick auf die Struktur der Sachinvestitionen in nachfolgender Abbildung macht deutlich, dass die Aufgabenbereiche Verkehrs- und Nachrichtenwesen sowie Kommunale Gemeinschaftsdienste, die rd. 2/3 der ausgewiesenen Defizite umfassen, mit rd. 37% die Schwerpunkte der Investi-

[27] Vgl. z.B. IWH (2002), S. 298 ff.

[28] Den Berechnungen liegen die Jahresrechnungsergebnisse der Jahre 1998–2000 zu Grunde. Ergebnisse für 2001 und 2002 liegen bislang nicht vor und wurden daher aus der vierteljährlichen Kassenstatistik entnommen.

[29] Vgl. Sächsisches Staatsministerium der Finanzen, Fortschrittsbericht Aufbau Ost des Freistaates Sachsen 2002, Kap. V. Zur Gruppe der finanzschwachen Flächenländer West werden Niedersachsen, Rheinland-Pfalz, Saarland und Schleswig-Holstein gezählt.

tionstätigkeit der Jahre 1998–2000[30] bilden. Insgesamt entfallen über 70% der Sachinvestitionen auf jene Bereiche[31], in denen vom DIW für 1999 Nachholbedarfe ausgewiesen wurden, wodurch eine Verringerung der Infrastrukturdefizite angezeigt wird. Allerdings erfolgen zum Teil auch erhebliche Investitionen in jenen Bereichen, welche nach den damaligen Berechnungen keine Defizite aufwiesen. So wurde beispielsweise im Freistaat Sachsen trotz bestehender Ausstattungsvorteile im Bereich der Kultur mit fast 70 EUR je Einwohner dreimal so viel investiert wie in den finanzschwachen Flächenländern West im gleichen Zeitraum. Dieses Ergebnis ist vor allem auf das reiche kulturelle Erbe und die notwendigen Maßnahmen zum Bestandserhalt zurückzuführen.

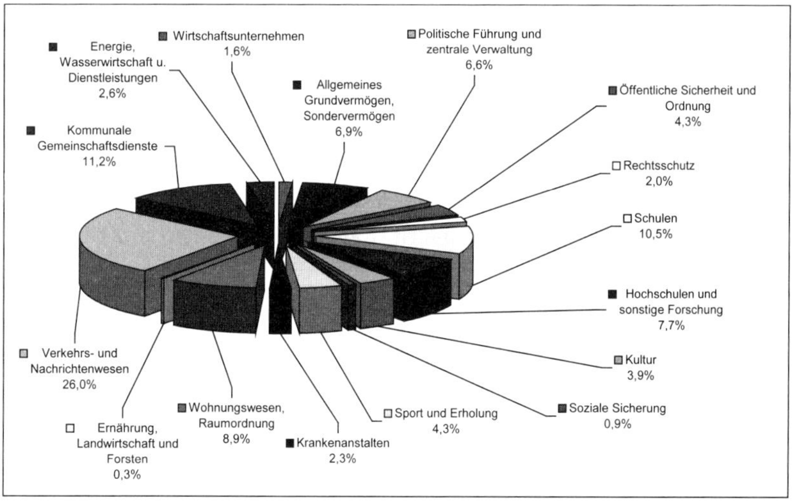

Abb. 4: Relative Anteile der Sachinvestitionen im Freistaat Sachsen (1998–2000) nach Aufgabenbereichen – Land und Kommunen –

[30] Die Daten wurden der Jahresrechnungsstatistik entnommen, die bislang nur bis zum Jahr 2000 vorliegt.

[31] Schule, Hochschule/Forschung, Sport und Erholung, Energie, Wasserwirtschaft, Dienstleistungen, Wirtschaftsunternehmen, Allg. Grundvermögen und Sondervermögen.

G. Nachhaltigkeit des Aufbauprozesses

Eine Beurteilung der Investitionstätigkeit der einzelnen Bundesländer muss auch berücksichtigen, inwieweit die Investitionen durch die Aufnahme von Krediten oder durch einen Kurs der Haushaltskonsolidierung (Einschnitte bei den laufenden Ausgaben) erwirtschaftet wurden. Aus einem Vergleich unter den neuen Ländern wird deutlich, dass der Freistaat Sachsen hier eine äußerst günstige Position einnimmt. Der Aufbauprozess im Freistaat Sachsen entspricht mit seinen hohen Investitionen und den gleichzeitig niedrigen Finanzierungsdefiziten den Anforderungen einer nachhaltigen finanzwirtschaftlichen Entwicklung. Die vergleichsweise hohen Sachinvestitionen wurden, anders als im Schnitt der übrigen ostdeutschen Länder, nicht um den Preis einer rasant steigenden Verschuldung aufrechterhalten: Während in Sachsen[32] die Sachinvestitionen je Einwohner im Zeitraum 1998–2002 mit 549 EUR je EW dem Niveau der anderen ostdeutschen Länder entsprachen, lagen die jährlichen Defizite mit durchschnittlichen 67 EUR je EW bei lediglich 19% des Durchschnitts der anderen vier Flächenländer (348 EUR je EW).

Der vom Freistaat Sachsen eingeschlagene finanzpolitische Weg ist auf die langfristige Tragfähigkeit ausgerichtet. Die geringere Verschuldung und die günstigere Ausgabenstruktur sollen einen komparativen Vorteil bieten, der das Land befähigt, auch künftig wettbewerbsfähige Rahmenbedingungen für Wachstum und Beschäftigung zu schaffen. Diese langfristig bzw. auf Nachhaltigkeit[33] ausgerichtete Finanzpolitik des Freistaates Sachsen wird insbesondere auch aus der Entwicklung der Schuldenstandsquote[34] (vgl. Abb. 5) deutlich. Die sächsische Schuldenstandsquote hat sich im Gegensatz zu den anderen ostdeutschen Ländern seit 1998 nicht weiter erhöht und bei rund 14% stabilisiert.

Wesentliche Voraussetzung für diese Entwicklung war die erfolgreiche Begrenzung der laufenden Ausgaben. Der sächsische Landeshaushalt 2002 weist für diese nicht-investiven Ausgaben im Vergleich zu den übrigen neuen Ländern ein um 15% niedrigeres Niveau aus. Eine wesentliche Ursache sind dabei die deutlich geringeren Zinsausgaben. Unterstellt man, die Pro-Kopf-Verschuldung des Freistaates Sachsens entspräche der des Durchschnitts der übrigen neuen Länder, dann hätte er in 2002 Zinsausgaben in Höhe von 1.322 Mio. EUR statt der tatsächlich gezahlten 588 Mio. EUR zu

---

32 Wie im vorangegangenen Abschnitt werden Land und Kommunen zusammengefasst betrachtet.

33 Vgl. *Rosenschon* (2003), S. 19 ff. Neben dem Freistaat Bayern wird in dieser Studie als einzigem weiteren Bundesland nur dem Freistaat Sachsen eine nachhaltige Finanzpolitik bescheinigt.

34 Quotient aus Schuldenstand zum 31.12. und regionalem BIP.

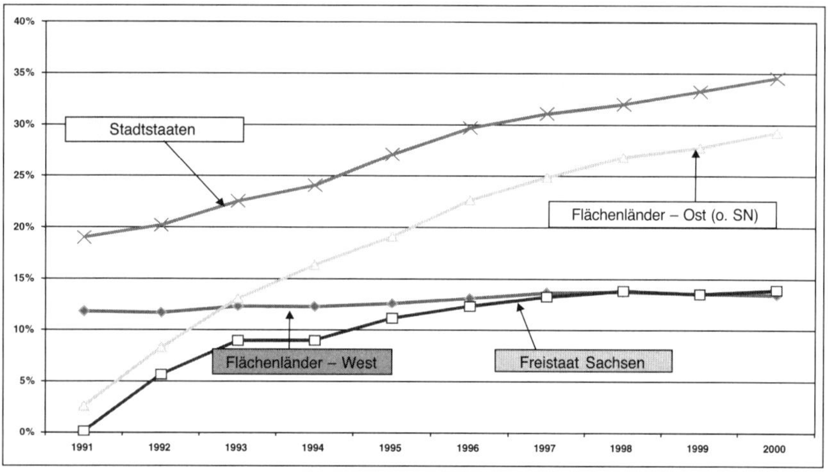

Quelle: Schuldenstatistik des Bundes – Kreditmarktverschuldung der Länder zum 31.12.; Arbeitskreis Volkswirtschaftliche Gesamtrechnung der Länder – Stand Februar 2003; eigene Berechnungen.

Abb. 5: Entwicklung der Schuldenstandsquoten

tragen gehabt. Diese „Konsolidierungsdividende“ in Höhe von 734 EUR entspricht 4,6% des Haushaltsvolumens (15.923 Mio. EUR).

Die erwartete Bevölkerungsentwicklung ist ein zusätzlicher Anlass, den in Sachsen beschrittenen Weg hoher Investitionen bei niedriger Verschuldung nicht zu verlassen. Selbst wenn es gelänge, den sächsischen Haushalt ab sofort ohne Neuverschuldung auszugleichen, würde es aufgrund der prognostizierten demographischen Entwicklung[35] zu einem Anstieg der Pro-Kopf-Verschuldung von mehr als 10% kommen. Dies macht deutlich, wie wichtig es für Sachsen ist, die seit Anfang der 90er Jahre begonnene deutliche Rückführung der Neuverschuldung fortzuführen. In diesem Zusammenhang ist angesichts der aktuellen Diskussionen über die Schuldfrage an der gesamtstaatlichen Überschreitung des 3%-Defizit-Kriteriums[36] festzustellen, dass der Freistaat Sachsen seit Jahren seinen Beitrag dazu leistet, die Ziele des Europäischen Stabilitätspakts einzuhalten. Deutlich wird auch, dass die von Seiten der Finanzwissenschaften[37], aber auch vom Freistaat

[35] Statistisches Landesamt des Freistaates Sachsen (2003) gemäß Variante 1 wird sich die Bevölkerung Sachsens bis 2020 um rd. 600 Tsd. (–13,5%) gegenüber 2001 reduzieren.

[36] Dafür wird eine Zuordnung von verbindlichen Defizitbudgets auf die föderalen Ebenen im Bundesgebiet und innerhalb dieser erforderlich. Vgl. Wissenschaftlicher Beirat beim Bundesministerium der Finanzen (2003).

Sachsen geforderte Einführung eines regelgebundenen und sanktionierbaren Nationalen Stablitätspakt schon längst überfällig ist.

H. Ausgewählte Brennpunkte des Konvergenzprozesses

Die Bevölkerung im Osten Deutschlands altert zunehmend und der seit 1990 bestehende Abwärtstrend der Einwohnerzahl ist bei zugleich starken regionalen Unterschieden nicht zu stoppen. Die Einwohnerzahl im Freistaat Sachsen wird sich im Jahr 2020 gegenüber 1990 signifikant verringert haben. Selbst die optimistische Variante der Prognose des Statistischen Landesamtes geht von mehr als 20% aus, was rund 1 Mio. Einwohnern entspricht. Einerseits führt dies zu schmerzlichen Anpassungsschritten im Bereich der öffentlichen Infrastruktur: Schulstandorte müssen in einigen Gebieten aufgrund der stark rückläufigen Schülerzahlen geschlossen oder zusammengelegt werden und Versorgungs- und Entsorgungskapazitäten müssen an den sich verändernden Bedarf angepasst werden. Erhebliche finanzielle Mittel werden derzeit schon in den Rückbau des großen Überangebotes von Wohnungen, vor allem bei den Plattenbauten, aufgewendet. Diese Mittel fehlen für den weiterhin erforderlichen Aufbau. Andererseits führt der stark überproportionale Rückgang der Einwohnerzahl zu erheblichen Einnahmeverlusten. Da die Steuerverteilung und die Finanzausgleichssysteme in starkem Maße einwohnerbezogen sind, verliert der Freistaat Sachsen mit jedem Einwohner über 2.000 EUR p.a. Bei einem zuletzt durchschnittlichen Einwohnerrückgang von 40 Tsd. EW ergeben sich pro Jahr allein 80 Mio. EUR demographisch bedingte Einnahmeverluste.

Die Entwicklung des Steueraufkommens im vergangenen Jahr (2002) hat zudem deutlich gemacht, dass der entscheidende Faktor für Erfolg oder Misserfolg der Finanzpolitik das gesamtwirtschaftliche Umfeld ist. In dem am 15. Dezember 2000 verabschiedeten Doppelhaushalt 2001/2002 wurden für das Jahr 2002 rd. 9,9 Mrd. EUR an Steuern und steuerinduzierten Einnahmen (LFA/Fehl-BEZ) eingestellt. Trotz einer zum Zeitpunkt der Verabschiedung vergleichsweise vorsichtigen Veranschlagung lag das spätere Kassenergebnis mit 8,6 Mrd. EUR um rund 1,3 Mrd. EUR unter dem Haushaltsansatz.[38] Damit lagen diese Einnahmen am Ende des Jahres fast 200 Mio. EUR unter dem Ergebnis von 1995 und rund 1,2 Mrd. EUR unter dem von 2000.

Die gesamten Einnahmen des sächsischen Landeshaushaltes in 2002 lagen um 1% unter dem Niveau von 1995. Gleichzeitig weisen diverse lau-

---

[37] Vgl. *Grossekettler* (2002), S. 6–10.

[38] Dies entspricht über 46% der SoBEZ inklusive der ehemaligen IfG-Mittel (2.752 Mio. EUR).

fende Ausgabekategorien eine erhebliche Dynamik auf. So lagen beispielsweise die Personalausgaben (+ 12%), die Zinsausgaben (+ 53%), die Ausgaben für Wohngeld (+ 72%) oder die Ausgaben für BAFöG (+ 128%) deutlich über dem Stand von 1995. Mit einer Steigerung um 108% weisen auch die Erstattungen des Freistaates Sachsen auf Basis des AAÜG[39] an den Bund im Zusammenhang mit den Sonder- und Zusatzversorgungssystemen der ehemaligen DDR eine erhebliche Dynamik auf.

Stagnierende Einnahmen bei dynamisch wachsenden Ausgaben haben zur Folge, dass die Investitionsausgaben längst nicht die erwartete Höhe erreichen. Die im Jahr 2000 vom DIW in ihrer Projektion für das Ausgangsniveau des Solidarpakts II zu Grunde gelegte Prognose für die Investitionsausgaben im Freistaat Sachsen, einschließlich seiner Kommunen, wurde 2002 um 32% unterschritten (vgl. Abb. 6). Soll diese Tendenz gestoppt werden, erweisen sich strukturelle Einschnitte bei den laufenden Ausgaben als unvermeidlich.

I. Handlungsbedarf für den Fortgang des Aufbauprozesses

Der Solidarpakt ist eine notwendige Bedingung für den wirtschaftlichen Aufholprozess der neuen Bundesländer, jedoch keine hinreichende. Die Transfers im Rahmen des Solidarpakts können erst dann nachhaltig zum Tragen kommen, wenn die gesamtwirtschaftliche Entwicklung in Deutschland stimmt. Die momentane wirtschaftliche Stagnation in der Bundesrepu-

---

[39] Anspruchs- und Anwartschaftsüberführungsgesetzes (AAÜG); in der DDR gab es neben dem allgemeinen Rentenversicherungssystem auch ein breites Spektrum von 27 Zusatzversorgungssystemen für bestimmte Berufsgruppen („Technische Intelligenz", Direktoren von Kombinaten und LPG's, Künstler, Mediziner, Rundfunkmitarbeiter, Teile der Lehrerschaft, Mitarbeiter des Staatsapparates, Mitarbeiter gesellschaftlicher Organisationen (einschl. der Parteien)). Die Ansprüche der Versicherten der ehemaligen DDR an diese Zusatzversorgungssysteme wurden 1992 mit dem AAÜG in die gesetzliche Rentenversicherung überführt. Die Ansprüche bis zur Beitragsbemessungsgrenze wurden hierbei von der gesetzlichen Rentenversicherung übernommen, während die darüber hinausgehenden Ansprüche, die von der Rentenversicherung zu erfüllen sind, durch Erstattungen des Bundes (ca. 1/3) und der neuen Länder (ca. 2/3) ausgeglichen werden. Ferner gab es in der DDR Sonderversorgungssysteme für Bedienstete der NVA, Volkspolizei, Feuerwehr und Strafvollzug, Zollverwaltung, MfS/AfNS. Hier übernehmen der Bund (für Zoll, NVA und MfS/AfNS) und die Länder (für Polizei, Feuerwehr und Strafvollzug) die vollen Leistungen (über die Beitragsbemessungsgrenze hinausgehende Ansprüche). Die aus dem AAÜG resultierenden Ausgaben im Landeshaushalt des Freistaates Sachsen wuchsen von 351 Mio. EUR (1995) auf 728 Mio. EUR (2002) an. Diese einigungsbedingten Zahlungen mindern mit einem rechnerischen Anteil von über einem Viertel an den Solidarpaktmitteln (Landeshaushalt des Freistaates Sachsen 2002 = 26,5%) die Investitionsfähigkeit der ostdeutschen Länder zunehmend. (Vgl. *Seitz* (2002), S. 11 ff.)

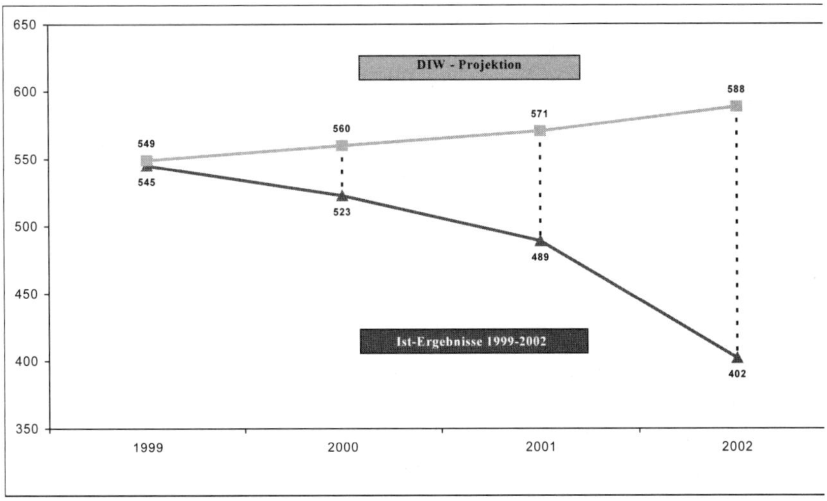

Quelle: DIW; Eigene Berechnungen auf Basis der Kassenstatistik der öffentlichen Haushalte.

Abb. 6: Entwicklung der Investitionsausgaben in Sachsen (Land u. Kommunen) im Vergleich zur Prognose des DIW

blik ist daher kontraproduktiv für den Aufbau Ost. Sollen die neuen Länder wirtschaftlich auf die eigenen Beine kommen, müssen die strukturellen Verkrustungen aufgebrochen werden. Der rigide Arbeitsmarkt in Deutschland, die hohe Abgabenbelastung, die vielfältigen Fehlanreize in den sozialen Sicherungssystemen – jede Verschleppung der drängenden Reformen bremst auch den Anpassungsprozess in Ostdeutschland. Dies gilt insbesondere auch vor dem Hintergrund der anstehenden Osterweiterung der Europäischen Union. Die neuen Bundesländer sind davon unmittelbar betroffen. Allein Sachsen hat eine 454 km lange Grenze zu Tschechien und eine 112 km lange Grenze zu Polen.

Wirtschaftlich bedeutet die Erweiterung eine Ausweitung und Intensivierung der Arbeitsteilung nach Osten und somit eine Steigerung der Gesamtwohlfahrt. Das bedeutet jedoch nicht, dass jeder einzelne Beteiligte am Ende besser gestellt ist. Die Vorteile können regional wie sektoral bei bestimmten Unternehmens- oder Personengruppen konzentriert sein, während andere mit Nachteilen zu kämpfen haben. Fest steht: Insgesamt wird eine neue Arbeitsteilung entstehen, deren zukünftige Struktur heute allenfalls schemenhaft erkannt werden kann.

Der Vorteil geringerer Arbeitskosten in den Beitrittsländern stellt bereits heute die arbeitsintensiven Wirtschaftsbereiche auf eine harte Belastungsprobe. Die ostdeutsche Wirtschaft hat sich mit Wettbewerbern auseinander zu setzen, deren Kostenbelastung nur einen Bruchteil der heimischen Wirtschaft beträgt. Das gilt insbesondere für das Niveau der Arbeitskosten. Sicherlich sind dabei die bestehenden Produktivitätsunterschiede zu berücksichtigen. Hier zeigt sich zwar für den ostdeutschen Unternehmenssektor ein deutlicher Vorsprung vor den großen Beitrittsländern. Ostdeutschland befindet sich jedoch in einer „Sandwich-Situation". Auf der einen Seite starke westdeutsche Länder mit einer deutlich höheren Produktivität. Auf der anderen Seite zukünftige „Ziel-1 Gebiete", mit einer hohen Förderintensität. Daher können die neuen Länder in der nächsten Zeit auf eine einzelbetriebliche Förderung nicht verzichten. Der gegenüber Westdeutschland noch wesentlich geringere Kapitalstock unserer Unternehmen muss unbedingt durch Investitionsanreize weiter aufgebaut und der Industriebesatz (insbesondere im verarbeitenden Gewerbe) gestützt werden.

Mit Transfers alleine wird es der Osten jedoch nicht schaffen. Der Osten muss sich auf seine Standortvorteile besinnen und diese nutzen und auch ausbauen. Dazu gehören auch die Löhne, die nur schrittweise einer steigenden Produktivität angepasst werden dürfen. Sieht man von der Landwirtschaft und dem verarbeitenden Gewerbe ab, so liegen in allen anderen Bereichen die Löhne deutlich über der Produktivität, was höhere Lohnstückkosten im Verhältnis zu Westdeutschland bedeutet. Dabei ist nicht zu verkennen, dass der Osten mittelfristig auf einen Fachkräftemangel hinsteuert, wenn dort keine attraktiven Löhne gezahlt werden. Umso mehr müssen Lohnspreizungen möglich sein, damit Anreize für die qualifizierten Kräfte bestehen bleiben.

Zu den Standortfaktoren gehören auch die Arbeitszeiten. Die im jüngsten Tarifkonflikt geforderte Angleichung der Arbeitszeiten im Metallbereich an das Westniveau hätte den neuen Bundesländer einen solchen Standortvorteil genommen. Die Arbeitnehmer im Osten wissen dies ganz offensichtlich. Dementsprechend gering war auch die Streikbereitschaft. Dass sich letztendlich die Vernunft über den Starrsinn einzelner Funktionäre durchgesetzt hat, ist ein Signal: Ökonomische Vernunft setzt sich gegenüber dem Wunschdenken Einzelner durch.

Um den Osten nach vorne zu bringen, sind auch größere Freiheiten notwendig. Der praktizierte Föderalismus hat in Deutschland über die Jahrzehnte zu einer schleichenden Entmündigung der Länder geführt, die nun auf Gedeih und Verderb an die Wirtschaftspolitik des Bundes gefesselt sind. Mit Blick auf die Erweiterung der EU und angesichts der Handlungsunfähigkeit der Bundesregierung stellt sich diese Koppelung von Landespolitik an Bundespolitik als bedrohliches Hemmnis dar.

In den vergangenen Jahren hatten die neuen Länder mit Sonderregelungen gute Erfahrungen gemacht. Paradebeispiel hierfür ist das Verkehrswegebeschleunigungsgesetz, das es den neuen Ländern ermöglicht hatte, viele Projekte schnell und unkompliziert zu verwirklichen.

Generell muss es den neuen Bundesländern in stärkerem Maße ermöglicht werden, eigene Wege zu beschreiten. Das – den neuen Ländern im Zuge der Wiedervereinigung übergestülpte westdeutsche – Rechtssystem ist ein Rechtssystem, das den Status quo privilegiert. Veränderungen werden diskriminiert. Es ist das Rechtssystem eines saturierten, reichen Landes. Wer etwas verändern will, trägt die Beweislast dafür, dass die Veränderung auch wirklich eine Verbesserung ist. Diesem Rechtssystem ist die Vermutung immanent, dass das Bestehende richtig und gerecht ist. Veränderungen werden nur zugelassen, wenn die Falsifizierung dieser Richtigkeitsvermutung gelingt. Diese Tendenz findet sich in vielen Teilbereichen der westlichen Rechtsordnung. Im Arbeitsrecht in Form der Ausgestaltung des Kündigungsschutzes, im Planungsrecht durch die umfangreichen Einspruchsmöglichkeiten seitens potentiell Betroffener. Im Sozialrecht zeigt die fortschreitend zurückgedrängte Eigenverantwortlichkeit dieses lähmende Beharrensprinzip. Erhielte der Osten größere Freiheiten, bspw. in Form von Experimentierklauseln, könnte auch der Westen von den Erfahrungen des Ostens profitieren.

Literaturverzeichnis

Bundesministerium der Finanzen (1993), Die neue Finanzverteilung.

Deutsches Institut für Wirtschaftsforschung Berlin (DIW) (2000), Gutachten: „Infrastrukturausstattung und Nachholbedarf in Ostdeutschland".

Grossekettler, H. (1994), Die deutsche Finanzverfassung nach der Finanzausgleichsreform.

– (2002), Reform der Reform des Bund-Länder-Finanzausgleichs vor dem Hintergrund des Europäischen Stabilitätspaktes, Leipziger Ökonomische Societät e. V., Hrsg, Ist der Aufbau Ost gefährdet?, S. 6–10.

IWH (2002), (Hrsg.), Fortschrittsbericht wirtschaftswissenschaftlicher Institute über die wirtschaftliche Entwicklung in Ostdeutschland im Auftrag des BMF.

Kitterer, W. (1994), Finanzausgleich im vereinten Deutschland, Neugestaltung der Finanzbeziehungen zur Stärkung des Föderalismus unter besonderer Berücksichtigung des Landes Bremen, Heidelberg.

Milbradt, G. (1995), Finanzielle Rahmenbedingungen in den neuen Ländern, in: Stern, Klaus (Hrsg.), Vier Jahre Deutsche Einheit, München, S. 151–181.

Peffekoven, R. (1999), Das Urteil des Bundesverfassungsgerichtes zum Länderfinanzausgleich, in: Wirtschaftsdienst, 79. Jg., S. 709–715.

Rosenschon, A. (2003), Ist die Finanzpolitik der Bundesländer nachhaltig?, Kiel.

Sächsisches Staatsministerium der Finanzen, Mittelfristige Finanzplanung des Freistaates Sachsen 2001–2006.

– Fortschrittsbericht Aufbau Ost des Freistaates Sachsen 2002.

Seitz, H. (2002), Die Finanzierungslasten der neuen Länder aus Rentenansprüchen an die Sonder- und Zusatzversorgungssysteme der DDR, Frankfurt (Oder).

Sinn, H.-W. (2000), Two Mezzogiornos, Working Paper No. 378, München.

– (2001), Von einer Angleichung der Wirtschaftsleistung in den alten und neuen Ländern kann keine Rede sein, in: Handelsblatt vom 30.06.2001.

Statistisches Landesamt des Freistaates Sachsen (2003), Regionalisierte Bevölkerungsprognose des Freistaates Sachsen bis 2020.

Wissenschaftlicher Beirat beim BMF (2003), Stellungnahme – Verbesserungsvorschläge für die Umsetzung des Deutschen Stabilitätspaktes, Berlin.

Vom Beistandspakt zum Stabilisierungsfonds

Ein Beitrag zur Verstetigung der kommunalen Einnahmen

Von Ingolf Deubel[1]

A. Vorbemerkung

Die besondere Leistung der wissenschaftlichen Arbeit von Prof. Grossekettler liegt in der Verbindung von Theorie und Praxis. Als Vorsitzender des Wissenschaftlichen Beirats beim Bundesministerium der Finanzen hat er eine der Schlüsselfunktionen in der systematischen Politikberatung inne. Der Autor dieses Aufsatzes konnte in seiner eigenen beruflichen Laufbahn immer wieder auf grundlegende theoretische und wissenschaftliche Überlegungen von Prof. Grossekettler zurückgreifen.

Im folgenden Beitrag wird beschrieben, wie Vorschläge von Prof. Grossekettler zur Ausgestaltung des kommunalen Finanzausgleichs aus dem Jahre 1987 in die praktische Politik des Landes Rheinland-Pfalz umgesetzt werden. Konkret hat Prof. Grossekettler die Bildung einer paritätisch besetzten Finanzausgleichskommission und die konjunkturelle Verstetigung der Finanzausgleichsleistungen gefordert.[2]

B. Konjunkturanfälligkeit der kommunalen Einnahmen

Unter Finanzwissenschaftlern besteht weitgehende Einigkeit, dass die Stabilisierungspolitik als Bundesaufgabe anzusehen ist und die Steuereinnahmen von Ländern und Gemeinden sich möglichst stetig entwickeln sollten.[3]

Die Realität sieht leider ganz anders aus. Insbesondere auf der Ebene der Gemeinden schwanken die Einnahmen im Konjunkturverlauf sehr stark. Das geltende Einnahmensystem der Gemeinden und das Gemeindehaushaltsrecht führen deshalb in der Praxis zu einem prozyklischen Ausgabeverhalten der Kommunen.

---

[1] Der Autor ist Staatssekretär im Ministerium der Finanzen des Landes Rheinland-Pfalz.

[2] Vgl. *Grossekettler* (1987), S. 418 ff. und S. 427.

[3] Vgl. z. B. *Grossekettler* (2002), S. 621 ff.

Bei guter Konjunktur steigen die Ausgaben und insbesondere die Investitionen im Vergleich zum längerfristigen Trend überproportional an und bei schlechter Konjunktur wachsen die Ausgaben nur unterdurchschnittlich und die Investitionen werden häufig sogar gekürzt.

Gesamtwirtschaftlich ist eine solche Politik unerwünscht. Aufgrund der starken Konjunkturanfälligkeit insbesondere der Gewerbesteuer, aber auch der Zuweisungen durch die Länder liegt die Ursache für dieses konjunkturwidrige Verhalten aber nicht bei den Kommunen selbst, sondern beim Bund und den Ländern, die durch die schrittweise Beseitigung der ertragsunabhängigen Komponenten der Gewerbesteuer und die prozyklische Gestaltung der kommunalen Finanzausgleiche den Gemeinden keine Anreize für ein konjunkturgerechtes Verhalten geben.

Diese Politik steht in einem klaren Widerspruch zu den Forderungen der Wissenschaft und auch zum mittlerweile schon fast vergessenen Gesetz zur Förderung der Stabilität und des Wachstums der Wirtschaft, das aber nach wie vor geltendes Recht darstellt.

In § 16 Abs. 2 dieses Gesetzes wird nämlich ausdrücklich gefordert: „Die Länder haben durch geeignete Maßnahmen darauf hinzuwirken, dass die Haushaltswirtschaft der Gemeinden und Gemeindeverbände den konjunkturellen Erfordernissen entspricht.“

C. Die konjunkturelle Bedeutung der staatlichen Zuweisungen

Die Chance, durch eine grundlegende Umgestaltung der Gewerbesteuer die Konjunkturanfälligkeit der kommunalen Einnahmen zu verringern, dürfte wieder einmal verpasst worden sein. Stattdessen hat sich die Konjunkturanfälligkeit eher noch verstärkt.

Um zu einer Stabilisierung der kommunalen Einnahmen im Konjunkturverlauf beizutragen, verbleibt deshalb realistischerweise nur noch das Instrument der Zuweisungen durch die Länder.[4] So forderte der Sachverständigenrat zur Begutachtung der gesamtwirtschaftlichen Entwicklung in seinem Jahresgutachten 1980/81, die Ausgleichsmasse im kommunalen Finanzausgleich so zu variieren, dass sich die Entwicklung am langfristigen Trend und nicht an den kurzfristigen konjunkturellen Schwankungen orientiert. Technisch schlägt der Sachverständigenrat die Aufnahme und Rück-

---

[4] Vgl. z. B. Sachverständigenrat zur Begutachtung der gesamten wirtschaftlichen Entwicklung (1980), Tz. 361 ff. und *Grossekettler* (1987), S. 427.

zahlung von Verstetigungsdarlehen oder die Bildung eines Fonds vor, der im Boom gefüllt und im Abschwung geleert wird.[5]

Vorschläge zur Verstetigung der Zuweisungen der Länder an die Kommunen liegen also bereits seit langer Zeit vor, die Praxis in den Ländern zeigt sich jedoch weitgehend unbeeindruckt. Nach wie vor werden nicht nur die eigenen Ausgaben in den Länderhaushalten, sondern vor allem auch die Zuweisungen an die Kommunen prozyklisch gestaltet.

Aufgrund von Prognosefehlern, Wirkungsverzögerungen und der einseitigen Beschränkung auf Abschwungphasen ist die antizyklische Politik der Siebziger- und Achtzigerjahre nicht nur in Deutschland, sondern weltweit gescheitert und hat letztendlich nur zu kaum noch beherrschbaren Schuldenbergen geführt.

Deutlich Erfolg versprechender und eher zu steuern sind Konzepte, die auf eine konjunkturunabhängige und potenzialorientierte Verstetigung der Ausgaben der öffentlichen Haushalte zielen und allenfalls die automatischen Stabilisatoren auf der Einnahmen- und Ausgabenseite wirken lassen wollen.

Für die Kommunen sind solche Konzepte allerdings nur dann anwendbar, wenn zumindest die Zuweisungen durch die Länder verstetigt werden.

Eine Verstetigung liegt nur dann vor, wenn die Zuweisungen der Länder an ihre Kommunen eine konstante Wachstumsrate entsprechend dem mittelfristigen bis längerfristigen Trend der Steuereinnahmen der Länder aufweisen bzw. sich an der Wachstumsrate des Produktionspotenzials orientieren.

Konjunkturell bedingte Wachstumsschwankungen der Ländersteuereinnahmen sollten sich deshalb nicht in den Zuweisungen an die Kommunen niederschlagen.

Es lässt sich leicht zeigen, dass diese Forderung in der Praxis nicht erfüllt wird. Zwischen der Wachstumsrate der Zuweisungen der Länder an die Kommunen in der Periode t und der Wachstumsrate der Steuereinnahmen der Länder in der Periode t bzw. in der Periode $t - 1$ besteht vielmehr eine hochsignifikante positive Korrelation.

Anhand der Wachstumsraten der Steuereinnahmen der Länder und der Wachstumsraten der Nettotransfers an die Kommunen in den westlichen Flächenländern im Zeitraum zwischen den Jahren 1981 und 2002 lassen sich diese Zusammenhänge sehr deutlich aufzeigen. Die Nettotransfers entsprechen dabei den Zahlungen der Länder an ihre Kommunen abzüglich der Zahlungen der Kommunen an ihre Länder.

Eine Regressionsanalyse führt zu folgenden Ergebnissen:

---

[5] Vgl. auch *Haller,* (1980), S. 470 f.; *Deubel* (1984), S. 95 ff.

(1) $$W_{Tr(t)} = 0{,}44 + 0{,}56\ W_{T(t)}; R^2 = 27{,}6\,\%; t = 2{,}8$$

(2) $$W_{Tr(t)} = 0{,}25 + 0{,}61\ W_{T(t-1)}; R^2 = 32{,}2\,\%; t = 3{,}1$$

mit:

$W_{Tr(t)}$: Wachstumsrate der Nettotransfers der Länder an ihre Kommunen im Jahr t

$W_{T(t)}$: Wachstumsrate der Steuereinnahmen der Länder im Jahr t

$W_{T(t-1)}$: Wachstumsrate der Steuereinnahmen der Länder im Jahr $t-1$

Die These einer synchronen prozyklischen Variation der Nettotransfers wird damit bei einer Irrtumswahrscheinlichkeit von unter 5% und die einer adaptiven prozyklischen Variation der Nettotransfers sogar bei einer Irrtumswahrscheinlichkeit von unter 1% bestätigt.

Dass die adaptive prozyklische Politik eine noch höhere Signifikanz als die synchrone prozyklische Politik aufweist, beruht auf der Konstruktion der kommunalen Finanzausgleiche in den Ländern.

Die Zuweisungen eines Jahres hängen nämlich nicht nur von den erwarteten und in die Haushalte eingestellten Steuereinnahmen des laufenden Jahres, sondern auch von der Differenz zwischen den tatsächlichen und den zunächst erwarteten Steuereinnahmen aus Vorjahren ab.

Die kommunalen Finanzausgleichsgesetze und die Art ihrer Durchführung sind deshalb die Hauptursache für die prozyklische Gestaltung der Zuweisungen an die Kommunen.

Darüber hinaus finden sich bei praktisch allen Ländern in den jeweiligen Haushaltsplänen weitere jahresbezogene Veränderungen der Nettotransfers außerhalb der durch den Verbundsatz vorgegebenen Finanzausgleichsmasse.

Durch Be- und Entfrachtungen dieser Finanzausgleichsmasse und Ausweitungen bzw. Kürzungen von Transfers außerhalb der Finanzausgleichsmasse können die Nettotransfers der Länder an ihre Kommunen zusätzlich von Jahr zu Jahr variiert werden.

Es lässt sich zeigen, dass sich dabei ganz offensichtlich neben einer im Trend sehr restriktiven Fortschreibung der Nettotransfers ein enger Zusammenhang der Wachstumsraten der Bereinigten Gesamtausgaben der Länder und der Wachstumsraten der Nettotransfers an die Kommunen ergibt:

(3) $$W_{Tr(t)} = -2{,}36 + 1{,}52 \times W_{A(t)}; R^2 = 50{,}2\,\%; t = 4{,}3$$

mit: $W_{A(t)}$: Wachstumsrate der Bereinigten Gesamtausgaben der Länder im Jahr t

Die Wachstumsraten der Nettotransfers an die Kommunen schwanken also wesentlich stärker als die Wachstumsraten der Bereinigten Gesamtausgaben der Länder. Bei stagnierenden Ausgaben der Länder schrumpfen die Transfers um 2,36%, bei einer Ausgabenwachstumsrate von 4,5% wachsen auch die Transfers um 4,5% und bei einem Ausgabenwachstum von mehr als 4,5% nehmen die Transfers überproportional zu.

Dieser extrem prozyklische Zusammenhang ist bei einer Irrtumswahrscheinlichkeit von deutlich unter einem Prozent hochsignifikant.

Eine Analyse für die neuen Länder ist vor dem Hintergrund der kürzeren Zeitreihe und mehrfacher Strukturbrüche nicht vorgenommen worden. Tendenziell kann allerdings festgestellt werden, dass sich auch in den neuen Ländern die Nettotransfers an die Kommunen aufgrund der Konstruktion der Finanzausgleichsgesetze prozyklisch entwickeln.

D. Der Beistandspakt in Rheinland-Pfalz

Auch in Rheinland-Pfalz war bis einschließlich des Jahres 2002 das kommunale Finanzausgleichsgesetz tendenziell prozyklisch angelegt. Der Verbundsatz, d.h. der Anteil an den Steuereinnahmen des Landes, beträgt 21% und Abweichungen zwischen erwarteten und tatsächlichen Steuereinnahmen werden in den Folgejahren abgerechnet.

Aufgrund der dramatischen Steuereinbrüche der Jahre 2001 und 2002 und der zu erwartenden schwachen Steuerentwicklung in den Jahren 2003 und 2004 wurde im Herbst 2002 durch die vom Land und den Kommunen paritätisch besetzte Finanzausgleichskommission auf Vorschlag der Landesseite die Bildung eines Beistandspaktes empfohlen, der mit dem Nachtragshaushalt für das Jahr 2003 umgesetzt wurde.[6]

Durch diesen Beistandspakt wird den Kommunen zunächst bis zum Jahre 2006 eine Mindestausstattung des kommunalen Finanzausgleichs von jährlich 1.606 Mio. € garantiert und zugleich festgelegt, dass keine Reduzierung der allgemeinen Zuweisungen zugunsten von Zweckzuweisungen erfolgen darf.

Das System des Finanzausgleichs aus festem Verbundsatz und Abrechnung aus Vorjahren ist damit zwar nicht außer Kraft gesetzt, aber das Land stockt eine etwaige Differenz zur Garantiesumme durch die Gewährung von Verstetigungskrediten auf. Diese Kredite werden erst dann verrechnet, wenn die Finanzausgleichsmasse wieder die Garantiesumme überschreitet.

---

[6] Die rheinland-pfälzische Finanzausgleichskommission entspricht dem Vorschlag von *Grossekettler* (1987), S. 418 ff.

Voraussichtlich ist dies frühestens im Jahr 2006 wieder der Fall. Nach dem Planungsstand zum 01.09.2003 ergeben sich folgende Entwicklungen:

Tabelle 1

Beistandspakt zwischen Land und Kommunen in Rheinland-Pfalz

	2003	2004	2005	2006	2007	2008	2009
				– in Mio. € –			
Verbundmasse	7.309	7.259	7.527	7.985	8.335	8.585	8.842
davon 21 %	1.535	1.524	1.581	1.677	1.750	1.803	1.857
Abrechnung aus Vorjahren	+ 26	– 67	– 193	–	–	–	–
Finanzausgleichsmasse nach FAG	1.561	1.457	1.388	1.677	1.750	1.803	1.857
Garantiesumme	1.606	1.606	1.606	1.606	1.606	1.606	1.606
Verstetigungsdarlehen	+ 45	+ 149	+ 218	– 71	– 144	– 197	–
kumuliertes Verstetigungsdarlehen	+ 45	+ 194	+ 412	+ 341	+ 197	–	–
Verfügbare Finanzausgleichsmasse	1.606	1.606	1.606	1.606	1.606	1.606	1.857

Quelle: Entwurf 2004 des Landeshaushalts von Rheinland-Pfalz und Fortschreibung der Verbundmasse für 2008 und 2009 mit einer Wachstumsrate von 3% und Hochrechnungen für 2003.

Ohne den Beistandspakt würde die Finanzausgleichsmasse vor allem aufgrund der extrem hohen Negativabrechnung aus den Jahren 2001 und 2002, aber auch der weiterhin schwachen Konjunktur in 2003 und wohl auch 2004 sowie der dritten Stufe der Steuerreform in den Jahren 2004 und 2005 völlig einbrechen.

Mit Verstetigungsdarlehen von 149 Mio. € in 2004 und 218 Mio. € in 2005 wird dieser Einbruch vermieden. Im Gegenzug unterbleiben in den Jahren 2006 bis 2008 die ohne den Beistandspakt möglichen Ausweitungen der Finanzausgleichsmasse.

Erst nach vollständiger Tilgung der Verstetigungsdarlehen (voraussichtlich im Jahr 2008) kommt es (planerisch) in 2009 mit einem Anstieg von fast 15,6% zu einer extremen Steigerung der Finanzausgleichsmasse.

Der unverzinsliche Kredit des Landes an seine Kommunen führt beim Land selbstverständlich in den Jahren 2003 bis 2005 zu einer entsprechend höheren eigenen Kreditaufnahme.

Da die Vergabe von Darlehen als Investition im Sinne des Haushaltsrechts bzw. der Landesverfassung gilt, entsteht allerdings keine Kollision mit der Verfassungsgrenze des Landes für die Kreditaufnahme. Da zugleich auch der erwartete Finanzierungssaldo des Landes Rheinland-Pfalz und seiner Kommunen in allen relevanten Jahren unterhalb der nach dem Maastricht-Kriterium liegenden anteiligen Obergrenze von rd. 0,0825% des bundesdeutschen Bruttoinlandsprodukts liegt, ist das Vorgehen auch mit den Vorgaben aus dem europäischen Stabilitäts- und Wachstumspakt kompatibel.

E. Vom Beistandspakt zum Stabilisierungsfonds

Aufgrund des Beistandspaktes ist für die nächsten Jahre gesichert, dass die Finanzausgleichsmasse nicht unter die Garantiesumme von 1.606 Mio. € abrutschen kann. Dennoch stellt der Beistandspakt noch keine dauerhafte und auch im Boom greifende Maßnahme zur Verstetigung der Zuweisungen des Landes dar.

Fällt z. B. die aus heutiger Sicht entstehende Steigerung der Finanzausgleichsmasse von 15,6% im Jahr 2009 in eine Boom-Phase, ergibt sich ein höchst unerwünschter, extrem prozyklischer Impuls.

Um nicht den gleichen Fehler wie bei der antizyklischen Politik der Siebziger- und Achtzigerjahre zu begehen, muss deshalb ein Weg gesucht werden, der sowohl bei schwacher als auch bei starker Konjunktur eine stetige Entwicklung der Finanzausgleichsmasse sichert.

Neben einer Untergrenze (im Beistandspakt von 0%) muss deshalb auch eine Obergrenze für die Entwicklung der Finanzausgleichsmasse festgelegt werden.

Um sinnvolle Ober- und Untergrenzen zu definieren, ist es notwendig, zunächst einmal die trendmäßige Wachstumsrate der Steuereinnahmen des Landes zu ermitteln.

Dabei macht es wenig Sinn, den Trend zu prognostizieren, weil sich in der Vergangenheit immer wieder herausgestellt hat, dass solche Prognosen nur sehr schwer möglich sind. Außerdem besteht die Gefahr eines ständigen Streits zwischen Land und Kommunen über die richtige Prognosemethode.

Es dürfte deshalb eher möglich sein, ein vergangenheitsorientiertes Verfahren in Form eines gleitenden Durchschnitts anzuwenden. So könnte z. B. für den Korridor des Jahres t das durchschnittliche Wachstum der Perioden $t-9$ bis $t-2$ verwendet werden.

Durch einen Zeitraum von acht Jahren werden konjunkturelle Schwankungen weitgehend eliminiert, und es wird bei der Aufstellung eines Haushaltes nur auf bereits abgeschlossene Perioden zurückgegriffen.

So würde z. B. in Rheinland-Pfalz für das Haushaltsjahr 2004 ein trendmäßiges Wachstum von knapp 1,0% unterstellt, denn von 1995 bis 2002 betrug das durchschnittliche Wachstum der Steuereinnahmen des Landes einschließlich Länderfinanzausgleich und Bundesergänzungszuweisungen knapp 1,0%.

Der Korridor für die Finanzausgleichsmasse sollte dabei symmetrisch um diesen Trendwert liegen. Bei einem Mindestwachstum von 0% sollte deshalb beim vorliegenden Trendwert von 1% die Obergrenze bei 2% liegen.

Längerfristig dürfte wohl wieder mit höheren Trendwerten gerechnet werden, wobei wegen der niedrigen Inflationsrate und des in den letzten Jahren eher schwächer gewordenen realen Wachstums Trendwerte über 3% wohl bis auf weiteres kaum noch erreicht werden dürften.

Um einen Trendwert von z. B. 3% könnten dann Korridore zwischen 0% und 6%, 1% und 5% oder 2% und 4% gelegt werden.

Ein Trendwert von 3% bei einem Korridor zwischen 0% und 6% würde in der Praxis bedeuten, dass die Finanzausgleichsmasse so lange stagniert, solange noch Verstetigungskredite aufgenommen werden bzw. noch nicht vollständig zurückgezahlt worden sind oder bei vollständiger Rückzahlung die Steuereinnahmen des Landes stagnieren.

Nach Rückzahlung des Verstetigungsdarlehens wächst die Finanzausgleichsmasse mit maximal 6%, wenn die Steuereinnahmen entsprechend hoch sind bzw. ein Abbau stillgelegter Mittel möglich wird.

Sofern die Finanzausgleichsmasse bei normaler Ermittlung den Wert von 6% übersteigen würde, werden die überschießenden Beträge stillgelegt.

Während die Kreditaufnahme und die Kredittilgung im (einseitigen) Beistandspakt noch über den Haushalt des Landes laufen, sollten stillgelegte Gelder in einen extra zu bildenden Stabilisierungsfonds eingezahlt und verzinslich angelegt werden. Zu einer symmetrischen Lösung gehört dann allerdings auch eine Verzinsung von aufgenommenen Krediten durch den Stabilisierungsfonds.

Im Ergebnis ist es dabei ökonomisch gleichgültig, ob die Kredite im Landeshaushalt aufgenommen und an den Fonds weitergereicht werden oder ob dieser die Kredite (mit Landesgarantie) selbst aufnimmt.

Die Fondslösung ist bei Stilllegung von Mitteln zum einen notwendig, damit die Kommunen sicher sein können, dass sie ihre Mittel zu einem späteren Zeitpunkt auch tatsächlich (einschließlich Verzinsung) ausgezahlt bekommen, und zum anderen, weil der Landeshaushalt mit der Zahlung der stillgelegten Gelder als Ausgabe belastet werden muss, damit gerade in Boom-Zeiten innerhalb des Landeshaushalts nicht zu viele Begehrlichkeiten zum Zuge kommen können.

Die Verwaltung des Fonds sollte durch die Schuldenverwaltung des Landes erfolgen. Die Finanzausgleichskommission, die von Land und Kommunen paritätisch besetzt ist, könnte die Kreditaufnahme- und die Kapitalanlagestrategien des Fonds kontrollieren.

Da der Beistandspakt in seiner bisherigen Form auf den Zeitraum bis 2006 befristet ist, könnten die Verstetigungsdarlehen ab 2007 vom noch zu bildenden Stabilisierungsfonds übernommen werden. Bei Beibehaltung der Unverzinslichkeit wäre selbstverständlich auch ein früherer Zeitpunkt möglich. Vorher wäre konkret durch Landesgesetz festzulegen, wie die Korridore für die Finanzausgleichsmasse zu bilden wären. Würde z.B. für das Jahr 2009 die Korridorobergrenze bei 6% liegen, würden dem Fonds im Jahr 2009 stillgelegte Mittel in Höhe von rund 155 Mio. € zufließen.

Durch die Ermittlung des Trends als gleitender Durchschnitt einer hinreichend langen Vergangenheitsentwicklung und die Bildung eines (nicht zu engen) symmetrischen Korridors um diesen Trend zur Berechnung minimaler und maximaler Zuwachsraten der Finanzausgleichsmasse ist sichergestellt, dass jeweils in einem überschaubaren Zeitraum aufgenommene Kredite (einschließlich Verzinsung) und stillgelegte Gelder (auch einschließlich Verzinsung) wieder zurückgeführt werden.

Im Gegensatz zur antizyklischen Politik der Siebziger- und Achtzigerjahre kommt es bei Bildung eines solchen Stabilisierungsfonds somit nicht zu einer dauerhaft höheren Verschuldung und den Kommunen werden auf längere Sicht keine Mittel vorenthalten.

F. Zusammenfassung

Die Kommunen sind aufgrund einer relativ starken Konjunkturabhängigkeit ihrer eigenen Steuereinnahmen, aber auch aufgrund der prozyklischen Gestaltung der Zuweisungen durch die Länder faktisch zu einer prozyklischen Ausgabenpolitik gezwungen.

Im Gegensatz zur bisherigen Praxis sind die Länder sehr wohl in der Lage, ihre Zuweisungen an die Kommunen nicht prozyklisch, sondern stetig zu entwickeln.

Ausgehend vom Beistandspakt in Rheinland-Pfalz, der den Kommunen ab 2003 garantiert, dass auch in Jahren zurückgehender Steuerbasis des Landes die Finanzausgleichsmasse nicht verringert wird, wird dargestellt, wie die Grundidee eines Stabilisierungsfonds, der bereits seit Jahrzehnten in der Wissenschaft gefordert wird, in die konkrete Praxis umgesetzt werden kann.

Durch die Bildung eines symmetrischen Korridors um die trendmäßige Wachstumsrate der Finanzausgleichsmasse werden Unter- und Obergrenzen für die Wachstumsrate der Finanzausgleichsmasse vom Gesetzgeber definiert.

Ein Unterschreiten des Korridors wird durch Entnahmen aus dem zu bildenden Stabilisierungsfonds verhindert und ein Überschreiten führt zu Einzahlungen der überschießenden Gelder in diesen Fonds. Falls nötig, nimmt der Fonds Kredite beim Land oder am Kapitalmarkt auf.

Auf diese Weise kann sichergestellt werden, dass sich die Zuweisungen des Landes an seine Kommunen stetig entwickeln und damit zur konjunkturellen Stabilisierung beitragen.[7]

Literaturverzeichnis

Deubel, I. (1984), Der kommunale Finanzausgleich in Nordrhein-Westfalen, Köln.

Grossekettler, H. (1987), Die Bestimmung der Schlüsselmasse im kommunalen Finanzausgleich, in: Finanzarchiv, Neue Folge, Bd. 45, S. 393–440.

– (2002), Öffentliche Finanzen, in: Bender, D. et al.: Vahlens Kompendium der Wirtschaftstheorie und Wirtschaftspolitik, Band 1, 8. Auflage, München 2002, S. 621 ff.

Haller, H. (1980), Finanzwirtschaftliche Stabilisierungspolitik, in: Handbuch der Finanzwissenschaft, 3. Auflage, Band III, Tübingen 1980, S. 359–513.

Sachverständigenrat zur Begutachtung der gesamten wirtschaftlichen Entwicklung (1980), Unter Anpassungszwang, Jahresgutachten 1980/81, Stuttgart und Mainz 1980.

[7] Das Kabinett des Landes Rheinland-Pfalz hat in seiner Sitzung am 09.09.2003 beschlossen, den bisherigen Beistandspakt zu einem Stabilisierungsfonds im Sinne des hier dargestellten Aufsatzes weiterzuentwickeln. Ein entsprechendes Gesetzgebungsverfahren soll eingeleitet werden und könnte bei Erscheinen dieses Aufsatzes bereits abgeschlossen sein.

Teil 2

Stabilität, Wachstum und Staatsdefizite

Supranationale Regeln zur Sicherung finanzpolitischer Disziplin

Was taugt der Stabilitäts- und Wachstumspakt?

Von Otto Gandenberger[1]

Die Erkenntnis ist alt: der Umgang mit den öffentlichen Finanzen ist mit politischen Fehlanreizen verbunden. Das Resultat in vielen Ländern ist ein langfristiger und über konjunkturelle Schwankungen hinweg anhaltender relativer Anstieg der staatlichen Schuldenstände. Diese sichtbare fiskalische Konsequenz ist nur ein Teilaspekt des Problems. Ein tiefer gehender gesamtwirtschaftlicher Schaden resultiert daraus, dass staatliche Defizitpolitik eine Verschleppung von politisch unpopulären Reformaufgaben, ein „spreading of non-decisions" (Perotti), begünstigt. Angesichts des gegenwärtigen großen Reformstaus in einigen europäischen Ländern tritt dieser Aspekt immer stärker in den Vordergrund. Die Sicherung finanzpolitischer Disziplin durch geeignete institutionelle Vorkehrungen ist daher eine ordnungspolitische Aufgabe von hohem Rang.

A. Einleitung: Haushaltsdisziplin als Kollektivgut

Allein schon das Zusammenwachsen der Märkte in der EU, besonders aber der Start in die Europäische Währungsunion rückt das Thema in eine neue Perspektive. Zum wohlverstandenen einzelstaatlichen Interesse eines Teilnehmerlandes an seiner eigenen finanzpolitischen Performance tritt ein verstärktes und insofern neuartiges wechselseitiges Interesse an derjenigen der Partnerländer.

Für die Währungsunion gilt dies vor allem wegen der vielfältigen Querverbindungen zwischen der weiterhin einzelstaatlichen Finanzpolitik und der nunmehr vergemeinschafteten Geldpolitik. Die Sorge ist, dass eine stabilitätswidrig angelegt Haushaltspolitik einzelner Mitgliedstaaten die gemeinschaftliche Geldpolitik vor verschärfte Zielkonflikte stellt, zugleich aber auch, dass die Notenbank trotz formell gesicherter Unabhängigkeit un-

---

[1] Der Autor war Professor am Institut für Finanzwissenschaft an der Johannes Gutenberg-Universität Mainz.

ter Druck in Richtung auf eine expansivere Linie der Geldpolitik geraten könnte, von außen her durch das politische Meinungsklima in den hochverschuldeten Partnerländern, von innen her durch ein möglicherweise von länderspezifischen Partikularinteressen beeinflusstes Auftreten von Mitgliedern des EZB-Rats. Eine Eindämmung von finanzpolitischem Fehlverhalten der Teilnehmerstaaten sichert somit zugleich die Glaubwürdigkeit der Geldpolitik.

Auf einen begrifflichen Nenner gebracht, bedeutet dieser Befund, dass die Wahrung finanzpolitischer Disziplin in der Gesamtheit der Partnerländer Aspekte eines Kollektivguts angenommen hat. Dieser neuen Interessenlage entspricht der supranationale Charakter des im folgenden zu diskutierenden Regelwerks. Wie im einzelnen noch zu zeigen, ist die Supranationalität eine Organisationsform, die Chancen eröffnet zur Realisierung des im Kollektivgutcharakter angelegten Kooperationsvorteils.

Der Aufbau der nachstehenden Ausführungen ist wie folgt: Abschnitt B skizziert die Besonderheiten des Stabilitäts- und Wachstumspakts; Abschnitt C befasst sich mit der Frage der Wirksamkeit und der Wirkungswege der neuen Regeln; Abschnitt D behandelt Kritikpunkte und Verbesserungsmöglichkeiten; der Schlussabschnitt zieht ein kurzes Fazit.

B. Der Stabilitäts- und Wachstumspakt als Novum

Eine gängige Unterscheidung in der Literatur über institutionelle Bindungen staatlicher Haushaltspolitik ist die zwischen Regeln quantitativer Natur und solchen prozeduraler Natur („budget target approach" versus „procedural approach": Poterba 1996). Die Unterscheidung wird im allgemeinen als trennscharfe Klassifikation verstanden, die eine eindeutige Zuordnung der verschiedenen Regelungsansätze ermöglicht. Solches Verständnis ginge indessen an einem herausragenden Novum des vorliegenden Regelwerks vorbei. Sein Markenzeichen ist gerade die Verknüpfung von quantitativ formulierten Kriterien einerseits und differenzierten Verfahrensvorschriften andererseits; die Regeln erhalten ihr faktisches Gewicht durch die mit ihnen verbundenen Verfahren.

I. Das Regelwerk in Grundzügen

Festgelegt sind die hier zu behandelnden budgetpolitischen Vorgaben im Maastricht-Vertrag (Art 104) in Verbindung mit dem Stabilitäts- und Wachstumspakt (SWP), der in zwei Verordnungen des Europäischen Rats enthalten ist (VO 1466/97 und VO 1467/97). Der Vertrag definiert die allgemeinen Grundsätze, der Pakt präzisiert deren operationalen Gehalt.[2]

Die Ratsbeschlüsse umreißen ein Regelsystem, das aus zwei inhaltlich wie organisatorisch miteinander verflochtenen Teilen besteht: das allgemeine Verfahren der multilateralen Haushaltsüberwachung (Monitoring-Verfahren) einerseits und das besondere Verfahren bei erhöhten Defiziten (Excess Deficit Procedure) andererseits. Diesen Verfahren unterliegen auch die nicht teilnehmenden Mitgliedstaaten der EU, allerdings ohne die mit der Excess Deficit Procedure verbundene Sanktionsdrohung.

- *Das Verfahren multilateraler Haushaltsüberwachung (Monitoring-Verfahren)*

Das Verfahren der multilateralen Haushaltsüberwachung (VO EG 1466/97, Art 3, Ziff 2) geht aus von einem Leitziel: anzustreben ist mittelfristig „ein nahezu ausgeglichener Haushalt oder ein Haushaltsüberschuss". – Sämtliche Mitgliedsländer der EU sind verpflichtet zur jährlichen Vorlage von finanzpolitischen Programmen (genannt Stabilitätsprogramme für die Teilnehmerländer an der Währungsunion und Konvergenzprogramme für die nicht teilnehmenden EU-Länder). Inhalt und Form der Programme sind im Verhaltenskodex des Europäischen Rats der Wirtschafts- und Finanzminister (Ecofin-Rat) aus dem Jahr 2001 festgelegt. Darzulegen sind die beabsichtigten Maßnahmen nebst einer Bewertung ihrer quantitativen Haushaltswirkung, einschließlich der Hauptannahmen, die den Berichten zugrunde liegen, sowie eine Sensitivitätsanalyse im Hinblick auf diese Annahmen. Der Text ist zu veröffentlichen. – Die Kommission prüft die Programme und berichtet das Ergebnis dem Ecofin-Rat. Der Rat übermittelt auf dieser Grundlage seine Stellungnahme an die Mitgliedstaaten, die gegebenenfalls mit Empfehlungen verknüpft ist. – Sanktionen sind im Rahmen des Verfahrens nicht vorgesehen.

- *Das Verfahren bei erhöhten Defiziten (Excess Deficit Procedure)*

Im Mittelpunkt der öffentlichen Aufmerksamkeit in den Teilnehmerländern steht das Verfahren bei erhöhten Defiziten, das bei Überschreitung des Referenzwerts in Gestalt eines Haushaltsdefizits von 3% in Relation zum BIP einsetzt (fakultativ schon bei einer Annäherung an diesen Wert). Klar und unbestritten ist, dass mit diesem Startsignal für das nachfolgende Prüfungsverfahren besonderer Art der aktuelle und nicht etwa der konjunkturbereinigte Haushaltssaldo gemeint ist (zur Bedeutung konjunkturbereinigter

[2] Zum Gesamtbild der neuen fiskalpolitischen Vorgaben gehören darüber hinaus auch die geldpolitische no-bailing-out-Klausel des Maastricht-Vertrages (Art 101), sowie der Haftungsausschluss der Gemeinschaft für Verbindlichkeiten der Teilnehmerländer (Art 103).

Salden im Zuge der Verfahren s.u.). – Im üblichen Zusammenspiel zwischen Kommission und Ecofin-Rat wird geprüft, ob das Defizit als „übermäßig" zu gelten hat. Ist der Referenzwert „nur ausnahmsweise oder vorübergehend" überschritten und bleibt das Verhältnis in der Nähe des Referenzwerts, so wird das Vorliegen eines übermäßigen Defizits verneint. Sonderklauseln gelten für den Fall einer Rezession (s. unter D. IV.). Ansonsten ist ein weitergehendes Verfahren vorgezeichnet, an dessen Ende, bei einer aus der Sicht des Rats unzureichenden Reaktion des betreffenden Landes, die Drohung einer Sanktion steht. Sie hat den Charakter einer zu leistenden unverzinslichen Einlage bei der Europäischen Zentralbank, die bei weiterhin mangelhafter Reaktion erhöht bzw. in eine Geldstrafe umgewandelt werden kann.

- *Das Schuldenstandskriterium*

Neben der mit der Excess Deficit Procedure verbundenen 3%-Grenze definiert der Vertrag einen weiteren Referenzwert: das Schuldenstandskriterium von 60% in Relation zum BIP. Ist der Referenzwert überschritten, so ist das Land verpflichtet, dafür Sorge zu tragen „dass das Verhältnis hinreichend rückläufig ist und sich rasch genug dem Referenzwert nähert". Dies wird im Zuge des vorgenannten Monitoring-Verfahrens überwacht. Für die Verletzung dieses Gebots sind allerdings keine Sanktionen vorgesehen.

II. Zur Frage der Konjunkturbereinigung von Haushaltssalden

Allgemein formuliert klingt die Aufgabe trivial. Bei jeglicher Regelbindung von Organisationen geht es darum, unerwünschtes Verhalten auszuschließen und erwünschtes Verhalten zuzulassen. In einer unsicheren Welt steht beides in einem Spannungsverhältnis. Im Fall der Sicherung finanzpolitischer Disziplin stellt sich dieses Problem unter besonderen Akzenten: es geht darum, langfristige Nachhaltigkeit zu sichern und zugleich kurzfristige Flexibilität zur makroökonomischen Stabilisierung zu ermöglichen. Unbestritten ist, dass es hierzu der Unterscheidung zwischen strukturellen und temporären – insbesondere konjunkturellen – Einflüssen auf den Haushaltssaldo bedarf. Im Hinblick auf die geschilderte Aufgabe ginge es somit darum, nicht (oder nicht nur) auf den tatsächlichen, sondern auch auf den zyklisch bereinigten Haushaltssaldo abzustellen.

Das Regelungsproblem wäre einfacher, wenn es eine unbestreitbar zuverlässige Methode der Konjunkturbereinigung gäbe. Dies ist jedoch nicht der Fall. Einschlägige Schätzungen sind annahmenabhängig, sie sind mit Problemen verzögerter Wahrnehmung behaftet, und sie sind Beobachtungsirrtümern unterworfen. Soweit Haushaltsgrenzen quantitativer Natur sind und mit konkreten Rechtsfolgen verknüpft – wie das für die traditionellen Haushaltsregeln in vielen Ländern gilt, beispielsweise aber auch für das im Pakt festgelegte Referenzkriterium von 3% des Haushaltssaldo – ist es deshalb wohl unerlässlich auf den tatsächlichen Haushaltssaldo abzustellen.

Ein erheblicher Teil des vorstehend geschilderten Regelwerks hat jedoch den Charakter von Diskussions- und Überwachungsverfahren. Hier überwiegt der Vorteil der höheren Validität („Gültigkeit") der Information den Nachteil des geringeren Zuverlässigkeitsgrades. In der Praxis des Monitoring-Verfahrens hat es sich deshalb als zweckmäßig erwiesen, bereinigte Haushaltssalden zu verwenden. Diese Praxis ist inzwischen abgedeckt und verallgemeinert durch den oben genannten Verhaltenskodex des Ecofin-Rats (2001) sowie durch das Positionspapier der Kommission (European Commission 2002b). Es ist geklärt, dass in den Stabilitäts- und Konvergenzprogrammen neben den aktuellen Zahlen zugleich auch konjunkturbereinigte Salden auszuweisen sind. Mit dieser Interpretation des Pakts ist erfreulicherweise einer vielfach auch in der Literatur erhobenen Forderung Rechnung getragen worden (vgl. statt vieler: EEAG[3] 2003, S. 57).

Diese Praxis hat zugleich der Auseinandersetzung um die methodische Basis der Konjunkturbereinigung von Budgetsalden Auftrieb gegeben (vgl. u.a. European Economy 2002, S. 54 ff.; Leibfritz et al. 2001, S. 36 ff.; EEAG 2003, S. 55; siehe auch Bundesministerium der Finanzen (2002), S. 31 ff.).

Erforderlich ist eine Schätzung der Outputlücke und der Sensitivität des Budgetsaldos in Bezug auf Veränderungen dieser Lücke. Der höhere Grad an Unsicherheit ist mit der Bestimmung der erstgenannten Größe verbunden, die eine Schätzung des Produktionspotentials erfordert. – Die Diskussion hat gezeigt, dass die Ergebnisse der nach verschiedenen Methoden und von verschiedenen Institutionen (EU, Weltbank, IWF) vorgenommenen Berechnungen hoch korreliert sind (vgl. European Economy 2001, S. 55–58). Ein Korrelationskoeffizient von 0,9 beispielsweise ergab sich beim Vergleich von Schätzungen der Kommission, die auf der Basis der beiden gebräuchlichen methodischen Ansätze zur Bestimmung der Outputlücke vorgenommen wurden – einerseits mittels eines Hodrick-Prescott Filters, der auf einem rein statistischen Glättungsverfahren der BIP-Zeitreihen beruht, und andererseits mittels eines stärker theorieorientierten Verfahrens auf der Basis einer Produktionsfunktion (zu letzterem Verfahren s. European Eco-

[3] EEAG = European Economic Advisory Group; diese im Rahmen des Cesifo tagende internationale Expertengruppe hat sich im Jahr 2001 konstituiert (Mitglieder: Calmfors, Corsetti, Flemming, Honkapohja, Kay, Leibfritz, Saint-Paul, Sinn, Vives); bisher liegen vor die Jahresberichte 2002 und 2003.

nomy, S. 71 ff.). – Die hohe Korrelation der Gesamtergebnisse spricht dafür, dass sich die Fülle der Schätz- und Zuordnungsprobleme im Detail (Beispiel: Körperschaftsteuerausfälle, die auf der schwachen Konjunktur vorangegangener Perioden beruhen) tendenziell auszugleichen tendieren.

C. Haushaltspolitik unter dem Einfluss des Pakts

I. Supranationalität als Chance

Die Supranationalität der Regeln stellt ein historisches Novum dar; in der Fülle der weltweit praktizierten institutionellen Bindungen der Finanzpolitik gibt es keine Parallele. Dies gilt besonders auch wegen der Konsequenz, mit der dieses Regelwerk sowohl in seiner Gesamtarchitektur als auch in den Details seiner Ausgestaltung auf seine supranationaler Funktion hin zugeschnitten ist.

Die Spuren solcher Prägung sind allgegenwärtig. Das schon erwähnte grundlegende Strukturmerkmal der Verbindung von quantitativen Kriterien und daran anknüpfenden Verfahren erhält seinen eigentlichen Sinn dadurch, dass die Verfahren in der Hand supranationaler Gremien liegen. Die bedeutsame Konsequenz ist, dass die Kontrolle über die Interpretation wie auch über die Einhaltung der Regeln der einzelstaatlichen Zuständigkeit – und damit auch einer alleinigen einzelstaatlichen Deutungshoheit – entzogen ist.

Dass die Referenzkriterien als Relation zum BIP definiert sind, erleichtert die länderübergreifende Vergleichbarkeit, die für die supranationale Aufgabenstellung wie auch für die Öffentlichkeitswirkung des Pakts zentral wichtig ist. Die Vergleichbarkeit wird zusätzlich dadurch gefördert, dass die Ermittlung des Defizits dem Europäischen Statistischen Amt (Eurostat) als supranationaler Behörde übertragen ist, und dass bei der Ermittlung von Haushaltsdefiziten und Schuldenständen auf die international einheitlichen Regeln der VGR abgestellt wird. Die so gewonnenen Informationen sind für den vorliegenden Zweck aussagekräftiger als die nach haushaltsrechtlichen Kriterien ermittelten Zahlen. Dies gilt insbesondere auch, weil dadurch einige Manipulationsmöglichkeiten ausgeschlossen sind (beispielsweise bleiben Privatisierungserlöse unberücksichtigt); zugleich sind sie unbeeinflusst von sonstigen Besonderheiten der nationalen Finanzstatistik. All dies, wie auch die Einfachheit der Kriterien, ermöglicht eine griffigere und aussagekräftigere Information – insbesondere auch der Öffentlichkeit – als sie zuvor verfügbar war.

Eine weitere positive Konsequenz der Regeln gilt besonders für die Föderalstaaten Deutschland und Österreich. Nach Art 3 des Protokolls zum EG-Vertrag über das Verfahren bei einem übermäßigen Defizit haben die Mitgliedstaaten zu gewährleisten, dass die innerstaatlichen Verfahren im Haushaltsbereich sie in die Lage versetzen, ein übermäßiges Defizit zu vermeiden. Auf Deutschland bezogen ist damit der Bund kraft supranationalen Gebots verpflichtet, das bisher nur völlig unzureichend bewältigte Problem einer gesamtstaatlichen Abstimmung der Haushaltspolitik nach makroökonomischen Vorgaben zu lösen. Dazu ist ein nationaler Stabilitätspakt erforderlich, in dem (als Minimum) zu regeln ist, welche Ebenen im föderalen Aufbau in welchem Umfang das mit den Maastricht-Kriterien vereinbare Kreditvolumen in Anspruch nehmen dürfen. Die bisher in Deutschland getroffenen institutionellen Vorkehrungen hierzu werden dieser Aufgabe nicht annähernd gerecht. Grossekettler (1994) hat zur hier anstehenden Aufgabe ein System von Kriterien aufgestellt, die sich der Wissenschaftliche Beirat beim Bundesministerium der Finanzen in seinem einschlägigen Gutachten (2003) weitgehend zu eigen gemacht hat.

II. Zur bisherigen Entwicklung

Wie wirksam waren die neuen Budgetregeln? Haben sie ihren Zweck erfüllt, die fiskalische Disziplin zu fördern? – Ein Indiz dafür, wenn auch ein mit Vorsicht zu interpretierendes, ist die Entwicklung der Schuldenstandsquoten.

Zunächst ist die Ausgangslage zu bedenken. Eine der hauptsächlichen Sorgen die zur Beschließung des Pakts geführt hatten, war die in den 80er und Anfang der 90er Jahre zu verzeichnende Tendenz zu Defiziten in einer für Friedenszeiten bisher beispiellosen Größenordnung. Dementsprechend rasant war die Zunahme der staatlichen Schuldenstände. Eine der Triebkräfte, die zur Beschließung des SWP geführt haben, war die Befürchtung, dass eine Fortsetzung des Trends die Erfolgschancen, vielleicht sogar die Überlebenschancen der Währungsunion bedrohen könnten.

Festzustellen ist: seit dem Beginn der offiziellen Gründungsphase der Währungsunion (1994) und der Vereinbarung des SWP (1997) hat sich diese Entwicklung nicht nur nicht fortgesetzt, sie hat sich umgekehrt. Erstmals seit Jahrzehnten sind die Schuldenstandsquoten in fast allen EU-Ländern gesunken, mit Deutschland und Frankreich als einzigen Ausnahmen. Zumindest für das Vorstadium der Währungsunion galten freilich Sonderbedingungen, weil die Einhaltung des SWP mit einer politischen Belohnung besonderer Art in Gestalt eines unbestrittenen Zuganges zur Währungsunion verbunden war. Zur Umkehr des Trends mögen auch eine Reihe von sonstigen temporären Faktoren beigetragen haben; zudem ist zu bedenken, dass im zeitlichen Vorfeld der Währungsunion das optische Bild durch Buchungstricks einiger Beitrittskandidaten geschönt war.

Allerdings hat sich die Tendenz zum allmählichen Abbau von Schuldenständen auch nach Beginn der Währungsunion fortgesetzt, jedenfalls bis zu dem ab 2001 einsetzenden Konjunkturabschwung. In den Jahren 2000 und 2001 haben jeweils neun von 15 EU-Ländern Haushaltsüberschüsse erzielt (B, DK, IRL, L, NDL, FLD, S, GB); Defizite wiesen überhaupt nur sechs Teilnehmerländer auf (D, E, GR, F, I, P). Insgesamt lässt sich also feststellen: der Trend zum Abbau der Schuldenstandsquoten hat sich auch nach dem Start in die Währungsunion überwiegend fortgesetzt.

Seit dem Eintritt einer Konjunkturschwäche ab 2001 hat sich das Bild eingetrübt. Deutschland, Frankreich und Portugal haben den 3%-Wert für das Budgetdefizit deutlich überschritten. Für Italien zeichnet sich ähnliches ab. – Geht man davon aus, dass die Haushaltsprobleme der zuletzt genannten Länder bei Nichtexistenz des Pakts zumindest nicht geringer gewesen wären, so spricht der statistische Augenschein insgesamt dafür, dass vom neuen Regelwerk ein beachtlicher – und in diesem Ausmaß unerwarteter – positiver Einfluss ausgegangen ist.

Mit der Fortdauer der zyklischen Schwächephase allerdings steht das Konzept vor seinem ersten wirklichen Test.

III. Spekulatives über politökonomische Zusammenhänge

Der Verfasser gesteht, dass er für den auch nach der Gründung der Währungsunion anhaltenden Erfolg der Regeln keine einfache Erklärung sieht. Die rechtliche Bindewirkung des Pakts ist gering: der Monitoring-Prozess ist ohne Sanktionen, die Strafdrohung der Excess Deficit Procedure ist noch nicht getestet, und bisherige Erfahrungen haben Zweifel an deren Glaubwürdigkeit nicht zerstreuen können. Empirische Untersuchungen aus den USA über den Erfolg von Budgetgrenzen auf der Ebene der dortigen Einzelstaaten zeigen als dominierenden Effekt selbst strenger Regeln nicht die Reduktion von Defiziten, sondern eine Flucht in Nebenhaushalte (Alesina/Bayoumi 1996; von Hagen 1991).

Mit einer rechtlichen Bindekraft der Regeln jedenfalls ist deren Erfolg nicht erklärbar. Wenn sie gleichwohl eine ins Gewicht fallende Änderung des Fiskalverhaltens in einer ganzen Reihe von Teilnehmerstaaten bewirkt haben, so kann diese eigentlich nur dadurch zu erklären sein, dass sie den politischen Rückkoppelungsprozess beeinflusst haben. Zwei Stellen vor allem fallen hier ins Auge, die schlagwortartig als „Öffentlichkeitseffekt“ und als „Peer-pressure Effekt“ bezeichnet werden sollen.

- *Öffentlichkeitseffekt*

Die wohl stärkste Veränderung im Geflecht der politisch relevanten Rückkoppelungszusammenhänge, die das neue Regelsystem bewirkt hat, ist ein bisher ungekanntes Ausmaß an Sensibilisierung der Öffentlichkeit für Fragen der haushaltspolitischen Performance. Zu einer weit verbreiteten stärkeren Wahrnehmung und einem höherem Informationsstand mag die Einfachheit, Verständlichkeit und Vergleichbarkeit der Referenzkriterien beigetragen haben, zugleich aber auch die mit dem supranationalen Charakter der Haushaltsüberwachung verbundene erhöhte Glaubwürdigkeit der finanzpolitischen Information. Symptomatisch für das verstärkte öffentliche Engagement ist der allgemeine Bekanntheitsgrad der 3%-Grenze.

In Deutschland war die Überschreitung dieser Grenze mit einem breiten Medienecho verbunden. Im Jahr 2001 hat sogar schon die bloße Annäherung an diesen Wert (mit der möglichen Folge eines „Blauen Briefs" aus Brüssel) die Nation vorübergehend in Atem gehalten. Die durchaus häufigen Überschreitungen der 3%-Grenze in vergangenen Jahrzehnten sind demgegenüber so gut wie überhaupt nicht wahrgenommen worden. Vorgänge solcher Art lassen ahnen, welcher Grad an Publizität mit der Verhängung einer Sanktion, ja schon mit der bloßen Möglichkeit eines solchen Ereignisses verbunden wäre.

- *„Peer-Pressure-Effekt"*

Zugleich hat der Pakt eingewirkt auf die Rolle von Mitgliedern der nationalen Regierungen, insbesondere des Finanzministers in seiner Funktion als Hüter der staatlichen Bilanzrestriktion sowie des Wirtschaftsministers. Der Pakt weist dem Ecofin-Rat eine zentrale Funktion zu. Er bindet damit die Regierungsmitglieder der Teilnehmerländer ein in einen institutionalisierten Dialog neuer Art, in dem sie in corpore in Pflicht genommen sind, die Finanzpolitik der jeweils anderen kritisch zu bewerten und gegebenenfalls Vorschläge zur Vermeidung oder Korrektur von Politikfehlern zu machen. Dies ist eine Konstellation, die geeignet ist, ja darauf angelegt ist, den Charakter undisziplinierter Wirtschafts- und Finanzpolitik als negatives Kollektivgut zur Geltung zu bringen. Es ist eine Konstellation, die Gruppendruck erzeugt.

Wenn es zutrifft, dass dies die wesentlichen Stellen im politischen Transmissionszusammenhang waren, durch die der Pakt die finanzpolitische Performance der Teilnehmerstaaten beeinflusst hat, so ergeben sich daraus Orientierungspunkte sowohl für die Beurteilung der bisherigen Regelungen als auch für die Suche nach Verbesserungsmöglichkeiten.

D. Kritik und Verbesserungsmöglichkeiten

An Kritik am Pakt im wissenschaftlichen wie im politischen Bereich hat es nicht gefehlt. Die Stossrichtung ist unterschiedlich. Zum Teil geht es um die Suche nach Möglichkeiten zur Verbesserung der bestehenden Regelungen. Andere Stimmen erheben grundsätzliche Einwände, vor allem gegen die Excess Deficit Procedure (de Grauwe 1994; Eichengreen/von Hagen 1996). Die vor allem im politischen Bereich erhobene Forderung nach einer „flexibleren" oder „dynamischen" Auslegung des Pakts ist im Einzelfall oft schwer zu unterscheiden von der nach dessen Aufweichung oder (de facto-) Aufhebung.

Lässt man alle Details beiseite, so spielen vor allem vier Fragenkreise eine Rolle, die im Folgenden erörtert werden sollen:

- das Leitziel eines mittelfristig anzustrebenden „annähernd ausgeglichenen Haushalts oder eines Haushaltsüberschusses";
- die eingeschränkten oder fehlenden Wirkungsmöglichkeiten des Pakts in Zeiten der Hochkonjunktur;
- die Frage des Zuschnitts der Excess Deficit Procedure in Verbindung mit der Frage der Glaubwürdigkeit der Sanktionen;
- die Frage eines Drucks zu prozyklischem Verhalten in Zeiten schwacher Konjunktur.

I. Das Leitziel: Annähernd ausgeglichener Haushalt oder Haushaltsüberschuss

Das Gebot, dass mittelfristig ein annähernd ausgeglichener Haushalt oder ein Haushaltsüberschuss anzustreben ist, lässt sich interpretieren als eine Konkretisierung des dem Pakt zu Grunde liegenden Begriffs der finanzpolitischen Disziplin. Da die mittlere Frist jenseits des konjunkturpolitischen Horizonts liegt, heißt dies: mittelfristig anzustreben ist ein zyklisch bereinigter Haushaltssaldo, der im genannten Bereich liegt (zur Rolle zyklisch bereinigter Größen im Rahmen des gesamten Monitoring-Verfahrens s. unter B. I.). Übersetzt als Auftrag für die Stabilitätsprogramme der Mitgliedsländer: darzulegen ist ein Anpassungspfad für die Höhe ihres zyklisch bereinigten Budgetsaldos, der zur Erreichung bzw. – falls im Ausgangszustand bereits realisiert – der weiteren Einhaltung dieses Ziels geeignet ist.

Die damit verbundene Anforderung geht weit hinaus über die übliche fiskalische Solvenzbedingung im Blanchard'schen Sinne, die von der (eng definierten, weil die implizite Staatsverschuldung unberücksichtigt lassenden) langfristigen Bilanzrestriktion des Staats abgeleitetet ist und auf eine Konstanz der Schuldenstandsquote abstellt.

Der Sache nach wird damit zugleich Abstand genommen vom Konzept der „Goldenen Regel“ wie sie zum Beispiel der deutschen Verfassungsgrenze des Art 115 und entsprechenden Vorschriften in Großbritannien zu Grunde liegt, das heißt von der Maxime, dass eine nichtkonjunkturelle staatliche Netto-Neuverschuldung aus Gründen der intergenerativen Gerechtigkeit als akzeptabel gilt, soweit sie sich in den Grenzen der in der gleichen Periode vorgenommenen öffentlichen Investitionen bewegt.

Für die vergleichsweise anspruchsvoller gefasste Zielvorgabe des Vertragswerks sprechen gute Gründe. Deren wichtigster ist die außerordentliche Zunahme der impliziten Staatsverschuldung im Zuge des demographischen Alterungsprozesses, die in fast allen wirtschaftlich entwickelten Staaten fiskalische Nachhaltigkeitsprobleme von bisher nicht gekannten Größenordnungen mit sich bringt. Unabhängig davon sprechen dafür die Zweifel an der Aussagefähigkeit der öffentlichen Investitionen als Indikator für die Zukunftswirksamkeit von Staatsausgaben (zu einer zusammenfassenden Kritik am Grundsatz der Golden Rule vgl. z.B. EEAG 2003, S. 59).

Im einschlägigen Verordnungstext steht eine weitere Begründung im Vordergrund. Würde das Ziel des annähernden Haushaltsausgleichs tatsächlich eingehalten, so wäre damit zugleich erreicht, dass die 3%-Regel für das Haushaltsdefizit bei „normalen Konjunkturschwankungen“ auch in Zeiten schwächerer Konjunktur eingehalten werden kann: „indem die Mitgliedstaaten an dieser Zielvorstellung festhalten, können sie normale Konjunkturschwankungen bewältigen und zugleich bewirken, dass das Defizit des öffentlichen Haushalts innerhalb des Referenzwertes von 3% gehalten wird“ (VO EG 1466/97; vgl. auch Buti/Guidice 2002). Die Annahme ist also, dass die Einhaltung des Leitziels bei günstiger Konjunktur ein Spielenlassen der automatischen Stabilisatoren in Zeiten schwacher Konjunktur erlaubt, ohne dass die Grenze von 3% für das Defizit überschritten wird. – Die im Zitat formulierte Prämisse „wenn die Mitgliedstaaten an dieser Zielvorstellung festhalten“ hat freilich eine gewichtige Implikation, die nur allzu selten realisiert ist, nämlich dass konjunkturbedingte Mehreinnahmen in Zeiten der Hochkonjunktur nicht zur Abweichung vom genannten Leitziel genutzt werden. Dies führt zu einem notorischen Schwachpunkt, den der SWP mit anderen Regeln zur Begrenzung staatlicher Verschuldungsmacht teilt: er wirkt gerade dann am wenigsten, wenn die politökonomischen Fehlanreize der Politik am stärksten sind: in Zeiten des Booms.

II. Ungenügende Einwirkungsmöglichkeiten in der Hochkonjunktur

Wie gesagt: die hohe Zeit des Missbrauchs der Fiskalpolitik ist die Hochkonjunktur, wenn die konjunkturbedingten Mehreinnahmen ein geschöntes Bild der wahren Lage liefern. Nicht nur im Interesse der fiskalischen Nachhaltigkeit, sondern zugleich auch aus stabilitätspolitischen Gründen wäre es gerade in dieser Phase des Zyklus erwünscht, dass anstehende Konsolidierungsaufgaben mit Priorität vorangetrieben würden. Der Pakt jedoch setzt hierzu keine besonderen Anreize, außer der regelmäßigen Einflussnahme im Zuge des Prozesses der multilateralen Überwachung; hinter dieser aber steht keine Sanktionsdrohung, auch wird sie in der Öffentlichkeit kaum wahrgenommen.

Die Folgen sind beispielhaft an den Problemkandidaten in der EU (D, F, I, P) abzulesen: bei guter Konjunktur in den Jahren 1999 bis 2001 gingen die aktuellen Defizite dieser Länder nicht oder nicht genügend zurück, um die konjunkturbereinigten Defizite auch nur konstant zu lassen; diese sind gestiegen. Im Verlauf der nachfolgenden konjunkturellen Abschwächung traten die verschleppten Strukturprobleme umso stärker zutage.[4]

Einzuräumen ist, dass es sich bei dieser unzureichenden Wirksamkeit in Boom-Zeiten um einen notorischen Schwachpunkt praktisch aller bestehender Verschuldungsgrenzen handelt. Perfekte Lösungen des Problems sind auch vom SWP kaum zu erwarten. Immerhin bietet gerade die Architektur dieses Pakts Möglichkeiten, dem geschilderten schweren Funktionsmangel zumindest graduell entgegenzuwirken.

Ein naheliegender Ansatz liefe darauf hinaus, das Schuldenstandskriterium in Dienst zu nehmen. Er bestünde darin, die Excess Deficit Procedure samt den dahinter stehenden Sanktionsdrohungen in analoger Weise und mit voller Konsequenz auch auf diejenigen Länder anzuwenden, deren Schuldenstand die 60%-Grenze übersteigt (dies ist auch der Vorschlag der Kommission: 2002b). Länder, die diese Grenze überschreiten, sollten unter der laufenden Kontrolle dieses – wie gesagt: sanktionsbewehrten Verfahrens – stehen, mit der Verpflichtung, für einen kontinuierlichen Abbau ihres Schuldenstandes (außer in Zeiten der Rezession) zu sorgen, und dies mit besonderem Nachdruck bei guter Konjunktur. Kandidaten, die nach dem Stand des Jahres 2004 unter diese Prozedur fallen würden, sind Belgien, Frankreich, Deutschland, Griechenland, Italien und Österreich. Nahe liegen würde es, in Analogie zur Excess Deficit Procedure, auch ein Vorwarnver-

---

4 EEAG 2003: „Portugal, Germany, France and Italy provide good examples of how such insufficient fiscal restraint in the 1999–2000 upswings have created deficit problems in the subsequent recession."

fahren bei Annäherung an die 60%-Grenze zu praktizieren. Wegen des Langfristcharakters der Fehlentwicklung, die zu hohen Schuldenständen führt, wäre ein solches Vorwarnverfahren sogar besonders sinnvoll.

Ebenfalls am Schuldenstandskriterium setzt ein anderer Vorschlag an. Vorausgeschickt hierzu sei eine Bemerkung von Bean (1998, S. 106) zum Stabilitätspakt insgesamt: er sei „all stick and no carrot"; er sehe also keine positiven Anreize, keine „Belohnungen" vor, die mit einer Verbesserung der finanzpolitischen Performance verbunden wären. – Auf die Entfaltung einer solchen positiven Anreizwirkung setzt ein Vorschlag der European Economic Advisory Group (2003, S. 62 f.). Liegt die Quote des Schuldenstandes unterhalb einer bestimmten Mindestgrenze (zum Beispiel von 40%), so sollte dieses Land für den Fall einer Überschreitung der 3%-Grenze des Defizits von der Excess Deficit Procedure freigestellt sein. Die Begründung ist, dass die negativen externen Effekte einschließlich Risiken für die übrigen Mitgliedsländer bei niedrigem Schuldenstand vergleichsweise gering sein dürften. Einzufügen wäre, an den Fall Portugal der 80er Jahre denkend (Schuldenstandsquote 1980 32%, Defizitquote 8,4%; Schuldenstandsquote 1985 61,5%, Defizitquote 10,1%), die Regelung sollte nicht gelten, wenn die Schuldenstandsquote in raschem Tempo wächst. Derzeitige Kandidaten – bei der Wahl einer 40%-Grenze – wären Irland, Luxemburg und Großbritannien; Dänemark und Finnland liegen knapp darüber. Das Gutachten der Advisory Group spezifiziert alternative Ausgestaltungsmöglichkeiten dieses Ansatzes, unter anderem auch die Festsetzung differenzierter Schwellenwerte. – Der Vorschlag erscheint bedenkenswert, allein schon wegen der positiven bzw. negativen Signalwirkung gegenüber der Öffentlichkeit, die mit einer Unterschreitung bzw. Überschreitung einer solchen Grenze verbunden wäre.

III. Excess Deficit Procedure und die Glaubwürdigkeit von Sanktionen

Wohl am unbefriedigendsten gelöst von allen Gestaltungsmöglichkeiten des Pakts ist die Excess Deficit Procedure. Ein erster Kritikpunkt ist die Zeitdauer des Verfahrens. Wenn dieses ohne Verzögerungen läuft, dauert es mindestens zwei Jahre, bis die Verhängung von Sanktionen ansteht. Gelingt es dem betroffenen Land, das Verfahren zu verzögern, indem es Programme mit geschönten Annahmen vorlegt – und davon ist wohl im Normalfall auszugehen –, so dürfte der Ablauf noch wesentlich länger dauern. Steht eine Regierung in der Mitte ihrer Amtszeit, so braucht sie mithin nicht damit zu rechnen, dass sie noch in ihrer eigenen Regierungsperiode für ihre Politikfehler verantwortlich gemacht wird. Die Sanktionsdrohung geht insoweit ins Leere.

Der Mangel ließe sich auf eine Weise entschärfen, die allerdings am EU-typischen politischen Kräfteverhältnis ansetzt. Eine zeitliche Straffung des Verfahrens wäre zu erzielen, wenn die erste Phase der Defizitprozedur in der alleinigen Hand der Kommission läge; der Rat träte erst dann in Funktion, wenn über die formelle „In-Verzug-Setzung" zu beschließen ist – oder überhaupt erst wenn über Sanktionen zu entscheiden ist.

Ein besonders gravierender Punkt ist die Frage der Glaubwürdigkeit der Sanktionsdrohung (wie gesagt: der Verpflichtung zu einer zinslosen Einlage bei der EZB, und gegebenenfalls der Umwandlung dieser Einlage in eine Geldbuße). Entscheidungsorgan ist der Ecofin-Rat also der Kreis der Kollegen des Finanzministers des betroffenen Landes. In dessen Hand liegt die Beschließung einer Maßnahme, die auf einen schwerwiegenden Prestigeverlust für die betroffene Regierung hinausläuft. Folglich ist damit zu rechnen, dass die Hemmschwelle für eine solche Entscheidung sehr hoch läge. Ohnehin ist bei einem politisch zusammengesetzten Gremium von Regierungsmitgliedern nicht auszuschließen, dass auch sachfremde Gesichtspunkte eine Rolle spielen;[5] – Die Einschätzung dieser Sachlage durch alle Beteiligten andererseits drückt auf die Glaubwürdigkeit der Sanktionsdrohung. – Einen ersten Eindruck in dieser Hinsicht vermittelt die Behandlung der Vorschlages der Kommission im Jahr 2002, an Deutschland und Portugal eine Frühwarnung zu richten, durch den Ecofin-Rat.[6]

Aus solchen Erwägungen ist verschiedentlich die Entpolitisierung des Verfahrens gefordert worden. Das Urteil über Sanktionen solle in der Hand des Europäischen Gerichtshofs liegen.[7] Ein ständiges Beratungsorgan aus unabhängigen Sachverständigen solle die Entscheidungsfindung unterstützen. Die Realisierungschancen eines solchen Vorschlages dürften gering sein. Ohnehin bestehen Bedenken: die Frage ist, ob ein Gericht – auch wenn es sich auf ein Beratergremium stützt – nicht von der Aufgabe, über die Haushaltswirkung eines Regierungsprogramms zu urteilen, grundsätzlich überfordert wäre; im Übrigen wäre auch hier mit langen Zeitspannen und infolgedessen mit einer wenig zielgenauen politischen Wirkung zu rechnen.

---

[5] Kommissionspräsident Prodi (2003) in einem Interview mit der Frankfurter Allgemeinen Zeitung: „Die Mitgliedstaaten neigen dazu, durch Kuhhandel Kompromisse zu suchen, die auf Kosten der Glaubwürdigkeit und Stabilität des Systems gehen können".

[6] EEAG 2003, S. 66: „The desision of the European Council in early 2002 not to follow the Commission's recommendation to give Portugal and Germany early warnings for their failure to meet their budget targets, after heavy lobbying on the part of these countries, has seriously undermined the credibility of the fiscal rules."

[7] Rechtstechnisch würde dies auf die Aufhebung von Art 104 Abs. 10 EG-Vertrag hinauslaufen, nach dem ein Klagerecht im Zuge der Excess Deficit Procedure ausgeschlossen ist.

Auf einer anderen Ebene liegt, dass auch die Art der Sanktionen nicht besonders glücklich erscheint. Es dürfte nicht leicht vermittelbar sein, dass die Auferlegung einer Strafe, die ihrerseits auf eine Haushaltsbelastung hinausläuft, eine angemessene Antwort auf zu hohe Fehlbeträge des Haushalts sein sollte.

Zumindest im optischen Bild wäre ein anderer Ansatz günstiger gewesen, nämlich – zum Beispiel – das betreffende Land solange vom Anspruch auf seinen Anteil am Notenbankgewinn auszuschließen wie es mit dem Abbau seines Defizits in Verzug ist. Wegen der politischen Chancenlosigkeit einer solchen Maßnahme sei der Gedanke hier nicht weiter verfolgt.

IV. Der Pakt bei schwacher Konjunktur

Einer der Vorwürfe gegen die Konstruktion, wenn nicht gar gegen die Existenz des Pakts ist, dass er nicht genügend Spielraum lasse für eine antizyklische Politik in Zeiten schwacher Konjunktur.

Die Kritik war insofern berechtigt als im Wortlaut der einschlägigen Vorschriften zunächst nicht klar war, ob die Sanktionsdrohung bei Überschreitung der 3%-Grenze auch dann gelten soll, wenn diese auf das Spielen der automatischen Stabilisatoren zurückzuführen ist, der Saldo des konjunkturbereinigten Haushalts aber innerhalb des 3%-Kriteriums bleibt. Inzwischen ist durch den Verhaltenskodex des Ecofin-Rats klargestellt, dass für die Beurteilung der Haushaltslage das um zyklische Einflüsse bereinigte Defizit entscheidend ist. Insofern handelt es sich um einen Mangel, der als behoben gelten kann.

Gegen eine darüber hinausgehende diskretionäre Haushaltspolitik in expansiver Richtung – außer im Fall eines erheblichen bzw. eines mit raschem Tempo einsetzenden Abschwunges, also einer ernsteren Rezessionslage, s.u. – sprechen die bekannten Argumente technischer und theoretischer Art.

In technischer Hinsicht gilt, dass sich das fiskalpolitische Instrumentarium nicht zielgenau einsetzen lässt, zum einen wegen des Zeitbedarfs bis zu Beschließung, Umsetzung und Wirksamkeit, zum anderen wegen der typischerweise mangelnden Reversibilität der beschlossenen Maßnahmen. Gegenzurechnen ist folglich einerseits die mit der Gesamtdauer der Reaktionsverzögerungen verbundene Unsicherheit, ob die stabilitätspolitische Wirkung dieser Politik in die richtige Richtung geht, andererseits der Beitrag nicht reversibler Maßnahmen zur Vergrößerung anstehender Konsolidierungsprobleme.

In theoretischer Hinsicht ist zu verweisen auf die neuere, empirisch gestützte, antikeynesianische Literatur, die auf positive Erwartungseffekte (gesteigertes Konsumentenvertrauen und Investorenvertrauen) einer Reduktion von Defiziten in Ländern verweist, in denen die Finanzpolitik zuvor auf nicht nachhaltigem Kurs lag (vgl. z.B. Giavazzi/Pagano 1995; Alesina/Perotti 1995)[8], das heißt also, in denen genau jene Lage herrschte, die für einige der durch hohe Haushaltsdefizite gekennzeichneten europäischen Ländern typisch ist. Zu einem verwandten Ergebnis aus veränderter Blickrichtung kommt eine neuere Studie, die Daten für 91 Länder umfasst (Fatas/Mihov 2003); die Autoren stellen fest, dass aggressive Fiskalpolitik die makroökonomische Instabilität auf signifikante Weise erhöht, statt gesenkt hat.

Anders zu beurteilen ist der Fall einer ernsteren Rezessionslage bzw. des Einsetzens eines raschen, möglicherweise kumulativen Abschwungs. Diesem Fall trägt der Pakt insofern Rechnung als er vorsieht, dass die Excess Deficit Procedure nicht zur Anwendung kommt, wenn die Überschreitung der Referenzkriterien auf einen „schwerwiegenden Wirtschaftsabschwung" zurückzuführen ist. Dies gelte in der Regel, wenn das reale BIP innerhalb eines Jahres um mindestens zwei Prozent zurückgegangen ist, sowie „angesichts weiterer relevanter Umstände, insbesondere bei einem jähen Abschwung oder einem gegenüber den vorangegangenen Trends insgesamt sehr starken Rückgang der Produktion ..." (VO 1467/97, Art 2). – Beachtung verdient in diesem Zusammenhang ein speziell mit der Existenz der Währungsunion zusammenhängender Sachverhalt, der im hier zitierten Text allenfalls unter den Passus „weitere relevante Umstände" einzuordnen wäre: die mögliche Konstellation einer scharf asymmetrischen konjunkturellen Entwicklung unter den Teilnehmern der Währungsunion, die im Ergebnis dazu führen kann, dass ein in der Rezession befindlicher Staat gegen eine für ihn „falsche" kontraktive Geldpolitik anzukämpfen hat (Calmfors et al. 2002).

Das oben erwähnte Argument der zeitlichen Verzögerung, die mit diskretionären budgetpolitischen Maßnahmen verbunden ist, lässt sich auch anders wenden. Es spricht für die Fortsetzung von Konsolidierungsbemühungen auch in Zeiten der Rezession. Dies gilt umso mehr als der Zeitbedarf für die Konzeption, Beratung und Beschlussfassung – meist wenig populärer – Reformen besonders hoch zu sein pflegt. Ein wesentlicher Vorzug des Pakts besteht insofern darin, dass er mit der Gesamtheit seiner Überwachungsverfahren dazu beiträgt, vernachlässigte Konsolidierungsaufgaben auch in Zeiten schwacher Konjunktur auf der Agenda zu halten. Angesichts der mangelnden Zukunftsfähigkeit der öffentlichen Finanzen in einer Reihe von Teilnehmerländern hat diese Funktion großes Gewicht.

---

[8] „The good news is that major fiscal adjustments do not cause major recessions", *Alesina/Perotti* (1995), S. 240.

Eine auf politökonomischem Gebiet liegende Gefahr, auf die Eichengreen/Wyplosz (1998) verweisen, verdient genaueres Studium. Es könnte sein, dass der Pakt die (ein knappes Gut darstellende) Energie der politischen Reformer einseitig auf budgetentlastende Maßnahmen lenkt, und dass dies zu Lasten tiefergreifender wachstumsfördernder Reformen, zum Beispiel des Arbeitsmarkts, gehen könnte. In eine verwandte Richtung geht ein neuer Aufsatz von Beetsma/Debrun (2003). – Dies öffnet den Blick auf eine beunruhigende Perspektive: es könnte sein, dass die gleichen politischen Fehlanreize, die den Deficit Bias der öffentlichen Finanzen antreiben, sich bei Wirksamkeit des Pakts auf andere Weise Bahn brechen, zum Beispiel darin, dass eine Rückführung oder auch nur Konstanz struktureller Defizite erreicht würde durch Umschichtung von wachstumswirksamen Ausgaben, hin zur Finanzierung automatisch wachsenden Sozialausgaben; schließlich ist dies ein Trade-off, den Deutschland als das wachstumsschwächste EU-Land seit langem praktiziert. – Ein anderer Weg, den sich diese Kräfte bahnen könnten, wäre die Außerkraftsetzung des Pakts; die Voraussage dazu wäre: mit Rücksicht auf die Öffentlichkeitswirkung würde dies auf schleichende Weise geschehen.

E. Fazit

Die Wahrung finanzpolitischer Disziplin in den Partnerländern der Währungsunion hat den Charakter eines Kollektivguts angenommen. Dieser neuen Interessenlage entspricht der supranationale Charakter des Stabilitäts- und Wachstumspakts. Die Supranationalität ist eine Organisationsform, die Chancen eröffnet zur Realisierung des im Kollektivgutcharakter angelegten Kooperationsvorteils.

Die Frage im Titel des Aufsatzes war: „Was taugt der Stabilitäts- und Wachstumspakt?" – Die Antwort lautet, zu wenigen Sätzen verdichtet: Der Pakt stellt ein innovatives und bisher erfolgreiches Instrumentarium dar, das dem Problem der Fehlanreize im politischen System entgegenwirkt. Dies gilt besonders wegen der Konsequenz, mit der es in der Gesamtarchitektur bis hin in die Details auf seine supranationale Funktion hin zugeschnitten ist.

Die Wirksamkeit des Pakts beruht weniger auf einer unmittelbaren juristischen Bindekraft, als vielmehr auf den Veränderungen der politökonomischen Einflussfaktoren, die mit der Supranationalität seiner Regelungen und Prozeduren verbunden sind. Zu unterscheiden ist hier ein „Öffentlichkeitseffekt", in Gestalt von griffigeren und glaubwürdigeren Informationen über die haushaltspolitische Performance eines Landes als sie zuvor zur Verfügung standen, und ein „Peer-pressure Effekt" durch die Einbindung nationaler Politiker in supranationale Überwachungsprozeduren.

Andererseits ist der Pakt kein Patentmittel. Er bietet ungenügende Anreize zur Sicherung haushaltspolitischer Disziplin in der Hochkonjunktur. Auch ist das Verfahren bei hohen Defiziten (die Excess Deficit Procedure) unbefriedigend ausgestaltet. Aber die geltenden Regelungen sind verbesserungsfähig. Der Aufsatz diskutiert einschlägige Möglichkeiten. – Eine Aufweichung des Pakts jedoch gilt es zu vermeiden.

Literatur

Alesina, A./*Bayoumi,* T. (1996), The costs and benefits of fiscal rules: evidence from U.S. States, NBER Working Paper No. 5614.

Alesina, A./*Perotti,* R. (1995), Fiscal expansions and adjustments in OECD countries, in: Economic Policy, 21.

Beetsma, R./*Debrun,* X. (2003), Reconciling stability and growth: smart pacts and structural reforms, CEPR Discussion Paper, No 3930.

Bundesministerium der Finanzen (2002), Deutsches Stabilitätsprogramm (Aktualisierung Dezember 2002).

Buti, M./*Guidice,* G. (2002), Maastricht's fiscal rules at ten: an asessment, Working Paper, European Commission.

Caesar, R. (2003), Zur Politischen Ökonomie des Stabilitäts- und Wachstumspakts, in: Adam, K. G., Franz, W. (Hrsg.), Instrumente der Finanzpolitik, Frankfurt.

Canzoneri, M./*Diba,* B. T. (2001), The SGP: delicate balance or albatros?, in: Brunila, A., Buti, M., Franco, D. (Hrsg.), The Stability and Growth Pact, The Architecture of Fiscal Policy in EMU, The Palgrave.

De Grauwe, P. (1994), The economics of monetary union, 2. Aufl., Oxford.

EEAG, s. European Economic Advisory Group.

Eichengreen, B./*v. Hagen,* J. (1996), Fiscal Restraints and Monetary Union: Rationale, Repercussions, Reforms, in: Holzmann, R. (Hrsg.), Maastricht: Monetary constitution without a fiscal constitution.

Eichengreen, B./*Wyplosz,* C. (1998), The Stability Pact: More than a minor nuisance, in: Begg, D., v. Hagen, J., Wyplosz, C., EMU: Prospects and challenges for the Euro, Oxford.

European Commission (2001), Public Finances in the EMU, European Economy.

– (2002a), Public Finances in the EMU, Part II, European Economy, 3.

– (2002b), Communication from the Commission to the Council and the European Parliament: strengthening the Co-ordination of budgetary policies, Brüssel.

European Economic Advisory Group (2003), Report on the European Economy 2003, Ch. 2: Fiscal Policy, CESifo.

Fatas, A./*Mihov,* I. (2003), The case for restricting fiscal policy discretion, Working Paper, INSEAD.

Frankfurter Allgemeine Zeitung vom 27. 9. 2003, Interview mit Kommissionspräsident Romano Prodi, S. 17.

Giavazzi, F./*Pagano,* M. (1996), Non-Keynesian effects of fiscal policy changes: international evidence and the Swedish experience, in: Swedish Economic Policy Review, 3.

Grossekettler, H. (1994), Möglichkeiten zur Koordinierung der Verschuldungspolitik in Bundesstaaten, in: Zwei Beiträge zur finanzwiswsenschaftlichen Ordnungspolitik, Institut für Finanzwissenschaft, Universität Münster.

v. Hagen, J. (1991), A Note on the empirical effectiveness of formal fiscal restraints, in: Journal of Public Economics, Band 44.

Kopits, G./*Symansky,* S., 1998, Fiscal rules: Useful policy framework or unnecessary ornament?, in: Fiscal Rules, Banca d'Italia.

Leibfritz, W./*Dumke,* R. H./*Müller,* A./*Ochel,* W./*Reuter,* M./*Westermann,* F. (2001), Finanzpolitik im Spannungsfeld des Europäischen Stabilitäts- und Wachstumspaktes, in: Bundesministerium der Finanzen, Berlin, Fachblick 4.

Masciandaro, D./*Tabellini,* G. (1988), Monetary regimes and fiscal deficits: a comparative analysis, in: Cheng, H.-Sh. (Hrsg)., Monetary Policy in Pacific Basin countries, Boston etc.

Perotti, R./*Strauch,* R./*v. Hagen,* J. (1998), The sustainability of public finances, CEPR.

Poterba, James M. (1996), Do budget rules work?, NBER Working Paper No. 5550.

Wissenschaftlicher Beirat beim Bundesministerium der Finanzen (2003), Verbesserungsvorschläge für die Umsetzung des Deutschen Stabilitätspaktes.

Wyplosz, C. (2001), The impact of EMU on Europe and the developing countries, Oxford.

Fehlinterpretationen konjunkturbedingter und struktureller Defizite des Staates

Von Alois Oberhauser[1]

Unmittelbarer Anlass zu den folgenden Überlegungen war die Behauptung des Sachverständigenrates in seinem Jahresgutachten 2002/03, dass die Quote der staatlichen Neuverschuldung im Jahre 2002 in Höhe von 3,7 % des BIP überwiegend auf strukturelle Faktoren – nämlich 2 3/4 v.H. – und lediglich zu etwa 1 v.H. auf konjunkturelle Einflüsse zurückzuführen sei.[2] Auf welchen (modelltheoretischen) Berechnungen diese Aussage beruht, wird nicht gesagt.

Aber nicht nur in den Ausführungen des Sachverständigenrates, sondern auch in vielen Beiträgen zur beschäftigungs- und finanzpolitischen Diskussion wird das Verhältnis von konjunkturbedingten und strukturellen Defiziten verzerrt gesehen. So glaubt beispielsweise die Bundesbank, dass „konjunkturelle und andere temporäre Faktoren die Gebietskörperschaften 2002 mit 1/2 % des BIP belastet haben" und sich „ein struktureller Konsolidierungsbedarf von knapp 2 1/2 % des BIP" ergebe.[3] Dass derartige Angaben bei einer Arbeitslosenquote von mehr als 10 v.H. und weitgehend stagnierender gesamtwirtschaftlicher Produktion nicht zutreffend sein können, müsste eigentlich bereits auf den ersten Blick einsichtig sein.

Im Folgenden soll daher auf drei Fragen eingegangen werden:

- Wie sind konjunkturbedingte und strukturelle Defizite des Staates voneinander abzugrenzen?
- Welche Gefahren sind mit der Überzeichnung der strukturellen Defizite und den Forderungen nach ihrer Konsolidierung unabhängig von der konjunkturellen Situation verbunden?
- Welche Folgerungen liegen bei hohen konjunkturellen Belastungen der öffentlichen Haushalte nahe?

---

[1] Der Autor war Professor am Institut für Finanzwissenschaft der Albert-Ludwigs-Universität Freiburg.

[2] Vgl. Sachverständigenrat zur Begutachtung der gesamtwirtschaftlichen Entwicklung (2002), Programmpunkt 20, vor Ziffer 532.

[3] Vgl. Deutsche Bundesbank (2003b), S. 29. Siehe auch Communication from the Commission (2003), S. III.

Um die Ausführungen zu begrenzen, wird im Folgenden – ausgehend von der derzeitigen hohen Arbeitslosigkeit – lediglich auf konjunkturelle Rückschläge abgestellt. Welche Schlussfolgerungen sich für Wachstumsperioden mit Verbesserungen der Haushaltssituation des Staates ergeben, wird nicht diskutiert. Des weiteren wird nur der Staatssektor insgesamt als Aggregat betrachtet, ohne auf die eigentlich notwendige Differenzierung nach den einzelnen Gebietskörperschaften und sozialen Institutionen einzugehen.

A. Das Verhältnis von konjunkturbedingten und strukturellen Defiziten

Eine allgemein akzeptierte Abgrenzung der Begriffe und Tatbestände, die als konjunkturbedingte und strukturelle Defizite bezeichnet werden, gibt es nicht. Zum Teil lassen sich die Begriffsinhalte nur indirekt aus den Ausführungen der einzelnen Autoren erschließen. Dennoch liegt insoweit eine Übereinstimmung vor, als mit konjunkturbedingt zum Ausdruck gebracht werden soll, dass es sich um Defizite handelt, die aufgrund konjunktureller Veränderungen zustande kommen.

Eine derartige Aussage ist allerdings wenig exakt. Dies wird besonders deutlich, wenn wie häufig in der wissenschaftlichen und politischen Diskussion von automatischen Stabilisatoren gesprochen wird. Schon der Ausdruck „automatisch" ist falsch. Die Defizite kommen nicht automatisch in Höhe der konjunkturbedingten Mindereinnahmen und konjunkturbedingten Mehrausgaben des Staates zustande. Inwieweit Defizite zur Aufrechterhaltung der staatlichen Ausgaben und zur Finanzierung der zusätzlichen Aufwendungen für die Arbeitslosen eingegangen werden, ist vielmehr abhängig von den finanzpolitischen Entscheidungen der politischen Instanzen auf den einzelnen staatlichen Ebenen. Sieht man von den strukturellen Defiziten zunächst einmal ab, so weichen die effektiven konjunkturellen Defizite fast immer in erheblichem Umfang von der Größe der sogenannten automatischen Stabilisatoren ab. Die konjunkturellen Defizite können dahinter zurückbleiben oder darüber hinausgehen. Eine Übereinstimmung wurde in den vergangenen Jahren in Deutschland nicht angestrebt.

Bleiben die konjunkturellen Defizite hinter den konjunkturbedingten Mindereinnahmen/Mehrausgaben zurück, werden die positiven Wirkungen der scheinbar automatischen Stabilisatoren in entsprechendem Umfang unterlaufen. Gehen sie dagegen darüber hinaus, entspricht dies dem Konzept antizyklischer Nachfragepolitik, wie sie aus den Keynesschen Kreislaufbetrachtungen abgeleitet wird.

Setzt man die konjunkturbedingten Mindereinnahmen/Mehrausgaben zur effektiven Neuverschuldung des Staates in Beziehung, erhält man ein Maß für die konjunkturellen Effekte, die von den durch die Defizite bewirkten Veränderungen des Staatshaushaltes ausgehen. Auf jeden Fall ist es unzulänglich, generell konjunkturelle Defizite mit der konjunkturbedingten Summe der Haushaltsmindereinnahmen und der Mehrausgaben des Staates gleichzusetzen und von automatischen Stabilisatoren zu sprechen. Es bedarf vielmehr genauerer Präzisierungen.

Zunächst ist eine Bezugsgröße festzulegen. In Betracht kommen ein in einer früheren Periode erreichtes Produktionsvolumen (reales BIP) oder ein bei annähernder früherer Vollbeschäftigung erreichter Auslastungsgrad des Produktionspotentials. Dieses ist allerdings keine einfach zu ermittelnde Größe. Es stehen „eine kaum noch überschaubare Vielzahl von Methoden und Varianten zur Verfügung".[4] Außerdem ist es erforderlich, auch die bei konjunkturellen Verzögerungen eintretende Zunahme des Produktionspotentials zu berücksichtigen. Quantitativ handelt es sich dabei um erhebliche Größenordnungen. Steigt beispielsweise die Produktivität um 2%, während das BIP stagniert, nehmen bei einem Staatsanteil von annähernd 50% und hohen Ausgaben für die Arbeitslosen die konjunkturbedingten Mindereinnahmen/Mehrausgaben jährlich um etwas mehr als 1% des BIP zu.

Je nach der Wahl der Bezugsgröße gelangt man somit zu unterschiedlichen Rechenergebnissen. Es besteht die Gefahr, dass die Abgrenzung in der wirtschaftspolitischen Diskussion jeweils so gewählt wird, dass die eigenen beschäftigungs- und finanzpolitischen Folgerungen gerechtfertigt erscheinen.

Ein weiteres Problem hängt damit zusammen, dass der Staat im Zeitablauf in erheblichem Umfang einnahme- und ausgabepolitische Maßnahmen ergreift, die die Haushaltsdefizite beeinflussen. Zum Teil dürften sie als Mittel zur Haushaltskonsolidierung gedacht sein. Sie müssen bei den Berechnungen gesondert berücksichtigt werden.

Als Folgerung aus den bisherigen Überlegungen ergibt sich: Ausgangspunkt muss sein abzuschätzen, in welchem Umfang die staatlichen Einnahmen und Ausgaben durch die konjunkturelle Entwicklung, durch die konjunkturellen Rückschläge, beeinflusst sind. Von der Wahl der dabei herangezogenen Bezugsgröße ist dann auch die Höhe der sogenannten strukturellen Defizite abhängig. Diese sind die eigentliche Restgröße. Es mag dahingestellt bleiben, ob sie nicht aufgrund der Zunahme der konjunkturbedingten Mindereinnahmen/Mehrausgaben im Laufe einer längeren Schwächeperiode sogar abnehmen; denn ohne die konjunkturellen Einbrüche wäre der Staat aufgrund der Verbesserung der Haushaltssituation in der Lage gewesen, auf eine Kreditnahme weitgehend zu verzichten bzw.

---

[4] Deutsche Bundesbank (2003a), S. 44. Vgl. auch *Mohr* (2001).

eine Nettoschuldentilgung vorzunehmen. Die Entwicklung der staatlichen Verschuldensquote in den USA, Großbritannien und einigen anderen Ländern in den 90er Jahren, aber auch die der alten BRD 1988/89 sind Beispiele dafür.

Für die deutsche Situation in den letzten Jahren lässt sich jedenfalls sagen: Bei einer Arbeitslosenquote von über 10% – unter Berücksichtigung der verdeckten Arbeitslosigkeit von etwa 12% – und den dadurch bedingten hohen Sozialleistungen betragen die konjunkturbedingten Mindereinnahmen/Mehrausgaben des Staates mit Sicherheit mehr als 3% des BIP. Es ist seltsam, wenn sie durch den Sachverständigenrat und andere Institutionen auf weniger als 1% des BIP beziffert werden. Man hat den Eindruck, dass den Berechnungen Modelle zugrunde gelegt werden, die fern der Realität sind. Noch bedenklicher ist, dass die staatlichen Defizite hauptsächlich als strukturell bedingt angesehen und eine jährliche Tilgung von Teilen dieser Defizite unabhängig von der konjunkturellen Situation verlangt, von der Finanzpolitik angestrebt und auf europäischer Ebene tendenziell erzwungen werden.

B. Mängel der Konsolidierungskonzepte

Die Verkennung des Verhältnisses von konjunkturbedingten und strukturellen Defiziten führt zu gravierenden gesamtwirtschaftlichen Nachteilen: Der Grundgedanke der eingebauten Stabilisatoren ist, dass der Staat nicht zu einer Verschärfung der konjunkturellen Situation beitragen sollte. Dazu muss er bereit sein, konjunkturbedingte Einnahmeminderungen und Mehrausgaben aufgrund der Arbeitslosigkeit durch eine Kreditnahme auszugleichen. Es handelt sich dabei nicht um eine antizyklische Nachfragepolitik im Keynesschen Sinne. Diese liegt erst dann vor, wenn die Neuverschuldung des Staates über die konjunkturbedingten Mindereinnahmen/Mehrausgaben hinausgeht, um die im privaten Sektor fehlende Nachfrage wenigstens zum Teil – unter Berücksichtigung der multiplikativen Folgewirkungen – zu kompensieren.[5] Die konjunkturbedingten Haushaltsbelastungen stimmen, wie gezeigt, keineswegs mit den Defiziten überein, die in der finanzpolitischen Diskussion als konjunkturbedingt bezeichnet werden. Bleiben diese Defizite wie in den vergangenen Jahren in der BRD hinter den konjunkturbedingten Haushaltsbelastungen zurück, betreibt der Staat in entsprechendem Umfang eine prozyklische Politik. Die so genannten eingebauten Stabilisatoren kommen nicht oder nur begrenzt zur Geltung.

---

[5] Ein aktuelles Beispiel einer massiven antizyklischen Finanzpolitik geben erneut die USA. Für das Fiskaljahr 2003 rechnen die Budgetfachleute der Regierung mit einem Etatdefizit von rund 450 Mrd. Dollar, was 4,6% des BIP entspricht. Vgl. Frankfurter Allgemeine Zeitung (2003).

Für ein derartiges die Konjunktur verschärfendes Verhalten gibt es verschiedene Gründe. Meist werden die Rückwirkungen staatlicher Kreditnahme auf die Höhe und das Wachstum des BIP nicht oder nur unzulänglich berücksichtigt. Während antizyklische Defizite durch den Anstieg des BIP und die verringerte Arbeitslosigkeit sich wenigstens zum großen Teil selbst finanzieren und sich eine Art Schuldenparadox ergibt[6], haben konjunkturbedingte Defizite, die sich im Rahmen der konjunkturbedingten Haushaltsbelastungen halten, zwar per saldo ähnliche Wirkungen, doch nur in der Weise, dass die konjunkturellen Rückschläge vermindert werden, weil der Staat selbst nicht mehr dazu beiträgt. Zudem steigt der Schuldenbestand, was bei antizyklischen Defiziten, wie vielfältige empirische Erfahrungen zeigen, nicht oder nur begrenzt der Fall ist.

Diese negativen Wirkungen werden verschärft, wenn die finanzpolitisch Verantwortlichen glauben, selbst in Phasen konjunktureller Schwäche die (vermeintlichen) strukturellen Defizite abbauen zu müssen. Es wird nicht gesehen, dass es in den wirtschaftlichen Wirkungen keinen Unterschied macht, ob sich der Abbau staatlicher Defizite auf die konjunkturbedingten oder auf die strukturellen bezieht. Die Verminderung struktureller Defizite ist in den Wirkungen nichts anderes als ein Unterlassen entsprechender konjunkturbedingter Defizite. Es ist daher ausgesprochen problematisch, wenn auf europäischer Ebene von den einzelnen Mitgliedsländern verlangt wird, ihre „konjunkturbereinigte Haushaltsposition um jährlich mindestens 0,5% des BIP zu verbessern".[7] In Wirklichkeit wird dadurch eine Verschlechterung der wirtschaftlichen Situation herbeigeführt.

Ähnliches gilt für die vielfältigen Maßnahmen der sogenannten Sparpolitik zur Verminderung der Neuverschuldung des Staates. Zwar hat jede Verengung der fiskalischen Spielräume den Vorteil, dass die einzelnen Einnahme- und Ausgabepositionen des Staates auf ihre Dringlichkeit überprüft werden. Zugleich kommt man aber um die Schlussfolgerung nicht herum, dass nahezu alle Sparmaßnahmen negative Auswirkungen auf die Nachfrage des Staates und als multiplikative Folgewirkungen auch des privaten Sektors haben.

Deutschland ist in den vergangenen Jahren auf das untere Ende der Wachstumsskala in den westlichen Industrienationen abgesunken. Das finanzwirtschaftliche Verhalten des Staates hat in erheblichem Umfang dazu beigetragen. Es verwundert andererseits nicht, dass Alibiargumente geltend gemacht werden, um diese Art der Finanzpolitik zu rechtfertigen. Dazu gehört vor allem die Behauptung, dass die mangelnde Elastizität der Arbeits-

---

[6] Vgl. *Gandenberger* (2003), S. 848; *Oberhauser* (1985), S. 333 ff.

[7] Europäische Zentralbank (2003), S. 67.

märkte verantwortlich sei, obwohl sich die Situation gegenüber den vergangenen Jahrzehnten kaum geändert hat.

Ein weiteres Argument ist, dass der Staat durch die Sparpolitik das Vertrauen der Wirtschaftssubjekte stärken müsse. Ein Blick auf die empirischen Erfahrungen zeigt jedoch, dass das Vertrauen der privaten Wirtschaftssubjekte weit stärker von der Konjunktur- und Beschäftigungssituation als von der Höhe staatlicher Defizite abhängig ist.

Noch radikaler sind die Behauptungen, dass der Nachfrage oder wenigstens der staatlich bewirkten Nachfrage keine wirkliche Bedeutung zukomme. Wieso Veränderungen und Wachstum der übrigen Nachfrageaggregate – der Auslandsnachfrage, der Investitionsnachfrage und der privaten Konsumnachfrage – in jeder Konjunkturdiagnose und -prognose im Vordergrund stehen, die Staatsnachfrage jedoch unerheblich sei, ist das Geheimnis der entsprechenden Autoren.[8]

C. Finanzpolitische Schlussfolgerungen

Zusammenfassend lässt sich feststellen: Die Unterscheidung zwischen konjunkturbedingten und strukturellen Defiziten ist kaum geeignet, Maßstäbe für eine beschäftigungs- und wachstumsorientierte Finanzpolitik abzugeben. Es bedarf einer genaueren Erfassung der Auswirkungen auf die öffentlichen Haushalte, die von den konjunkturellen Veränderungen ausgehen, das heißt konkret eine Erfassung der konjunkturbedingten Mindereinnahmen und der Mehrausgaben, die durch die Arbeitslosigkeit zustande kommen. Dieser Saldo unterscheidet sich in der Regel erheblich von der Größe, die in den finanzpolitischen Diskussion als jeweilige konjunkturbedingte Defizite genannt wird.

Die Folge davon ist, dass meist die konjunkturbedingten Defizite nicht mit den so genannten eingebauten Stabilisatoren übereinstimmen. In der Regel bleiben sie weit dahinter zurück – mit der Folge, dass sich eine mehr oder weniger ausgeprägte prozyklische Finanzpolitik ergibt. Als Minimalforderung für eine beschäftigungs- und wachstumsorientierte Finanzpolitik ist anzusehen, dass bei Vorliegen erheblicher Unterbeschäftigung auf eine Tilgung echter oder vermeintlicher struktureller Defizite und auf eine ausgeprägte Sparpolitik verzichtet wird.

Eine echte antizyklische Finanzpolitik ergibt sich erst dann, wenn entsprechende höhere Defizite wie in den angelsächsischen Ländern bewusst

---

[8] So behauptet beispielsweise Stefan Homburg, eine zusätzliche Verschuldung des Staates sei „geradezu selbstmörderisch“ und würde „dem europäischen Stabilitätspakt den Todesstoß versetzen“. In: Badische Zeitung vom 24.6.2003, S. 2.

eingegangen werden. Warum Europa aus den Erfahrungen dieser Länder bisher wenig gelernt hat, soll an dieser Stelle nicht untersucht werden. Der Grund für das prozyklische Handeln des Staates ist vor allem darin zu sehen, dass einzelwirtschaftlich relevante Maßstäbe für die Kreditnahme und Tilgung auf den Staatssektor übertragen werden. Infolgedessen werden selbst bei andauernder konjunktureller Unterbeschäftigung ein Abbau (vermeintlicher) struktureller Defizite und selbst darüber hinausgehende Sparmaßnahmen angestrebt. Die multiplikativen Folgewirkungen von staatlicherseits herbeigeführten Einschränkungen der Gesamtnachfrage bleiben weitgehend unberücksichtigt. Von nicht wenigen Autoren wird eine solche Politik sogar als wachstumsfördernd bezeichnet.

Auf eine weitere Folgerungen sei nur hingewiesen. Der europäische Stabilitäts- und Wachstumspakt ist in der Ausprägung, die ihm meist gegeben wird, nicht ohne weiteres geeignet, den beschäftigungspolitischen Erfordernissen Rechnung zu tragen. Die Unterschätzung konjunkturbedingter Defizite im Umfang der eingebauten Stabilisatoren und die mangelnde Rücksichtnahme auf die sich verschärfende Arbeitslosigkeit lassen eine stärkere Berücksichtigung der konjunkturellen Aspekte angebracht erscheinen. Aber offensichtlich ist es zumindest in Deutschland kaum möglich, zu einer Überprüfung der festgefahrenen institutionellen Regelungen und einer stärkeren Flexibilisierung des Paktes zu gelangen.[9] Eine Voraussetzung dafür wäre, die Fehlinterpretationen des Verhältnisses von konjunkturbedingten und strukturellen Defiziten des Staates aufzugeben.

Literaturverzeichnis

Caesar, R. (2003), Zur Politischen Ökonomie des Stabilitäts- und Wachstumspaktes, in: Adam, K. G./Franz, W., Hrsg., Instrumente der Finanzpolitik. Festschrift für Rolf Peffekoven, Frankfurt am Main, S. 82–92.

Communication from the Commission (2003), Public finances in EMU – 2003.

Deutsche Bundesbank (2003a), Zur Entwicklung des Produktionspotentials in Deutschland, in: Monatsbericht März 2003, S. 43–54.

– (2003b), Die Entwicklung der öffentlichen Finanzen in Deutschland nach der Qualifikation für die Europäische Währungsunion, in: Monatsbericht April 2003, S. 15–33.

Dries, V. (2003), Die Lokomotive schafft es nicht allein, in: Frankfurter Allgemeine Zeitung vom 28. Juli 2003.

Europäische Zentralbank (2003), Jahresbericht, Frankfurt.

Frankfurter Allgemeine Zeitung (2003) vom 16.7.03, Greenspan verbreitet Optimismus, S. 11.

---

[9] Vgl. *Caesar,* R. (2003).

Gandenberger, O. (1983), Thesen zur Staatsverschuldung, in: Hansmeyer, K.-H., Hrsg., Staatsfinanzierung im Wandel, Berlin, S. 848.

Mohr, M. (2001), Ein disaggregierter Ansatz zur Berechnung konjunkturbereinigter Budgetsalden für Deutschland: Methoden und Ergebnisse. Diskussionspapier 13/01 des Volkswirtschaftlichen Forschungszentrums der Deutschen Bundesbank, Frankfurt.

Oberhauser, A. (1985), Das Schuldenparadox, in: Jahrbücher für Nationalökonomie und Statistik, Bd. 200 1985, S. 333.

Sachverständigenrat zur Begutachtung der gesamtwirtschaftlichen Entwicklung (2002), Zwanzig Punkte für Beschäftigung und Wachstum, Jahresgutachten 2002/2003, Stuttgart.

Budgetdefizite in einer Währungsunion

Eine finanzwirtschaftliche Analyse internationaler Zins-, Wechselkurs- und Einkommenseffekte

Von Gustav Dieckheuer[1]

A. Europäischer Stabilitätspakt und staatliche Neuverschuldung

Vor dem Hintergrund einer länger anhaltenden Wachstumsschwäche konnten die öffentlichen Haushalte einiger EU-Länder (z. B. Deutschland, Frankreich, Portugal) die im Europäischen Stabilitäts- und Wachstumspakt vereinbarte Neuverschuldungsgrenze von 3% des Bruttoinlandsprodukts nicht einhalten. Weil die für eine Rückkehr in den zulässigen Bereich erforderlichen Anpassungsmaßnahmen politisch nur schwer durchsetzbar sind und überdies kurzfristig prozyklisch wirken würden, fordern vor allem die größeren der betroffenen Länder eine Flexibilisierung der Verschuldungsregeln. Unter Wirtschaftswissenschaftlern gibt es sowohl Befürworter als auch Gegner einer Flexibilisierung.[2] In der Tat erweist es sich als problematisch, wenn einzelne Länder die automatische Stabilisierung, die im System von Steuern und Staatsausgaben angelegt ist, in ihrer Wirksamkeit einschränken müssen, um die Vorgaben des Stabilitätspaktes zu erfüllen.

Allerdings wurde diese Gefahr bei den Verhandlungen zum Stabilitätspakt sehr wohl gesehen. Man glaubte aber, dass ein Spielraum bis zu 3% des BIP in jedem Fall – auch bei starken zyklischen Konjunkturausschlägen – ausreichen würde, um die automatische Stabilisierung vollständig wirken zu lassen.[3] Das setzt allerdings voraus, dass öffentliche Haushalte diesen

---

[1] Der Autor ist Professor für Volkswirtschaftslehre an der Westfälischen Wilhelms-Universität Münster.

[2] Zur Diskussion um den Stabilitätspakt siehe z. B.: *Beetsma/Uhlig* (1999); *Buiter/Corsett/Ranbini* (1993); *Buti/Martinot* (2000); *Buti/Eijffinger/Franco* (2003); *DeGrauwe* (2000); *Eichengreen* (2003); *Eijffinger* (2003); *La Malfa/Walter* (2003); *Leefting* (2000); *Lehment* (2003); *Leibfritz/Dumke/Müller/Ochel/Reuter/Westermann* (2001); *Milbradt/Scherf/Francke/Spahn* (2002); *Peffekoven/Linsenmann/Wessels/Hasse/Hefeker* (2002); *Walton* (2002).

[3] Das wird in einigen Analysen bestätigt, die im Auftrag der Europäischen Kommission erstellt wurden. Siehe hierzu: European Commission (1997), (2000).

Spielraum nicht schon in Zeiten normaler Konjunkturentwicklung mit strukturellen Budgetdefiziten zu einem erheblichen Teil ausschöpfen. Es gehörte vor diesem Hintergrund offenbar zu den Zielen des Stabilitätspaktes, strukturelle Defizite in der EU abzubauen und so Vertrauen in eine solide öffentliche Finanzpolitik zu schaffen. Gerade dieses Ziel haben jedoch die oben genannten Länder in den Jahren nach Einführung der Regeln nicht erreicht. Insofern ist die Verletzung der Regeln nicht originär auf die Konjunktur- und Wachstumsschwäche zurückzuführen.

Werden generell Spielräume von mehr als 3% des BIP zugelassen oder flexible Anpassungen der Defizitquoten an aktuelle Konjunktur- und Beschäftigungssituationen ermöglicht, so läuft man Gefahr, dass die bereits bestehenden strukturellen Defizite perpetuiert oder in konjunkturell günstigen Zeiten neue Strukturdefizite aufgebaut werden. Dadurch könnte nicht zuletzt die Stabilitätspolitik der Europäischen Zentralbank gefährdet werden. Überdies erweisen sich anhaltend hohe strukturelle Defizite in den Ländern selbst als eine schwere Hypothek auf die Zukunft der jungen Generation. Es dürfte deshalb ratsam sein, grundsätzlich an den einmal fixierten Verschuldungsgrenzen festzuhalten, auch wenn sich aus ökonomischer Theorie und Empirie nicht eindeutig die „richtige“ Defizitquote bestimmen lässt. Eine feste Regel ist für staatliches Handeln allemal besser als eine flexible.

In der ökonomischen Theorie und Politik ist man sich darin einig, dass die automatische Stabilisierung des staatlichen Steuer- und Ausgabensystems funktionsfähig bleiben muss und deshalb entsprechende Verschuldungsspielräume notwendig sind.[4] Höchst fraglich ist es jedoch, ob eine autonome Ausweitung öffentlicher Budgetdefizite mit dem Ziel einer Konjunktur- und Beschäftigungsstabilisierung und vor diesem Hintergrund die Überschreitung der Defizitquote ökonomisch vertretbar ist. Zwei Aspekte sind hervorzuheben:

1. Wenn die erhofften Wirkungen – wie häufig vermutet – nicht erreicht werden, implizieren die vermeintlich konjunkturell ausgerichteten Defizite eine nachhaltige Erhöhung der Staatsverschuldung, die noch dadurch verstärkt werden kann, dass solche Defizite letztlich in Form struktureller Defizite perpetuiert werden.

2. In einer Währungsunion können anhaltende Defizite eines oder einiger Mitgliedsländer nicht nur, wie schon erwähnt, die Stabilitätspolitik der gemeinsamen Zentralbank gefährden, sondern auch unerwünschte Struktureffekte nach sich ziehen.

---

[4] Siehe hierzu: *Allsopp/Davies/Mc Kibbin/Vines* (1997); *De Grauwe* (2002), Chapter 9; *Eijffinger/De Haan*, Chapter 4 und 5; *Glick/Hutchison* (1993).

Die folgenden Untersuchungen sind auf diese beiden Aspekte gerichtet. In einem theoretischen Ansatz werden die Wirkungen der Defizitpolitik eines großen Mitgliedslandes einer Währungsunion im Rahmen internationaler Interdependenzen analysiert und dabei neben den Zins- und Wechselkurseffekten die Einflüsse auf das Einkommensniveau und auf die Einkommensstruktur in der Währungsunion dargelegt. Es wird sich zeigen, dass zusätzliche staatliche Defizite eines großen Mitgliedslandes, die nicht automatisch im Konjunkturabschwung entstehen, sondern das Ergebnis einer autonomen Budgetpolitik sind, mit erheblichen Risiken sowohl für das Land selbst als auch für die gesamte Währungsunion verbunden sind und dass deshalb (auch) aufgrund theoretischer Überlegungen von einer solchen Budgetpolitik abzuraten ist.

B. Die modelltheoretischen Grundlagen

Das zugrunde liegende Modell ist primär auf die Erklärung der nationalen und internationalen finanzwirtschaftlichen Zusammenhänge ausgerichtet, die für die Finanzierung staatlicher Budgetdefizite von Bedeutung sind. Gleichwohl sind darin auch einige wichtige güterwirtschaftliche Zusammenhänge zu den Einkommens- und Leistungsbilanzeffekten enthalten.[5] Im Modell werden drei große Länder betrachtet: die beiden Länder 1 und 2 als Mitgliedsländer der Währungsunion sowie das Land 3 als Drittland. Der Wechselkurs zwischen den Währungen der Union und des Drittlandes ist voll flexibel und es wird angenommen, dass das Finanzkapital international vollkommen mobil ist. Die Güterpreise sind konstant und werden vereinfachend mit eins angesetzt.

---

[5] Auch wenn das hier verwendete Drei-Länder Modell mit seiner spezifischen finanzwirtschaftlichen Schwerpunktsetzung teilweise erhebliche Unterschiede zu anderen Modellen aufweist, haben der Mundell-Fleming-Ansatz sowie einige daran anknüpfende Modelle maßgebliche Impulse geliefert. Richtungweisend: *Mundell; Fleming*. Zu Weiterentwicklungen in Form von Zwei-Länder-Modellen sowie Modellen einer Währungsunion siehe u.a.: *Dornbusch* (1997); *Feuerstein/Siebke* (1990); *Frenkel/Razin* (1984), (1985); *Glick/Hutchison; Jarchow* (1993); *Knight/Masson* (1986), (1987); *Levin* (1983); *Masson/Melitz* (1991); *Masson/Taylor* (1993); *Sauernheimer; Wohltmann* (1993). Einen Überblick zu Zwei-Länder-Modellen findet man u.a. bei *Daniels/Vanhoose* (1988). Das in diesem Beitrag entwickelte Drei-Länder-Modell geht zwar einerseits über viele dieser Modelle, in denen meistens nur zwei Länder betrachtet werden, hinaus, beschränkt sich aber andererseits auf einige Aspekte, die für eine Wirkungsanalyse staatlicher Budgetdefizite in einer Währungsunion von besonderer Bedeutung sind. Ausgeklammert bleiben alle Effekte, die aus der Preisbildung auf den Gütermärkten sowie der Lohnbildung auf den Arbeitsmärkten resultieren könnten. Zur besonderen Rolle solcher Effekte in einer Währungsunion siehe z.B. *Dieckheuer* (1999); *Wohltmann* (1993).

Das Modell setzt sich aus sieben grundlegenden Teilen zusammen:

- das *internationale Finanzmarktgleichgewicht,* aus dem das internationale Zinsniveau zu bestimmen ist (Gleichung 1);
- die *internationale Zinsdifferenz* als Differenz zwischen dem Zinssatz der Währungsunion und dem Zinssatz des Drittlandes (Gleichung 2);
- das *Zahlungsbilanzgleichgewicht der Währungsunion,* aus dem der Wechselkurs zwischen den Währungen der Währungsunion und des Drittlandes resultiert (Gleichung 3);
- das Geldmarktgleichgewicht der Währungsunion, mit dem zugleich die *Liquiditätsrestriktion für die Unionsländer* gegeben ist (Gleichung 4);
- das Geldmarktgleichgewicht bzw. die *Liquiditätsrestriktion des Drittlandes* (Gleichung 5);
- der *nationale Finanzierungssaldo* eines Mitgliedslandes der Währungsunion, aus dem letztlich – unter Beachtung der im übrigen Modell berechneten endogenen Variablen – das Einkommen dieses Landes bestimmt werden kann (Gleichung 6);
- das *Einkommen des zweiten Unionslandes,* das quasi als Restgröße aus der Differenz zwischen dem gesamten Einkommen der Währungsunion und dem Einkommen des ersten Unionslandes resultiert (Gleichung 7).

Das *internationale Finanzmarktgleichgewicht* wird bestimmt durch:[6]

$$(1) \qquad \underset{+\,+\,-}{F_1(Y_1, i, B_1^a)} + \underset{+\,+\,-}{F_2(Y_2, i, B_2^a)} + w\underset{+\,+\,-}{F_3(Y_3, i_3, B_3^a)} = 0$$

$F_j (j = 1, 2, 3)$ steht für die nationalen Finanzierungssalden der drei Länder, wobei F_1 und F_2 in der Unionswährung und F_3 in der Drittlandswährung nominiert sind. Y_j bezeichnet die Einkommen sowie B_j^a die autonomen staatlichen Budgetdefizite der drei Länder. Das Zinsniveau der Währungsunion wird mit i, das des Drittlandes mit i_3 bezeichnet. w ist schließlich der Wechselkurs als Preis der Drittlandswährung in Unionswährung. Im Finanzierungsgleichgewicht summieren sich die in der Unionswährung nominierten nationalen Finanzierungssalden zu null. Sie setzen sich jeweils aus der Differenz zwischen den nationalen privaten Nettoersparnissen und dem nationalen staatlichen Budgetdefizit zusammen. Das sei exemplarisch für das Land 1 skizziert:

---

[6] Zur Bedeutung des internationalen Finanzmarktgleichgewichts und des weiter unten diskutierten Zahlungsbilanzgleichgewichts für die Analyse der staatlichen Neuverschuldung siehe: *Dieckheuer* (1993); *Frenkel/Razin* (1984), (1985); *Knight/Masson* (1987).

$$F_1 = S_1 - B_1 \tag{1.1}$$

Die privaten Nettoersparnisse entsprechen der Differenz zwischen den Ersparnissen der privaten Haushalte und den Nettoinvestitionen der privaten Unternehmungen des Landes. Eine maßgebliche Determinante hierfür ist das verfügbare nationale Einkommen, das wie folgt definiert ist:

$$V_1 = Y_1 + \ddot{U}_1 - T_1(Y_1) \tag{1.2}$$

Y_1 ist das Nationaleinkommen, $\ddot{U}_1$ sind die staatlichen Transferzahlungen und Subventionen, und T_1 umfasst alle Steuern und Abgaben an den Staat, die ihrerseits vom Nationaleinkommen abhängig sind. Eine weitere Determinante der privaten Nettoersparnisse ist das Zinsniveau i der Währungsunion, das hier zugleich als Bestimmungsgröße für die Ersparnisbildung der privaten Haushalte und die Investitionsnachfrage der privaten Unternehmungen dient. Überdies ist es möglich, dass staatliche Budgetdefizite Erwartungen auf zukünftige zusätzliche Steuerbelastungen implizieren. Hierdurch kann es gemäß der permanenten Einkommenshypothese oder der Lebenszyklushypothese zu einer Einschränkung des privaten Konsums und dementsprechend zu einer Erhöhung der Sparquote privater Haushalte kommen. Zudem kann die private Investitionsneigung wegen verschlechterter Gewinnerwartungen gedämpft werden. Aufgrund solcher Zusammenhänge ist es keineswegs ausgeschlossen, dass eine zusätzliche staatliche Neuverschuldung einen gravierenden *erwartungsinduzierten Crowding-out-Effekt* impliziert. Im Extremfall kann dieser sogar vollständig sein. In diesem Fall wird entweder private Güternachfrage im Umfang der zusätzlichen kreditfinanzierten Staatsausgaben verdrängt oder kreditfinanzierte Maßnahmen auf der Einnahmenseite des Staatsbudgets (z. B. Steuersenkungen) regen keine zusätzliche private Güternachfrage an.

Zwei Aspekte sind für die Stärke des erwartungsinduzierten Crowding-out-Effekts von erheblicher Bedeutung: zum einen die Art und die Durchführung kreditfinanzierter staatlicher Maßnahmen und zum anderen die erwartete Persistenz von Budgetdefiziten. Dazu seien einige Beispiele genannt: Finanziert der Staat Einnahmenausfälle, die aus einer Steuerreform resultieren, und erwarten die privaten Konsumenten und Investoren, dass ihnen diese Reform eine *nachhaltige* Entlastung bringt, so wird der Effekt allenfalls sehr gering sein; werden zwar bestimmte Steuern oder Abgaben reduziert, jedoch gleichzeitig andere Abgabenerhöhungen erwogen, so fällt der Effekt wahrscheinlich sehr stark aus; entstehen zusätzliche Budgetdefizite im Zuge von Konjunkturzyklen, handelt es sich somit um konjunkturelle Defizite, die einen automatischen Stabilisierungseffekt haben und deren Überwindung absehbar ist, so wird es keine negativen Erwartungseffekte geben; handelt es sich jedoch um strukturelle Defizite und sind diese außerdem mit einem mangelnden Vertrauen in die Fähigkeit des Staates zu grundlegenden Strukturreformen verbunden, so werden anhaltende Budgetprobleme erwartet, die einen erheblichen Crowding-out-Effekt nach sich ziehen werden. Vor diesem Hintergrund wird für die privaten Nettoersparnisse die folgende Gleichung zugrunde gelegt:

$$(1.3) \qquad S_1 = S_1(\underset{+}{Y_1}, \underset{+}{i}, \underset{+}{B_1})$$

Die staatlichen Übertragungen $\ddot{U}_i$ spielen in den weiteren Untersuchungen keine Rolle und bleiben deshalb hier wie im Folgenden unberücksichtigt. Das staatliche Budgetdefizit ergibt sich aus der Differenz zwischen den als autonom eingestuften Staatsausgaben für Konsum, Investitionen, Transfers und Subventionen auf der einen und den einkommensabhängigen Abgaben an den Staat auf der anderen Seite, so dass sich schreiben lässt:

$$(1.4) \qquad B_1 = B_1(\underset{-}{Y_1})$$

Es ist nicht ausgeschlossen, dass sich öffentliche Haushalte prozyklisch verhalten und ihre Budgetdefizite durch relativ hohe autonome Ausgabensteigerungen ausweiten, wenn das Nationaleinkommen zunimmt.[7] Gleichwohl sei hier angenommen, dass der einkommensinduzierte Einnahmeneffekt im Staatsbudget dominiert und deshalb der genannte negative Zusammenhang besteht. Aus (1.1) bis (1.4) resultiert die in Gleichung (1) beschriebene Abhängigkeit der nationalen Finanzierungssalden vom Einkommen, vom Zinsniveau und vom staatlichen Budgetdefizit. Die in (1.4) enthaltene Einkommensabhängigkeit des Budgetdefizits wird dort in der Einkommensgröße erfasst, so dass explizit nur die autonome Budgetgröße B_1^a einfließt.

Zwar besteht qua Annahme eine vollkommene internationale Kapitalmobilität, aber aufgrund von Erwartungen zur Wechselkursentwicklung und zur Kursentwicklung von Wertpapieren können die Nominalzinssätze der Währungsunion und des Drittlandes sehr wohl voneinander abweichen. So ist es denkbar, dass die zunehmende staatliche Neuverschuldung eines Unionslandes Erwartungen in Richtung auf eine Abwertung der Unionswährung und/oder auf zukünftige Kursverluste bei Staatspapieren aus Unions-

[7] Verschiedene empirische Studien kommen zu dem Schluss, dass sich die Defizitquote der meisten Mitgliedsländer der EU in den vergangenen 20 Jahren antizyklisch verändert hat und dass neben den automatischen Stabilisierungseffekten zusätzlich Einflüsse aus einer autonomen antizyklischen Politik der Staaten wirksam gewesen sind. Vgl. hierzu: *Gali/Perotti* (2003); *Melitz* (1997).

ländern induziert. Die Differenz zwischen den beiden Zinssätzen wird deshalb in Abhängigkeit von den staatlichen Budgetdefiziten der Währungsunion $B_U = B_1 + B_2$ und des Drittlandes B_3 erklärt:

$$(2) \qquad d = i - i_3 = d(\underset{+}{B_U}, \underset{-}{B_3})$$

Das *Zahlungsbilanzgleichgewicht der Währungsunion* lautet:

$$(3) \qquad F_1(\underset{+}{Y_1}, \underset{+}{i}, \underset{-}{B_1^a}) + F_2(\underset{+}{Y_2}, \underset{+}{i}, \underset{-}{B_2^a}) = A_1(\underset{-}{Y_1}, \underset{+}{Y_2}, \underset{+}{Y_3}, \underset{+}{w}) + A_2(\underset{+}{Y_1}, \underset{-}{Y_2}, \underset{+}{Y_3}, \underset{+}{w})$$

Im Zahlungsbilanzgleichgewicht addieren sich bei flexiblem Wechselkurs die Salden der Leistungsbilanz und der Kapitalverkehrsbilanz (ohne Devisenbilanz) zu null. In der Devisenbilanz der Zentralbank treten dann keine Änderungen auf. Der Saldo der Leistungsbilanz eines Landes wird hier vereinfachend mit dessen Außenbeitrag gleich gesetzt. Der Saldo der Kapitalverkehrsbilanz (ohne Devisenbilanz) eines Landes ist identisch mit dessen nationalem Finanzierungssaldo. Der Finanzierungssaldo und der Leistungsbilanzsaldo jeweils der gesamten Währungsunion stimmen deshalb ebenfalls überein. Diese Gesamtsalden der Union werden hier aus den Finanzierungssalden (F_1 und F_2) sowie den Außenbeiträgen (A_1 und A_2) der beiden Unionsländer gebildet, wobei sich allerdings sowohl die Finanztransaktionen als auch die Leistungstransaktionen innerhalb der Währungsunion saldieren. In der Gleichung (1) des internationalen Finanzmarktgleichgewichts und der hier beschriebenen Gleichung (2) ist implizite auch das Zahlungsbilanzgleichgewicht des Drittlandes enthalten.

Betrachtet man wieder exemplarisch das Land 1, so setzt sich der Außenbeitrag dieses Landes zusammen aus der Differenz zwischen den Importen der Länder 2 und 3 jeweils aus dem Land 1 und den Importen des Landes 1 aus den Ländern 2 und 3. Somit hängt der Außenbeitrag eines Landes vom Nationaleinkommen dieses Landes, von den Nationaleinkommen der beiden anderen Länder sowie vom Wechselkurs w zwischen den Währungen der Währungsunion und dem Drittland ab. Hinsichtlich der Wechselkursabhängigkeit wird angenommen, dass die Marshall-Lerner-Bedingung erfüllt ist: [8]

$$(3.1) \qquad AB_1 = IM_{21}(\underset{+}{Y_2}) + IM_{31}(\underset{+}{Y_3}, \underset{+}{w}) - IM_{12}(\underset{+}{Y_1}) - wIM_{13}(\underset{+}{Y_1}, \underset{-}{w})$$

[8] IM_{jk} sind die mengenmäßigen Importe des Landes j aus dem Land k. Weil die Güterpreise annahmegemäß konstant sind und vereinfachend jeweils mit 1 angesetzt werden, spielen Preisverhältnisse hier keine Rolle.

Die Geldmarktgleichgewichte der Währungsunion und des Drittlandes bilden quasi eine *Liquiditätsrestriktion* für die Güternachfrage und die Einkommen der Union bzw. des Drittlandes. Insbesondere im Hinblick auf die finanzwirtschaftliche Ausrichtung der Untersuchungen spielen diese Restriktionen eine maßgebliche Rolle. Das *Geldmarktgleichgewicht der Währungsunion* lautet:

$$(4) \qquad M_U = \underset{+\quad -\quad +}{L_U(Y_U, i, B_U^a)}$$

M_U ist das autonome Geldangebot der Zentralbank der Währungsunion. Die Geldnachfrage L_U wird zum einen in Abhängigkeit vom Einkommen und vom Zinsniveau erklärt. Zum anderen wird davon ausgegangen, dass sich auch Zinserwartungen bzw. Kurserwartungen von Wertpapieranlagen auf die Geldnachfrage auswirken. Werden Zinssteigerungen und dementsprechend Kurssenkungen erwartet, so ist mit einer Zunahme der Geldnachfrage zu rechnen. Staatliche Budgetdefizite können solche Erwartungen auslösen, so dass diese eine Determinante der Geldnachfrage sind. Überdies kann die zusätzliche Neuverschuldung des Staates gemäß der Portfolio-Theorie via privater Geldvermögenssteigerung die Geldnachfrage positiv beeinflussen. Der einkommensabhängige Teil der staatlichen Budgetdefizite wird in (4) bereits in der Einkommensgröße erfasst, so dass explizit nur noch das autonome Budgetdefizit der Währungsunion einfließt. Aus der Gleichung (4) resultiert für eine autonom vorgegebene Geldmenge M_U, einen bestimmten Zinssatz i sowie ein autonom festgelegtes autonomes Budgetdefizit B_U^a das maximal mögliche Unionseinkommen Y_U.

Analog dazu lautet das *Geldmarktgleichgewicht des Drittlandes.* Hieraus ergibt sich bei vorgegebenen Größen M_3, i_3 und B_3^a das maximal mögliche Einkommen des Drittlandes:

$$(5) \qquad M_3 = \underset{+\quad -\quad +}{L_3(Y_3, i_3, B_3^a)}$$

Die Analyse wird sich im Folgenden auf die Wirkungen eines zusätzlichen staatlichen Budgetdefizits des Unionslandes 1 konzentrieren, so dass der Finanzierungssaldo dieses Landes im Modell eine zentrale Rolle spielt:

$$(6) \qquad \underset{+\quad +\quad -}{F_1(Y_1, i, B_1^a)} = \underset{-\quad +\quad +\quad +}{A_1(Y_1, Y_2, Y_3, w)}$$

Der Finanzierungssaldo des Landes 1 entspricht dem Außenbeitrag dieses Landes. Aus diesem Zusammenhang kann unter Beachtung der aus den anderen Modellgleichungen bestimmten endogenen Modellgrößen letztlich das Einkommen Y_1 dieses Landes ermittelt werden.

Schließlich muss noch das *Einkommen des zweiten Unionslandes* bestimmt werden. Es ergibt sich als Restgröße aus der Differenz zwischen dem gesamten Einkommen der Währungsunion und dem Einkommen des Unionslandes 1:

(7) $$Y_2 = Y_U - Y_1$$

Das Modell enthält somit sieben endogene Variablen, die vier Einkommensgrößen Y_U, Y_1, Y_2, Y_3, die beiden Zinssätze i und i_3 sowie den Wechselkurs w. Im Folgenden werden die Zins-, Wechselkurs- und Einkommenswirkungen eines zusätzlichen staatlichen Budgetdefizits des Unionslandes 1 näher untersucht. Um eine möglichst einfache Analyse zu ermöglichen, werden auf der Grundlage der Gleichungen (1) bis (7) lineare Zusammenhänge angenommen und nur Veränderungen der relevanten Variablen betrachtet. Im Einzelnen werden die folgenden Zusammenhänge zugrunde gelegt:

- *Veränderung des Finanzierungssaldos eines Landes j = 1, 2, 3:*

(1a) $$\Delta F_j = y_j \Delta Y_j + z_j \Delta i - b_j \Delta B_j^a \qquad > y_j > 0; z_j > 0; b_j \geq 0$$

Der Koeffizient b_j gibt die Reaktion des Finanzierungssaldos des Landes j auf eine Veränderung des autonomen Budgetdefizits dieses Landes wieder. Mit Blick auf die oben erläuterten negativen Erwartungseffekte zusätzlicher Budgetdefizite kann der zugehörige Koeffizient b_j zwischen null und eins liegen: er ist eins, wenn solche Erwartungseffekte nicht auftreten und die private Güternachfrage von hierher nicht beeinträchtigt wird; er ist null, wenn die zusätzliche Staatsaktivität aufgrund einer extrem hohen erwartungsinduzierten Reaktion der privaten Güternachfrage ein vollständiges Crowding out bewirkt.

- *Veränderung der Zinsdifferenz:*

(2a) $$\Delta i - \Delta i_3 = d_B \Delta B_U^a \qquad d_B \geq 0$$

Exogen geändert wird lediglich das Budgetdefizit des Landes 1, so dass gilt: $\Delta B_U^a = \Delta B_1^a$ sowie $\Delta B_2^a = 0$ und $\Delta B_3^a = 0$.

- *Veränderung des Außenbeitrags der Länder 1 und 2:*

(3a) $$\Delta AB_1 = m_{21} \Delta Y_2 + m_{31} \Delta Y_3 - (m_{12} + m_{13}) Y_1 + a_1 \Delta w \qquad a_1 > 0$$

(3b) $$\Delta AB_2 = m_{12} \Delta Y_1 + m_{32} \Delta Y_3 - (m_{21} + m_{23}) Y_2 + a_2 \Delta w \qquad a_2 > 0$$

Der Koeffizient m_{jk} ist die marginale Importquote des Landes j für Importe aus dem Land k.

- *Veränderung des Einkommens der Währungsunion*:

(4a) $$\Delta M_U = k_U \Delta Y_U - v_U \Delta i + x_U \Delta B_U^a \qquad k_U > 0; v_U \geq 0; x_U \geq 0$$

Bei $\Delta M_U = 0$ ergibt sich hieraus die (maximal) mögliche Veränderung des Unionseinkommens:

(4b) $$\Delta Y_U = g_U \Delta i - e_U \Delta B_U^a \qquad g_u = \frac{v_U}{k_U}; e_U = \frac{v_U}{x_U}$$

- *Veränderung des Einkommens des Drittlandes*:

(5a) $$\Delta M_3 = k_3 \Delta Y_3 - v_3 \Delta i_3 + x_3 \Delta B_3^a \qquad k_3 > 0; v_3 \geq 0; x_3 \geq 0$$

Bei $\Delta M_3 = 0$ und $\Delta B_3^a = 0$ ergibt sich hieraus die (maximal) mögliche Veränderung des Drittlandeinkommens:

(5b) $$\Delta Y_3 = g_3 \Delta i_3 \qquad g_3 = \frac{v_3}{k_3}$$

- *Veränderung des Einkommens im Unionsland 2:*

(7a) $$\Delta Y_2 = \Delta Y_U - \Delta Y_1$$

C. Internationale Zins- und Wechselkurseffekte

Zunächst werden die Zins- und Wechselkurseffekte eines zusätzlichen staatlichen Budgetdefizits des Unionslandes 1 untersucht.[9] Grundlegend dafür sind die Gleichung (1) des internationalen Finanzmarktgleichgewichts und die Gleichung (2) des Zahlungsbilanzgleichgewichts. Bezogen auf Veränderungen von Variablen erhält man aus den Gleichungen (1) und (2) sowie unter Beachtung von (1a) und (7a):

---

[9] Zur Analyse von Zins- und Wechselkurseffekten auf den internationalen Kapital- und Devisenmärkten siehe z. B.: *Dieckheuer* (1993); *Frenkel/Razin* (1984), (1985); *Knight/Masson* (1986), (1987).

(8)
$$\Delta i = \frac{1}{z_1 + z_2 + w_0 z_3} [-F_{30}\Delta w + (b_1 + w_0 z_3 d_B)\Delta B_1^a -$$
$$(y_1 - y_2)\Delta Y_1 - y_2 \Delta Y_U - w_0 y_3 \Delta Y_3]$$

(9)
$$\Delta i = \frac{1}{z_1 + z_2} [(a_1 + a_2)\Delta w + b_1 \Delta B_1^a - \gamma \Delta Y_1 -$$
$$(y_2 + m_{23})\Delta Y_U + (m_{31} + m_{32})\Delta Y_3]$$

mit: $\gamma = (y_1 - y_2 + m_{13} - m_{23})$

Die Größen F_{30} und w_0 bezeichnen den Finanzierungssaldo des Drittlandes und den Wechselkurs jeweils in der Ausgangssituation.

In der Gleichung (9) ist zu erkennen, dass im Zahlungsbilanzgleichgewicht ein direkter positiver Zusammenhang zwischen dem Zinsniveau i und dem Wechselkurs w besteht. Demgegenüber ist der Zusammenhang zwischen diesen Größen im Finanzierungsgleichgewicht nicht eindeutig bestimmt. Die Gleichung (8) macht deutlich, dass ein direkter negativer Zusammenhang zwischen i und w vorliegt, wenn der externe Finanzierungssaldo des Drittlandes im Ausgangsgleichgewicht positiv und demnach der Finanzierungssaldo der Währungsunion negativ ist – und umgekehrt. Die Erklärung dafür ist einfach: Eine Aufwertung der Drittlandswährung bzw. eine Abwertung der Unionswährung ($\Delta w > 0$) erhöht das in der Unionswährung nominierte internationale Nettokapitalangebot, wenn der externe Finanzierungssaldo des Drittlands positiv ist. Ceteris paribus hat das eine Zinssenkung zur Folge.

Die Europäische Währungsunion weist derzeit gegenüber den Drittländern einen positiven Leistungsbilanzsaldo und deshalb zugleich einen positiven externen Finanzierungssaldo auf. Folglich liegt ein positiver Zusammenhang zwischen dem Zinsniveau i und dem Wechselkurs w vor. Allerdings muss das kein Dauerzustand sein. Es ist durchaus möglich, dass eine anhaltend hohe Zunahme staatlicher Budgetdefizite von Unionsländern über kurz oder lang zu einem negativen externen Finanzierungssaldo der EWU und damit zu einem positiven externen Finanzierungssaldo des Drittlandes führen. Vor diesem Hintergrund werden die Zins- und Wechselkurseffekte eines zusätzlichen staatlichen Budgetdefizits des Unionslandes 1 in der Abbildung 1 verdeutlicht.

Die Einkommen werden dabei zunächst nicht verändert. Jeweils für die Ausgangssituation beschreiben FG_{a0} bzw. FG_{b0} das Finanzierungsgleichgewicht (FG-Kurve) gemäß Gleichung (1) und ZG_0 das Zahlungsbilanzgleichgewicht (ZG-Kurve) gemäß Gleichung (2). Im Fall a ist der externe Finan-

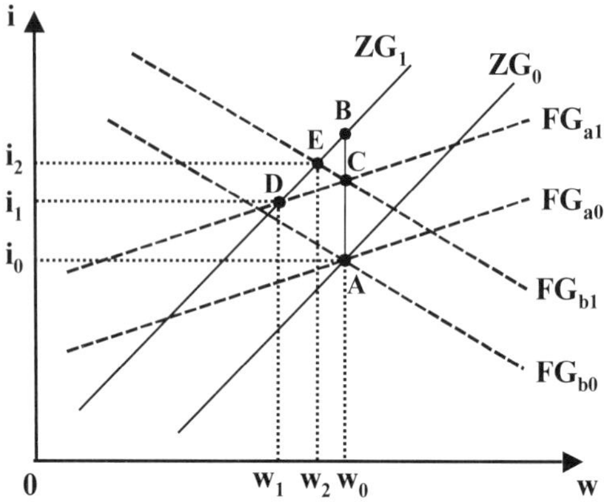

Abbildung 1

zierungssaldo der Währungsunion positiv, im Fall *b* ist er negativ. Die auch mögliche, jedoch rein zufällige Situation eines externen Finanzierungssaldos von null wird hier nicht dargestellt.

Erhöht das Land 1 sein Budgetdefizit und findet *kein* vollständiges erwartungsinduziertes Crowding-out statt ($b_1 > 0$), so drückt sich das in einer Verschiebung der ZG-Kurve (um die Strecke AB) und der FG-Kurve (um die Strecke AC) jeweils nach oben aus. Wenn der Einfluss der Erwartungen auf die internationale Zinsdifferenz bzw. der Koeffizient d_B relativ gering ist, ist die Zinsreaktion zur Herstellung des Zahlungsbilanzgleichgewichts stärker als diejenige zur Herstellung des Finanzierungsgleichgewichts, denn bei letzterem wirkt sich der Zinseinfluss nicht nur – wie beim Zahlungsbilanzgleichgewicht – auf die nationalen Ersparnisse der Unionsländer, sondern auch auf die nationale Ersparnis des Drittlandes aus. Aus dem neuen Zahlungs- und Finanzierungsgleichgewicht (Punkte D bzw. E) gemäß ZG_1 sowie FG_{a1} bzw. FG_{b1} lässt sich erkennen, dass das Zinsniveau der Währungsunion steigt und die Unionswährung aufgewertet wird. Der Zinsanstieg ist relativ groß und die Aufwertung ist relativ gering, wenn der externe Finanzierungssaldo der Währungsunion in der Ausgangslage negativ ist. Demgegenüber fällt der Zinsanstieg relativ gering und die Aufwertung relativ hoch aus, wenn das Budgetdefizit eines Unionslandes auf der Basis eines positiven externen Finanzierungssaldos der Währungsunion erhöht wird. Die direkten Zins- und Wechselkurseffekte zusätzlicher staatlicher Budgetdefizite hängen demnach maßgeblich von der Ausgangssituation auf dem internationalen Finanzmarkt ab.

Der Einfluss von Erwartungen auf die Zinsdifferenz, der im Koeffizienten d_B zum Ausdruck kommt, kann allerdings eine bedeutende Rolle für die Zins- und Wechselkurseffekte spielen. Würden die zusätzlichen Budgetdefizite eines Unionslandes erhebliche Erwartungseffekte in Richtung auf eine Abwertung der Unionswährung sowie auf Kursverluste der Staatspapiere dieses Landes haben, so hätte das einen relativ starken Anstieg des Zinsniveaus der Währungsunion, einen schwächeren Anstieg des Zinsniveaus im Drittland sowie eine relativ geringe Aufwertung der Unionswährung zur Folge. Im Extremfall könnte es sogar zu einer Abwertung der Unionswährung bei gleichzeitig erheblich steigendem Unionszinssatz kommen.

Der indirekte Einfluss von Einkommensänderungen wurde zuvor ausgeklammert. Die Gleichungen (8) und (9) machen dazu Folgendes deutlich: Wenn es, wie häufig erwartet, aufgrund der staatlichen Aktivität im Land 1 zu einem Anstieg des Unionseinkommens Y_U und des Drittlandeinkommens Y_3 kommt, wird der Zinseffekt des zusätzlichen Budgetdefizits von hierher abgeschwächt. Denn aufgrund der einkommensinduzierten Zunahme der Finanzierungssalden wird das internationale Kapitalangebot erhöht. Wie sich später noch zeigen wird, ist der Anstieg des Unionseinkommens jedoch keineswegs sicher. Die Crowding-out-Effekte können so stark sein, dass dieses Einkommen letztlich sogar sinkt.

Um alle theoretisch möglichen Veränderungen der beiden Einkommen adäquat zu erfassen, werden diese jetzt unter Verwendung der Liquiditätsrestriktionen gemäß den Gleichungen (4) und (5) bzw. (4a) und (5a) substituiert. Aus den Gleichungen (8) und (9) erhält man dann:

(8a) $$\Delta i = \mu_F[-F_{30}\Delta w + \beta_F \Delta B_1^a - (y_1 - y_2)\Delta Y_1]$$

(9a) $$\Delta i = \mu_Z[(a_1 + a_2)\Delta w + \beta_Z \Delta B_1^a - \gamma \Delta Y_1] \qquad \gamma = (y_1 - y_2 + m_{13} - m_{23})$$

$$\mu_F = \frac{1}{z_1 + z_2 + g_U y_2 + w_0(z_3 + g_3 y_3)} > 0; \qquad \mu_Z = \frac{1}{z_1 + z_2 + g_U(y_2 + m_{23}) - g_3(m_{31} + m_{32})} > 0$$

$$\beta_F = b_1 + e_U y_2 + w_0 d_B(g_3 y_3 + z_3) > 0; \qquad \beta_Z = b_1 + e_U(y_2 + m_{23}) - g_3 d_B(m_{31} + m_{32}) > 0$$

Zwar ergeben sich quantitativ andere Zins- und Wechselkurseffekte, aber die oben aufgezeigten grundlegenden Zusammenhänge zwischen dem Zinssatz und dem Wechselkurs sowie die direkten Wirkungen der Erhöhung des Budgetdefizits bleiben auch nach dieser Substitution erhalten. Insofern bedarf es keiner neuen Analyse der Zins- und Wechselkurseffekte.

Aus den Gleichungen (8) und (9) sowie (8a) und (9a) ist allerdings ersichtlich, dass der (indirekte) Einfluss des Einkommens Y_1 des Unionslandes 1 unbestimmt ist. Die Einflussrichtung hängt von den Koeffizienten y_1, y_2, m_{13} und m_{23} ab, die strukturelle Abhängigkeiten innerhalb der Währungsunion widerspiegeln. Sind die beiden Unionsländer in ihrer Wirtschaftsstruktur einander ähnlich, so ist zu erwarten, dass zum einen die Einkommenskoeffizienten y_1 und y_2 der nationalen Finanzierungssalden und zum anderen die Importquoten m_{13} und m_{23} in Bezug auf die Importe aus dem Drittland größenmäßig nicht weit auseinander liegen. In diesem Fall sind die von ΔY_1 ausgehenden Zins- und Wechselkurseffekte sehr gering. Im Folgenden wird dieser Fall zugrunde gelegt, so dass auf eine tiefer gehende Erfassung der hier angesprochenen Effekte verzichtet werden kann.

D. Einkommenseffekte in der Währungsunion

Nachdem die im internationalen Bereich auftretenden Zins- und Wechselkurseffekte aufgezeigt worden sind, geht es jetzt darum, die Wirkungen des zusätzlichen Budgetdefizits auf die Einkommen in der Währungsunion darzulegen.[10] Hierzu muss auf die Gleichung (4) für die Liquiditätsrestriktion der Währungsunion, die Gleichung (6) für den Finanzierungssaldo des Unionslandes 1 sowie die Gleichung (7) für das Einkommen des zweiten Unionslandes zurückgegriffen werden.

Die aufgrund der Liquiditätsrestriktion mögliche Änderung des Unionseinkommens ist bereits mit der Gleichung (4b) wiedergegeben worden:

$$(4b) \qquad \Delta Y_U = g_U \Delta i - e_U \Delta B_U^a \qquad g_U = \frac{v_u}{k_U} > 0; e_U = \frac{v_U}{x_U} > 0$$

Bei Berücksichtigung von (1a), (3a) und (7a) erhält man bei linearen Zusammenhängen und mit Bezug auf Veränderungsgrößen aus der Gleichung (5) des nationalen Finanzierungssaldos des Unionslandes 1:

$$(10) \quad \Delta Y_1 = \frac{1}{y_1 + m_{12} + m_{21} + m_{13}} (b_1 \Delta B_1^a + m_{21} \Delta Y_U + m_{31} \Delta Y_3 - z_1 \Delta i + a_1 \Delta w)$$

Die Wirkungen einer Erhöhung des Budgetdefizits im Land 1 werden auf dieser Grundlage in der Abbildung 2 dargestellt.

---

[10] Beispiele für Modelle, in denen fiskalpolitische Wirkungen innerhalb einer Währungsunion untersucht werden, sind: *Allsopp/Davies/McKibbin/Vines* (1997); *Allsopp/Vines* (1998); *Beetsma/Bovenberg* (2001); *Dieckheuer* (1999); *Knight/Masson* (1986); *Levin* (1983); *Levine* (1993); *Melitz* (1997); *Sauernheimer* (1991); *Welsch* (2000); *Wohltmann* (1993). Zu weiteren, nicht formalen Analysen der Fiskalpolitik in einer Währungsunion siehe u. a.: *De Grauwe* (2000), Chapter 9; *Eijffinger/De Haan* (2000), Chapter 5.

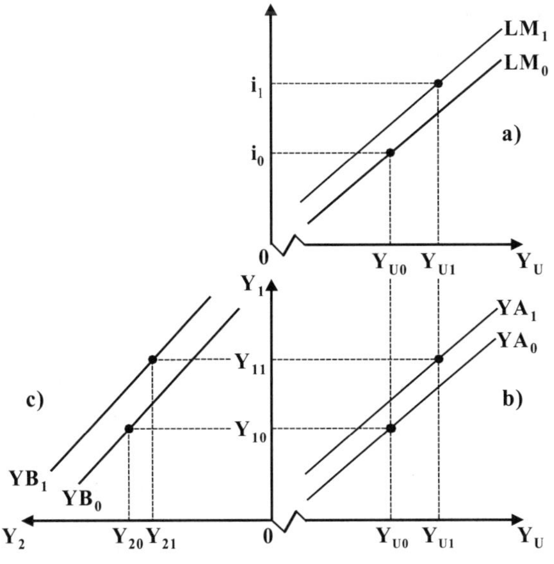

Abbildung 2

Der Abbildungsteil a) zeigt die Liquiditätsrestriktion der Währungsunion, die in der bekannten LM-Kurve zum Ausdruck kommt. Diese Restriktion wird gelockert, wenn die Geldmenge erhöht wird oder wenn der Zinssatz steigt und dadurch die Umlaufsgeschwindigkeit des Geldes zunimmt. Die Restriktion wird verstärkt, wenn Zinserwartungen, die zum Beispiel auf eine zusätzliche staatliche Kreditaufnahme zurückzuführen sind, einen Anstieg der Geldnachfrage bewirken. Aus den vorausgegangenen Untersuchungen ist bekannt, dass die zusätzliche staatliche Kreditnachfrage des Unionslandes 1 auf jeden Fall einen Zinsanstieg zur Folge hat. Der Zinssatz möge demnach von i_0 auf i_1 steigen. Wenn die Geldnachfrage zinselastisch ist, nimmt hierdurch die Umlaufsgeschwindigkeit des Geldes zu. Ceteris paribus lässt sich vor diesem Hintergrund ein umso höheres Unionseinkommen realisieren, je größer die Zinselastizität der Geldnachfrage ist. Ist diese Zinselastizität null und verändert sich deshalb die Umlaufsgeschwindigkeit des Geldes infolge der Zinssteigerung nicht, so ergibt sich ceteris paribus auch keine Veränderung des Unionseinkommens.

Zusätzlich sind allerdings die durch die Budgetpolitik ausgelösten Zinserwartungen wirksam, die in einer Verschiebung der LM-Kurve nach links zum Ausdruck kommen. Sie können selbst bei zinselastischer Geldnachfrage bewirken, dass sich das Unionseinkommen nicht verändert oder sogar sinkt. In diesem Fall läge ein gravierender erwartungsinduzierter Crowding-out-Effekt vor. Die in der Abbildung 2 verwendete LM-Kurve impliziert eine zinselastische Geldnachfrage. Überdies wird mit der Verschiebung von LM_0 nach LM_1 angenommen, dass der Einfluss der Zinserwartungen relativ schwach ist und deshalb das Unionseinkommen auf Y_{U1} zunehmen kann.

Der Abbildungsteil b) zeigt mit der Linie *YA* den positiven Zusammenhang zwischen dem Einkommen des Landes 1 und dem Unionseinkommen gemäß Gleichung (6) bzw. (10). Aus der Zunahme des Budgetdefizits des Landes 1 resultiert dort ceteris paribus ein höheres Einkommen – aber nur dann, wenn es im Zuge der weiter oben erläuterten negativen Einkommenserwartungen nicht zu einem vollständigen Crowding-out kommt und wenn somit der Koeffizient b_1 größer als null ist. Zusätzlich sind durch Veränderungen des Zinssatzes, des Wechselkurses und des Drittlandeinkommens drei weitere Einflüsse wirksam. Aus den Interdependenzen im Modell folgt allerdings, dass diese Einflüsse den zuerst genannten Einfluss nicht kompensieren oder gar überkompensieren. Deshalb verschiebt sich die YA-Linie nach oben, wenn $b_1 > 0$ ist, und sie verändert ihre Lage nicht, wenn $b_1 = 0$ ist. In der Abbildung wird mit der Verschiebung von YA_0 nach YA_1 ein Fall skizziert, in dem $b_1 > 0$ ist und somit kein vollständiges Crowding-out aufgrund negativer Einkommenserwartungen auftritt.

Schließlich enthält der Abbildungsteil c) die Einkommensstruktur in der Währungsunion gemäß Gleichung (7) bzw. (7a). Die entsprechende Linie *YB* verschiebt sich umso weiter nach außen, je mehr das Unionseinkommen zunimmt – und umgekehrt. Die hier zugrunde gelegte Verschiebung nach YB_1 impliziert, dass das Einkommen des Landes 2 sinkt, obwohl das Unionseinkommen zunimmt. Die zugrunde gelegte Budgetpolitik des Unionslandes 1 impliziert somit im skizzierten Fall einen *„beggar-my-neighbour"-Effekt*. Es ist allerdings zu erkennen, dass dieses Ergebnis nicht zwingend ist. Bei relativ hoher Zinselastizität der Geldnachfrage und relativ geringem Zinserwartungseffekt ist es sehr wohl möglich, dass auch das Einkommen des Landes 2 steigt.

Keineswegs auszuschließen ist aber eine Situation, in der die Einkommen beider Länder sinken und demnach das gesamte Unionseinkommen zurückgeht. Das ist möglich, wenn einerseits die Zinselastizität der Geldnachfrage sehr gering ist und die Zinserwartungseffekte relativ stark zu Buche schlagen sowie andererseits die durch die Budgetpolitik ausgelösten negativen Einkommenserwartungen gravierend werden.

Für die strukturellen Einkommenseffekte sind einige Zusammenhänge von Bedeutung, die in der zuvor verwendeten Darstellung verborgen bleiben. Um sie offenkundig zu machen, wird jetzt noch ein anderer Ansatz zur Erklärung der Wirkungen des zusätzlichen Budgetdefizits auf die Einkommensstruktur in der Währungsunion zugrunde gelegt. Grundlage dafür ist wiederum die Gleichung (6) für das Land 1. Diese wird nun allerdings analog auch für das Land 2 verwendet. In linearer Form und mit Blick auf Veränderungen der relevanten Größen gilt für die beiden Länder, wenn die Gleichungen (1a), (3a) und (3b) beachtet werden:

$$(12) \qquad \Delta Y_1 = \frac{1}{y_1 + m_{12} + m_{13}} (b_1 \Delta B_1^a + m_{21} \Delta Y_2 + m_{31} \Delta Y_3 - z_1 \Delta i + a_1 \Delta w)$$

$$(13) \qquad \Delta Y_2 = \frac{1}{y_2 + m_{21} + m_{23}} (m_{12} \Delta Y_1 + m_{32} \Delta Y_3 - z_2 \Delta i + a_2 \Delta w)$$

Wenn man (13) nach Ɖelta i auflöst und diesen Wert in (12) einsetzt, erhält man die folgende Strukturgleichung der Währungsunion:

$$(14) \qquad \Delta Y_1 = \mu_S[\varepsilon \Delta Y_2 + b_1 \Delta B_1^a + (a_1 - \eta a_2) \Delta w + (m_{31} - \eta m_{32}) \Delta Y_3]$$

$$\mu_S = \frac{1}{y_1 + m_{13} + m_{12}(1 + \eta)}; \varepsilon = y_2 + m_{23} + m_{21}(1 + \eta); \eta = \frac{z_1}{z_2}$$

Diese Gleichung zeigt, dass die Koeffizienten der nationalen Finanzierungssalden und der nationalen Außenbeiträge für den Zusammenhang zwischen den Veränderungen der beiden Ländereinkommen eine maßgebliche Rolle spielen. Diese sind neben anderen Faktoren maßgebliche Indikatoren der Wirtschaftsstruktur innerhalb der Währungsunion. Im Extremfall einer vollkommen identischen Wirtschaftsstruktur ist zu erwarten, dass die Einkommenskoeffizienten y_1 und y_2, die Zinskoeffizienten z_1 und z_2, die Wechselkurskoeffizienten a_1 und a_2, die Importkoeffizienten m_{12} und m_{21} sowie die Importkoeffizienten m_{31} und m_{32} übereinstimmen. In diesem Fall würde sich eine sehr einfache Strukturgleichung ergeben:

$$(14a) \qquad \Delta Y_1 = \Delta Y_2 + \frac{b_1}{y_1 + m_{13} + 2m_{12}} \Delta B_1^a$$

Mit Hilfe der Abbildung 3 werden die Zusammenhänge zwischen den Einkommen der beiden Unionsländer auf der Grundlage der Liquiditätsrestriktion (4) bzw. (4a) und der Strukturgleichung (14) untersucht. Die Liquiditätsrestriktion kommt in der Linie LR zum Ausdruck. Wenn ein Geldmarktgleichgewicht bei Konstanz des Geldangebots, des Zinssatzes und des öffentlichen Budgetdefizits vorliegt, ist eine Erhöhung des Einkommens eines Unionslandes proportional nur zu Lasten des Einkommens des anderen Unionslandes möglich. Die Liquiditätsgrenze wird nach außen verschoben, wenn die Geldmenge erhöht wird oder wenn der Zinssatz steigt und da-

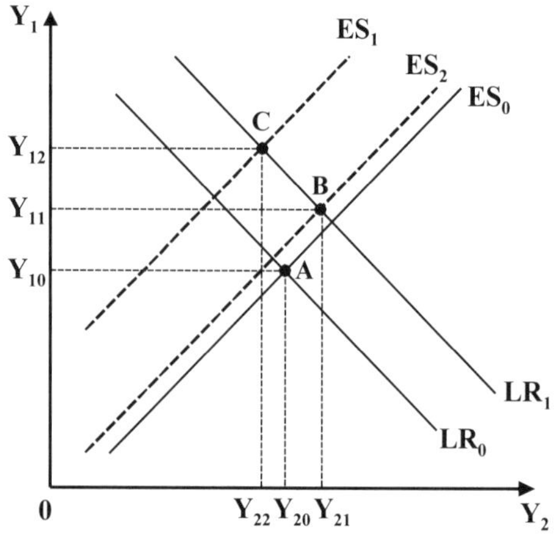

Abbildung 3

durch die Umlaufsgeschwindigkeit des Geldes zunimmt. Die Grenze wird nach innen verschoben, wenn Zinserwartungen, die zum Beispiel auf eine zusätzliche staatliche Kreditaufnahme zurückzuführen sind, einen Anstieg der Geldnachfrage bewirken.

Die Einkommensstruktur wird in der Abbildung 3 durch die Linie *ES* gekennzeichnet. Sie verändert sich gemäß Gleichung (14), wenn ein Unionsland einseitig seine Budgetpolitik ändert. Sie *kann* sich verändern, wenn es zu Veränderungen des Wechselkurses und/oder des Drittlandeinkommens kommt.

Mit Hilfe der Abbildung 3 kann jetzt auch die Wirkung einer Erhöhung des staatlichen Budgetdefizits des Landes 1 skizziert werden. Aus den vorausgegangenen Untersuchungen ist bekannt, dass hierdurch das Zinsniveau steigt. Wie schon erwähnt, hat der Zinsanstieg eine Erhöhung der Umlaufsgeschwindigkeit des Geldes zur Folge, so dass sich die LR-Linie von hierher nach außen verschiebt. Dem steht allerdings eine Zunahme der Geldnachfrage gegenüber, wenn erwartet wird, dass der zusätzlichen Kreditaufnahme des Staates weitere Zinssteigerungen bzw. Kurssenkungen am Kapitalmarkt folgen werden. Das würde eine Verschiebung der LR-Linie nach innen implizieren. Hier sei angenommen, dass der zuerst genannte Effekt dominiert und somit in der Union durch den Zinsanstieg mehr Liquidität für Transaktionen mobilisiert wird. Die LR-Linie möge sich dementsprechend nach LR_1 verschieben.

Die Erhöhung des staatlichen Budgetdefizits im Land 1 hat gemäß Gleichung (14) ceteris paribus eine Veränderung der Einkommensstruktur zu Gunsten dieses Landes zur Folge. Die ES-Linie wäre nach oben zu verschieben. In der Gleichung (14) ist aber zu erkennen, dass Änderungen des Wechselkurses und des Drittlandeinkommens ebenfalls Einkommensstruktureffekte haben. Aus den obigen Untersuchungen ist bekannt, dass mit einer Aufwertung der Unionswährung zu rechnen ist. Überdies zeigt die Gleichung (5a), dass der Zinsanstieg eine Erhöhung des Einkommens im Land 3 impliziert, weil auch dort die Umlaufsgeschwindigkeit des Geldes zunimmt und deshalb mehr Liquidität für Transaktionen zur Verfügung steht. Wie oben schon erwähnt, ist der Struktureffekt dieser Änderungen unbestimmt. So wird beispielsweise das Unionsland 1 begünstigt und folglich das Unionsland 2 benachteiligt, wenn einerseits die Preiselastizität des Außenbeitrags im Unionsland 1 geringer ist als im Unionsland 2 und andererseits die Einkommenselastizität der Exporte des Unionslandes 1 größer ist als diejenige des Unionslandes 2. Andere Relationen der Elastizitäten können aber auch zu dem umgekehrten Ergebnis führen.

In der Abbildung 3 sind mit einer Verschiebung der ES-Linie nach ES_1 oder nach ES_2 zwei Möglichkeiten eingezeichnet worden. Im ersten Fall hat die Budgetpolitik des Landes 1 eine Verschiebung der Einkommensstruktur zur Folge, die eine Verringerung des Einkommens im Land 2 impliziert; im zweiten Fall ergibt sich zwar eine Änderung der Einkommensstruktur zu Gunsten des Landes 1, aber gleichwohl erhöht sich auch das Einkommen des Landes 2.

Die Analyse macht allerdings deutlich, dass aus dem theoretischen Ansatz keine eindeutigen Ergebnisse zu den Einkommenseffekten des zusätzlichen Budgetdefizits ableitbar sind. Wie schon weiter oben erwähnt, sind negative Einkommenseffekte in beiden Unionsländern umso wahrscheinlicher,

- je stärker die durch die Budgetpolitik induzierten negativen Einkommenserwartungen sind,
- je mehr die Geldnachfrage aufgrund von durch die Budgetpolitik induzierten Zinserwartungen zunimmt,
- je geringer die Zinselastizität der Geldnachfrage ist.

E. Zins-, Wechselkurs- und Einkommenseffekte

Nachdem zuvor in Einzeluntersuchungen die Wirkungen eines zusätzlichen Budgetdefizits des Unionslandes 1 auf das Zinsniveau und den Wechselkurs sowie auf Niveau und Struktur der Einkommen in der Währungsunion aufgezeigt worden sind, werden jetzt die Interdependenzen im

Gesamtmodell und die daraus resultierenden Effekte analysiert. Grundlage dafür sind die eingangs dargelegten Gleichungen (1) bis (7) sowie die darauf basierenden Gleichungen in den Abschnitten 3 und 4. Die Gesamtzusammenhänge werden mit Hilfe der Abbildung 4 exemplarisch verdeutlicht. Das Beispiel ist bewusst so gewählt worden, dass sich Wirkungen ergeben, die aus der Perspektive der gesamten Währungsunion problematisch sind.

Von grundlegender Bedeutung für die Wirkungszusammenhänge im hier verwendeten Modell sind die im Abschnitt 3 untersuchten Vorgänge auf dem internationalen Kapitalmarkt und dem Devisenmarkt. Hier finden, ausgelöst von einem zusätzlichen Budgetdefizit des großen Unionslandes 1, die Zins- und Wechselkurseffekte statt, die ihrerseits Auswirkungen auf die Einkommen in der Währungsunion und im Drittland haben. Der *Abbildungsbereich I* zeigt diese Zins- und Wechselkursänderungen. Es wird angenommen, dass der externe Finanzierungssaldo der Währungsunion in der Ausgangssituation positiv ist und dass mit dem zusätzlichen Budgetdefizit keine allzu starken Erwartungen auf eine Abwertung der Unionswährung sowie auf zukünftige Kursverluste von Staatspapieren verbunden sind. Der Zinssatz der Union möge auf i_1 steigen und der Wechselkurs möge auf w_1 sinken, so dass die Unionswährung aufgewertet wird.

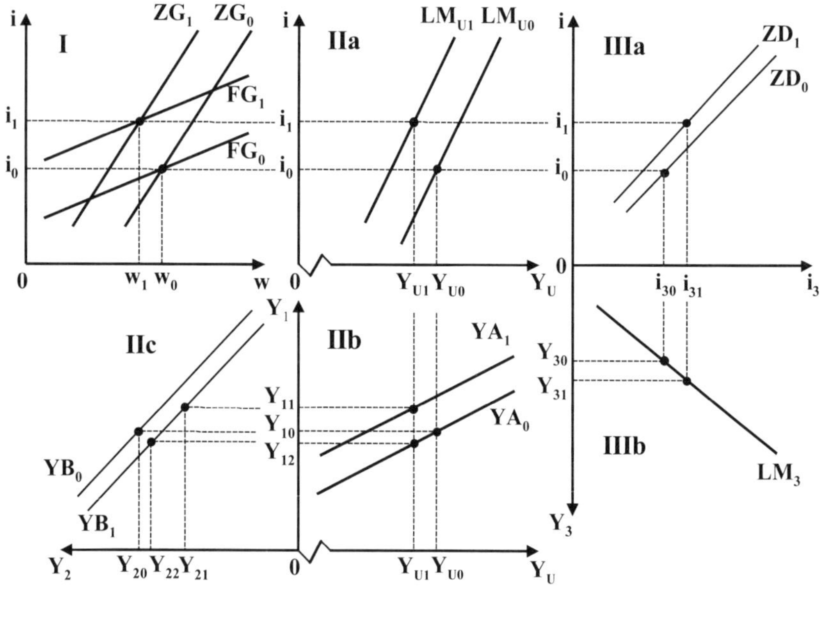

Abbildung 4

Der *Abbildungsbereich II* zeigt die Einkommenswirkungen in der Währungsunion. Die im *Teil IIa* dargestellte relativ starke Verschiebung der LM-Kurve der Union nach LM_{U1} impliziert, dass infolge des zusätzlichen Budgetdefizits innerhalb der Union erhebliche Zinserwartungseffekte auftreten, durch die die Geldnachfrage steigt. Einerseits bewirkt der faktische Zinsanstieg zwar eine Erhöhung der Umlaufsgeschwindigkeit des Geldes und von hierher eine Lockerung der Liquiditätsrestriktion, aber der entgegengerichtete Zinserwartungseffekt ist stärker, so dass es zu einer Liquiditätsverengung kommt, durch die die Güternachfrage und demnach das Unionseinkommen verringert werden. Das Unionseinkommen möge so auf Y_{U1} sinken.

Wie sich die Zins- und die Wechselkursänderungen sowie die Reduktion des Unionseinkommens auf die Einkommensstruktur in der Währungsunion auswirken können, ist in den *Teilen IIb und IIc* dargestellt worden. Hier werden alternativ zwei mögliche Ergebnisse betrachtet. Im *ersten Fall* wird angenommen, dass die zusätzliche kreditfinanzierte Staatsaktivität des Unionslandes 1 dort einen merklichen positiven Nachfrageeffekt hat und von daher negative Einflüsse aus dem Zinsanstieg und der Aufwertung der Unionswährung bei weitem überkompensiert werden (Verschiebung der YA-Linie nach YA_1). Das Einkommen steigt dann auf Y_{11}. Folglich muss das Einkommen des Unionslandes 2 in Anbetracht des gesunkenen Unionseinkommens relativ stark zurückgehen – hier auf Y_{21}. Die Einkommensstruktur wird somit in diesem Fall erheblich zu Ungunsten des Landes 2 verschoben. Im *zweiten Fall* wird angenommen, dass der Nachfrageeffekt des zusätzlichen Budgetdefizits im Land 1 sehr gering ist, weil die steigende Staatsverschuldung negative Einkommenserwartungen induziert. Überdies mögen diesem ohnehin geringen Nachfrageeffekt so starke negative Einflüsse aus dem Zinsanstieg und der Aufwertung gegenüberstehen, dass die YA-Linie letztlich in der Ausgangslage YA_0 verbleibt. Jetzt sinkt das Einkommen des Landes 1 auf Y_{12}. Zugleich verringert sich auch das Einkommen des Landes 2 (hier auf Y_{22}). Allerdings findet nun keine oder zumindest keine maßgebliche Verschiebung der Einkommensstruktur zu Lasten des Landes 2 statt.

Der *Abbildungsbereich III* zeigt schließlich die Reaktion des Zinsniveaus und des Einkommens im Drittland. Es wird angenommen, dass sich die Zinsdifferenz zwischen Unionszinssatz und Drittlandszinssatz verringert, weil die Akteure an den internationalen Finanzmärkten erwarten, dass die zusätzliche staatliche Kreditnachfrage des Unionslandes 1 zukünftig einen Abwertungsdruck auf die Unionswährung sowie Kursverluste der Staatspapiere des Landes 1 nach sich ziehen werden. Im *Abbildungsteil IIIa* wird die daraus resultierende Veränderung der Zinsdifferenz erfasst – dort verschiebt sich die Linie ZD gemäß Gleichung (2a) um den Einfluss $d_B \Delta B_1^a$

nach ZD_1. Gleichwohl möge auch das Zinsniveau des Drittlandes steigen – hier auf i_{31}. Dadurch kommt es dort zu einer zinsinduzierten Erhöhung der Umlaufsgeschwindigkeit des Geldes, durch die ein höheres Einkommen ermöglicht wird. Dieses möge gemäß der LM-Kurve LM_3 des Drittlandes (*Abbildungsteil IIIb*) auf Y_{31} steigen.

Den Kern der Analyse bilden die finanzwirtschaftlichen Vorgänge, die sich in Veränderungen der nationalen Finanzierungssalden sowie in Veränderungen der Transaktionen auf dem internationalen Kapitalmarkt und dem Devisenmarkt widerspiegeln. Gleichwohl sind auch Einkommenseffekte erklärt worden, die einerseits aus den Zins- und Wechselkursänderungen resultieren, andererseits aber auf Zinsniveau und Wechselkurs zurückwirken. Obwohl sie eng mit den hier explizit gemachten finanzwirtschaftlichen Vorgängen verbunden sind, implizieren die Einkommenseffekte gleichwohl güterwirtschaftliche Vorgänge. So haben der Zinsanstieg und die Abwertung der Unionswährung negative Wirkungen sowie der Anstieg des Drittlandeinkommens positive Wirkungen auf die Güternachfrage in der Währungsunion. Im Drittland hat die Abwertung der Drittlandswährung eine positive und der Zinsanstieg eine negative Wirkung auf die dortige Güternachfrage. Weil das Unionseinkommen steigen oder sinken kann, ist der Einfluss von hierher unbestimmt. Wenn im obigen Beispiel das Drittlandeinkommen zunimmt, obwohl das Unionseinkommen sinkt, muss die Abwertung der Drittlandswährung dort einen starken Effekt auf die Güternachfrage gehabt haben.

F. Fazit

Die zuvor im Rahmen der Abbildung 4 dargelegten Ergebnisse sind maßgeblich von den zugrunde gelegten Bedingungen abhängig: von der spezifischen Ausgangslage auf dem internationalen Kapitalmarkt, von den Zins-, Wechselkurs- und Einkommenselastizitäten im finanz- und güterwirtschaftlichen Bereich sowie insbesondere von den Erwartungsbildungen in Verbindung mit staatlicher Neuverschuldung. Der theoretische Ansatz gibt Raum für ein breites Ergebnisspektrum.

Die im Beispiel aufgezeigten negativen Wirkungen einer autonomen Erhöhung des staatlichen Budgetdefizits in einem großen Unionsland auf das gesamte Einkommen der Währungsunion sowie auf das Einkommen des Landes selbst sind nur möglich, wenn diese Budgetpolitik maßgebliche Einflüsse über Erwartungsbildungen hat: Erwartungen von privaten Konsumenten und Investoren auf zukünftig höhere Steuer- und Abgabenbelastungen; Erwartungen auf dem nationalen Geld- und Kapitalmarkt auf zukünftige Zinssteigerungen; Erwartungen von Akteuren am internationalen Devisenmarkt auf eine Abwertung der Unionswährung; Erwartungen von Akteuren am internationalen Kapitalmarkt auf zukünftige Kursverluste von Staatspapieren. Solche Erwartungen werden sehr wahrscheinlich nicht ausgelöst, wenn es sich um konjunkturelle Defizite handelt, also insbesondere um zusätzliche Defizite, die aus der automatischen Stabilisierung im Rahmen des staatlichen Steuer- und Ausgabensystems entstehen und die erwartungsgemäß nur von vorübergehender Dauer sind. Solche Erwartungen werden aber zweifellos eintreten, wenn es sich um zusätzliche Defizite handelt, die das Ergebnis autonomer Staatsaktivitäten sind und von denen anzunehmen ist, dass sie mehr oder weniger permanent angelegt (sind) und demnach als strukturell einzustufen sind.

Vor diesem Hintergrund ist es im Unterschied zu dem exemplarisch gewonnenen Ergebnis der Abbildung 4 auch möglich, dass die Erhöhung des staatlichen Budgetdefizits des Unionslandes 1 auf dem internationalen Kapitalmarkt nur einen relativ geringen Zinseffekt hat, eine Zunahme des Unionseinkommens und der Einkommen aller Unionsländer bewirkt sowie die Einkommensstruktur innerhalb der Währungsunion nicht oder nur unwesentlich verändert. Die Frage, ob die Bedingungen dafür oder doch eher für das oben skizzierte Beispiel gegeben sind, kann nur auf der Grundlage empirischer Untersuchungen beantwortet werden.

Man darf allerdings hinsichtlich der Erkenntnisse empirischer Ansätze keine Illusionen haben: eindeutige Ergebnisse sind auch mit ihnen angesichts der komplexen Zusammenhänge, wie sie für große Länder in einer großen Währungsunion bei globalen finanz- und güterwirtschaftlichen Verflechtungen bestehen, kaum zu erwarten. Das lässt sich bereits im Kontext des hier formulierten, so einfach wie eben möglich gehaltenen Drei-Länder-Modells erahnen. Deshalb führt die in diesem Beitrag durchgeführte Analyse trotz der verschiedenen theoretisch gewonnenen Ergebnisse zu einer wichtigen Schlussfolgerung: die einseitige, von einem Mitgliedsland oder nur einigen wenigen Mitgliedsländern vorgenommene autonome Ausweitung der staatlichen Neuverschuldung kann nicht nur gravierende Auswirkungen auf die Einkommensstruktur innerhalb der Währungsunion, sondern auch negative Effekte auf das Einkommensniveau der gesamten Währungsunion haben. Ob die Bedingungen für das Eintreten eines solchen Ergebnisses gerade vorliegen oder nicht, ist nur schwer auszumachen. Vor diesem Hintergrund ist es für die Mitgliedsländer der Europäischen Währungsunion ratsam, von einer – meist nur kurzfristig angelegten – staatlichen Budgetpolitik Abstand zu nehmen, mit der die Verschuldungsgrenzen des Stabilitätspaktes überschritten werden.

Literaturverzeichnis

Allsopp, C./*Davies,* G./*McKibbin,* W./*Vines,* D. (1997), Monetary and Fiscal Stabilization of Demand Shocks within Europe, Review of International Economics, Vol. 5, S. 55–76.

Allsopp, C./*Vines,* D. (1998), The Assessment: Macroeconomic Policy after EMU, Oxford Review of Economic Policy, Vol. 14, S. 1–23.

Beetsma, R. M./*Bovenberg,* A. L. (2001), Structural Distortions and Decentralised Fiscal Policies in EMU, CESifo Working Papers No. 473, München.

Beetsma, R. M./*Uhlig,* W. (1999), An Analysis of the Stability and Growth Pact, Economic Journal, Vol. 109, S. 546–571.

Buiter, W./*Corsett,* G./*Roubini,* N. (1993), Excessive Deficits: Sense and Nonsense in the Treaty of Maastricht, Economic Policy, Vol. 16, S. 57–100.

Buti, M./*Eijffinger,* S./*Franco,* D. (2003), Revisiting the stability and growth pact: grand design or internal adjustment?, European Commission, European economy, Economic papers, No. 180.

Buti, M./*Martinot,* B. (2000), Open Issues in the Implementation of the Stability and Growth Pact, National Institute, Economic Review, Nr. 174, S. 92–104.

Daniels, J. P./*Vanhoose,* D. D. (1998), Two-Country Models of Monetary and Fiscal Policy, Open Economies Review, Vol. 9, 263–282.

De Grauwe, P. (2000), Economics of Monetary Union, Oxford.

Dieckheuer, G. (1993), Externe Finanzierungssalden, Wechselkurs und internationaler Kapitalmarktzinssatz, Zeitschrift für Wirtschafts- und Sozialwissenschaften, 113, S. 401–423.

– (1999), Geld-, Fiskal- und Lohnpolitik in einer Währungsunion. Eine makroökonomische Analyse von Niveau- und Struktureffekten, Ifo-Studien, 45. Jg., S. 591–619.

Dornbusch, R. (1997), Fiscal Aspects of Monetary Integration, in: American Economic Review, Papers and Proceedings, Vol. 87, S. 221–223.

Eichengreen, B. (2003), What to do with the stability pact? Intereconomics, Bd. 39, S. 7–10.

Eijffinger, S. (2003), How can the stability and growth pact be improved to achieve both stronger discipline and higher flexibility? Intereconomics, Bd. 38, S. 10–15.

Eijffinger, S./*De Haan,* J. (2000), European Fiscal and Monetary Policy, Oxford.

European Commission (1997), Economic Policy in the EMU, Economic Papers No. 125, Brüssel.

– (2000), Public Finances in the EMU, European Economy No. 3, Brüssel.

Feuerstein, S./*Siebke,* J. (1990), Wechselkursunion und Stabilitätspolitik, Zeitschrift für Wirtschafts- und Sozialwissenschaften, Bd. 110, S. 359–379.

Fleming, M. (1962), Domestic Financial Policies under Fixed and Floating Exchange Rates, IMF Staff Papers, Vol. 9, S. 369–379.

Frenkel, J. A./*Razin,* A. (1984), Budget Deficits and Rates of Interest in the World Economy, NBER Working Papers No. 1354.

– (1985), Government Spending, Debt, and International Economic Interdependence, Economic Journal, Vol. 95, S. 619–636.

Gali, J./*Perotti,* R. (2003), Fiscal Policy and Monetary Integration in Europe, NBER Working Paper No. 9773.

Glick, R./*Hutchison,* M. (1993), Fiscal Policy in Monetary Unions: Implications for Europe, in: Open Economies Review, Vol. 4, S. 39–65.

Jarchow, H. J. (1993), Fiskalpolitik in einer Währungsunion, Finanzarchiv, Bd. 50, S. 187–203.

Knight, M.D./*Masson,* P. R. (1986), International Transmission of Fiscal Policies in Major Industrial Countries, IMF Staff Papers, Vol. 3, S. 387–438.

– (1987), Fiscal Policies, Net Saving, and Real Exchange Rates: the United States, the Federal Republic of Germany, and Japan, in: Frenkel, J. A. (Ed.), International Aspects of Fiscal Policies.

La Malfa, G./*Walter,* N. (2003), Reforming the Maastricht EMU rules for a new economic environment, in: Deutsche Bank Research, No. 96, Frankfurt.

Leefting, B. (2000), Rules versus Flexibility: Does the Stability Pact Limit Budgetary Stabilisers? Banca d'Italia, Fiscal Sustainability, S. 653–679.

Lehment, H. (2003), European fiscal policies under the stability pact: some first insights, in: *Pethig,* R. (Hrsg.), Challenges to the world economy (Festschrift to Horst Siebert), Berlin, S. 97–108.

Leibfritz, W./*Dumke,* R. H./*Müller,* A./*Ochel,* W./*Reutter,* M./*Westermann,* F. (2001): Finanzpolitik im Spannungsfeld des europäischen Stabilitäts- und Wachstumspaktes: zwischen gesamtwirtschaftlichen Erfordernissen und wirtschafts- und finanzpolitischem Handlungsbedarf, Ifo Beiträge zur Wirtschaftsforschung, Band 5; München.

Levin, J. H. (1983), A Model of Stabilization Policy in a Jointly Floating Currency Area, in: Bhandar, J.S., Putman, B.H. (Ed.), Economic Interdependence and Flexible Exchange Rates, Cambridge, S. 329–349.

Levine, P. (1993), Fiscal Policy Coordination under EMU and the Choice of Monetary Instrument, Manchester School, Vol. 61, Supplement, S. 1–12.

Masson, P. R./*Melitz,* J. (1991), Fiscal Policy Interdependence in an European Monetary Union, Open Economies Review, Vol. 2, S. 113–136.

Masson, P. R./*Taylor,* M. P. (1993), Fiscal Policy within Common Currency Areas, Journal of Common Market Studies, Vol. 31, S. 29–44.

Melitz, J. (1997), Some cross-country evidence about debt, deficits, and the behaviour of monetary and fiscal authorities, CEPR Discussion Papers, No. 1653, London.

Milbradt, G./*Scherf,* W./*Francke,* H. H./*Spahn,* P. (2002), Sollte der Stabilitätspakt aufgegeben werden? Ifo-Schnelldienst, Bd. 55, S. 3–14.

Mundell, R. A. (1963), Capital Mobility and Stabilization Policy under Fixed and Flexible Exchange Rates, in: Canadian Journal of Economics and Political Science, Vol. 29, S. 427–485.

Peffekoven, R./*Linsenmann,* I./*Wessels,* W./*Hasse,* R. H./*Hefeker,* C. (2002), Zeitgespräch: Sollte der Stabilitäts- und Wachstumspakt geändert werden?, Wirtschaftsdienst, Bd. 82, S. 127–140.

Sauernheimer, K. (1991), Wirtschaftspolitische Interdependenzen in einer Wechselkursunion, in: Siebke, J. (Hg.), Monetäre Konfliktfelder der Weltwirtschaft, Berlin, S. 113–123.

Walton, D. (2002), Europe's Stability Pact: in need of new clothes, New York.

Welsch, H. (2000), Domestic Fiscal Policy in a Monetary Union: What are the Spillovers? Jahrbücher für Nationalökonomie und Statistik, Band 220, S. 327–342.

Wohltmann, H. W. (1993), Transmission nationaler Wirtschaftspolitiken in einer Wechselkursunion, Jahrbücher für Nationalökonomie und Statistik, Bd. 211, S. 73–89.

Teil 3

Steuerpolitik

Die Anfänge der Energiebesteuerung in Deutschland

Von Karl-Heinrich Hansmeyer[1]

A. Vorbemerkung

Die Besteuerung von Energie hat mittlerweile ihren festen Platz im großen Bukett der deutschen Steuern, und sie dehnt sich offensichtlich weiter aus. Dieses Vordringen eines neuen Steuerobjektes beobachten wir in der Steuergeschichte immer wieder. Dabei hat sich bei den großen Steuern mit langer Vergangenheit, den Steuern auf spezielle Güter (kurz Verbrauchsteuern genannt) und der Einkommensteuer, wiederholt ein charakteristisches Zusammenspiel ergeben: Ökonomischer und technischer Wandel „produzieren" eine neue, ergiebige Steuerquelle, die das Interesse des Fiskus weckt. Gleichzeitig sorgt eine hierzu passende Steuerideologie für die nötige Akzeptanz in der Öffentlichkeit. Das beginnt mit der entdeckten Goldgrube in der Akzise, findet seine Fortsetzung in den Realsteuerreformen des 18. Jahrhunderts und ragt nach dem Entstehen der Masseneinkommen mit dem sozialpolitischen Steuerzweck Adolph Wagners, der den Siegeszug der Einkommensteuer vorbereitete, bis in die Gegenwart hinein.

Bei der Entstehung der Energiebesteuerung zu Beginn des 20. Jahrhunderts fehlte dieses Zusammenspiel hingegen weitgehend, will man nicht das immer vorhandene fiskalische Interesse als Ersatz nehmen. Die Entwicklung der Energiebesteuerung stockte vielmehr schon in den Anfängen mit der kurzlebigen Kohlensteuer und auch dem Mineralölzoll prophezeite man zunächst keine ruhmreiche Zukunft. Erst in letzter Zeit beginnt mit der Ökosteuer-Diskussion eine ideologische Basis sichtbar zu werden, deren Tragfähigkeit freilich noch nicht erwiesen ist. Vor dem Hintergrund dieser Sonderentwicklung dürfte es lohnend sein, gerade die Anfänge der Energiebesteuerung zu beleuchten, wobei das Scheitern der ersten großen Energiesteuer, der Kohlensteuer, besondere Aufmerksamkeit beanspruchen darf.

---

[1] Der Autor ist eremitierter Professor für Finanzwissenschaft an der Universität zu Köln und Direktor des dortigen Finanzwissenschaftlichen Forschungsinstitutes.

B. Die Anfänge der Energiesteuerdiskussion: Petroleumszoll, Förderzins, Kraftfahrzeugsteuer und Leuchtmittelsteuer

In seinen Grundsätzen der Steuerpolitik (1880) geht Albert Schäffle auch auf die Besteuerung von Heiz- und Leuchtmaterialien ein (S. 446 f.). Er bezeichnet diese Steuerobjekte als „belangreich", stellt jedoch zugleich fest, er könne ihnen „keine günstige Seite abgewinnen".

Seine ablehnende Argumentation gründet er auf die Steuergrundsätze der Gleichmäßigkeit und der Gerechtigkeit. Ungleichmäßig ist die Besteuerung von Heiz- und Leuchtmaterialien, weil sich der Eigenverbrauch der ländlichen Bevölkerung nicht versteuern lässt; ungerecht ist sie wegen fehlender Leistungsfähigkeitskriterien, die Schäffle bei anderen Formen der Verbrauchsbesteuerung durchaus als erfüllt ansieht. Gleichwohl muss er einräumen: „Man kann der Petroleum- und der Gassteuer vom rein fiskalischen Standpunkt zwei Eigenschaften nicht absprechen. Sie sind einträglich und sie sind leicht zu kontrollieren. Das Petroleum ist in Deutschland bis jetzt nur Importware. Die Gasuhr kontrolliert den Gasverbrauch und die Gasanstalt erhebt die Steuer ohne besondere Kosten mit dem Gaspreise. Der Lichtverbrauch fällt der Steuerbehörde von selbst in die Augen." (Schäffle, S. 446) Vor dem Hintergrund einer in Württemberg bereits damals eingeführten kommunalen Gassteuer weist er ausdrücklich darauf hin, dass andere Leuchtmaterialien „nicht mit Erfolg zu gleicher Besteuerung gebracht werden (können) wie Petroleum." (Schäffle (1880), S. 447). Damit sind bereits in dieser frühen Phase der modernen Steuerdiskussion wesentliche Kritikpunkte der Energiebesteuerung genannt: negative Verteilungswirkungen sowie steuertechnisch bedingte einseitige Belastungen leicht erfassbarer Steuergegenstände. Die spätere Bedeutung des Erdöls konnte Schäffle noch nicht kennen; dass es ein ergiebiges Steuerobjekt werden würde, hat er zumindest erahnt.

Die Besteuerung von Energieträgern war in der Folgezeit in besonderer Weise mit den Versuchen zur Reform der Reichsfinanzen verbunden. Bekanntlich war die Ausstattung des Reichs mit laufenden Einnahmen dürftig; alle Steuerreformpläne zielten daher auf eine Erweiterung der steuerlichen Möglichkeiten. Ein solcher Versuch war die Sydow'sche Steuerreform von 1909, benannt nach dem Staatssekretär des Reichsschatzamtes v. Sydow. Sie ist von Zeitgenossen als „große Finanzreform" apostrophiert worden, sollte sie doch die Reichssteuer- und Zolleinnahmen um 500 Mio. M oder 40% erhöhen (Terhalle (1958), S. 285). Im Bereich der direkten Steuern war die Einführung einer Erbschaftsteuer als Nachlasssteuer geplant, im bunten Strauß der Vorschläge im Bereich der indirekten Steuern findet sich auch eine Elektrizitäts- und Gassteuer sowie eine Leuchtmittelsteuer. Das

Schicksal der anderen Steuervorschläge interessiert hier nicht – eine Anzeigensteuer scheiterte beispielsweise am einhelligen Widerstand der Presse –, bemerkenswert für unser Thema ist diese erste Energiesteuerdebatte (Schumann, 1910). Die Reichsvorlage sah eine Steuer auf die zur Verwertung im Inland bestimmte elektrische Arbeit und auf brennbares Gas vor; sie sollte vom Erzeuger erhoben werden. Im Einzelnen war vorgesehen:

> „a) für die elektrische Arbeit, die gegen Entgelt abgegeben wird, 5 Proz. des Abgabepreises, jedoch nicht über 0,4 Pf. für die Kilowattstunde;
>
> b) für die elektrische Arbeit, die für den eigenen Bedarf des Erzeugers bestimmt ist, 0,4 Pf. für die Kilowattstunde. Auf Antrag tritt eine Ermäßigung auf 5 Proz. der für die Erzeugung der elektrischen Arbeit aufgewendeten Selbstkosten ein, wenn auf Grund geordneter Buchführung nachgewiesen wird, dass jener Steuersatz diesen Prozentsatz übersteigt;
>
> c) für Gas, das gegen Entgelt abgegeben wird, 5 Proz. des Abgabepreises, jedoch nicht über 0,4 Pf. für den Kubikmeter;
>
> d) für Gas, das für den eigenen Bedarf des Erzeugers bestimmt ist, soweit es einen oberen Heizwert von wenigstens 3000 Wärmeeinheiten im Kubikmeter bei 0° und 760 mm Druck aufweist, 0,4 Pf., soweit es einen geringeren Heizwert aufweist, 0,2 Pf. für das Kubikmeter. Auf Antrag tritt eine Ermäßigung auf 5 Proz. der für die Erzeugung des Gases aufgewendeten Selbstkosten ein, wenn auf Grund geordneter Buchführung nachgewiesen wird, dass jene Steuersätze diesen Prozentsatz übersteigen."

Ein Blick auf die parlamentarischen Beratungen dieser Steuern ist auch heute noch aufschlussreich. In seiner Einbringungsrede weist von Sydow zunächst auf eine zu erwartende hohe Aufkommenselastizität hin. Er führt aus: „... die Elektrizität hat eine Zukunft, die man nicht hoch genug schätzen kann. Ihre Stärke liegt in ihrer Übertragbarkeit, in ihrer Teilbarkeit, in der Leichtigkeit ihrer Bedienung, in ihrer Anpassungsfähigkeit, auch in der Sauberkeit ihrer Arbeit. ... Den einen Fehler haben alle anderen Steuern, man mag sie nehmen, woher man will: dass sie nicht in dem Maße sich entwickeln können, wie der Ausgabebedarf steigt. Das gilt vom Branntwein, das gilt vom Tabak, das gilt vom Bier, das gilt auch von den Steuern auf den Besitz." (Reichstagsdrucksache (1908)). Eine ähnliche expansive Entwicklung unterstellt v. Sydow auch für den Gasverbrauch, so dass eine Gassteuer als Ergänzungssteuer nahe liege. Auch äquivalenztheoretische Argumente werden angeführt: „Mir (v. Sydow, K. H.) scheint auch, dass eine Heranziehung der Elektrizität und ihres Verbrauchs zu den Einnahmen des Reichs nicht der inneren Berechtigung entbehrt. Ich betrachte sie als eine Gewinnbeteiligung des Reichs an den Vorteilen, die mit der Anwendung der Elektrizität verbunden sind, dem Erzeugnis einer Industrie, die unter der Ägide des Reichs, unter der Förderung des Reichs und der Bundesstaaten in wissenschaftlichen Instituten, Universitäten, Hochschulen, Reichsanstalten sich entwickelt hat." (Reichstagsdrucksache)

Die darauf folgende Reichstagsdebatte bringt neben der damals weitverbreiteten Aversion gegen eine neue Steuer zwei bemerkenswerte Gegenargumente. Unter steuersystematischem Aspekt wird immer wieder darauf verwiesen, dass sich bei einer Elektrizitäts- und Gasbesteuerung Verbrauchs- und Produktionssteuerelemente mischen, so dass eine Besteuerung des technischen Fortschritts unvermeidlich sei. Aus der Sicht des Finanzausgleichs wird hervorgehoben, dass eine Elektrizitätssteuer die gerade erst sich entwickelnde Elektrizitätsgewinnung aus der Wasserkraft in den süddeutschen Ländern diskriminiere. Die Vorlage wurde wie üblich in eine Kommission verwiesen. Deren Abschlußbericht (Reichstagsdrucksache, 19. Band) führt nahezu ausschließlich ablehnende Argumente auf: Die Belastung der südlichen Bundesländer wird hervorgehoben, die Besteuerung lediglich zweier wichtiger Produktionsmittel wird bemängelt, die geschätzte Ertragsfähigkeit wird bezweifelt, schwere Bedenken werden schließlich gegen die technische Durchführbarkeit erhoben; es verwundert daher nicht, dass die Kommission dem Reichstag die Ablehnung der Steuer vorschlägt, ein Votum, dem der Reichstag entsprochen hat.

Gewissermaßen als Trostpreis blieb eine Leuchtmittelsteuer als Reichssteuer übrig (Gesetz vom 15. Juli 1909). Als Leuchtmittel galten Beleuchtungskörper jeder Art wie elektrische Glühbirnen, Glühkörper für Gas, Petroleum und Spiritus sowie Brennstifte für elektrische Bogenlampen oder Quecksilberdampflampen (v. Eheberg (1925), S. 505). Begründet als gerechte Ergänzung zur Besteuerung des vorwiegend von ärmeren Bevölkerungsschichten zu Beleuchtungszwecken verwendeten Petroleums sollte diese Steuer elektrisches Licht sowie Gas als Lichtquelle belasten. Sie war teils als Mengen- teils als Stücksteuer gestaltet, teils nach Wattverbrauch und Gewicht gestaffelt. Bereits die erste große Inflation minderte ihre fiskalische Bedeutung erheblich; das Steueraufkommen blieb schließlich hinter den Verwaltungskosten zurück. Konsequenterweise ging man 1923 zu einer Wertsteuer über, ein System, das bis 1974 beibehalten wurde. Seither galt eine Mengensteuer als Stücksteuer, da die Feststellung eindeutiger Kleinverkaufspreise mit der Aufhebung der Preisbindung der zweiten Hand unmöglich geworden war. Zur Bagatellsteuer abgesunken ist sie seit dem 1.1.1993 abgeschafft. Etwa um die gleiche Zeit wird auch die Kraftfahrzeugsteuer eingeführt. Sie war als Luxussteuer konzipiert; folgerichtig wurden durch das Reichsstempelgesetz von 1906 lediglich Personenkraftwagen belastet, Lastkraftwagen jedoch nicht besteuert. Erst mit der Entwicklung des Automobils zum allgemeinen Verkehrsmittel bezog der Gesetzgeber alle Kraftfahrzeuge ein (1922 bzw. 1926). Im Zuge der Arbeitsbeschaffungs- und Rüstungspolitik des Nationalsozialismus wurden dann zahlreiche Vergünstigungen in die Kfz-Steuer eingeführt, jedoch durch die Alliierten 1946/47 wieder beseitigt.

C. Die Kohlesteuer von 1917–1923

Die erste große Energiesteuer war eine Kriegssteuer; mit dem Gesetz vom 8. April 1917 nahm der Reichstag den Entwurf einer Kohlensteuer als Reichssteuer an. Der finanzpolitische Hintergrund wurde bereits benannt: Nach wie vor war das Reich ohne ergiebige eigene Einnahmequellen; der Erste Weltkrieg wurde wesentlich durch Staatsverschuldung finanziert. Daher finden sich in den Reichstagsprotokollen kaum Stimmen gegen eine neue Reichssteuer schlechthin, gegen eine Kohlensteuer werden allerdings sozialpolitische und wettbewerbspolitische Argumente ins Feld geführt. Ausschlaggebend war aber ein steuertechnisches Argumentationsmuster, das bereits Albert Schäffle angeprangert hatte: Kohle ist ein Steuerobjekt, „dessen Besteuerung außerordentlich leicht zu überwachen ist, weil es sich um verhältnismäßig wenig Betriebe und noch weniger Unternehmer handelt, die in ihrer Produktion aus bergpolizeilichen Gründen schon jetzt einer Überwachung unterliegen“ (v. Reidern, Reichstagsdrucksache 1917, S. 2362). Im gleichen Zusammenhang wurde auch die Frage einer allgemeinen Energiesteuer angesprochen, jedoch aus erhebungstechnischen (Wasserkraft) oder außenhandelspolitischen (Petroleum) Gründen abgelehnt. Energiebesteuerung beschränkte sich (bereits damals) auf das steuerlich bequemste Objekt, eine umfassende Konzeption war nicht erkennbar. Immerhin lag der fiskalische Effekt offen zu Tage: Die deutschen Kohlepreise waren deutlich niedriger als der Weltmarktpreis und die Exportaussichten erschienen selbst im Kriege überaus günstig, wie ein Zitat von Gothein belegt: „Unsere Kohle ist ein sehr begehrter Gegenstand bei den Neutralen geworden und für uns ein Mittel, sie zu Gegenleistungen zu verpflichten. Auch können wir, was für unsere Valuta sehr erwünscht ist, glänzende Preise für sie lösen, ohne dass die Abnehmer im Hinblick auf das, was die Engländer ihren Freunden abnehmen, sich dadurch belästigt fühlten. ...“ (Gothein (1918), S. 288).

Die Kohlensteuer war finanzpolitisch gesehen nur eine Episode; im Jahre 1917 eingeführt wurde sie bereits 1923 ersatzlos abgeschafft. Gleichwohl verdient sie eine genauere Betrachtung, zumal im Zusammenhang mit der CO_2-Diskussion auch die Besteuerung der Kohle neben der anderer fossiler Brennstoffe genannt wird. Eine ausführliche Beschreibung möglicher Formen der Kohlensteuer verdanken wir Karl Bräuer. Für ihn war diese Steuer „ein ganz besonders günstiges Steuerobjekt, weil es sich bei ihr um einen für Industrie, Verkehrsanstalten, Gaswerke und den privaten Haushalt unentbehrlichen Gegenstand des Massenverbrauchs handelt.“ (Bräuer (1923), S. 779). Er vergleicht sie sogar hinsichtlich ihrer Bedeutung mit der Umsatzsteuer. Allerdings ist das Steuerobjekt einer Kohlensteuer deswegen schwierig zu bestimmen, weil Kohle dem Verbrennungsvorgang in unterschiedlichen Formen zugeführt werden kann: als Rohkohle, d.h. so wie sie gefördert wird, in aufbereitetem Zustand, d.h. sortiert und gereinigt und in verarbeiteter Form als Brikett oder Koks. Je nach Definition des Objekts ergibt sich eine Rohstoffsteuer oder aber eine Fabrikatsteuer. Die deutsche Kohlensteuer war beides. Für die Besteuerung von Braunkohlenbriketts wählte man die Form der Fabrikatsteuer, für die von Kohle und Koks die der Rohstoffsteuer.

Hinsichtlich der Bemessungsgrundlage standen Mengen- oder Wertsteuer zu Wahl. Eine Mengensteuer wählt als Bemessungsgrundlage das Gewicht der Kohle. Sie ist damit „die roheste aller für die Erfassung dieser Gegenstände möglichen Steuerformen" (Bräuer (1923), S. 773), da sie nicht in der Lage ist, sich den sortenspezifisch stark schwankenden Verkaufspreisen anzupassen. Die Folge einer Mengensteuer wäre daher eine relativ hohe Belastung minderwertiger Brennstoffe, d.h. in erster Linie der Braunkohle.

Eine Wertsteuer wirkt dementsprechend anders. Bräuer unterscheidet hier zwischen einer Steuer auf den Verkaufspreis und einer Steuer auf den inneren oder technischen Wert, die er veredelte Kohlensteuer nennt. Eine Steuer auf den Verkaufspreis hat gegenüber der Mengensteuer generell den Vorzug, dass sie alle Preisschwankungen des besteuerten Gutes mitmacht, so dass die Nettoergiebigkeit generell höher liegt. Sie kann prinzipiell auf der Großhandels- oder auf der Einzelhandelsstufe erhoben werden. Die Ausgestaltung als Großhandessteuer hat den steuertechnisch großen Vorteil, „dass man es nur mit einer geringen Anzahl steuerpflichtiger Betriebe zu tun hat, die verhältnismäßig leicht zu übersehen sind und ohne erhebliche Schwierigkeiten überwacht werden können. Die Begründung zum Entwurf des deutschen Kohlensteuergesetzes von 1917 rechnet mit nicht mehr wie 500 Inhabern von deutschen Steinkohlen- und Braunkohlenbetrieben ..." (Bräuer (1923), S. 774). Dem steht allerdings gegenüber, dass der größte Teil der Distributionskosten von der Steuer nicht erfasst wird, so dass sich ein an sich günstiger, kurzer Distributionsweg als relativ verteuernd erweist. Diesen Nachteil gleicht eine Einzelhandelssteuer aus, die freilich vielfältige Kontrollprobleme schafft. Karl Bräuer weist darauf hin, dass der Verkaufspreis wegen bereits damals vielfältiger interventionistischer Eingriffe und zahlreicher Wettbewerbsverzerrungen den „Wert" der einzelnen Kohlesorten nicht richtig widerspiegelte; eine Steuer auf den Verkaufspreis könne daher „die wirtschaftliche Tragfähigkeit des zu besteuernden Gegenstandes" (Bräuer (1923), S. 775) nicht in genügender Weise ausnutzen. Diesen inneren oder technischen Wert sieht er in der Gesamtheit „aller dem Brennstoff innewohnenden Eigenschaften, die für seine wirtschaftliche Verwertung in Betracht kommen. Als der wichtigste, der ausschlaggebende, aber keineswegs der einzige Bestandteil des wirtschaftlichen Wertes ist der Heizwert anzusehen, der in Wärmeeinheiten ... ausgedrückt wird und die Güte der verschiedenen Brennstoffsorten am besten veranschaulicht"

(Bräuer (1923), S. 775). In der Tat ist die deutsche Kohlensteuer-Gesetzgebung diesem Gedanken gefolgt. Sie hat in den Gesetzesnovellen von 1921 und 1922 eine Klausel vorgesehen, durch die der Finanzminister ermächtigt wurde, den Steuersatz für einzelne Bergbaugebiete und Kohlesorten zu differenzieren; zur Bemessungsgrundlage „Heizwert“ ist man freilich nicht übergegangen.

Zwei zusätzliche Probleme stellten sich, die Behandlung des Hausbrands und der Ein- und Ausfuhr. Je höher eine (überwälzte) Kohlensteuer, desto deutlicher wird die regressive Belastungswirkung. Zwei Lösungsmöglichkeiten hebt Karl Bräuer hervor: einmal die Verbilligung der von Minderbemittelten gekauften Kohlen, zum anderen die Begünstigung von Hausbrandkohle schlechthin. Die erste Möglichkeit, im Jahre 1917 versucht, hat sich recht bald als technisch undurchführbar herausgestellt. Die zweite führte zu großen Einnahmeausfällen oder zu überaus hohen administrativen Kosten.

Ein- und Ausfuhr sollten bei einer Steuer auf das spezielle Gut „Kohle“ eigentlich keine Probleme bereiten, gilt doch bei diesen Steuern gemeinhin das Bestimmungslandprinzip. Das Kohlensteuergesetz von 1917 hat folgerichtig den Import von Kohlen analog der Förderung im Inland besteuert. Mit dem Verfall des Außenwerts der Mark nach dem Ende des Ersten Weltkriegs stiegen allerdings die Importpreise geradezu lawinenartig, so dass sich die Kohlesteuer insbesondere für revierferne Standorte als Prohibitivsteuer erwies. Beim Export ist die Erstattung der Steuer nicht vorgesehen gewesen. Dies erklärt sich sicherlich aus der im Zitat von Gothein deutlich werdenden Absicht, eine Monopolstellung gegenüber kohlearmen Ländern auszunutzen, sich andere Länder auf diese Weise tributpflichtig zu machen. (Die ölexportierenden Länder folgen heute dieser Spur). Dass die Exportregelung auch nach Kriegsende nicht aufgehoben wurde, mag auf den Einfluss Großbritanniens zurückgehen, das sich auf diese Weise vor einem lästigen Konkurrenten schützen wollte.

Das Schicksal der deutschen Kohlensteuer (eine ähnliche Steuer gab es in der Tschecho-Slowakei, im Saargebiet sowie in Pennsylvanien) nahm in der großen Inflation und den Turbulenzen der ersten Nachkriegsjahre einen geradezu dramatischen Verlauf. Als Kriegssteuer befristet eingeführt wurde ihre Geltung nach Kriegsende verlängert. Gesetzesnovellen von 1920, 1921, 1922 und vom März 1923 hatten jeweils die Verlängerung und eine durch die Inflation erzwungene Erhöhung der Sätze zum Ziel; die letzte Novelle vom 20. März 1923 brachte die erwähnte „Veredlungsmöglichkeit“, von der der Reichsfinanzminister prompt Gebrauch gemacht hat. Allerdings folgte das Ende rasch: Eine Verordnung des Reichspräsidenten vom 13. Oktober 1923 hob die Kohlensteuer mit dem lapidaren Satz auf: „Das Kohlensteuergesetz vom 20. März 1923 (Reichsgesetzblatt I, S. 193) wird aufgehoben.“.

Bemerkenswert ist, dass in den finanzwissenschaftlichen Lehrbüchern dieser Zeit die Tatsache der Aufhebung zwar mitgeteilt wird, eine Erklärung aber unterbleibt. Auch die Protokolle des Reichstags geben keinen Aufschluss, da die Aufhebung aufgrund von Art. 48 Weimarer Reichsverfassung erfolgte, d.h. durch das Notverordnungsrecht des Reichspräsidenten, das zur Behebung von wirtschafts- und finanzpolitischen Schwierigkeiten in reichem Maße eingesetzt wurde (Oberreuter (1978), S. 49). Sicherlich mag zur Aufhebung auch finanzwissenschaftliche Kritik beigetragen haben. Der hierfür charakteristische Artikel von Adolf Lampe ist allerdings erst nach der Aufhebung veröffentlicht worden. Gleichwohl sind einige Passagen des Nachlesens wert. Lampe hebt hervor, die Einführung dieser Steuer mitten im Krieg „fällt ein vernichtendes Urteil über die Qualität des Steuersystems im deutschen Kaiserreich." (Lampe (1931), S. 585) Er fährt fort: „Wenn die Kohlensteuer während der Inflationszeit Verteidiger fand, so ist dies nur daraus zu erklären, dass ihre Schäden inmitten fortschreitender allgemeiner Preissteigerungen nicht äußerlich erkennbar wurden. Unter solchen Umständen blendete ihr abnormes fiskalisches Aufkommen, das sogar vor der Erhöhung des Steuersatzes im Jahre 1922 bereits den Ertrag der allgemeinen Umsatzsteuer überstieg." Und er schließt lapidar: „Da die Kohlensteuer – wie man hoffen darf endgültig – der deutschen Finanzgeschichte angehört, erübrigt es sich hier auf das Gesetzesmaterial und die an sich nicht uninteressanten Fragen der Kohlentechnik einzugehen" (Lampe (1931), S. 585).

Aufschluss über die politischen Abläufe, die zur erstmaligen Abschaffung einer ertragreichen Energiesteuer führten, bieten die Protokolle der Reichsregierung (Erdmann/Vogt (1978)). Aus ihnen werden ökonomische und politische Überlegungen sichtbar, die eine Aufhebung der Steuer unausweichlich erscheinen ließen. Ökonomisch hatte sich der Weltkohlemarkt nach dem Kriegsende 1918 dramatisch verändert. Die weltweit gesunkene Nachfrage nach Kohle ließ den Kohlepreis fallen, so dass kaum mehr Überwälzungsspielräume bestanden (Kemény (1923), S. 984). Noch schwerer wogen aber die Folgen des Ruhrkampfes. Der passive Widerstand, den die Reichsregierung ausgerufen hatte, war nicht mehr zu finanzieren, sodass die Währungsstabilisierung vom 15. November 1923 gefährdet war. So beschloss die Reichsregierung in ihrer Sitzung vom 11.10.1923 (Erdmann/Vogt (1923), Nr. 128) unter Leitung von Reichskanzler Stresemann die Aufhebung der Kohlensteuer, nachdem nahezu jeder Minister seine Bedenken gegen diese Maßnahme zu Protokoll gegeben hatte.

Das Jahr 1923 war in der Tat ein deutsches Schicksalsjahr: Hyperinflation, Ruhrkampf mit der Gefahr einer Abtrennung der Rheinprovinz, Hitlerputsch in München, schließlich die Stabilisierung durch die Rentenmark. Treffend schreibt Golo Mann: „Es war noch immer der europäische Bürgerkrieg von 1914, der neun Jahre später weitergespielt wurde, und zwar in seinem sinnentleersten, provinziellsten Aspekt: jenem des deutsch-französischen Gegensatzes." (Mann (1961), S. 684).

Der Neuanfang einer Energiebesteuerung lässt sich auf das Jahr 1930 mit der Einführung einer ausdrücklich als solcher bezeichneten „Mineralölsteuer" datieren. Vorangegangen war seit 1879, Bismarcks zollpolitischer Wende, ein Petroleumzoll, dessen Zollsatz allerdings unverändert geblieben war. In der Begründung der Reichsregierung zum Entwurf eines Gesetzes über Zolländerungen vom 15. März 1930 heißt es dazu (Reichstagsdrucksache 1930):

> „Die angespannte Finanzlage des Reichs zwingt dazu, die Möglichkeit einer Vermehrung der Einnahmen wie auf dem Gebiet anderer Zölle so auch auf dem Gebiete der Mineralölzölle zu prüfen. Die Mineralölzölle sind in ihren autonomen Sätzen seit 1879 unverändert geblieben, obwohl die wirtschaftliche und technische Bedeutung des Mineralöls in der Zwischenzeit eine vollständige Umwälzung erfahren hat durch den ungeahnt großen Umfang, den der Mineralölverbrauch für motorische und industrielle Zwecke angenommen hat. War früher die Verwendung des Leuchtpetroleums weit vorherrschend, so ist diese heute ganz in den Hintergrund und das Mineralöl für Krafterzeugung für industrielle Zwecke weitaus in die beherrschende Stellung getreten. Die Deckung des deutschen Mineralölbedarfs erfolgt zum weit überwiegenden Teil durch ausländisches Mineralöl, dem gegenüber die inländische Erzeugung nur gering erscheint. Unter diesen Umständen sind die Mineralölzölle heute, wie bisher, in erster Linie Finanzzölle, die bei der großen Einfuhr von Mineralöl einen bedeutsamen Teilbetrag (1928 rund 11 v. H.) der gesamten Zolleinnahmen ausmachen.
>
> Im Hinblick auf ihre Eigenschaft als wichtige Finanzzölle erscheinen die Mineralölzölle für eine Heranziehung zur Vermehrung der Zolleinnahmen besonders geeignet. Zur Erreichung dieses Zweckes liegt es nahe, die Spanne die zwischen den Zollsätzen für Schmieröl (von 10 RM für 1 dz) und für andere Mineralöle (von 6 RM für 1 dz) besteht, durch Erhöhung des Satzes für andere Mineralöle als Schmieröl von 6 RM auf 10 RM zu beseitigen. Von dieser Erhöhung um 4 RM für den Doppelzentner würden in der Hauptsache Benzin für motorische sowie für Reinigungs- und Lösungszwecke, Gasolin und Brennpetroleum, das jedoch je länger je mehr eine unbedeutende Rolle im Wirtschaftsleben spielt, betroffen werden. Die Mehrbelastung von 4 Rpf auf 1 kg würde unter Berücksichtigung des Tarazuschlags je nach der Dichte des Öles 3 1/2 bis 4 1/2 Rpf auf den Liter ausmachen. Eine solche Belastung erscheint im Vergleiche zu den Schwankungen, denen die Mineralölpreise infolge des Wettbewerbes zwischen den einzelnen Gruppen des Mineralölhandels in früheren Jahren unterlegen haben, verhältnismäßig geringfügig und durchaus tragbar, namentlich wenn mit dieser Zollerhöhung eine Senkung der Kraftfahrzeugsteuer Hand in Hand geht."

Gleichzeitig wurde angekündigt, die durch den erhöhten Zoll geschützten entsprechenden Inlandserzeugnisse mit einer der Zollerhöhung „etwa gleichkommenden" (ebenda) Steuer zu belegen. In der Tat enthielt dann die Ausschussfassung des Entwurfs eines Gesetzes über Zolländerungen einen neu eingefügten Artikel 3 „Ausgleichssteuer auf Mineralöle (Mineralölsteuer)". Die wichtigsten Bestimmungen lauteten: Der Mineralölsteuer unterliegt der Übergang der im § 2 genannten Mineralöle in den freien Verkehr des Inlandes (§ 1). Mineralöle im Sinne des § 1 sind: (§ 2) die Mineralöle der Nr. 239 des Zolltarifs.

Damit war eine Steuer entstanden, die Elemente einer echten „Verbrauchsteuer" und einer Produktionsmittelsteuer enthielt. Die Ausgestaltung als Mengensteuer dürfte nach den vorliegenden Quellen nicht näher diskutiert worden sein; da der Zoll Mengengrößen zugrunde legte, bot sich bei der Steuer offensichtlich das gleiche Verfahren an. Zoll wie Steuer besaßen im übrigen rein fiskalischen Charakter; die unmerkliche Erhebung auf er Handels- bzw. Produzentenebene hat dies Ziel sicherlich befördert.

Das Nebeneinander von Mineralölzoll und Mineralölsteuer blieb in der Zeit des Nationalsozialismus erhalten. Erst im Jahre 1952 wurde eine Bereinigung durch die Neufassung des Mineralölsteuergesetzes vorgenommen, die am 1. Juni 1953 in Kraft trat und in ihren Grundzügen bis heute gilt.

D. Schlussbemerkungen

Die weitere Entwicklung der Energiebesteuerung ist Gegenwart. Mittlerweile eine der größten Quellen der deutschen Steuereinnahmen zeigt sie gleichwohl Besonderheiten. Zunächst: Sie gehorcht keinem der beiden Grundprinzipien der Besteuerung, Leistungsfähigkeit oder Äquivalenz. Während letzteres mittlerweile ohnehin nur noch eine Nebenrolle spielt, erweckt die steuerpolitische Diskussion immer noch den Eindruck, die Erhebung der Steuern gehorche nach wie vor dem Leistungsfähigkeitsprinzip. Dass dem bei der Energiebesteuerung nicht so ist, hatten bereits Schäffle und seine Zeitgenossen erkannt. Derzeit wird in erstaunlichem Maße verdrängt, dass gerade die Energiebesteuerung auf die persönliche Leistungsfähigkeit keine Rücksicht nimmt, sei es, dass sie unmerklich in den Produktionsprozess einsickert, sei es, dass ihre regressive Lastverteilung merkliche Widerstände weckt. Da sich bei den Energieträgern kaum sozialpolitische Vergünstigungen einbauen lassen, verlagern sich Abmilderungen der Regressionswirkungen in den Bereich der Einkommensteuer. Die Entfernungspauschale ist das bekannteste Beispiel.

Ein zweites: Ein nach der Leistungsfähigkeit gestaltetes Steuersystem hat ein einfaches Begründungsmuster: Jeder Bürger trage nach seinen Kräften (über die Maßstäbe ist viel nachgedacht worden) zur Finanzierung des Staates bei. Wofür der Staat das Steueraufkommen verwendet, kümmert das Leistungsfähigkeitsprinzip nicht. Es unterstellt eine prinzipiell rationale Verwendung. Gilt bei der Energiebesteuerung das Leistungsfähigkeitsprinzip nicht, so treten andere Begründungen in den Vordergrund. Diese finden sich vom Kohlepfennig bis zur Ökosteuer im reichem Maße und mit unterschiedlicher Deutlichkeit. Sofern mit ihnen Zweckbindungen verbunden sind, seit dem Verkehrsfinanzgesetz von 1955 eine vertraute Erscheinung, führt die Energiebesteuerung zu Verstößen gegen das Nonaffektationsprinzip mit den bekannten haushaltspolitischen Folgen.

Schließlich: Nach landläufiger Meinung ist Energie„verbrauch“ prinzipiell schlecht. Seine Besteuerung ist daher wie die Besteuerung des Tabakverbrauchs per se gerechtfertigt. Dies zeigt sich an den Parlamentsdebatten, die immer kürzer werden, oder die wie bei der Ökosteuer pauschal im Voraus erledigt werden. Damit erhält die Energiebesteuerung eine bemerkenswerte Flexibilität. Mit Ihren Mengensteuer-Bestandteilen folgt sie zwar nicht den Entwicklungen der nominalen Größen, sie ist aber auch gegen Senkungsabsichten immunisiert.

Literaturverzeichnis

Bräuer, K. (1923), Artikel Kohlensteuer, in: Handwörterbuch der Staatswissenschaften, 4. Aufl., Bd. 5, Jena, S. 772 ff.

Eheberg, K.-T. v. (1925), Grundriss der Finanzwissenschaft, Leipzig.

Erdmann, K.-D./*Voigt,* M. (1978), Die Kabinette Stresemann I und II, Boppard.

Gothein, E. (1918), Die Wirtschaft der Licht- und Kraftversorgung, in: Herkner, Heinrich (Hrsg.), Die Neuordnung der deutschen Finanzwirtschaft, Schriften des Vereins für Socialpolitik, 156. Bd.

Kemény, G. (1923), Fragen der Kohlenwirtschaft, in: Wirtschaftsdienst, Nr. 43.

Lampe, A. (1931), Artikel Kohlensteuer, in: Wörterbuch der Volkswirtschaftslehre, Jena 1931, S. 584 ff.

Mann, G. (1961), Deutsche Geschichte des neunzehnten und zwanzigsten Jahrhunderts.

Oberreuter, H. (1978), Notstand und Demokratie, München.

Reichstagsdrucksache (1908) 163. Sitzung, S. 5554 ff.

– (1908) Drucksache Nr. 1755, ausgegeben am 17. Mai 1930.

Reichstagsdrucksachen 19. Bericht der 32. Kommission über den Entwurf eines Elektrizitäts- und Gassteuergesetzes, Aktenstück Nr. 1453.

Schäffle, A. (1880), Die Grundsätze der Steuerpolitik und die schwebenden Finanzfragen Deutschlands und Österreichs, Tübingen.

Schumann, F. (1910), Die Reichsfinanzreform von 1909, in: Finanzarchiv, 27. Jahrgang, 1. Bd., S. 201 ff.

Terhalle, F. (1958), Geschichte der deutschen Finanzwirtschaft, in: Handbuch der Finanzwissenschaft, 2. Auflage, Bd. 1, Tübingen.

Implikationen einer Bodenwertzuwachssteuer

Eine kapitaltheoretische Analyse

Von Ulrich van Suntum[1]

A. Einleitung

Im Zeitalter der Globalisierung wird es immer schwieriger, mobile Produktionsfaktoren zu besteuern. Nicht nur das Kapital, auch hochqualifizierte Arbeitskräfte sind zunehmend international mobil und somit in der Lage, sich der nationalen Besteuerung notfalls durch Abwanderung zu entziehen. Auf kommunaler Ebene stellt sich seit jeher das gleiche Problem: Eine zu starke Anspannung etwa der Gewerbesteuerhebesätze kann leicht zur Abwanderung von Unternehmen führen oder zumindest Neuansiedlungen vereiteln.

Vor diesem Hintergrund liegt es nahe, sich stärker auf die Besteuerung des Bodens zu konzentrieren. Als völlig immobiler Produktionsfaktor kann er scheinbar beliebig stark belastet werden, ohne dass eine Reduzierung des Bodenangebotes zu befürchten wäre. Unter reinen Effizienzgesichtspunkten ist der Boden damit eine äußerst attraktive Steuerquelle. Denn wo Ausweichreaktionen nicht möglich sind, kommt es auch nicht zu steuerlich bedingten Allokationsverzerrungen.[2]

Die Kehrseite der Medaille ist allerdings eine fast beliebige Belastbarkeit der Bodenbesitzer durch den Staat. Selbst ein Verkauf des Bodens kann den Grundeigentümer nicht vor den Folgen einer konfiskatorischen Belastung retten. Denn sobald eine neue oder erhöhte Steuer auf seinen Grundbesitz auch nur bekannt gegeben wird, reduziert sie sofort seinen möglichen Verkaufserlös. Aufgrund der praktisch nicht vorhandenen Ausweichmöglichkeiten sind deshalb besonders hohe Maßstäbe an eine gerechte Besteuerung des Bodens zu stellen, insbesondere auch im Vergleich zu anderen Vermögensanlagen.

---

[1] Der Autor ist Professor für Volkswirtschaftslehre und leitet das Institut für Siedlungs- und Wohnungswesen der Westfälischen Wilhelms-Universität Münster.

[2] Zu möglichen Ausweichreaktionen vgl. *Hansmeyer/Schmölders* (1980), S. 149 ff.

Tatsächlich sind Grund und Boden in Deutschland einigen steuerlichen Sonderlasten ausgesetzt, die für andere Vermögensformen nicht gelten. Neben der Grunderwerbsteuer ist hier vor allem die Grundsteuer zu nennen. Beide setzen am Wert des bebauten Grundstückes an. Da der Grundstückswert nichts anderes als das Spiegelbild der zukünftigen Bodenerträge ist, letztere aber im Rahmen der normalen Einkommensteuer ohnehin besteuert werden, liegt insoweit eine Mehrfachbesteuerung der gleichen Einkommensquelle vor.

Gleichwohl werden darüber hinaus noch weitere Abgaben und Steuern auf den Boden diskutiert. Dazu gehören insbesondere die Abschöpfung sogenannter Planungswertgewinne bzw. eine grundsätzliche Besteuerung von (realisierten oder unrealisierten) Bodenwertzuwächsen. Als Argument dafür wird in erster Linie vorgebracht, Bodenwertzuwächse seien reine „windfall-profits", die letztlich aus der prinzipiellen Unvermehrbarkeit des Bodens resultierten und somit mehr Monopol- als Leistungscharakter hätten.

Im Folgenden soll weniger den normativen als vielmehr den ökonomischen Hintergründen für die offensichtliche Sonderstellung des Bodens nachgegangen werden. Worin ist letztlich der Bodenertrag begründet, warum wächst er i. d. R. im Zeitverlauf? Handelt es sich wirklich um einen Sonderfall, welcher sich von anderen Kapitalerträgen grundsätzlich unterscheidet? Und schließlich: Welche Schlüsse lassen sich daraus für die Besteuerung des Bodens, insbesondere für die Rechtfertigung einer Bodenwertzuwachsteuer ziehen?

B. Kapitaltheoretische Begründung des Bodenwertzuwachses

Letztlich spiegelt der Wert eines Vermögensobjektes immer seine erwarteten Zukunftserträge wider. Diese Erträge können monetärer Natur sein, sie können aber z. B. auch in der Wertschätzung des selbstnutzenden Grundstückseigentümers liegen. Geht man nun davon aus, dass der Boden knapp ist und die Einkommen im Zeitverlauf steigen, dann folgt daraus ein im Zeitverlauf tendenziell steigender Bodenwert.[3] Das gilt im Übrigen auch für andere, nicht beliebig vermehrbare Güter wie Kunstwerke oder seltene Münzen und Briefmarken. Sie brauchen dazu weder einen physischen Ertrag zu erbringen noch irgendwie schöner oder relativ begehrter zu werden – es reicht, dass das allgemeine Einkommen und damit tendenziell auch die Zahlungsbereitschaft für knappe Güter steigt.

Sei W_t der Wert des Bodens zum Beginn der Periode t, welcher am Ende der Periode einen Ertrag von E_t erbringe, beispielsweise eine Erbpacht.

[3] Vgl. *Epping* (1977), S. 182 f.

Dieser Ertrag steige jährlich mit der Wachstumsrate g, so dass $E_1 = E_0 * (1+g)$. Andererseits müssen alle künftigen Erträge mit dem Zinssatz i abgezinst werden. Dann stellt sich das Investitionskalkül eines potentiellen Bodenkäufers nach der Kapitalwertformel für unendliche Reihen wie folgt dar:

(1) Bodenwert in t_0: $$W_0 = \frac{E_0}{1+i} + \frac{E_0 * (1+g)}{(1+i)^2} + \ldots = \frac{E_0}{i-g}$$

(2) Bodenwert in t_1: $$W_1 = \frac{E_0 * (1+g)}{1+i} + \frac{E_0 * (1+g)^2}{(1+i)^2} + \ldots = \frac{E_0 * (1+g)}{i-g}$$

Der Bodenwert in t_1 liegt genau um die Wachstumsrate g höher als zum Zeitpunkt t_0. Der Verkäufer eines Stückes Land bekommt also systematisch stets mehr Geld für den Boden, als er selbst zuvor dafür bezahlt hat. Das liegt keineswegs an irgendwelchen neuen Informationen, die inzwischen etwa verfügbar wären, und es hat auch nichts mit irgendeiner Monopolstellung zu tun. Der steigende Bodenwert ergibt sich vielmehr schon allein aus der Abzinsung der zukünftigen Erträge, die jedem rationalen Investitionskalkül zugrunde liegt. Zwar kennt und berücksichtigt ein Käufer zum Zeitpunkt t_0 auch bereits alle künftigen Erträge des Bodens, ebenso wie ein Käufer zum späteren Zeitpunkt t_1. Er zinst sie aber implizit stärker ab, weil er eben zeitlich noch weiter von ihrer Realisierung entfernt ist. Beispielsweise wird der Ertrag zum Zeitpunkt t_1 in Höhe von $E_0 * (1+g)$ von dem Käufer in t_1 nur einfach abgezinst, von dem Käufer in t_0 dagegen quadratisch. In diesem Abzinsungsphänomen liegt der eigentliche Grund für die im Zeitverlauf steigenden Bodenpreise.[4]

Der Wertzuwachs des Bodens in Höhe der Wachstumsrate ist nun freilich nicht mit seiner Rendite zu verwechseln. Diese setzt sich vielmehr aus dem Wertzuwachs des Bodens *plus* dem jährlichen Bodenertrag zusammen. Im Gleichgewicht muss sie stets der Rendite vergleichbarer Anlagen, ausgedrückt durch den Kalkulationszins, entsprechen. Formal ergibt sich dies direkt aus der Barwertformel (1) für W_0, wobei E im Folgenden stets für den Ertrag nach Abschreibungen steht.

(3) Bodenrendite: $$i = g + \frac{E_0}{W_0} = \text{Wertzuwachs} + \text{jährl. Ertrag/Kapitaleinsatz}$$

Diese Beziehungen zwischen Jahresertrag, Wert und Rendite gelten für jede Art von Wertanlagen mit im Zeitverlauf steigendem Ertrag. Der Wert-

---

[4] Vgl. auch *Eekhoff* (1987), S. 189 ff.

zuwachs einer solchen Anlage im Zeitverlauf ist also kein Extragewinn, sondern integraler Bestandteil der Gesamtrendite. Die notwendige Angleichung dieser Rendite an den Kalkulationszins erfolgt durch den Bodenpreis. Steigt beispielsweise der künftige Bodenwertzuwachs g aufgrund höherer Einkommenserwartungen, so treibt dies sofort den aktuellen Preis des Bodens W in die Höhe und führt damit automatisch zur Rendite-Normalisierung. Es entsteht nur ein einmaliger Gewinn bei dem gegenwärtigen Eigentümer des Bodens, dem freilich auch das Risiko eines entsprechenden Verlustes im Fall von schlechter werdenden Einkommenserwartungen gegenübersteht. Auch darin unterscheidet sich der Boden letztlich nicht von anderen Investitionsobjekten.

C. Wirkung einer Wertzuwachssteuer auf Vermögen und Rendite der Bodeneigner

Wird der laufende Bodenertrag E mit einem Steuersatz von $s\,\%$ belastet, so sinkt auch der Bodenpreis W um exakt diesen Prozentsatz, wie man unmittelbar aus den Bodenwertformeln (1) und (2) ersieht. Die laufende Rendite nach Gleichung (3) bleibt davon zwar unberührt, solange sich der Kalkulationszins nicht ändert. Dennoch erleidet der Bodeneigentümer durch die Besteuerung eine Vermögenseinbuße in Höhe von exakt $s\,\%$ seines ursprünglichen Bodenwertes.[5]

Schon diese Überlegung zeigt, dass für eine zusätzliche Besteuerung des Bodenwertzuwachses eigentlich kein Grund besteht. Dennoch kann man bei Betrachtung der oben abgeleiteten Renditeformel (3) leicht auf einen solchen Gedanken kommen. Denn offenbar macht ja der von der Einkommensteuer erfasste, jährliche Bodenertrag nur einen Teil der Gesamtrendite aus. Der andere Teil in Form des Wertzuwachses bleibt dagegen scheinbar steuerfrei. Dies wird als allokativ und normativ ungerechtfertigter Vorteil des Bodens gegenüber anderen Anlageformen wie z.B. Sparguthaben gesehen, deren Rendite allein auf ihren (voll besteuerten) jährlichen Erträgen beruht.

Diese Argumentation beruht aber auf einem Irrtum. Betrachten wir etwa den Wert K_0 einer „ewigen" Anlage mit dem festen Jahresertrag R:

(4) Wert einer Anlage mit konstantem Ertrag: $K_0 = \frac{R_0}{1+i} + \frac{R_0}{(1+i)^2} + \ldots = \frac{R_0}{i}$

[5] Vgl. auch *Hellmann* (2003), S. 129 f.

Diese Anlage sei im Übrigen, d.h. hinsichtlich Risiko, Liquidität etc., ein gutes Substitut zum Grunderwerb. Somit muss ihre Rendite bei funktionierenden Kapitalmärkten derjenigen des Bodens gemäß (3) entsprechen:

(5) $$\text{Renditegleichheit erfordert: } i = \frac{R_0}{K_0} = g + \frac{E_0}{W_0}$$

Unterstellen wir jetzt zunächst wieder die bloße Besteuerung der laufenden Erträge in beiden Anlageformen mit dem Steuersatz s. Multiplikation von E_0 bzw. R_0 jeweils mit dem Faktor $(1 - s)$ führt in beiden Fällen zur Vermögensminderung um den gleichen Prozentsatz, wie man leicht aus (1) bzw. (4) ersieht. Des Weiteren bleibt nach (3) bzw. (5) auch die Rendite in beiden Fälle gleich hoch. Insoweit besteht also keine Rechtfertigung für die Erhebung einer zusätzlichen Steuer auf den (Boden-)Wertzuwachs.

Eine solche Steuer würde im Gegenteil eine Verteilungsschieflage zulasten der Grundbesitzer mit sich bringen. Angenommen etwa, der Wertzuwachs des Bodens müsse am Ende jeder Periode unabhängig von seiner Realisierung mit dem Satz s versteuert werden. Der Barwert der erwarteten Bruttoeinnahmen nach (1) ist dann um den Barwert aller künftigen Steuerzahlungen zu reduzieren. Bezeichnet man den jährlichen Wertzuwachs des Bodens mit b, so ergibt sich für den Bodenwert in t_0 jetzt:

(6) $$\text{Bodenwert: } W_0 = \frac{E_0}{i-g} - \frac{s * b * W_0}{(1+i)} - \frac{s * b * (1+b) * W_0}{(1+i)^2} - \dots$$
$$= \frac{E_0}{(i-g) * \left(1 + \frac{s*b}{i-b}\right)}$$

Klar erkennbar sinkt auch hier der Bodenwert mit steigendem Steuersatz s. Für den Bodenwert der nächsten Periode W_1 erhält man analog das gleiche Ergebnis wie in (6), nur mit E_1 anstelle von E_0 im Zähler. Da $E_1 = (1+g) * E_0$ gilt, folgt daraus auch $W_1 = (1+g) * W_0$ und somit $b = g$. Der Bodenwert wächst also nach wie vor mit der Zuwachsrate der Bodenerträge. Dies reduziert das Ergebnis für den Bodenwert in (6) auf $E_0/(i - g + s * g)$.

Für die Bodenrendite nach Wertzuwachssteuer erhält man durch Auflösung von Gleichung (6) nach dem Kalkulationszins:

(7) $$\text{Rendite nach Steuern: } i = (1-s) * g + \frac{E_0}{W_0}$$

Nach wie vor reichen also der um die Steuer verminderte Wertzuwachs des Bodens plus der (hier unversteuerte) jährliche Ertrag gerade aus, um den Kalkulationszinsfuß zu erbringen, d.h. die Wertzuwachssteuer geht nicht zu Lasten der künftigen Bodenrendite.

Dies ist nur möglich, weil auch hier wiederum der aktuelle Bodenpreis W_0 mit Einführung der neuen Steuer sofort entsprechend sinkt. Letztere trifft deshalb in Wirklichkeit nicht die zukünftigen, sondern die aktuellen Eigentümer des Bodens. Kommt die Bodenwertsteuer zur Besteuerung der laufenden Erträge hinzu, so handelt es sich mithin um eine echte, zusätzliche Vermögensminderung im Vergleich zu den Inhabern anderer Kapitalanlagen.

Erfasst die Wertzuwachssteuer auch die auf dem Boden aufstehenden Gebäude, beispielsweise Wohnhäuser, so resultieren aus dieser Ungleichbehandlung auch negative Allokationseffekte.[6] Den kostenbedingt nach unten unflexiblen Preisen für neue Gebäude stehen dann nämlich sinkende Preise für die bereits bestehenden Gebäude gegenüber, „Tobins q" nimmt mithin im Immobiliensektor ab. Das ist ein klar negatives Investitionssignal, Kapital wird in Anlageformen ohne Wertzuwachs wie festverzinsliche Wertpapiere oder Kontensparen umgelenkt. Da diese Umlenkung lediglich aus der Sonderbelastung des Immobiliensektors durch die Wertzuwachssteuer resultiert, ist sie allokativ schädlich. Das gleiche würde natürlich auch für eine Wertzuwachssteuer auf Aktien oder vergleichbare Anlageformen gelten.

Zusammenfassend ist die Erhebung einer Wertzuwachssteuer auf Anlageformen, deren Erträge bereits versteuert werden, somit aus steuersystematischen Gründen abzulehnen. Sie macht auch verteilungspolitisch keinen Sinn. Wer heute ein Grundstück kauft, hat von dem künftigen Wertzuwachs trotz dessen Nichtbesteuerung keinen Vorteil. Denn der Preis für das Grundstück wird so hoch sein, dass er trotzdem nur die gleiche Rendite erzielt wie für eine vergleichbare Anlage ohne Wertzuwachs. Auch der Verkäufer des Grundstücks hat keinen besonderen Vorteil aus dem relativ hohen Preis, den er für sein Grundstück erzielt. Sein Einstandspreis beim Erwerb desselben war unter den gleichen steuerlichen Rahmenbedingungen ebenfalls entsprechend hoch, so dass er im Durchschnitt gleichfalls nur die Normalrendite erzielen konnte.

Man kann diese Argumentationskette bis zu dem Zeitpunkt in der Vergangenheit fortsetzen, an dem sich für den damaligen Grundstückseigner vielleicht unerwartet einmal die steuerliche Belastung geändert hat. Beispielsweise ist im Januar 1999 die bis dahin zweijährige Spekulationsfrist, innerhalb derer Wertzuwächse von vermieteten Immobilien zu versteuern

---

6 Vgl. *Eekhoff* (2002), S. 23.

waren, rückwirkend auf zehn Jahre heraufgesetzt worden. Das traf besonders hart solche Immobilienbesitzer, die in den neuen Bundesländern die 50%ige oder 40%ige Sonder-Afa in Anspruch genommen hatten. Denn bei Immobilien, die nach dem 31.07.1995 angeschafft wurden, sind die Anschaffungskosten bei der Ermittlung des Veräußerungsgewinns zusätzlich um die tatsächlich in Anspruch genommenen Abschreibungen zu kürzen. Die damaligen Eigentümer hatten also die Last der neuen Steuer zu tragen, ihre ursprünglich erwarteten Renditen wurden nachträglich kräftig nach unten korrigiert. Genauso würde es den heutigen Grundstückseignern gehen, wenn die Spekulationsfrist abermals verlängert oder zugunsten einer generellen Wertzuwachssteuer ganz abgeschafft würde. Für eine solche Sonderbelastung gibt es keine normative Rechtfertigung.

D. Sonderfall Bodenspekulation?

Betrachten wir nun den Fall der reinen Bodenspekulation. Er ist im Extremfall dadurch gekennzeichnet, dass der Boden brach liegt und somit keinerlei aktuellen Ertrag erbringt. Der Eigentümer hofft jedoch auf eine spätere, gewinnbringende Nutzung des Bodens. Der Verzicht auf die sofortige Nutzung des Bodens kann unter diesen Umständen sowohl betriebswirtschaftlich als auch volkswirtschaftlich durchaus rational sein. Denn aufgrund der meist langfristigen Irreversibilität einer Bebauung würde dadurch die spätere, annahmegemäß ertragreichere Nutzung in vielen Fällen nicht mehr möglich sein. Der temporäre Ertragsverzicht ist also gegen die spätere, umso höhere Ertragskraft des Bodens abzuwägen.[7] Der Staat handelt im Übrigen oft genauso, wenn etwa Filetstücke in Gewerbegebieten in der Hoffnung auf spätere, besonders attraktive Ansiedlungen freigehalten werden. Allerdings nennen die Gemeinden dies in ihrem eigenen Fall nicht Spekulation, sondern Bodenvorratspolitik.

Bezeichnen wir den Bodenwert zum Zeitpunkt des Erwerbs wieder mit W_0 und den ersten jährlichen Ertrag des Bodens wieder mit E. Es sei nun aber angenommen, dass dieser Ertrag erstmals nach zwei Perioden anfällt, so dass die erste Periode eine reine „Spekulationsphase" ist. Danach soll der Ertrag wieder mit der jährlichen Rate g wachsen. Der Bodenwert zum Anschaffungszeitpunkt t_0 bzw. in der nachfolgenden Periode t_1 errechnet sich dann als

$$(8) \quad \text{Bodenwert in } t_0\text{: } W_0 = \frac{E}{(1+i)^2} + \frac{E*(1+g)}{(1+i)^3} + \ldots = \frac{E}{(i-g)*(1+i)}$$

---

[7] Zu unterschiedlichen Sichtweisen der Bodenspekulation vgl. *Wachter* (1993), S. 90 ff.

(9) Bodenwert in t_1: $W_1 = \frac{E}{(1+i)} + \frac{E*(1+g)}{(1+i)^2} + \ldots = \frac{E}{(i-g)}$

Es gilt somit $W_1 = W_0 * (1+i)$, d.h. der Bodenwert steigt in der reinen Spekulationsphase mit dem Zinssatz i. Erst mit Eintritt in die Nutzungsphase nimmt er wieder mit der Zuwachsrate des Bodenertrages g zu. Die Bodenrendite entspricht somit in beiden Phasen dem Kalkulationszinsfuß i: Für die Nutzungsphase wurde dies oben in (3) bereits abgeleitet, und für die Spekulationsphase ergibt es sich unmittelbar aus dem Umstand, dass der Bodenwert hier eben mit i steigt und anderweitige Erträge noch nicht anfallen.

In Abwesenheit einer Wertzuwachssteuer bleibt hier scheinbar die gesamte Rendite der ersten Periode unversteuert. Absolut gesehen hängt jedoch der erzielbare Preis für den Boden davon ab, ob und wie stark die späteren Erträge besteuert werden. Bereits die Besteuerung der laufenden Erträge reduziert somit auch in diesem Fall den Wertzuwachs und damit das Vermögen des „Spekulanten" um den entsprechenden Prozentsatz, wie man leicht durch Einsetzen von $E*(1-s)$ anstelle von E in (8) bzw. (9) ersieht. Da auch seine Rendite prinzipiell derjenigen des nicht-spekulierenden Kapitalanlegers entspricht, herrscht insoweit im Endeffekt Gleichbehandlung, auch wenn der Spekulationsgewinn nur indirekt besteuert wird. Auch hier würde deshalb die zusätzliche Einführung einer Bodenwertzuwachssteuer den Grundeigentümern einen Vermögensverlust auferlegen, welcher sie gegenüber anderen Kapitalanlegern benachteiligt. Für daraus entstehende Fehlallokationen im Fall einer Einbeziehung aufstehender Gebäude in die Bemessungsgrundlage der Wertzuwachssteuer gilt das oben Gesagte analog.

Es bleibt anzumerken, dass wir in den bisherigen Ableitungen implizit sichere Informationen über die künftigen Erträge unterstellt haben. Spekulation im eigentlichen Sinne liegt insoweit genau genommen gar nicht vor. Der politische Sprachgebrauch nimmt es hier allerdings meist nicht so genau und betrachtet jedes Brachliegenlassen eines Grundstücks in der Hoffnung auf Wertsteigerung als Spekulation. In Wirklichkeit kann eine solche Hoffnung natürlich auch trügen, ebenso wie sich später noch wesentlich höhere Erträge als die ursprünglich erwarteten einstellen können.[8] All das berührt aber nicht den Kern der hier vorgetragenen Argumentation. Denn auch eine außergewöhnlich hohe Wertsteigerung müsste ihre Ursache letztlich in entsprechenden Zukunftserträgen haben. Soweit letztere der normalen Besteuerung unterliegen, ergibt sich somit daraus kein neues Argument

---

[8] Echte Spekulationsgewinne aus steigenden Bodenpreisen lassen sich einzig und allein im Falle von Erwartungsirrtümern erzielen, vgl. *Hellmann* (2003), S. 30 ff.

für eine Wertzuwachssteuer. Diese ist deshalb auch für den reinen Spekulationsfall abzulehnen.

E. Vermögenswert und Einkommen – zwei Seiten der selben Medaille

Die oben gezogenen Schlussfolgerungen widersprechen vielleicht der Intuition. Einige Plausibilitätsüberlegungen scheinen deshalb an dieser Stelle angebracht.

Zunächst muss man sich noch einmal den eigentlichen Grund für einen steigenden Vermögenswert klarmachen. Er liegt *nicht* einfach darin, dass die Erträge im Zeitverlauf steigen. Dies war nämlich annahmegemäß von Beginn an jedem Investor bekannt und ist insoweit bereits im ursprünglichen Vermögenswert W_0 berücksichtigt. Der steigende Vermögenswert im Zeitverlauf kommt vielmehr, wie gesehen, erst durch die Abzinsung der künftigen Erträge zustande: Für den späteren Käufer des Vermögens liegen die hohen Erträge in näherer Zukunft als für den ursprünglichen Eigentümer. Das gleiche gilt aber auch für die künftigen Steuerzahlungen auf die Erträge! Auch ihr Barwert steigt im Zeitverlauf, und zwar parallel zum Barwert des Vermögens selbst. Der gleiche Effekt, der das Vermögen des Eigentümers erhöht, erhöht also auch systematisch sein Negativvermögen in Form der abgezinsten künftigen Steuerlast. Insoweit kommt es also in Wirklichkeit doch zu einer Besteuerung des Wertzuwachses, wenn auch in einer sehr subtilen Form.

Vielleicht noch leichter einsehbar ist folgende Argumentation. Jedes Einkommen lässt sich spiegelbildlich als Vermögen interpretieren und umgekehrt auch jedes Vermögen als abgezinster Einkommens- oder Nutzenstrom. Dementsprechend kann auch der Wert des Kapitalstocks einer Volkswirtschaft inklusive ihres Humankapitals als abgezinster Strom ihres künftigen Volkseinkommens aufgefasst werden. Nehmen wir nun an, der Staat beanspruche für seine Zwecke die Hälfte des jährlichen Volkseinkommens und erhebe eine entsprechend hohe proportionale Einkommensteuer von 50%. Sollte er dann zusätzlich noch eine Steuer auf den steigenden Wert des Kapitalstocks erheben? Das würde offensichtlich den Staatsanteil am Sozialprodukt über die angestrebten 50% hinaus anheben und wäre insoweit verfehlt. Es würden gewissermaßen gleichzeitig Bild und Spiegelbild der volkswirtschaftlichen Leistungskraft der Besteuerung unterworfen. Bestenfalls könnte man im Gegenzug die Einkommensteuer entsprechend senken, um dadurch im Endeffekt vielleicht bestimmte Verteilungseffekte zu erzielen.

Inwieweit diese aber wirklich gerecht wären, erscheint sehr fraglich. So müsste insbesondere auch der implizite Wertzuwachs des Humankapitals besteuert werden, ebenso der wachsende Barwert von Renten- und Pensionsansprüchen während der Erwerbsphase bei zunehmender Annäherung an den Ruhestand. Betrachten wir dazu das folgende, durchaus lebensnahe Beispiel:

- A besitzt brachliegendes Grundvermögen, das er erst in vier Jahren günstig zu verpachten hofft. Der erstmals nach fünf Jahren erwartete jährliche Bruttoertrag beträgt 25.000 € und muss mit 50% versteuert werden. Bei einem Kalkulationszins nach Steuern von 2,5% wird gemäß Gleichung (6) der Grundstückswert in fünf Jahren 500.000 € betragen. Der aktuelle Grundstückswert ergibt sich durch Abzinsung dieses Betrages für fünf Jahre jedoch nur mit knapp 442.000 €. Eine Besteuerung des Wertzuwachses in den ersten fünf Jahren mit 50% würde den aktuellen Grundstückswert auf nur noch gut 396.000 € senken[9], also einen Vermögensverlust von rd. 10% für den Eigentümer bewirken.
- B hat in fünf Jahren Anspruch auf eine Beamtenpension in Höhe von 64.150 € pro Jahr, welche gleichfalls mit 50% zu versteuern ist. Der Barwert dieser Pension beim Eintritt in den Ruhestand ist bei Erwartung einer 20jährigen Pensionsbezugszeit mit rd. 500.000 € ebenso hoch wie der Barwert des Grundstücks von A. Auch der aktuelle Barwert der Pension entspricht wegen der noch fünfjährigen Wartezeit mit 442.000 € dem heutigen Barwert des Grundstückes. Insoweit ist die Vermögens- und Einkommenslage von A und B identisch[10]. Da jedoch Pensionen im Unterschied zu Grundstücken weder bilanziert werden noch veräußerungsfähig sind, wird kaum jemand auf den Gedanken kommen, ihren Wertzuwachs in den fünf Jahren bis zum Eintritt in den Ruhestand mit einer Wertzuwachssteuer zu belegen.

Die Besteuerung des steigenden Grundstückswertes würde also eine klare Benachteiligung von A gegenüber B bedeuten. Sie verzerrt zudem die Anlageentscheidungen, etwa für die Altersvorsorge, zulasten von Immobilien und zugunsten von Kapitallebensversicherungen, Rentenpapieren und anderen Anlagen ohne bzw. mit nur implizitem Wertzuwachs.

Auch wer in seine Ausbildung investiert und später daraus ein steigendes Einkommen erwartet, ist Eigentümer von Humankapital mit im Zeitverlauf wachsendem Wert. Erst wenn mit steigendem Lebensalter allmählich der periodische „Verbrauch" des Einkommens gegenüber den künftigen Einkommenssteigerungen überwiegt, nimmt auch der Wert des verbleibenden Humankapitals wieder ab. Dic konsequente Umsetzung einer Wertzuwachssteuer würde erfordern, all dies durch entsprechende Belastungen bzw. Ent-

[9] Die Formel lautet: $W_0 = \frac{W_5 - (W_5 - W_0) * s}{(1+i)^5} => W_0 = \frac{W_5 * (1-s)}{(1+i)^5 - s}$.

[10] Beispielsweise könnte A sein Grundstück verkaufen und mit dem Erlös eine 20-jährige Rente in Höhe von Bs Pension erwerben.

lastungen in Ergänzung zur normalen Einkommensteuer zu berücksichtigen.[11] Abgesehen von der praktischen Unmöglichkeit einer Durchsetzung und Handhabung einer derart absurden Idee, würde dies im Endeffekt auch kaum zu einer anderen Steuerlastverteilung führen als die schlichte Besteuerung des Einkommens, die ja nur das Spiegelbild des Vermögens im weitesten Sinne ist. Auch verteilungspolitisch macht die Wertzuwachssteuer daher wenig Sinn, es sei denn sie soll zur bewussten Diskriminierung bestimmter Einkommensarten eingesetzt werden.

F. Inflation und Nominalwertprinzip: Die Besteuerung von Verlusten

Bisher ist noch nicht berücksichtigt worden, dass ein Teil der Wertsteigerung regelmäßig rein inflationär verursacht wird und somit gar keinen realen Zuwachs darstellt. Die damit verbundene Problematik des Nominalwertprinzips bei der Besteuerung trifft zwar im Prinzip alle Einkommen. Im Falle einer Wertzuwachssteuer kann sie jedoch anders als im Fall der Einkommensteuer zur regelrechten Besteuerung von Verlusten führen.[12]

Zur Vereinfachung der folgenden Beweisführung nehmen wir an, dass keine realen Ertragsteigerungen vorliegen und somit sämtliche Steigerungen des Jahresertrages sowie des Bodenwertes rein inflationär bedingt sind. Die in allen Perioden gleich hohe Inflationsrate bezeichnen wir mit p, den ursprünglichen Ertrag bzw. den Bodenwert zum Zeitpunkt t_0 wieder mit E_0 bzw. W_0. Angenommen sei ferner eine Einkommensteuer in Höhe von s auf den Bodenertrag. Der Einfachheit halber bezeichnen wir den nach Steuern verbleibenden Nettoertrag der Anfangsperiode mit $E_n = E_0 * (1 - s)$. Man erhält dann mit i als Kalkulationszins vor Auftreten der Inflation analog zu Gleichung (1) für den Bodenwert in t_0

$$(10a) \qquad \text{Bodenwert: } W_0 = \frac{E_n}{1+i} + \frac{E_n * (1+p)}{(1+i)^2} + \frac{E_n * (1+p)^2}{(1+i)^3} \ldots = \frac{E_n}{i-p}$$

d.h. der Bodenwert steigt scheinbar infolge der Inflation. Zu bedenken ist jedoch, dass diese den Kalkulationszins kaum unberührt lassen kann. Da wir hier von erwarteten Größen ausgehen, ist vielmehr damit zu rechnen, dass der Kalkulationszins ebenfalls um die Inflationsrate steigt:

---

11 Vgl. *Hellmann* (2003), S. 173 f.

12 Vgl. *van Suntum* (1997), S. 2.

$$(10b) \qquad \text{Bodenwert: } W_0 = \frac{E_n}{(1+i+p)} + \frac{E_n * (1+p)}{(1+i+p)^2} + \frac{E_n * (1+p)^2}{(1+i+p)^3} \ldots = \frac{E_n}{i}$$

Der Bodenwert bleibt somit trotz Besteuerung der inflationär aufgeblähten Erträge letztlich durch die Inflation unbeeinflusst. Insoweit wirkt sich also die proportionale Besteuerung inflationärer Ertragszuwächse beim Grundvermögen ebenso neutral aus wie beim Arbeitseinkommen.[13] Nur im Falle einer Progressivsteuer würden daraus reale Einkommensverluste resultieren.

Dieser Befund ändert sich aber im Falle einer Wertzuwachssteuer. Diese führt nämlich im Falle rein inflationär hervorgerufener und somit nur scheinbarer Wertsteigerungen zu einem echten Vermögensverlust.[14] Das gilt auch dann, wenn die Inflation voll im Zinssatz weitergegeben wird. In diesem Fall lässt sich der Vermögenswert in t_0 analog zu Gleichung (10b) wie folgt ableiten:

$$(11) \qquad W_0 = \frac{E_n}{i} - \frac{s * p * W_0}{(1+i+p)} - \frac{s * p * W_0 * (1+p)}{(1+i+p)^2} \ldots = \frac{E_n}{i + s * p}$$

Für den Fall ohne Steuer und/oder ohne Inflation, d.h. s und/oder $p = 0$, ergibt sich wieder ein unveränderter Bodenwert gemäß Gleichung (10b). Die Erhebung einer Wertschöpfungssteuer auf inflationäre Scheingewinne impliziert dagegen eine Minderung des aktuellen Bodenwertes und somit einen realen Vermögensverlust, wie man leicht aus Gleichung (11) ersieht. Die Bodeneigentümer erzielen m. a. W. in diesem Fall gar keinen Wertzuwachs, sondern u. U. sogar einen realen Wertverlust, und müssen darauf auch noch Wertzuwachssteuern zahlen.

G. Wertzuwachssteuer auf die selbstgenutzte Immobilie

Der Kern der bisherigen Überlegungen lässt sich so zusammenfassen: Der Wert eines Vermögensgegenstandes ist nur das Spiegelbild seiner künftigen Erträge, und da diese bereits durch die Einkommensteuer erfasst werden, würde eine zusätzlich erhobene Wertzuwachssteuer eine Doppelbesteuerung bedeuten.[15] Diese Argumentation trägt aber offensichtlich nicht im Fall der selbstgenutzten Immobilie. Hier werden ja keine monetären Er-

---

[13] Das Realeinkommen eines Arbeitnehmers, dessen Einkommen Y und Lebenshaltungskosten L gleichermaßen mit der Rate p steigen, bleibt davon im Falle einer proportionalen Einkommensteuer unberührt, denn es gilt:
$Y\text{real} = Y * (1-s) * (1+p)/(L * (1+p)) = Y * (1-s)/L.$

[14] Vgl. auch *Wendt* (1988), S. 719.

[15] Vgl. *Hellmann* (2003), S. 162.

träge erzielt und insoweit auch keine Steuern gezahlt. Der Wohnungsnutzen wiederum wird im Rahmen der in Deutschland geltenden Konsumgutlösung ebenfalls nicht steuerlich belastet. Wäre es demnach nicht angebracht, zumindest hier den Wertzuwachs zu besteuern? Immerhin konnte man lange Zeit durch günstigen Kauf und späteren Verkauf seines Eigenheimes leicht Gewinne in der Größenordnung von einem oder gar mehreren Jahresgehältern erzielen – ohne Arbeitseinsatz und völlig steuerfrei. Auch wenn diese Zeiten vorerst vorbei sein dürften, scheint sich hier in der Tat die Frage einer angemessenen Besteuerung zu stellen.

Gleichwohl kann die Wertzuwachssteuer auch in diesem Fall nicht überzeugen. Es stellt sich nämlich die Frage, ob der Nutzen der selbstgenutzten Immobilie als Einkommen im steuerrelevanten Sinne zu betrachten ist oder nicht:

- Folgt man der so genannten Reinvermögenszugangstheorie[16], dann ist der Nutzenstrom aus einer selbstgenutzten Wohnung dem Einkommen aus einer fremdvermieteten Wohnung grundsätzlich gleichzustellen. Die logische Konsequenz wäre dann aber, genau diesen Nutzenstrom der Einkommensteuer zu unterwerfen und nicht den Wertzuwachs des Hauses. Letzterer wäre dann vielmehr steuerlich unbeachtlich, nämlich aus genau den Gründen, die oben bereits dargelegt wurden: Es ist nicht zu rechtfertigen, sowohl den steigenden Wohnnutzen einer Immobilie als auch ihren Wertzuwachs zu besteuern, da letzterer nur das Spiegelbild des ersteren ist.
- Folgt man alternativ dazu der sogenannten Markteinkommenstheorie[17], dann gilt der Wohnkonsum nicht als Einkommen. Als Eigenverbrauch von zuvor bereits voll versteuertem Einkommen ist er vielmehr steuerfrei zu stellen. Bei diesem Ansatz kann dann logischerweise auch ein Wertanstieg des Wohnungsnutzens nicht steuerpflichtig sein.

Gilt nicht wenigstens im Fall des tatsächlichen Verkaufs mit Gewinn einer zuvor selbstgenutzten Immobilie etwas anderes? Scheinbar entsteht ja in diesem Fall tatsächlich ein Einkommen, wenn auch nur im Sinne der Reinvermögenszugangstheorie. Die Markteinkommenstheorie würde bei nicht gewerbsmäßigem Verkauf das Entstehen von Einkommen allerdings

---

[16] Die Reinvermögenszugangstheorie geht zurück auf *Schanz*. Zum Einkommen zählen nach dieser Theorie alle durch Teilnahme am Erwerbsleben erzielten Reinerträge sowie Nutzungen, Geschenke, Erbschaften und Lotteriegewinne, vgl. *Schanz* (1896), S. 24.

[17] Die Markteinkommenstheorie geht im ökonomischen Schrifttum zurück auf *Neumark*, die juristische Markteinkommenstheorie wird auf *Ruppe* zurückgeführt. Nach dieser Theorie kann nur die entgeltliche Verwertung von Leistungen am Markt zu steuerbaren Einkünften führen, vgl. *Neumark* (1947), S. 41 f.; *Ruppe* (1978), S. 16.

auch in diesem Fall verneinen. Andernfalls müssten z.B. auch realisierte Wertsteigerungen von Briefmarken, Kunstgegenständen und Antiquitäten selbst bei rein privatem Verkauf als Einkommen besteuert werden.[18] Zusätzlich besteht auch hier das oben bereits behandelte Problem inflationärer Scheingewinne.

Steuersystematisch ist zudem darauf hinzuweisen, dass all diese Wertsteigerungen langfristig ihre entscheidende Ursache in gestiegenen Einkommen haben, welche aber bereits voll versteuert werden. Ein van Gogh kostet nicht zuletzt deswegen heute mehr Geld als vor 30 Jahren, weil inzwischen mehr Geld verdient – und versteuert – wird. Eine nochmalige, gar progressive Besteuerung der Verwendung dieses Einkommens erscheint somit verfehlt. Für Boden und Immobilien ist dieser Zusammenhang sicher noch enger. So sind die Bodenpreise in Westdeutschland in den vergangenen 30 Jahren insgesamt nur geringfügig stärker gestiegen als das nominale Bruttoinlandsprodukt, d.h. ihre Wertsteigerung war im Wesentlichen nur Spiegelbild des allgemeinen Einkommensanstiegs. Damit fehlt der Bodenwertzuwachssteuer auch im Fall selbstgenutzter Grundstücke und Immobilien eine steuersystematische überzeugende Rechtfertigung.

H. Fazit

So plausibel die Besteuerung von Wertzuwächsen auf den ersten Blick erscheint – bei näherer Betrachtung der kapitaltheoretischen Zusammenhänge ist sie kaum zu rechtfertigen. Das gilt im Übrigen nicht nur für Grundstücke und Immobilien, auf die wir uns hier konzentriert haben. Für die Besteuerung des Wertzuwachses von Unternehmen, etwa im Falle ihrer Veräußerung, gelten die hier angestellten Überlegungen ganz analog. Auch hier liegt Doppelbesteuerung in dem Sinne vor, dass neben den künftigen Erträgen auch noch ihr heutiges Spiegelbild, nämlich der Unternehmenswert, besteuert wird. Das Problem ist in diesem Falle sogar noch gravierender, denn es treten im Gegensatz zum Boden auch noch Allokationsverzerrungen aufgrund der Ungleichbehandlung gegenüber anderen Kapitalbildungsformen ohne Wertzuwachs auf. Der generelle Verzicht auf jede Form der Wertzuwachsbesteuerung wäre damit nicht nur ein Beitrag zur steuerlichen Gerechtigkeit und Systematik, sondern auch zur Kapitalbildung und -erhaltung am Standort Deutschland.

---

[18] Vgl. *Kirchhof* (1985), S. 76.

Literaturverzeichnis

Eekhoff, J. (1987), Wohnungs- und Bodenmarkt, Tübingen.

– (2002), Wohnungspolitik, 2. Aufl., Tübingen.

Epping, G. (1977), Bodenmarkt und Bodenpolitik in der BRD, Berlin.

Hansmeyer, K.-H./*Schmölders,* G. (1980), Allgemeine Steuerlehre, 5. neu bearb. Aufl., Berlin.

Hellmann, T. (2003), Die Besteuerung des privaten Grundeigentums – Ökonomische Analyse und steuersystematische Beurteilung bodenbezogener Steuerformen, Münster.

Kirchhof, P. (1985), Die Steuerwerte des Grundbesitzes, Köln.

Neumark, F. (1947), Theorie und Praxis der modernen Einkommensbesteuerung, Bern.

Ruppe, H. G. (1978), Möglichkeiten und Grenzen der Übertragung von Einkunftsquellen als Problem der Zurechnung, in: Tipke, Klaus (Hrsg.): Übertragung von Einkunftsquellen im Steuerrecht, Köln, S. 7–40.

Schanz, G. (1896), Der Einkommensbegriff und die Einkommensteuergesetze, in: Finanzarchiv 1896, S. 1–87.

van Suntum, U. (1997), Besteuerung von Veräußerungsgewinnen wäre Vertragsbruch des Staates, in: Handelsblatt, Nr. 52, 14./15.03.1997, S. 2.

Wachter, D. (1993), Bodenmarktpolitik, Bern et al.

Wendt, R. (1988), Empfiehlt es sich, das Einkommensteuerrecht zur Beseitigung von Ungleichbehandlungen und zur Vereinfachung neu zu ordnen?, in: Die Öffentliche Verwaltung, S. 710–723.

Die Gewerbesteuer

Aktuelle Reformvorschläge im Vergleich

Von Bernd Huber[1]

A. Einführung

Bei der gegenwärtigen Debatte über die Reform der Gemeindefinanzen ist unstrittig, dass die Gemeinden insbesondere zur Finanzierung ihrer Selbstverwaltungsaufgaben über eine hinreichende Einnahmenautonomie verfügen müssen, also in der Lage sein müssen, zumindest in gewissen Grenzen die Höhe ihrer Einnahmen selbständig zu bestimmen.[2] Dazu müssen den Gemeinden in genügendem Umfang eigene Steuerquellen zugewiesen werden.

Im gegenwärtigen Gemeindefinanzsystem sind jedoch die Möglichkeiten der Gemeinden, eigene Steuereinnahmen zu erzielen, sehr begrenzt. Die Einnahmen der Gemeinden stammen im Wesentlichen aus den folgenden Quellen: Im Jahr 1997 entfielen gut 13 Prozent der Einnahmen der Kommunen auf Gebühren.[3] Da bei der kommunalen Gebührenfestsetzung das Prinzip der Kostendeckung gilt, können die Gebühreneinnahmen grundsätzlich kaum einen Beitrag zu den allgemeinen Haushaltsmitteln der Kommunen leisten. Der Anteil der Steuereinnahmen der Kommunen belief sich nur auf 31 Prozent. Mit fast 56 Prozent machten dagegen Zuweisungen der Länder (einschließlich sonstiger Einnahmen) den Löwenanteil bei den Einnahmen der Kommunen aus. Diese Zuweisungen resultieren zum einen aus dem kommunalen Finanzausgleich. Gemäß Art. 106 Abs. 7 GG sind die Bundesländer verpflichtet, von ihrem Aufkommen aus den Gemeinschaftsteuern ihren Gemeinden und Gemeindeverbänden einen durch Landesgesetz zu bestimmenden Anteil abzugeben (sog. obligatorischer Steuerverbund). Daneben kann ein Bundesland im Rahmen des sog. fakultativen Steuerverbundes seine Gemeinden (Gemeindeverbände) auch am Aufkom-

---

[1] Der Autor ist Professor für Volkswirtschaftslehre an der Ludwig-Maximilians-Universität München.

[2] Vgl. z.B. *Peffekoven* (1996).

[3] Vgl. Sachverständigenrat zur Begutachtung der gesamtwirtschaftlichen Entwicklung (1997).

men der Landessteuern beteiligen. Daneben erhalten die Kommunen weitere Zuweisungen von den Ländern, z.B. zur Finanzierung bestimmter Investitionsvorhaben.

Durch den hohen Anteil der Zuweisungen an den Einnahmen der Kommunen ist die Einnahmenautonomie der Kommunen relativ gering. Dies wird noch deutlicher, wenn man die Struktur der kommunalen Steuereinnahmen näher betrachtet, die – wie erwähnt – knapp ein Drittel der Gesamteinnahmen ausmachen. Im Jahr 1999 flossen den Kommunen Steuereinnahmen von rund 110 Mrd. DM zu.[4] Mit knapp 40 Prozent war dabei die Einkommensteuer – dicht gefolgt von der Gewerbesteuer – die ergiebigste Steuerquelle. Die Beteiligung der Gemeinden an der Einkommensteuer ist im Zuge der großen Finanzreform 1969 eingeführt worden. Gegenwärtig erhalten die Gemeinden einen Anteil von 15 Prozent des Aufkommens der Einkommensteuer (Lohnsteuer und veranlagte Einkommensteuer), während sich Bund und Länder die verbleibenden 85 Prozent je zur Hälfte teilen. Der Einkommensteueranteil der Gemeinden wird zwischen den Gemeinden nach dem Wohnsitzprinzip verteilt, wobei allerdings eine sog. Sockelregelung gilt, die eine Kappung ab einer bestimmten Höhe des zu versteuernden Einkommens vorsieht. Beim Einkommensteueranteil der Gemeinden ist zu bedenken, dass die Gemeinden gegenwärtig keine Möglichkeit haben, durch Hebesatzrechte die Höhe der Einnahmen zu beeinflussen. Mit knapp 39 Prozent bildete die im Folgenden noch näher diskutierte Gewerbesteuer (netto) die zweite bedeutsame Steuerart für die Gemeinden. Bei der Gewerbesteuer verfügen die Gemeinden über ein Hebesatzrecht; insoweit ist hier also eine Finanzautonomie tatsächlich gegeben. Auch bei der Grundsteuer sowie diversen Bagatellsteuern, die insgesamt knapp 17 Prozent zu den kommunalen Steuereinnahmen im Jahr 1999 beitrugen, können die Kommunen durch Hebesatzrechte autonom die Höhe ihrer Steuereinnahmen beeinflussen. Allerdings ist zu bedenken, dass insgesamt die mit Hebesatzrechten ausgestatteten kommunalen Steuern nur knapp 17 Prozent der Gesamteinnahmen der Kommunen ausmachen, die Finanzautonomie sich also nur auf einen relativ geringen Anteil der kommunalen Einnahmen erstreckt.[5] Schließlich fließen den Gemeinden 2,2 Prozent des (um 5,63 Prozent zu Gunsten des Bundes verminderten) Aufkommens der Umsatzsteuer zu, die insgesamt mit 5,7 Mrd. DM (1999) rund 5 Prozent an den Steuereinnahmen der Gemeinden ausmachten. Die Beteiligung der Gemeinden an der Umsatzsteuer wurde als Ausgleich für die Abschaffung der Gewerbekapitalsteuer im Jahre 1998 eingeführt.

---

[4] Vgl. Statistisches Bundesamt.

[5] Natürlich ist in einzelnen Gemeinden wie z.B. in Großstädten mit hohen Gewerbesteuereinnahmen dieser Anteil teilweise deutlich größer, dafür aber in anderen Gemeinden wesentlich kleiner.

Man kann also Folgendes feststellen: Die Kommunen sind bei ihren Einnahmen in erheblichem Umfang von den Zuweisungen der Länder abhängig. Einnahmenautonomie besteht vor allem bei der Gewerbesteuer, die deswegen für die meisten Gemeinden eine Schlüsselrolle spielt. Gerade die Gewerbesteuer weist aber nun verschiedene konzeptionelle und ökonomische Schwächen auf. Es ist daher wenig überraschend, dass bei der aktuellen Diskussion über eine Reform der Gemeindefinanzen die Gewerbesteuer im Mittelpunkt steht. Im vorliegenden Beitrag geht es darum, die Probleme der Gewerbesteuer vorzustellen und Ansatzpunkte für eine Reform aufzuzeigen. Dazu wird in Abschnitt B zunächst die Gewerbesteuer im Einzelnen analysiert, während in Abschnitt C Reformmöglichkeiten diskutiert werden.

B. Die Rolle der Gewerbesteuer

Die Gewerbesteuer hat für die meisten Gemeinden vor allem deswegen eine so große Bedeutung, weil sie neben der Grundsteuer die einzige Einnahmequelle ist, bei der die Gemeinden durch ihre Hebesatzentscheidungen die Höhe ihrer Einnahmen selbständig gestalten können. Da die Gemeinden im Hinblick auf ihre Verschuldungsmöglichkeiten rechtlichen Beschränkungen unterliegen, übernimmt die Gewerbesteuer (und daneben auch die Grundsteuer) die Rolle des „variablen Elements" auf der Einnahmenseite. Es ist ein Zeichen für den wachsenden Finanzbedarf der Gemeinden, dass über die Jahre der Hebesatz der Gewerbesteuer kontinuierlich angestiegen ist.

Die Gewerbesteuer weist aber verschiedene Defizite und Probleme auf. Diese ergeben sich schon mit Blick auf ihre historische Entwicklung. Die heutige Gewerbesteuer war ursprünglich Teil eines kommunalen Unternehmensteuersystems, das die Gewerbesteuer nach dem Gewerbeertrag, die Gewerbesteuer nach dem Gewerbekapital und die Lohnsummensteuer umfasste. Die Lohnsummensteuer wurde bereits 1980, die Gewerbekapitalsteuer im Jahr 1998 abgeschafft, so dass die kommunale Besteuerung der Unternehmen heute auf die Gewerbeertragsteuer reduziert ist.

Im Einzelnen wird die Gewerbe(ertrag)steuer folgendermaßen ermittelt: Ausgangspunkt ist der steuerpflichtige Gewinn, aus dem durch verschiedene Hinzurechnungen, wie z.B. der Hälfte der Dauerschuldzinsen, und Kürzungen, wie z.B. Gewinne ausländischer Betriebsstätten, der Gewerbeertrag ermittelt wird. Konzeptionell entspricht der Gewerbeertrag dem Ertrag des gesamten in einem inländischen Gewerbebetrieb eingesetzten Kapitals. Im Gegensatz zur Besteuerung der Einkünfte aus Gewerbebetrieb bzw. der Körperschaftsteuer unterliegt also nicht der Ertrag des Eigenkapitals, sondern grundsätzlich der des Gesamtkapitals der Gewerbesteuer. Durch die Multiplikation des Gewerbeertrags mit der Steuermesszahl ergibt sich der

Steuermessbetrag. Die Steuermesszahl beträgt bei Kapitalgesellschaften 5 Prozent, bei Personengesellschaften kommt ein Staffeltarif zur Anwendung, bei dem ab einem Gewerbeertrag von 72.500 € die Steuermesszahl ebenfalls bei 5 Prozent liegt. Die Begünstigung der Personenunternehmen wird dabei mit der Möglichkeit der Kapitalgesellschaften begründet, Geschäftsführergehälter der Gesellschafter steuermindernd abzusetzen.

Der Steuermessbetrag unterliegt dem Hebesatz der Gemeinden, wobei sich die Höhe der Gewerbesteuer aus der Multiplikation des Steuermessbetrags mit dem Hebesatz ergibt. Die resultierende Gewerbesteuerschuld ist als Betriebsausgabe bei der Einkommen- bzw. Körperschaftsteuer abziehbar. Die Höhe der Hebesätze ist im Zeitablauf deutlich angestiegen und variiert erheblich zwischen den Gemeinden. In Großstädten liegen die Hebesätze teilweise bei mehr als 450 Prozent (1998), in kleineren Gemeinden bei unter 300 Prozent. Im Durchschnitt beträgt der Hebesatz 390 Prozent. Für die Unternehmen stellt die Gewerbesteuer eine erhebliche Belastung dar. Schätzungen gehen dahin, dass sie auf eine effektive Belastung der Unternehmensgewinne von 13 Prozent hinausläuft.[6]

Die Gewerbesteuer in ihrer heutigen Form ist aus verschiedenen Gründen negativ zu beurteilen. Zunächst einmal hat sich die Gewerbesteuer zu einer selektiven Steuer entwickelt, die nur einen relativ kleinen Teil der Unternehmen belastet. Von den rund 2,4 Mio. Unternehmen im Jahr 1998 zahlten nur gut 950.000 Betriebe überhaupt Gewerbesteuer. Auch bei den gewerbesteuerzahlenden Gewerbebetrieben ergibt sich eine bemerkenswerte Konzentration: Rund 90 Prozent des gesamten Steuermessbetrags entfielen auf nur rund 10 Prozent aller Unternehmen. Damit wird der Gedanke, mit der Gewerbesteuer alle in einer Gemeinde angesiedelten Betriebe einer nach dem Äquivalenzprinzip gestalteten Abgabe zu unterwerfen, nicht realisierbar. Auch der fiskalischen Ergiebigkeit einer derart selektiven Steuer sind von vornherein Grenzen gesetzt; dementsprechend sind höhere Hebesätze erforderlich, um für die Gemeinden genügend Aufkommen zu erzielen.

Die Gewerbesteuer erscheint auch im Hinblick auf den Kreis der Steuerpflichtigen als problematisch. Während Gewerbebetriebe dieser Steuer unterliegen, bleiben Freiberufler, Landwirte und auch Einkünfte aus Vermietung und Verpachtung ausgeklammert. Dies ist insoweit als problematisch anzusehen, als z. B. moderne Dienstleistungsunternehmen strukturell viele Gemeinsamkeiten mit Freiberuflern aufweisen. Allerdings wird diese Benachteiligung der Gewerbebetriebe bei Personengesellschaften im Rahmen der Einkommensteuer durch die pauschalierte Anrechnung der Gewerbesteuer kompensiert. Nach § 35 EStG können bei Einkünften aus Gewerbe-

[6] Sachverständigenrat zur Begutachtung der gesamtwirtschaftlichen Entwicklung (2001).

betrieb 180 Prozent des Gewerbesteuermessbetrags von der Einkommensteuerschuld abgezogen werden. Unterstellt man einen Grenzsteuersatz von 50 Prozent und einen Hebesatz von 360 Prozent, werden im Ergebnis durch den Abzug der Gewerbesteuer als Betriebsausgabe und die Regelung des § 35 EStG die Mehrbelastungen von Gewerbebetrieben durch die Gewerbesteuer im Rahmen der Einkommensteuer vollständig ausgeglichen. Auch die Kapitalgesellschaften erhalten durch den niedrigen Körperschaftsteuersatz von 25 Prozent eine Kompensation für die Gewerbesteuer. Insoweit sind Forderungen, aus Gründen der steuerlichen Gleichbehandlung die Gewerbesteuer z. B. auf die freien Berufe auszudehnen, nicht zu rechtfertigen.

Steuersystematisch ist die Gewerbesteuer dennoch schwer zu rechtfertigen. Die Regelungen des § 35 EStG und der niedrige Körperschaftsteuersatz führen im Ergebnis dazu, dass – wenigstens in pauschalierter Form – die Belastung der Betriebe durch die Gewerbesteuer kompensiert wird. Würde man die Gewerbesteuer abschaffen, könnte die Sonderregelung für gewerbliche Einkünfte aufgegeben und der Körperschaftsteuersatz auf die Höhe des Spitzensteuersatzes der Einkommensteuer angehoben werden. Insoweit trägt die Gewerbesteuer erheblich zur Komplikation des Unternehmensteuerrechts bei und verhindert eine Unternehmensteuerreform aus einem Guss.[7]

Die Gewerbesteuer hat aber noch weitere Nachteile. Insbesondere ist sie eine stark konjunkturabhängige Einnahmenquelle, was ein prozyklisches Ausgabenverhalten der Kommunen begünstigt. Besonders problematisch ist, dass Gemeinden unter Umständen in eine starke Abhängigkeit von der wirtschaftlichen Situation eines oder einiger Großunternehmen geraten. Dies ist schon unter elementaren Versicherungsgesichtspunkten als nachteilig zu beurteilen.

Die Gewerbesteuer ist auch unter standortpolitischen Gesichtspunkten problematisch. Ökonomisch stellt die Gewerbesteuer eine Besteuerung des Faktors Kapital dar und trägt insoweit zu einer Verschlechterung der deutschen Position im internationalen Steuerwettbewerb bei. Dies wäre nur anders, wenn die Gewerbesteuer nach dem Äquivalenzprinzip als Ausgleich für kommunale Leistungen für die Gewerbebetriebe gestaltet wäre. Eine solche Besteuerung nach dem Äquivalenzprinzip ist für die Gemeinden aber kaum zu verwirklichen, da sie außer der Gewerbesteuer kaum über autonom gestaltbare Einnahmequellen verfügen. Die Gewerbesteuer wird von den Gemeinden dann zwangsläufig vor allem fiskalisch zum Haushaltsausgleich und weniger als Instrument zur Äquivalenzbesteuerung eingesetzt.

---

[7] Vgl. auch Sachverständigenrat zur Begutachtung der gesamtwirtschaftlichen Entwicklung (2001).

Dies weist auf ein weiteres Problem des gegenwärtigen Gemeindefinanzsystems hin: Die Gemeinden können zwar mit der Gewerbesteuer die lokal ansässigen Betriebe besteuern, verfügen aber über kein Instrument zur Besteuerung der Wohnbevölkerung, wenn man von der relativ schwerfälligen Grundsteuer einmal absieht. Damit ist der Gedanke, über die kommunalen Steuern einen Interessenausgleich zwischen Gewerbe und Wohnbevölkerung vorzunehmen, nicht zu verwirklichen.[8] Deswegen müsste in einem ökonomisch rationalen kommunalen Steuersystem die Gewerbesteuer durch eine geeignete Besteuerung der Wohnbevölkerung ergänzt werden.

C. Reformmöglichkeiten bei der Gewerbesteuer

Angesichts dieser Probleme ist es wenig überraschend, dass es in der Literatur und in der politischen Diskussion mittlerweile eine kaum mehr zu überblickende Zahl von Vorschlägen zur Reform der Gewerbesteuer gibt.[9] Alle Reformansätze haben zwei Eckpunkte gemeinsam:

- Alle sehen ein Hebesatzrecht für die Kommunen vor, orientieren sich also am Ziel, die Finanzautonomie der Kommunen zu erhalten.
- Alle Reformkonzepte sehen eine Besteuerung der allerdings unterschiedlich definierten lokalen Wirtschaftskraft vor. Insoweit bleibt bei allen Konzepten ein fiskalischer Anreiz der Gemeinden, Gewerbebetriebe anzusiedeln, erhalten.

Die aktuelle Reformdebatte konzentriert sich allerdings auf drei Reformansätze. Zum einen hat in der von der Bundesregierung eingesetzten Gemeindefinanzreformkommission die „Arbeitsgruppe Kommunalsteuern" in ihrem Bericht vom 20.06.2003 die folgenden beiden Reformmodelle untersucht:[10]

- das sog. Modell der kommunalen Spitzenverbände, das die Gewerbesteuer erhalten und dazu ihre Bemessungsgrundlage in sachlicher und personeller Hinsicht erweitern will;
- das sog. BDI/VCI-Modell, das die Abschaffung der Gewerbesteuer und gleichzeitig die Einführung kommunaler Zuschlagsrechte bei der Einkommen- und Körperschaftsteuer vorsieht.

---

8 Vgl. zum Prinzip des Interessenausgleichs Wissenschaftlicher Beirat beim Bundesministerium der Finanzen (1982).

9 Vgl. z.B. Wissenschaftlicher Beirat beim Bundesministerium der Finanzen (1982), *Ritter* (1983), *Hansmeyer/Zimmermann* (1993), *Homburg* (1996), Bundesverband der deutschen Industrie und Verband der Chemischen Industrie BDI/VCI (2001), *Fuest/Huber* (2001), Karl-Bräuer-Institut (2002), Deutscher Städtetag (2002).

10 Vgl. Arbeitsgruppe Kommunalsteuern, Bericht vom 20.06.2003.

Die Bundesregierung hat sich am 13.08.2003 für ein drittes Reformmodell entschieden:[11]

- die sog. Gemeindewirtschaftssteuer, die als kommunale Gewinnsteuer unter Einbeziehung der Selbständigen konzipiert ist.

Im Folgenden sollen diese drei Reformansätze näher charakterisiert und miteinander verglichen werden.

I. Das Modell der kommunalen Spitzenverbände

Das Modell der kommunalen Spitzenverbände läuft auf eine Reaktivierung der Gewerbesteuer hinaus. Dazu sollen zum einen die Einkünfte aus selbständiger Arbeit gem. § 18 EStG, also vor allem die gut 800.000 Freiberufler in Deutschland, der Gewerbesteuer unterworfen werden. Zum zweiten wird die Bemessungsgrundlage auch in sachlicher Hinsicht erweitert, indem Zinsen, Mieten, Pachten und Leasingraten in größerem Umfang zum Gewerbeertrag hinzugerechnet werden. Konkret sollen gezahlte Zinsen vollständig, Mieten, Pachten und Leasingraten bei beweglichen Wirtschaftsgütern des Anlagevermögens zu 25 Prozent und bei Immobilien zu 75 Prozent in den Gewerbeertrag eingehen.

Im Ergebnis soll dadurch der Ertragsanteil dieser Entgelte erfasst, der Kapitalrückfluss aber freigestellt werden. Zusätzlich sieht dieses Modell vor, bei den Personengesellschaften den Staffeltarif durch einen Freibetrag von 25.000 €, der bis zu einem Gewerbeertrag von 50.000 € abgeschmolzen wird, zu ersetzen. Als Ausgleich für den Wegfall des Staffeltarifs soll bei den Personengesellschaften eine niedrigere Steuermesszahl als bei den Kapitalgesellschaften angesetzt werden.

Insgesamt würde durch dieses Modell die Steuerbasis der Gewerbesteuer deutlich verbreitert werden, für das Jahr 1998 ergäbe sich nach der Berechnung der Arbeitsgruppe Kommunalsteuern ein Anstieg des gesamten steuerpflichtigen Gewerbeertrages von 117 Mrd. € auf gut 215 Mrd. €. Davon wären insgesamt Mehreinnahmen von 3,9 Mrd. € zu erwarten, wobei allerdings naturgemäß die Höhe der Hebesätze, die die Gemeinden nach einer Reform wählen, nur schwer zu prognostizieren ist.

Konzeptionell läuft das Modell der kommunalen Spitzenverbände auf eine Besteuerung der gesamten Erträge des Faktors Kapital hinaus, unabhängig davon, ob es sich um Fremd- oder Eigenkapital handelt. Mit Blick auf eine Besteuerung nach dem Äquivalenzprinzip bietet dieser Ansatz durchaus Vorteile. Wenn die Nutzung der kommunalen Leistungen von der Höhe des Kapitaleinsatzes der Unternehmen abhängt, wofür sich einige

---

[11] Vgl. Bundesministerium der Finanzen, Presseerklärung vom 13.08.2003.

Gründe anführen lassen, könnten mit dieser „revitalisierten" Gewerbesteuer den Nutzern die Kosten kommunaler Leistungen angelastet werden.

Allerdings weist das Modell auch gravierende Schwächen auf. Zwar mag man eine Besteuerung der gesamten Erträge des Faktors Kapital anstreben, auf keinen Fall ist damit aber eine Doppel- oder Mehrfachbesteuerung von Kapitalerträgen zu rechtfertigen. Solche Mehrfachbelastungen sind aber in diesem Modell angelegt. Wenn ein Unternehmen z. B. Zinszahlungen an ein anderes leistet, werden diese Entgelte (mindestens) zweimal mit Gewerbesteuer belastet. Einmal unterliegen sie bei dem zahlenden Unternehmen der Gewerbesteuer, aber auch beim empfangenden, dessen Gewerbeertrag durch die Zinszahlung steigt. Eine derartige Doppel- oder Mehrfachbesteuerung ist ökonomisch mit massiven Nachteilen verbunden. Finanztransaktionen zwischen Unternehmen werden steuerlich diskriminiert und die Finanzierungsentscheidungen der Unternehmen verzerrt. Darunter dürften vor allem kleinere kapitalschwache Unternehmen zu leiden haben.

Das Modell der kommunalen Spitzenverbände nimmt diese Doppelbesteuerung offensichtlich in Kauf. Will man eine Doppelbesteuerung ausschließen, müssten bei einer Besteuerung der gezahlten Entgelte diese Zahlungen umgekehrt beim empfangenden Unternehmen steuerfrei gestellt werden. Dadurch würde, was aber zur Vermeidung einer Doppelbesteuerung unumgänglich wäre, die Steuerbasis der Gewerbesteuer zurückgehen und auch der administrative Aufwand bei der Ermittlung der Gewerbesteuer zunehmen.

Auch die Differenzierung der Steuermesszahlen zwischen Personen- und Kapitalgesellschaften ist mit Problemen verbunden. Für Kapitalgesellschaften entstehen nämlich Anreize, durch geschickte steuerliche Gestaltungen in den Genuss der niedrigeren Steuermesszahlen der Personengesellschaften zu gelangen. Auch hier ist mit zusätzlichen „Compliance Kosten" zu rechnen, da die Anerkennung solcher Konstruktionen zwischen Finanzbehörden und Steuerpflichtigen umstritten sein wird.

Die Einbeziehung der Selbständigen stellt sicherlich auch keinen Beitrag zur Steuervereinfachung dar. Da den Selbständigen wie den Personenunternehmen der Betriebsausgabenabzug und die pauschalierte Anrechnung der Gewerbesteuerschuld nach § 35 EStG zusteht, dürfte sich zwar ihre Steuerbelastung per saldo nur wenig ändern; aber die Steuererhebung würde bei einer Einbeziehung deutlich komplizierter und aufwändiger werden.

Betreffen diese Bedenken eher die praktische Umsetzung des Modells der kommunalen Spitzenverbände, gibt es daneben aber auch grundsätzliche Einwände. Hier ist vor allem das Problem der „Substanzbesteuerung" zu nennen. Die Besteuerung der gesamten in einem Gewerbebetrieb erzielten Erträge des Faktors Kapital mag unter Äquivalenzgesichtspunkten durchaus wünschenswert sein. Allerdings bedeutet dies unter Umständen auch, dass Unternehmen, die Verluste erwirtschaften, dennoch Gewerbesteuer zahlen müssen. Dies ist im Besteuerungskonzept der Kommunen nicht zu vermeiden, da die Besteuerung nicht am Gewinn, sondern an dem breiter definierten Gewerbeertrag anknüpft. In solchen Verlustfällen trägt die Gewerbesteuer zur weiteren Schwächung der Eigenkapitalbasis bei. Für finanzschwache Unternehmen stellt die Gewerbesteuer in Verlustphasen dann eine besondere Belastung dar. Will man solche Substanzbesteuerung vermeiden, muss man allerdings die Idee, den Ertrag des gesamten Kapitals zu besteuern, aufgeben und eine kommunale Besteuerung der Unternehmensgewinne vornehmen. Dafür spricht im Übrigen auch der Gesichtspunkt der Steuervereinfachung, denn eine kommunale Gewinnsteuer könnte unmittelbar an der Einkommen- und Körperschaftsteuer anknüpfen.

Insgesamt stellt das Modell der kommunalen Spitzenverbände keine zukunftsfähige Reformalternative dar. Abgesehen von den vielfältigen praktischen Problemen ist es zumindest zweifelhaft, ob eine steuerliche Belastung der Erträge des gesamten Kapitals eines Gewerbebetriebes sinnvoll ist und nicht eher eine kommunale Besteuerung der Unternehmensgewinne vorgenommen werden sollte.

II. Das BDI/VCI-Modell

Der Bundesverband der deutschen Industrie (BDI) und der Verband der Chemischen Industrie (VCI) haben mit ihrem Reformkonzept einen radikalen Gegenentwurf zum Modell der kommunalen Spitzenverbände vorgelegt. Danach soll die Gewerbesteuer abgeschafft und den Gemeinden statt dessen ein Zuschlags- oder Hebesatzrecht zur Einkommen- und Körperschaftsteuer eingeräumt werden.[12] Das Konzept eines kommunalen Zuschlagsrechts bei Einkommen- und Körperschaftsteuer bietet eine Reihe von Vorzügen. Zunächst einmal knüpft die Besteuerung an zwei bereits bestehende Steuern an; es würde demnach die Notwendigkeit entfallen, neben Einkommen- und Körperschaftsteuer eine separate kommunale Steuer wie die Gewerbesteuer zu erheben. Aus Sicht der Unternehmen wird das Problem der Substanzbesteuerung entschärft, da die Steuer an den Einkünften aus Gewerbebetrieb bzw. dem körperschaftsteuerpflichtigen Gewinn ansetzt. Schließlich erlaubt ein Zuschlagssystem bei der Einkommensteuer auch eine kommunale Besteuerung der Wohnbevölkerung, was im Hinblick auf das Äquivalenzprinzip bzw. das Prinzip des Interessenausgleichs geboten ist. Dabei ist auch zu

---

[12] Da Hebesatz- und Zuschlagsrechte ökonomisch letztlich äquivalent sind und sich nur im Hinblick auf die technische Ausgestaltung der Besteuerung unterscheiden, wird im Folgenden nur noch der Begriff Zuschlagsrecht verwendet.

bedenken, dass Art. 106 Abs. 5 GG bereits ein Hebesatzrecht der Gemeinden bei der Einkommensteuer vorsieht.

Für die Umsetzung des BDI/VCI-Konzepts wird Folgendes vorgeschlagen: Mit der Gewerbesteuer wird gleichzeitig auch der Gemeindeanteil der Einkommensteuer abgeschafft. Zugleich würde bei der Einkommensteuer der Eingangssatz auf 11,5% und der Spitzensteuersatz auf 32,2% abgesenkt, bei der Körperschaftsteuer der Steuersatz hingegen von 25% auf 28,6% angehoben werden. Nach den Berechnungen des BDI/VCI-Konzepts würden sich dann bei einem durchschnittlichen kommunalen Zuschlagssatz von 30,3% zur Einkommen- und Körperschaftsteuerschuld die gleichen steuerlichen Belastungen und die gleiche Verteilung der Steuereinnahmen auf die Gebietskörperschaften wie im gegenwärtigen System einstellen.

Das BDI/VCI-Konzept liefert damit einen Ansatz, wie die Gewerbesteuer zumindest grundsätzlich durch ein kommunales Zuschlagsrecht bei Einkommen- und Körperschaftsteuer ersetzt werden kann. Es illustriert aber auch einige der Probleme, die mit einer solchen Umstellung verbunden sind. Eine erste Schwierigkeit besteht darin, dass der Wegfall der Gewerbesteuer keineswegs nur die Kommunen, sondern auch Bund und Länder betrifft. Zum einen fallen für Bund und Länder die Einnahmen aus der Gewerbesteuerumlage weg, zum zweiten führt die Abschaffung der Gewerbesteuer zu Mehreinnahmen bei Einkommen- und Körperschaftsteuer, weil der Betriebsausgabenabzug für die Gewerbesteuer nicht länger in Anspruch genommen wird. Per saldo profitieren Bund und Länder in erheblichem Umfang von der Abschaffung der Gewerbesteuer. Im BDI/VCI-Konzept wird dem durch die Absenkung der Steuersätze bei der Einkommensteuer Rechnung getragen.

Eine weitere Frage ist, wie das Prinzip der Rechtsformenneutralität bei Personen- und Kapitalgesellschaften gewahrt werden soll. Im Rahmen der Besteuerung gewerblicher Einkünfte muss hierzu die Besteuerung der Betriebsstättengemeinde zugewiesen werden, während ansonsten die Wohnsitzgemeinde den Einkommensteuerzuschlag festlegt. Dementsprechend müsste in einem Zuschlagssystem der auf gewerbliche Einkünfte entfallende Teil der Einkommensteuerschuld ermittelt werden. Unterhält ein Unternehmen Betriebsstätten in mehreren Gemeinden, müsste zudem eine Zerlegung des Gewinns bzw. der Steuerschuld auf die Betriebsstättengemeinden vorgenommen werden. Wie bisher könnte man dabei die örtliche Lohnsumme als Zuschlagsmaßstab zugrunde legen oder andere Schlüsselverfahren wie z. B. den lokalen Kapitaleinsatz wählen. Unter pragmatischen Gesichtspunkten spricht einiges dafür, bei der Zerlegung nach der Lohnsumme zu bleiben.

Auch wenn sich gesamtwirtschaftlich die Einnahmen der Gebietskörperschaften und die Belastungen der Steuerpflichtigen beim Übergang auf ein

Zuschlagssystem nicht wesentlich verändern würden, kann es innerhalb der verschiedenen Gruppen zu beträchtlichen Verschiebungen kommen. Besonders problematisch ist hier die Situation gewerbesteuerstarker Großstädte zu beurteilen. Die Kommunen müssten, um den Wegfall der Gewerbesteuer zu kompensieren, relativ hohe Zuschlagssätze erheben. Dadurch kommt es unter Umständen zu einer Umverteilung der Steuerbelastung zugunsten der Unternehmen und zu Lasten der Wohnbevölkerung. Um solche Verschiebungen auszuschließen oder abzumildern, könnte man ein System differenzierter Zuschlagssätze vorsehen, bei dem die Kommunen spezifische Zuschlagssätze zur Einkommensteuer (ohne gewerbliche Einkünfte) und für gewerbliche Einkünfte bzw. Kapitalgesellschaften festlegen.[13] Eine Differenzierung der Zuschlagssätze würde zudem den Vorteil bieten, dass im Sinne des Prinzips des Interessenausgleichs die steuerliche Belastung von Wohnbevölkerung und Gewerbebetrieben nach den gemeindespezifischen Bedürfnissen und Verhältnissen austariert werden könnte.

Eine Differenzierung der Zuschlagssätze könnte auch dazu beitragen, ein zweites Problem der Großstädte zu entschärfen: Wird die Gewerbesteuer durch ein Zuschlagssystem ersetzt, muss man damit rechnen, dass die Zuschlagssätze zur Einkommensteuer in Großstädten deutlich über denen von Umlandgemeinden liegen. So zeigen überschlägige Rechnungen für das Saarland, dass hier der Zuschlagssatz im Stadtverband Saarbrücken bei 21 Prozent, hingegen im Landkreis St. Wendel nur bei knapp 8,5 Prozent liegen würde.[14] Die „Arbeitsgruppe Kommunalsteuern“ gelangt in ihrem Bericht zu ähnlichen Ergebnissen. Danach müsste in Kernstädten der Zuschlagssatz bei 28 Prozent liegen, während Umlandgemeinden mit einem Satz von nur 18 Prozent auskämen, um das gleiche Steueraufkommen wie bisher zu erzielen. Im Rahmen eines differenzierten Zuschlagssystems könnte man die Zuschlagsbelastung bei der Wohnbevölkerung absenken und die der Unternehmen entsprechend anheben.

Eine wichtige grundsätzliche Frage ist in diesem Zusammenhang, ob unterschiedliche Zuschlagssätze bei der Einkommensteuer möglicherweise unerwünschte Wanderungen zwischen Gemeinden auslösen können. Aus ökonomischer Sicht sind dabei Wanderungsbewegungen zwischen den Kommunen durchaus positiv zu beurteilen. Die Bürger würden sich im Sinne eines kommunalen Wettbewerbs in der Gemeinde niederlassen, die ihnen das für sie attraktivste Bündel an kommunalen Leistungen und Steuern offeriert.[15] Ein solcher Wettbewerb hätte auch durchaus heilsame Folgen für das Ver-

---

13 Vgl. *Fuest/Huber* (2001) zu einem solchen System. Das BDI/VCI-Konzept sieht eine solche Differenzierung allerdings nicht vor.

14 Vgl. *Fuest/Huber* (2001).

15 Vgl. dazu auch *Baretti/Fenge/Huber/Leibfritz/Steinherr* (2000).

halten der Gemeinden, da sie ihre Anstrengungen intensivieren müssten, ihren Bürgern die kommunalen Leistungen zu möglichst geringen Kosten bereitzustellen. Ebenso würde die Transparenz und die Verantwortlichkeit der Gemeindepolitik gestärkt werden, da die Finanzierung kommunaler Leistungen den Bürgern offengelegt werden müsste. Dabei ist im Übrigen auch keinesfalls ein steuerlicher Unterbietungswettbewerb, ein race-to-the-bottom, zu befürchten. Eine Gemeinde kann ohne Weiteres höhere Steuern als andere erheben, wenn sie entsprechend höhere kommunale Leistungen anbietet. Auch die Erfahrungen aus anderen Föderalstaaten, wie den Vereinigten Staaten oder der Schweiz, belegen, dass durchaus erhebliche regionale oder lokale Unterschiede bei den Steuern herrschen können, ohne dass es dadurch zu einem ruinösen Wettbewerb zwischen den verschiedenen Gebietskörperschaften kommt. Will man dennoch einen Über- oder Unterbietungswettbewerb begrenzen, könnte man bindende Ober- und Untergrenzen für die Zuschlagssätze der Gemeinden vorsehen.

Problematisch sind allerdings Scheinwanderungen, bei denen aus steuerlichen Gründen der Wohnsitz offiziell in eine Niedrigsteuergemeinde verlegt wird, der Steuerpflichtige tatsächlich aber weiter in seiner ursprünglichen Gemeinde wohnt. Ein Beispiel ist der Fall eines gut verdienenden Steuerbürgers, der offiziell in einer Niedrigsteuergemeinde gemeldet ist, aber tatsächlich, z.B. in der Wohnung des Lebenspartners, in einer Hochsteuergemeinde wohnt. Solche scheinbaren Wohnsitzwechsel stellen aus Sicht der Finanzbehörden ein zusätzliches Kontrollproblem dar. Welcher zusätzliche administrative Aufwand damit verbunden ist, den tatsächlichen Wohnsitz korrekt festzustellen, ist schwer einzuschätzen, dürfte aber vor allem davon abhängen, in welchem Umfang solche Scheinverlagerungen in einem Zuschlagssystem auftreten. Aus anderen Föderalstaaten wie der Schweiz gibt es gewisse anekdotische Hinweise auf zum Schein vorgenommene Wohnsitzwechsel. Jedenfalls muss man in einem Zuschlagssystem zumindest in gewissem Umfang mit einem zusätzlichen Verwaltungsaufwand zur Feststellung und Kontrolle des tatsächlichen Wohnsitzes rechnen.

Trotz dieser Probleme erscheint das Zuschlagssystem insgesamt aber dennoch als eine geeignete Alternative zur Gewerbesteuer. In der politischen Diskussion ist das BDI/VCI-Modell allerdings auf massive Ablehnung nicht zuletzt der Kommunen gestoßen. Dies dürfte auch damit zusammenhängen, dass in diesem Modell ein einheitlicher Zuschlagssatz bei der Einkommen- und Körperschaftsteuer vorgesehen ist. Dadurch kommt es – wie erwähnt – zu einer beträchtlichen Spreizung der Zuschlagssätze von Städten und Umlandgemeinden und zu einer Umverteilung der Steuerlasten in den Großstädten zu Gunsten der Unternehmen. Die Möglichkeit, diese Probleme durch eine Differenzierung der Zuschlagssätze bei der Einkommensteuer (ohne gewerbliche Einkünfte) und den gewerblichen Einkünften bzw. den

Kapitalgesellschaften zu entschärfen, ist in der politischen Diskussion bedauerlicherweise nicht aufgegriffen worden.

III. Die Gemeindewirtschaftssteuer

Stattdessen hat sich die Bundesregierung am 13.08.2003 für die Einführung der sog. Gemeindewirtschaftssteuer entschieden. Ökonomisch stellt die Gemeindewirtschaftssteuer eine kommunale Gewinnsteuer dar. Um die gegenwärtige Gewerbesteuer in eine Gewinnsteuer umzuwandeln, sollen – abgesehen von speziellen Regelungen für die Gesellschafts-Fremdfinanzierung – sämtliche Hinzurechnungen und Kürzungen entfallen, soweit sie nicht der Vermeidung einer steuerlichen Doppelbelastung oder der Abgrenzung inländischer von ausländischen Gewinnen dienen. Mit diesen Regelungen wird der steuerpflichtige Gewinn zur Steuerbasis der Gemeindewirtschaftssteuer. Damit folgt die Bundesregierung, was die Behandlung gewerblicher Einkünfte betrifft, den Vorstellungen des BDI/VCI-Modells.

Mit der Einführung der Gemeindewirtschaftssteuer sind aber noch andere weitreichende Änderungen geplant: Für die Gemeindewirtschaftssteuer wird – im Gegensatz zur Gewerbesteuer – kein Betriebsausgabenabzug bei der Einkommen- und Körperschaftsteuer gewährt. Daraus ergeben sich beträchtliche Mehrbelastungen für die Steuerpflichtigen. Zum Ausgleich soll die Steuermesszahl von 5 auf 3 Prozent gesenkt werden, was bei gegebenen Hebesätzen zu einer Steuerentlastung führt. Ob und in welchem Umfang es dadurch zu einer Kompensation kommt, hängt davon ab, welche Hebesätze die Gemeinden bei der neuen Gemeindewirtschaftssteuer wählen. Eine Prognose ist hier schwierig; insoweit sind also auch Rechnungen zu möglichen steuerlichen Mehrbelastungen im Wesentlichen spekulativ.

Bei den Einzelunternehmen und Personengesellschaften wird der Staffeltarif der Gewerbesteuer abgeschafft und statt dessen ein Freibetrag von 25.000 € gewährt, der bis zu einem Gewinn von 50.000 € abgebaut wird. Zugleich wird dem Personenunternehmen das Recht eingeräumt, das 3,8fache des Steuermessbetrags der Gemeindewirtschaftssteuer von der Einkommensteuerschuld abzuziehen. Bleibt es bei einem durchschnittlichen Hebesatz von 390 Prozent (1998) wie bei der Gewerbesteuer, würde der Belastung mit Gemeindewirtschaftssteuer eine Minderung der Einkommensteuerschuld in annähernd gleicher Höhe gegenüberstehen. Wiederum hängen aber auch hier mögliche steuerliche Be- und Entlastungswirkungen entscheidend vom Hebesatzverhalten der Gemeinden bei der Gemeindewirtschaftssteuer ab. Zudem ist zu bedenken, dass die Hebesätze zwischen den Gemeinden variieren und sich schon deswegen im Einzelfall Be- oder Entlastungen ergeben können.

Nach den Plänen der Bundesregierung sollen auch die Selbständigen der Gemeindewirtschaftssteuer unterworfen werden, wobei sie steuerlich genauso wie die Personengesellschaften behandelt werden sollen. Mit den erwähnten Einschränkungen gilt auch hier: Bei unveränderten Hebesätzen käme es für die Selbständigen im Wesentlichen zu keiner steuerlichen Mehrbelastung durch die Gemeindewirtschaftssteuer. Zudem dürfte die Einbeziehung der Selbständigen nur zu einem geringen administrativen Mehraufwand führen, da die Gemeindewirtschaftssteuer unmittelbar an die Einkommen- und Körperschaftsteuer anknüpft.

Insgesamt erscheinen diese Regelungen durchaus sachgerecht. Insoweit kann man die Gemeindewirtschaftssteuer als tragfähigen Kompromiss zur Reform der Gewerbesteuer ansehen. Auf jeden Fall ist die Abschaffung der Gewerbesteuer mit ihren vielfältigen Schwächen zu begrüßen. Auch wenn die Gewerbesteuer durch die Gemeindewirtschaftssteuer ersetzt wird, bleibt aber die Einnahmenautonomie der Kommunen unvollständig. Wie schon bislang haben die Gemeinden keine Möglichkeit, ihre Wohnbevölkerung zu besteuern. Offenbar hat der Politik – wieder einmal – der Mut gefehlt, diesen wichtigen Schritt bei der Gemeindefinanzreform zu wagen.

Literaturverzeichnis

Arbeitsgruppe Kommunalsteuern, Bericht vom 20.06.2003, http://www.bundes finanzministerium.de/Anlage19452/.pdf.

Baretti, C./*Fenge,* R./*Huber,* B./*Leibfritz,* W./*Steinherr,* M. (2000), Chancen und Grenzen des föderalen Wettbewerbs, Gutachten im Auftrag des Bundesministeriums der Finanzen.

Bundesministerium der Finanzen, Pressemitteilung vom 13.08.2003, http://www. bundesfinanzministerium.de/Aktuelles/Pressemitteilungen-.395.19851/Pressemittei lung/Neue-Gewerbesteuer-sichert-Kom...htm

Bundesverband der deutschen Industrie (BDI) und Verband der chemischen Industrie (VCI) (2001), Verfassungskonforme Reform der Gewerbesteuer – Konzept einer kommunalen Einkommen- und Gewinnsteuer, Köln.

Deutscher Städtetag (2002), Beschluss des Präsidiums vom 10.04.2002, Köln.

Fuest, C./*Huber,* B. (2001), Zur Reform der Gewerbesteuer, München.

Hansmeyer, K. H./*Zimmermann,* H. (1993), Möglichkeiten der Einführung eines Hebesatzrechtes beim gemeindlichen Einkommensteueranteil, in: Archiv für Kommunalwissenschaften, 32. Jg., S. 221–244.

Homburg, S. (1996), Eine kommunale Unternehmensteuer für Deutschland, in: Wirtschaftsdienst, 76. Jg., S. 491–496.

Karl-Bräuer-Institut (2002), Abbau und Ersatz der Gewerbesteuer, Wiesbaden.

Peffekoven, R. (1996), Gemeindesteuersystem und kommunale Selbstverwaltung in: Junkernreich, M./Klemmer, P. (Hrsg.), Neuordnung des Gemeindefinanzsystems, Berlin, S. 27–44.

Ritter, W. (1983), Abbau der Gewerbesteuer, in: Betriebsberater, S. 383–396.

Sachverständigenrat zur Begutachtung der gesamtwirtschaftlichen Entwicklung (1997), Jahresgutachten 1997/1998, Stuttgart.

– (2001), Jahresgutachten 2001/2002, Stuttgart.

Statistisches Bundesamt, verschiedene Jahrgänge.

Wissenschaftlicher Beirat beim Bundesministerium der Finanzen (1982), Gutachten zur Reform der Gemeindesteuern. Schriftenreihe des Bundesministeriums der Finanzen, Heft 31, Bonn.

Bemerkungen zur Reform der Gewerbesteuer

Von Rolf Peffekoven[1]

A. Zur Ausgangslage

Die Finanzen der Gebietskörperschaften befinden sich im Jahre 2003 in desolatem Zustand. Das gilt vor allem auch für die Finanzen der Gemeinden. Nach Angaben des Deutschen Städtetages sind im Jahre 2002 die Defizite um rund 68 v.H. auf 6,65 Mrd. Euro angewachsen und für 2003 ist ein erneutes Ansteigen um etwa 49 v.H. auf 9,9 Mrd. Euro zu erwarten. Das zeigt aber nicht das ganze Ausmaß der Finanzmisere. Da die Kommunen zur Vorlage ausgeglichener Haushalte verpflichtet sind, erreichen viele Kommunen dies seit Jahren nur noch durch ein Zurückfahren der Investitionen. Diese sanken in den kommunalen Haushalten 2002 um 2,4 v.H. auf 23,6 Mrd. Euro. Das sind 30 v.H. weniger als 1992. Auch in diesem Jahr wird ein weiterer Rückgang von 10,8 v.H. erwartet.[2] Die vom Bundeskanzler Anfang des Jahres 2003 in Aussicht gestellten Haushaltsmittel in Höhe von 480 Mio. Euro, die Zinsvergünstigungen bei einem Kreditvolumen von 7 Mrd. Euro für kommunale Investitionen vorsehen, und die Befreiung der Gemeinden von ihrem Beitrag zur Finanzierung des Flutopferfonds (800 Mio. Euro) werden an den Problemen nichts ändern.[3] Weitere Maßnahmen zur Soforthilfe (etwa eine Absenkung der Gewerbesteuerumlage oder die Zahlung von Zuschüssen für Infrastruktur-Investitionen) sind nicht zu erwarten, da die dadurch belasteten Haushalte von Bund und Ländern ebenfalls unter hohem Konsolidierungsdruck stehen.

Bei der Analyse dieser Entwicklung zeigt sich, dass die momentanen Schwierigkeiten der Gemeinden ihre Ursache sowohl auf der Einnahmenseite als auch auf der Ausgabenseite der Gemeindehaushalte haben, dass sie teils extern, teils aber auch intern verursacht sind. Auf die internen Ursa-

---

[1] Der Autor ist Professor für Finanzwissenschaft an der Johannes Gutenberg-Universität Mainz. – Der Beitrag ist am 15.08.2003 abgeschlossen worden. Später vorgelegte Gesetzesentwürfe und Vorschläge zur Reform des Gemeindesteuersystems konnten nicht mehr berücksichtigt werden.

[2] Deutscher Städtetag (2003).

[3] Vgl. Regierungserklärung; für nähere Angaben zum Infrastrukturprogramm siehe Kreditanstalt für Wiederaufbau (2003); Bundesministerium der Finanzen (2003).

chen, die von Gemeinde zu Gemeinde unterschiedlich sind, soll hier nicht weiter eingegangen werden. Allerdings ist nicht zu bezweifeln, dass vor allem großzügiges Ausgabeverhalten in konjunkturell guten Zeiten, die Missachtung der Folgekosten von Investitionen, Fehleinschätzungen struktureller Entwicklungen und der Missbrauch von Überziehungskrediten zu den finanziellen Schwierigkeiten einzelner Gemeinden erheblich beigetragen haben. Von Konsolidierung ist auch auf der Gemeindeebene in den letzten Jahren immer die Rede gewesen, geschehen ist aber wenig.

Was derzeit die finanzielle Misere praktisch aller Gemeinden verursacht, sind jedoch die externen Gründe. Hierbei spielt die schlechte konjunkturelle Situation die wesentliche Rolle, die zu Einnahmenausfällen (insbesondere bei der Gewerbesteuer) und zu Mehrausgaben (insbesondere infolge der hohen Arbeitslosigkeit) führt. Diese Probleme würden sich zwar im Zuge eines konjunkturellen Aufschwungs entspannen, aber dieser ist derzeit nicht absehbar und würde die Probleme auch nicht grundsätzlich lösen. Beim nächsten Konjunktureinbruch würden sich die gleichen Probleme erneut zeigen. Dahinter stehen nämlich strukturelle Fehlentwicklungen im Kommunalsteuersystem und in der Aufgabenverteilung zwischen den Ebenen im föderativen Aufbau unseres Staates.

Auf der Einnahmenseite ergibt sich eine hohe Konjunkturabhängigkeit der Einnahmen – vor allem bei der Gewerbesteuer, aber auch bei der Einkommensteuerbeteiligung und bei den Zahlungen im kommunalen Finanzausgleich. Auf der Ausgabenseite werden den Gemeinden immer wieder Aufgaben als Pflichtaufgaben zugewiesen, ohne ihnen die zur Erfüllung notwendigen Finanzmittel zuzuteilen. Diese Probleme wird man nur in den Griff bekommen, wenn eine konsequente Durchsetzung des Konnexitätsprinzips und ein Abbau der Mischfinanzierung durchgesetzt werden können.[4] Wenn der Bund oder auch das Land einer Gemeinde eine Aufgabe überträgt, dann sind die für die Erfüllung dieser Aufgabe erforderlichen Deckungsmittel auch zur Verfügung zu stellen – ganz nach dem Grundsatz des privaten Lebens, dass derjenige, der die Musik bestellt, dafür auch zahlen muss. Die größte Belastung der Kommunen durch übertragene Aufgaben stellt derzeit die Zahlung der Sozialhilfe dar. In strukturschwachen Gebieten betragen die Ausgaben für Sozial- und Jugendhilfe bis zu 23 v.H. der Ausgaben. Aber auch in Großstädten können aufgrund der Konzentration sozialer Brennpunkte große finanzielle Belastungen festgestellt werden. Inwieweit die nach der „Agenda 2010" geplante Zusammenlegung von Arbeitslosenhilfe und Sozialhilfe im Ergebnis eine finanzielle Entlastung der Gemeinden bringen wird, ist im Augenblick (August 2003) noch nicht abzusehen.

---

[4] Zur Bedeutung der Erfüllung des Prinzips der Konnexität siehe Sachverständigenrat zur Begutachtung der gesamtwirtschaftlichen Entwicklung (1995), Ziff. 341.

B. Kommunalsteuer versus Unternehmenssteuer

Im Zentrum der aktuellen Diskussion steht die Reform des Gemeindesteuersystems. Um die Mängel des jetzigen Systems offen zu legen und die Reformalternativen bewerten zu können, empfiehlt es sich, zunächst die Anforderungen an ein Gemeindesteuersystem zu formulieren. Dazu gibt es eine umfangreiche finanzwissenschaftliche Literatur.[5] Die wichtigsten Forderungen lassen sich in einigen Thesen zusammenfassen:

(1) Gemeindesteuern sollen eine fühlbare Belastung für möglichst alle Bürger und Unternehmen bringen, die ihren Wohnsitz oder ihre Betriebsstätte in der betreffenden Körperschaft haben. Man spricht vom Prinzip der Fühlbarkeit. Interesse an den Aktivitäten einer Gemeinde und vor allem deren effektive Kontrolle sind nur zu erwarten, wenn fühlbare Steuerbelastungen für alle Bürger und Unternehmen bestehen.

(2) Die Steuern der Kommunen sollen möglichst den Nutzen entsprechen, die die Bürger und Unternehmen aus der Tätigkeit ihrer Gemeinde ziehen. Hierbei ist die Rede vom Prinzip der Äquivalenz.[6]

(3) Das Steueraufkommen soll nicht oder nur wenig konjunkturreagibel sein; denn eine einzelne Gemeinde hat nicht die Aufgabe der Konjunkturstabilisierung. Dazu ist sie in der Regel nicht imstande, zudem wären hohe externe Effekte zu erwarten: Die Kosten der Konjunkturpolitik müsste die Gemeinde tragen, die Nutzen könnte sie aber nicht voll für sich in Anspruch nehmen. Konjunkturreagible Einnahmen führen zu prozyklischem Verhalten: Im Abschwung, wenn die Einnahmen zurückgehen, werden die Ausgaben dem angepasst; im Aufschwung, wenn das Geld reichlich fließt, werden die Ausgaben ausgeweitet. Beide Strategien sind gesamtwirtschaftlich unerwünscht. Um sie zu verhindern, soll das Prinzip der Konjunkturstetigkeit für die Einnahmen beachtet werden.

(4) Die Entwicklung des Steueraufkommens soll möglichst weitgehend mit der Wachstumsrate des Sozialprodukts übereinstimmen, da sich die meisten Ausgaben der Gemeinden parallel zur wirtschaftlichen Entwicklung verändern. Hierbei ist die Rede vom Prinzip der Wachstumsreagibilität.

(5) Das Steueraufkommen pro Kopf soll in Gemeinden gleicher Größenklasse und mit ähnlicher Gemeindestruktur bei gleichen Hebesätzen nur in geringen Bandbreiten differieren (keine horizontale Streuung). Was

---

[5] Vgl. für viele: Wissenschaftlicher Beirat beim Bundesministerium der Finanzen (1982), S. 29 ff.

[6] Grundlegend zum Prinzip der fiskalischen Äquivalenz siehe *Olson* (1969).

die vertikale Streuung betrifft, ist zu beobachten, dass größere Gemeinden in der Regel nicht nur einen höheren Industrialisierungsgrad haben, sondern auch Aufgaben für die Einwohner umliegender Orte wahrnehmen. Sofern der Finanzbedarf pro Kopf mit wachsender Gemeindegröße steigt, muss auch das Steueraufkommen pro Kopf mit wachsender Gemeindegröße steigen. Ein gutes Kommunalsteuersystem muss also auch die Deckung des Finanzbedarfs der Gemeinden sichern. Das ist das fiskalische Ziel der Besteuerung.

Zwischen diesen Kriterien für eine gute Gemeindesteuer bestehen Zielkonflikte: So kann das Prinzip der Konjunkturstetigkeit mit dem Prinzip der Wachstumsreagibilität in Konflikt geraten. Grundsätzlich gelten im Übrigen für Kommunalsteuern die gleichen Anforderungen, die auch bei der Gestaltung der staatlichen Steuern zu beachten sind. Allerdings gibt es auch Besonderheiten und zwar vor allem in zweifacher Hinsicht: Zum einen ist das Leistungsfähigkeitsprinzip, das für die gerechte Besteuerung bei den staatlichen Steuern überragende Bedeutung hat, für kommunale Steuern kein gleichermaßen verbindlicher Maßstab, denn der Grundsatz der Äquivalenz (des Interessenausgleichs) steht dem gegenüber. Äquivalenzprinzip und Leistungsfähigkeitsprinzip schließen sich aber tendenziell gegenseitig aus. Zum anderen spielt die Beachtung verteilungspolitischer Anforderungen bei den Kommunalsteuern eine wesentlich geringere Rolle als bei den staatlichen Steuern. Heinz Grossekettler hat daraus den Schluss gezogen, die Kommunen benötigten „zur Erfüllung ihrer Allokationsaufgaben zwar das Recht, Gebühren und Zwangsbeiträge erheben zu dürfen", nicht dagegen brauchten sie Steuern, „denn diese sind in einem rationalen Finanzsystem primär Redistributionsinstrumente"[7]. Ökonomisch ist das wohl zutreffend, verfassungsrechtlich wird man diese Position aber wegen Art. 28 Abs. 2 GG nicht teilen können.

Zudem ist die Gewerbesteuer und damit jeder Ersatz für sie gleichzeitig auch immer Unternehmensbesteuerung. Will man den Kommunen ein stetiges Steueraufkommen sichern, empfiehlt es sich, auch ertragsunabhängige Komponenten in die Bemessungsgrundlage einzubeziehen. Eine gute Unternehmenssteuer sollte dagegen auf solche Elemente grundsätzlich verzichten. Hier zeigt sich der eigentliche Konflikt: Die Gewerbesteuer ist gleichermaßen Kommunalsteuer und Unternehmensbesteuerung; die Anforderungen an eine „gute" Gemeindesteuer widersprechen in vielfältiger Hinsicht den Anforderungen, die an eine „gute" Unternehmenssteuer zu stellen sind. Einen Ersatz für die Gewerbesteuer zu finden, der gleichermaßen den Kriterien einer guten Kommunalsteuer und denen einer guten Unternehmenssteuer Genüge tut, gleicht der Quadratur des Kreises. Das ist besonders deutlich

---

[7] *Grossekettler* (1987), S. 438.

geworden an den beiden in der Kommission „Gemeindefinanzreform" vorgelegten Modellen. Die Vertreter der Kommunalverbände strebten eine „Revitalisierung der Gewerbesteuer" an, was im Ergebnis zu einem – um Freiberufler – erweiterten Kreis der Besteuerten und einer Ausweitung der Bemessungsgrundlage auf ertragsunabhängige Elemente (vor allem: Mieten, Pachten, Leasingraten) geführt hätte.[8] Die Wirtschaftsverbände verlangten dagegen eine Besteuerung, die keine ertragsunabhängigen Elemente umfasst[9], um eine Substanzbesteuerung zu vermeiden. Konsequent war deshalb ihr Vorschlag, den Gemeinden ein Zuschlagsrecht bei der Einkommen- und Körperschaftsteuer einzuräumen.[10] Demnach hätten nur diejenigen Unternehmen Kommunalsteuern entrichten müssen, die einen Gewinn erwirtschaftet hätten.

Mit der Einführung eines Zuschlagsrechts für die Kommunen auf die Einkommen- und Körperschaftsteuer wird die Forderung verbunden, die bisherige Beteiligung der Gemeinden an der Einkommensteuer in Höhe von 15 v.H. zu streichen.[11] Es gibt auch Vorschläge, als Ersatz für die Gewerbesteuer den Anteil der Gemeinden am Aufkommen aus der Umsatzsteuer von derzeit 2,2 v.H. auf 12 v.H. zu erhöhen.[12] Dies würde den Gemeinden eine ergiebige und konjunkturunabhängige Einnahmenquelle verschaffen.[13] Allerdings lässt eine solche Steuerverbundlösung kein Hebesatzrecht der Gemeinden zu.[14]

C. Zur Kritik an der Gewerbesteuer

Legt man die oben genannten Kriterien an die Gewerbesteuer an, dann ergibt sich ein vernichtendes Urteil:

Diese Steuer passt zunächst einmal nicht in das deutsche Steuersystem. Das Nebeneinander von Einkommen- und Körperschaftsteuer auf der einen

---

8 Vgl. Bundesvereinigung der kommunalen Spitzenverbände (2003), S. 2 ff.

9 Siehe dazu Bundesverband der Deutschen Industrie e.V./Verband der Chemischen Industrie e.V. (2001), S. 18 ff.

10 Vgl. ebenda sowie Kommission Liberale Gemeindefinanzreform (2003), S. 8 ff. Eine andere Variante des Hebesatzrechts bei der heutigen Einkommensteuerbeteiligung der Gemeinden diskutieren *Hansmeyer/Zimmermann* (1993).

11 Siehe dazu Bundesverband der Deutschen Industrie e.V./Verband der Chemischen Industrie e.V. (2001), S. 19; Kommission Liberale Gemeindefinanzreform (2003), S. 8 f.

12 Siehe hierzu Kommission Liberale Gemeindefinanzreform (2003), S. 11 und S. 14.

13 Vgl. ebenda, S. 11.

14 Nach Vorstellungen der Kommission Liberale Gemeindefinanzreform (2003), S. 6, soll dieses beim Einkommensteueranteil eingeführt werden.

und der Gewerbesteuer auf der anderen Seite führt zu einer Doppelbelastung. Gerade die Steuerreform 2000 hat erneut deutlich gezeigt, dass eine systematisch „saubere" Einkommen- und Körperschaftsteuer nur zu verwirklichen ist, wenn zuvor die Gewerbesteuer beseitigt wird.

Die Gewerbesteuer führt zu vielfältigen Wettbewerbsverzerrungen und damit zu Effizienzverlusten in unserer Volkswirtschaft. Es gibt Wettbewerbsverzerrungen zwischen Inland und Ausland (dort kennt man in der Regel keine der Gewerbesteuer vergleichbare Steuer), Eigen- und Fremdkapitalfinanzierung, großen und kleinen Unternehmen (durch Freibeträge und Satzdifferenzierung), Gewerbe und anderen Arten der Produktionstätigkeit, die nicht der Gewerbesteuer unterliegen.

Schließlich – und das ist das wichtigste Argument – ist die Gewerbesteuer auch eine schlechte Gemeindesteuer, sie verstößt gegen alle oben formulierten Prinzipien einer guten Gemeindesteuer: Sie ist außerordentlich konjunkturreagibel, hat eine hohe Aufkommensstreuung auch beim Vergleich gleich großer Gemeinden. Vor allem aber wird dem Äquivalenzgedanken nicht hinreichend Rechnung getragen. Es besteht kaum ein Zusammenhang zwischen der Inanspruchnahme kommunaler Leistungen und der steuerlichen Belastung von Betrieben. Hierfür gibt es im Wesentlichen zwei Gründe: Zum einen erfasst die Gewerbesteuer mit den Einkünften aus Gewerbebetrieb nur einen Teil der unternehmerischen Einkünfte, zum anderen wurde in den vergangenen Jahren die Bemessungsgrundlage immer weiter ausgehöhlt. Hierbei sind vor allem folgende Schritte in den Jahren seit 1970 zu nennen: die Abschaffung der Lohnsummensteuer und der Gewerbekapitalsteuer, die Einräumung von Freibeträgen und die Satzdifferenzierungen.[15] Die Gewerbesteuer ist nach einhelligem Urteil der Wissenschaft eine schlechte Gemeindesteuer und gehört abgeschafft.[16]

Die Reform – besser: die Abschaffung – steht deshalb seit Jahren zur Diskussion. Geschehen ist bisher nichts. Neben der Möglichkeit, die Gewerbesteuer bei der Ermittlung des Gewinns als Betriebsausgabe abzuziehen, wurde mit der Unternehmenssteuerreform für Einzelunternehmen und Personengesellschaften eine Verrechnung mit der Einkommensteuerschuld eingeführt. Das 1,8-fache des Gewerbesteuermessbetrags kann von der Ein-

---

[15] Vgl. Art. 2 Gesetz zur Änderung des Einkommensteuergesetzes, des Gewerbesteuergesetzes, des Umsatzsteuergesetzes und anderer Gesetze, BGBl. I (1978), S. 1849 ff.; Art. 4 Gesetz zur Fortsetzung der Unternehmenssteuerreform, BGBl. I (1997), S. 2590 ff.; Art. 10 Gesetz zur Entlastung der Familien und zur Verbesserung der Rahmenbedingungen für Investitionen und Arbeitsplätze, BGBl. I (1992), S. 297 ff.

[16] In diesem Sinne äußerten sich etwa der Sachverständigenrat zur Begutachtung der gesamtwirtschaftlichen Entwicklung (1993), Ziff. 306; ders. (1995), Ziff. 346; Wissenschaftlicher Beirat beim Bundesministerium der Finanzen (1982), S. 47 ff.

kommensteuerschuld abgezogen werden.[17] Hierdurch wurden die Probleme jedoch nicht gelöst, sondern im Gegenteil verschärft. Gegen dieses Verfahren bestehen technische, ökonomische und rechtliche Bedenken. Die unterschiedlichen Ziele, die mit der Einkommensteuer (Subjektsteuer) und der Gewerbesteuer (Objektsteuer) verfolgt werden, verbieten eine gegenseitige Anrechnung dieser Steuern. Jede Form der Anrechnung der Gewerbesteuer mindert die Belastung der Unternehmen und damit die im Sinne eines Interessenausgleichs gewünschte Fühlbarkeit dieser kommunalen Abgabe, ohne dass ihre bekannten Nachteile (z.B. hohe Streuung, Konjunkturreagibilität) dadurch beseitigt würden. Die Gewerbesteuer wird für die Unternehmen zu einem durchlaufenden Posten. Vor allem führt die Anrechnung zu einer Denaturierung dieser Steuer. Die Gemeinden haben zwar noch ein Aufkommen, das aber im Grunde durch eine Senkung des Einkommensteueraufkommens bei Bund, Ländern und Gemeinden finanziert wird. Formal wird zwar noch eine Kommunalsteuer erhoben, de facto handelt es sich aber um ein Zuweisungssystem.

Die Versuche, über eine so genannte „Revitalisierung", die früheren Reformen teilweise wieder rückgängig zu machen, sind kein geeigneter Reformschritt, da an den Problemen der Gewerbesteuer im Kern nichts verändert wird.

Bei einer Reform des Gemeindesteuersystems müssen außer den oben genannten Kriterien noch folgende weitere Punkte berücksichtigt werden:

(1) Eine Reform muss die bisherigen Einnahmen der Gemeinden in der Summe sichern, keineswegs allerdings die Einnahmen einer jeden einzelnen Gemeinde. Eine solche Forderung – wie etwa: keine Gemeinde darf nach der Reform hinsichtlich des eigenen Steueraufkommens schlechter dastehen als vorher – wäre sogar schon das Ende einer jeden Reformbemühung.

(2) Den Gemeinden muss der Anreiz erhalten bleiben, sich um die Ansiedlung von Produktion zu bemühen. Produktion ist die Basis jeglichen Wirtschaftsgeschehens. Mit jeder Produktionstätigkeit sind aber Belastungen der Bevölkerung und der Umwelt verbunden. Nur wenn mit Produktionstätigkeiten kommunale Einnahmen erzielt werden können, bleibt es für eine Gemeinde interessant, Produktionsstätten anzusiedeln.

(3) Eine neue Kommunalsteuer muss den Gemeinden die Anwendung eines Hebsatzrechtes ermöglichen, um damit dem Gedanken der Finanzautonomie – wie sie in Art. 28 Abs. 2 GG gefordert wird – Genüge zu tun.[18]

---

[17] Siehe § 35 EStG.

D. Zu einigen Reformvorstellungen

In der Reformdiskussion stehen außer der von der Bundesregierung offenbar favorisierten „Revitalisierung der Gewerbesteuer" vor allem zwei Modelle:

- Einführung einer kommunalen Wertschöpfungsteuer (auch Wirtschaft- oder Betriebssteuer genannt) und
- Einführung eines Zuschlagsrechts zur Einkommen- und Körperschaftsteuer.

Der Wissenschaftliche Beirat beim Bundesministerium der Finanzen und der Sachverständigenrat zur Begutachtung der gesamtwirtschaftlichen Entwicklung haben sich seit 1982 wiederholt für eine kommunale Wertschöpfungsteuer ausgesprochen.[19] Dabei wird jede Art der Wertschöpfung in die Besteuerung einbezogen. Der Kreis der Steuerpflichtigen wird über die Gewerbebetriebe hinaus auf die freien Berufe, die Land- und Forstwirtschaft, die Wohnungswirtschaft und den öffentlichen Sektor ausgeweitet. Dem Objektsteuercharakter der Wertschöpfungsteuer entspricht ein proportionaler Steuersatz. Damit wird unter allokationspolitischen Gesichtspunkten eine weitgehende Neutralität der Steuer erreicht. Wegen der breiten Bemessungsgrundlage kann zudem mit einem niedrigen Steuersatz gearbeitet werden, und die Steuer bleibt dennoch ertragreich. Die Gemeinden können ein Hebesatzrecht praktizieren, womit ihre Steuerautonomie gewahrt bleibt. Zur Durchsetzung des Äquivalenzprinzips ist die örtliche Wertschöpfung als Bemessungsgrundlage zweifellos ein geeigneter Indikator für die Inanspruchnahme öffentlicher Leistungen durch Unternehmen. Mit einer Aufkommenselastizität von annähernd eins folgen die Steuerreinnahmen dem Wirtschaftswachstum.

Der Wertschöpfungsteuer werden allerdings auch Nachteile zugeschrieben, die sich jedoch bei näherer Betrachtung als nicht durchschlagend erweisen. Einmal werden die Investitionen besteuert, was – zumal angesichts der derzeitigen wirtschaftlichen Lage – als wachstumspolitisch nachteilig gilt. Zudem werden ertragsunabhängige Komponenten der Wertschöpfung besteuert. Das gilt vor allem für die Lohnsumme. Oft wird auch bezweifelt, ob eine Wertschöpfungsteuer mit EU-Recht kompatibel wäre, weil nach den Harmonisierungsrichtlinien die Mitgliedsländer keine Steuern einführen dür-

---

[18] Zur Finanzautonomie der Gemeinden aus finanzwissenschaftlicher Sicht siehe *Peffekoven* (1996), S. 28 ff.

[19] Vgl. Sachverständigenrat zur Begutachtung der gesamtwirtschaftlichen Entwicklung (1984), Ziff. 420, 470; ders. (1989), Ziff. 342 ff.; ders. (1995), Ziff. 346 ff., insb. 350; Wissenschaftlicher Beirat beim Bundesministerium der Finanzen (1982), S. 135 ff.

fen, die „den Charakter von Umsatzsteuern haben“[20]. Gerade aus dem Vergleich mit der wachstumspolitisch stets positiv beurteilten Mehrwertsteuer ergibt sich, dass die Argumente gegen die Wertschöpfungsteuer nicht überzeugend sind.

Die Mehrwertsteuer belastet zunächst in jedem Unternehmen den dort geschaffenen Mehrwert (= Wertschöpfung plus indirekte Steuern minus Subventionen); gesamtwirtschaftlich ist das das Nettosozialprodukt zu Marktpreisen, das übrigens zu rund 70 v.H. aus Lohneinkommen besteht. Durch die Anwendung des Bestimmungslandprinzips (Exporte bleiben steuerfrei, Importe unterliegen der inländischen Steuer) und die Gewährung des Vorsteuerabzuges kommt man im Ergebnis zu einer Besteuerung des Konsums. Ob der Konsum allerdings tatsächlich belastet wird, ist eine Frage der Überwälzung der im Unternehmenssektor zu zahlenden Steuer. Gelingt diese nicht, dann mutiert die Mehrwertsteuer zu einer Gewinnsteuer. Sofern kein Gewinn erzielt wird, kommt es auch bei der Mehrwertsteuer zur Substanzbesteuerung. In der Regel wird man bei der Mehrwertsteuer mit Überwälzung rechnen können, weil eine (weitgehend) generelle Besteuerung vorliegt und über die Anwendung des Bestimmungslandprinzips auch die importierten Güter entsprechend belastet werden.

Eine Wertschöpfungsteuer besteuert in jedem Unternehmen die Wertschöpfung; gesamtwirtschaftlich also das Nettosozialprodukt zu Faktorkosten. Da alle Produzenten mit einem vergleichsweise geringen Satz belastet werden, ist auch in diesem Fall die Überwälzung der Steuer wahrscheinlich. „Wegen der Gleichmäßigkeit und der großen Reichweite der Besteuerung wäre auch mit einer weitgehenden Überwälzung in die Preise zu rechnen ...“[21]. Insoweit würden weder Investitionen behindert, noch würde es zu einer Substanzbesteuerung kommen. Die Wertschöpfungsteuer ist geradezu ein Kompromiss zwischen der Forderung der Unternehmen, eine Substanzbesteuerung zu vermeiden, und der der Kommunen nach stetigen Steuereinnahmen.

In jüngster Zeit hat der Gedanke einer Wertschöpfungsteuer – wenn auch unter anderen Namen und in modifizierter Form – wieder Beachtung und Anhänger gefunden. In einem Modell der Bertelsmann Stiftung[22] wird eine kommunale „Wirtschaftsteuer“ vorgeschlagen, die „auf die breite Basis aller Nutzer kommunaler Leistungen aus der Wirtschaft“[23] abstellt, also Ge-

20 Art. 33 Sechste Richtlinie 77/388 EWG zur Harmonisierung der Rechtsvorschriften der Mitgliedstaaten über die Umsatzsteuern.

21 Wissenschaftlicher Beirat beim Bundesministerium der Finanzen (1982), S. 75.

22 Siehe Bertelsmann Stiftung (2003), S. 23 ff.

23 Ebenda, S. 25.

werbetreibende, Freiberufler, Land- und Forstwirtschaft und wohl auch – wenngleich nicht explizit genannt – die öffentliche Wirtschaft erfassen soll.

Der Kronberger Kreis[24] hat sich für eine kommunale Betriebssteuer ausgesprochen, die zunächst dem Konzept der Wertschöpfungsteuer voll entspricht. Aus wachstumspolitischen Gründen sollen jedoch die Investitionen bei der Ermittlung der Bemessungsgrundlage abzugsfähig sein. Damit wird gesamtwirtschaftlich das Nettosozialprodukt zu Faktorkosten vermindert um die Investitionen, also der Konsum und der Außenbeitrag getroffen. Da zudem bei der (additiven) Ermittlung der Bemessungsgrundlage (Wertschöpfung) nicht der gesamte Gewinn, sondern nur der um eine normale Verzinsung des Eigenkapitals verminderte Gewinn berücksichtigt wird, läuft der Vorschlag auf eine indirekte zinsbereinigte Einkommensteuer auf kommunaler Ebene hinaus.

Im Rahmen einer Wertschöpfungsteuer (wie auch bei einer „Wirtschaftsteuer" oder „Betriebssteuer") werden nur Unternehmen belastet, nicht dagegen Haushalte, obwohl auch Letztere Leistungen ihrer Gemeinde in Anspruch nehmen. Es ist deshalb nur konsequent, wenn die Besteuerung der Unternehmen durch eine Besteuerung der Haushalte ergänzt wird. Dafür empfiehlt sich – wie von der Bertelsmann Stiftung und vom Kronberger Kreis auch vorgeschlagen – die Einführung einer Bürgersteuer. Danach wird das zu versteuernde Einkommen mit einem proportionalen Satz belastet; die heutige Beteiligung der Gemeinden an der Einkommensteuer könnte entfallen und die Einkommensteuer entsprechend abgesenkt werden. Bei der Bürgersteuer sollte das Wohnsitzprinzip gelten.

Vorteile der Bürgersteuer werden insbesondere in einer geringen Streuung des Steueraufkommens gesehen. Ferner wird die Fühlbarkeit der Steuer für die Bürger erhöht, vor allem dann, wenn die Steuer über einen lokalen Steuerbescheid erhoben wird. Dadurch wird der Zusammenhang zwischen öffentlichen Leistungen und eigenen Steuerbeträgen deutlicher, die Kontrolle der politischen Entscheidungsträger verbessert und letzten Endes eine effiziente Verwendung der Steuereinnahmen gefördert.

Nach wie vor gilt: Die Wertschöpfungsteuer (kombiniert mit einer Bürgersteuer) wäre ein geeigneter Ansatz für eine Gemeindesteuerreform. Wenn sich der Sachverständigenrat zur Begutachtung der gesamtwirtschaftlichen Entwicklung von dieser Konzeption, die er über nahezu zwanzig Jahre vertreten hat, nunmehr verabschiedet hat[25], dann liegt das wohl darin begründet, dass er die oben diskutierten Nachteile einer Wertschöpfung-

---

[24] Kronberger Kreis (2003), S. 25 ff.

[25] Vgl. Sachverständigenrat zur Begutachtung der gesamtwirtschaftlichen Entwicklung (2001), Ziff. 380 ff.

steuer offenbar heute schwerer gewichtet. Wer aber ein effizienz-orientiertes Kommunalsteuersystem anstrebt, der muss die Wertschöpfungsteuer als Option eigentlich positiv bewerten.

Als zweite Alternative wird seit langem die Beteiligung der Gemeinden an der Einkommen- und Körperschaftsteuer mit Hebesatzrecht diskutiert.[26] Ein konkreter Vorschlag hierzu wurde vom Bundesverband der Deutschen Industrie und vom Verband der Chemischen Industrie im Juni 2001 vorgelegt und ist in der Reformkommission auch vertreten worden.[27] Dieser Reformentwurf sieht einen Wegfall der Gewerbesteuer und des Gemeindeanteils an der Einkommensteuer vor. Stattdessen sollen die Kommunen ein Zuschlagsrecht auf die Einkommen- und Körperschaftsteuer erhalten. Der Kreis der Steuerpflichtigen würde damit auf alle Unternehmen und Bürger ausgeweitet. Um eine Mehrbelastung zu vermeiden und den Kommunen ihre bisherigen Steuereinnahmen in der Summe zu gewährleisten, wird eine entsprechende Senkung des Einkommensteuertarifs vorausgesetzt. Erhebungstechnisch wäre dies die einfachste Lösung. Positiv ist auch hervorzuheben, dass der Kreis der Besteuerten ausgedehnt würde. Auch hinsichtlich der fiskalischen Ergiebigkeit und der Konjunkturempfindlichkeit wäre dieser Vorschlag akzeptabel; eine Besteuerung ertragsunabhängiger Elemente würde vermieden. Die Problematik liegt an einer anderen Stelle: Die Befürworter wollen die Unternehmen „nach Maßgabe ihrer Leistungsfähigkeit" einbeziehen und der „individuellen Leistungsfähigkeit" Rechnung tragen. Aber gerade darauf kommt es bei kommunalen Steuern nicht an. Die Hinweise auf das Umverteilungsziel und das Leistungsfähigkeitsprinzip sind geradezu fehl am Platz. Kommunale Steuern sind an der allokationspolitischen Zielsetzung auszurichten und gemäß dem Äquivalenzprinzip eine Abgabe für die Nutzen aus der Inanspruchnahme kommunaler Leistungen. Auch Unternehmen, die keinen Gewinn erwirtschaften, nehmen die Leistungen der Standortgemeinde durchaus in Anspruch.

Keine der beiden Alternativen ist der jeweils anderen eindeutig überlegen. Die Wahl hängt letztlich davon ab, welchen Zielen man das größere Gewicht gibt. Wem es um eine praktikable Lösung geht und wer allokative Mängel in Kauf nehmen will, der kann sich für das Modell der kommunalen Einkommen- und Gewinnsteuer entscheiden. Wer dagegen dem Äquivalenzgedanken Priorität beimisst, der wird der Wertschöpfungsteuer den Vor-

---

26 Zu einem Überblick über die Vor- und Nachteile sowie Ausgestaltungsmöglichkeiten vgl. Sachverständigenrat zur Begutachtung der gesamtwirtschaftlichen Entwicklung (2001), Ziff. 384 f., und ders. (2002), Ziff. 376.

27 Siehe Bundesverband der Deutschen Industrie e. V./Verband der Chemischen Industrie e. V. (2001) und die Analyse dieses Vorschlags durch die Arbeitsgruppe „Kommunalsteuern" (2003).

zug geben. Eine Entscheidung kann und muss hier letzten Endes politisch getroffen werden.

Nach der von der Bundesregierung verfolgten Reformvariante soll aber die Gewerbesteuer beibehalten und lediglich durch Ausweitung des Kreises der Steuerpflichtigen um die selbständig Tätigen erweitert, also „revitalisiert" werden. Das ist von allen bisher diskutierten Modellen die eindeutig schlechteste Lösung, weil sie im Kern an dem Problem der Gewerbesteuer nichts ändert, vor allem aber bleibt ihre hohe Konjunkturabhängigkeit erhalten. Man kann deshalb heute (August 2003) nur hoffen, dass dieses Konzept im parlamentarischen Entscheidungsprozess keine Mehrheit findet.

Literaturverzeichnis

Arbeitsgruppe „Kommunalsteuern" (2003), Bericht der Arbeitsgruppe „Kommunalsteuern" an die Kommission zur Reform der Gemeindefinanzen, Berlin.

Bertelsmann Stiftung (2003), Reform der Gemeindefinanzen – ein Vorschlag der Bertelsmann Stiftung, Gütersloh.

Bundesministerium der Finanzen (2003), Mehr Investitionen für mehr Wachstum und Beschäftigung, http://www.bundesfinanzministerium.de/bmf-.336.17604/.htm (15.08.2003).

Bundesverband der Deutschen Industrie e. V./Verband der Chemischen Industrie e. V. (2001), Verfassungskonforme Reform der Gewerbesteuer: Konzept einer kommunalen Einkommen- und Gewinnsteuer, Köln.

Bundesvereinigung der kommunalen Spitzenverbände (2003), Vorschlag für eine modernisierte Gewerbesteuer, Köln.

Deutscher Städtetag (2003), Kommunalfinanzen 2001 bis 2003 in den alten und den neuen Ländern, http://www.staedtetag.de/imperia/md/content/pressedien/2003/4.pdf (15.08.2003).

Grossekettler, H. (1987), Die Bestimmung der Schlüsselmasse im kommunalen Finanzausgleich, in: Finanzarchiv, Neue Folge, Bd. 45, S. 393–440.

Hansmeyer, K.-H./*Zimmermann,* H. (1993), Möglichkeiten der Einführung eines Hebesatzrechts beim gemeindlichen Einkommensteueranteil, in: Archiv für Kommunalwissenschaften, 32. Jg., S. 221–244.

Kommission Liberale Gemeindefinanzreform (2003), Liberale Gemeindefinanzreform, http://www.liberale-gemeindefinanzreform.de (15.08.2003).

Kreditanstalt für Wiederaufbau (2003), KfW-Infrastrukturprogramm – Sonderfonds „Wachstumsimpulse", http://www.kfw.de/DE/Infrastruktur%20und%20Bildung/Infrastruk87/Inhalt.jsp (15.08.2003).

Kronberger Kreis (2003), Gute Gemeindesteuern. Schriftenreihe der Stiftung Marktwirtschaft – Frankfurter Institut, Bd. 40, Berlin.

Olson, M. Jr. (1969), The Principle of „Fiscal Equivalence": the Division of Responsibilities among Different Levels of Government, in: American Economic Review – Papers and Proceedings, 59. Jg., S. 479–487.

Peffekoven, R. (1996), Gemeindesteuersystem und kommunale Selbstverwaltung, in: Junkernheinrich, M./Klemmer, P.: Neuordnung des Gemeindefinanzsystems, Berlin, S. 27–44.

Regierungserklärung von Bundeskanzler Schröder vom 14. März 2003 vor dem Deutschen Bundestag, Berlin, 2003.

Sachverständigenrat zur Begutachtung der gesamtwirtschaftlichen Entwicklung (1984), Chancen für einen langen Aufschwung, Jahresgutachten 1984/1985, Stuttgart/Mainz.

– (1989), Weichenstellung für die neunziger Jahre, Jahresgutachten 1989/1990, Stuttgart.

– (1993), Zeit zum Handeln – Antriebskräfte stärken, Jahresgutachten 1993/1994, Stuttgart.

– (1995), Im Standortwettbewerb, Jahresgutachten 1995/1996, Stuttgart.

– (2001), Für Stetigkeit – Gegen Aktionismus, Jahresgutachten 2001/2002, Stuttgart.

– (2002), Zwanzig Punkte für Beschäftigung und Wachstum, Jahresgutachten 2002/2003, Stuttgart.

Wissenschaftlicher Beirat beim Bundesministerium der Finanzen (1982), Gutachten zur Reform der Gemeindesteuern in der Bundesrepublik Deutschland, Schriftenreihe des Bundesministeriums der Finanzen, Heft 31, Bonn.

Teil 4

Internalisierung externer Effekte

Ambitionen und Instrumente europäischer Klimaschutzpolitik

Methodische und praktische Fragestellungen zur Internalisierung externer Effekte auf internationaler Ebene

Von Manfred Bergmann[1]

A. Methodische Fragestellungen

Eine aktive Klimaschutzpolitik ist eine Politik zur Reduzierung negativer externer Effekte des Verbrennens fossiler Energieträger oder anderer Wirtschaftsprozesse, die zur Emission von *Treibhausgasen*[2] beitragen. Wird sie jedoch nur auf subglobaler Ebene bereitgestellt, so produziert sie selbst externe Effekte oder *spill-over*-Effekte, jedoch positiver Art, da es bei der Klimaschutzproblematik nicht darauf ankommt, wo die Emissionen reduziert werden, solange sie überhaupt irgendwo auf der Welt signifikant beschränkt werden.

Sollte man jedoch vor diesem Hintergrund überhaupt aktive Klimaschutzpolitik auf subglobalem Niveau betreiben oder das Problem und seine Lösung den zukünftigen Generationen überlassen? Wie ambitioniert sollte die jetzige Generation beim Klimaschutz sein? Die Regierung der USA stellt sich z. B. auf den Standpunkt, dass eine aktive und eventuell sogar teure Klimaschutzpolitik sowohl kurz- wie auch langfristig wohlfahrtsmindernd wäre, weil die potenziellen Nutzen erst den zukünftigen Generationen zufal-

---

[1] Der Autor ist Referatsleiter in der Generaldirektion „Wirtschaft und Finanzen“ der Europäischen Kommission, zuständig für die wirtschaftliche Bewertung der europäischen Umwelt-, Transport- und Energiepolitik. Die hier vorgebrachten Thesen entsprechen nicht notwendigerweise den Auffassungen der Institution, für die der Autor arbeitet.

[2] Neben den CO_2-Emmissionen aus Verbrennungsprozessen, die etwa 80% aller Treibhausgasemissionen ausmachen, spielen für den Klimawandel auch noch Methanemissionen (vornehmlich aus Landwirtschaft, Bergbau und Mülldeponien), Stickoxidemissionen (vornehmlich aus der Landwirtschaft) und einige technische Industriegase eine wichtige Rolle für den Klimawandel. Deshalb beziehen sich die im Kyoto-Protokoll festgelegten Obergrenzen auch auf einen mit dem jeweiligen *global warming potential* gewichteten Korb von sechs Treibhausgasen (CO_2, CH_4, N_2O, HFCs, PFCs und SF_6). Im Folgenden soll jedoch wegen des besonderen Gewichts dieser Emissionen vornehmlich nur die CO_2-Problematik behandelt werden.

len würden, man jedoch besser daran täte, diesen Generationen einen durch ungebremstes Wirtschaftswachstum vergrößerten Kapitalstock zur Verfügung zu stellen.

In Bezug auf den Einsatz der Instrumente einer aktiven Klimaschutzpolitik stellt sich die Frage, wie die externen Effekte der Wirtschaftsprozesse internalisiert und die Emissionen reduziert werden sollen: über das Ordnungsrecht mit seinen Ge- und Verboten, oder sollte man doch eher eine Pigousteuer (Preislösung) erheben oder handelbare Emissionszertifikate (Mengenlösung) einführen? Reicht eine Internalisierung (ins Preissystem), oder muss man nicht auf einer physischen Reduzierung bestehen? Sollten neue Klimaabgaben mit bereits bestehenden Steuern und Gebühren verrechnet werden? Die Autofahrer könnten z.B. (zu Recht?) behaupten, dass sie eh schon doppelt so viel Steuern zahlen wie in die Infrastruktur investiert wird, somit eine zusätzliche Klimaabgabe mit bestehenden Steuern verrechnet werden müsste. Wie sind schließlich die über lange Zeiträume anfallenden Kosten- und Nutzenströme einer Klimaschutzpolitik zu bewerten? Diesen und anderen Fragestellungen widmen sich die folgenden Ausführungen.

I. Mess-, Bewertungs- und Abgrenzungsprobleme

Die in diesem Zusammenhang wichtigen Begriffe *Kollektivgut, externe Effekte, Exkludierbarkeit* oder *Rivalitätsgrad* sind relative Größen, deren Ausprägung sich im Zeitablauf stark ändern kann, sei es aufgrund technischen Fortschritts bei den Exklusionsmöglichkeiten, oder sei es aufgrund sich gravierend verändernder Angebots- und Nachfragekonstellationen.[3] So nehmen, gefördert durch den technischen Fortschritt, die Exklusionsmöglichkeiten sicherlich im Zeitablauf zu. Gleichzeitig führen die steigenden Bedürfnisse einer wachsenden und reicher werdenden Weltbevölkerung zu erhöhter Konsumrivalität nach bisher freien Gütern oder Kollektivgütern. Auf lange Sicht werden dann freie Güter zu knappen Gütern, für die es zu neuen Bewirtschaftungsregeln, z.B. durchsetzbare (und handelbare) Eigentumsrechte, kommen muss.

Dies gilt auch für den Faktor Umwelt, bei dessen Nutzung sich über lange Sicht das in Abbildung 1 stilisierte Muster herausgebildet hat. Zunächst hat die zunehmende Verknappung von lokalen Umweltressourcen zur Zuteilung von durchsetzbaren Eigentumsrechten nach diesen Ressourcen geführt, so dass im Zeitablauf und bei wachsendem Einkommen lokale Umweltprobleme mehr und mehr zurückgedrängt werden konnten. Gleichzeitig sind jedoch die mit der durch die zur Erzielung höherer Einkommen not-

[3] Im Detail dazu *Cornes/Sandler* (1986), *Grossekettler* (2002) oder *Teutemann* (1991).

wendigen Industrialisierung verbundenen regionalen und – zunächst unmerklich – globalen Umweltprobleme gestiegen, so dass nach den lokalen auch die regionalen Allmendeprobleme durch die Schaffung durchsetzbarer Eigentumsrechte gelöst werden mussten und – zumindest ansatzweise – auch gelöst wurden. Hingegen konnten die wachsenden globalen Allmendeprobleme bisher nicht gelöst werden, weil es keine allseits anerkannte Institution gibt, die auf globaler Ebene durchsetzbare Eigentumsrechte schaffen kann.

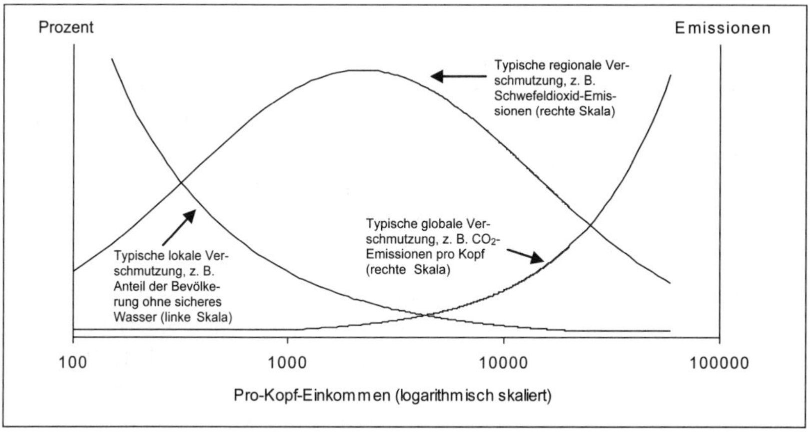

Abbildung 1: Lokale, regionale und globale Umweltverschmutzung in Abhängigkeit vom Pro-Kopf-Einkommen – stilisierte Darstellung –

In der Marktwirtschaft werden Güter und Dienstleistungen im Allgemeinen nach ihrem Marktwert bewertet, wobei dieser sich je nach Marktmacht von Anbietern und Nachfragern eher an der Zahlungsbereitschaft der Nachfrager oder den Produktionskosten der Anbieter orientiert. Zur monetären Bewertung externer Effekte gibt es jedoch häufig keine Primärmärkte, d. h. es gibt keinen Markt für saubere Luft oder für eine Verringerung der Lärmbelastung. Deshalb wurden in der ökonomischen Theorie unterschiedliche Konzepte entwickelt, um das Problem fehlender beobachtbarer Markttransaktionen zu überwinden, von denen die folgenden vier kurz beschrieben werden sollen:[4]

[4] Ausführlicher hierzu, inklusive einer detaillierteren Würdigung der Vor- und Nachteile der einzelnen Methoden z. B. bei Kommission der Europäischen Gemeinschaften (1995).

- *Schadensfunktion/Dosis-Wirkung-Konzept:* Ausgehend von wissenschaftlichen Erkenntnissen wird eine Verbindung zwischen der beobachtbaren Umweltbelastung (z. B. Partikelemissionen oder Lärm) und der beobachtbaren Wirkung (insbesondere höhere Krankheits- oder Sterblichkeitsrate) oder vermuteten Wirkung (z. B. Anstieg des Meeresspiegels, extreme Wetterereignisse) hergestellt. Eine monetäre Bewertung wird nur bei den Wirkungen vorgenommen. Sie beschränkt sich allerdings i. d. R. auf solche Kosten, für die Märkte bestehen (Krankenhauskosten, Arbeitsproduktivität, Deichbau, Beseitigung von Unwetterschäden usw.), direkte Umweltschäden wie z. B. negative Auswirkungen auf die Artenvielfalt, bleiben außen vor.

- *Vermeidungskostenansatz:* Bei diesem auch in der Klimaschutzpolitik angewandten Verfahren werden die Kosten der (hypothetischen) Maßnahmen zur Verringerung der externen Effekte herangezogen, um ihren Wert zu schätzen. Der Vorteil dieses Ansatzes besteht darin, dass die Kosten für die Minderungstechniken, wie z. B. Katalysatoren, Lärmschutzwände an Autobahnen, Umstellung von Kraftwerken von Kohle auf Gas i. d. R. bereits ex ante bekannt sind.

- *Hedonistische Preiskonzepte:* Bei diesem Ansatz zieht man Veränderungen der Preise auf Ersatzmärkten (z. B. Immobilienmärkten) heran, die ebenfalls von den externen Effekten (z. B. Verkehrslärm) betroffen sind. Diese hedonistische Preismethode kann natürlich nur die Kosten von Auswirkungen deutlich machen, derer sich die Menschen bewusst sind und die lokal begrenzte Auswirkungen haben. Dieses Konzept wäre z. B. eher ungeeignet, zur monetären Bewertung der externen Effekte der Klimaveränderung beizutragen.

- *Konzept der geäußerten Präferenzen:* Bei diesem Konzept werden die Präferenzen direkt in Geldeinheiten ausgedrückt, sei es die *Zahlungsbereitschaft* oder sei es die *Akzeptanzbereitschaft*. Beide Konzepte kommen nicht unbedingt auf den selben Wert. Auch hängt es von den jeweils bestehenden Eigentumsrechten ab, welches der beiden Konzepte angewandt werden sollte: Die Akzeptanzbereitschaft mit hypothetischen Kompensationszahlungen sollte gewählt werden, wenn die Menschen das Recht auf z. B. eine saubere, ruhige und sichere Umwelt haben; ist dieses Recht nicht gegeben, so wäre der auf der Zahlungsbereitschaft beruhende Ansatz sinnvoller.[5]

---

[5] Man sollte sich darüber hinaus auch im Klaren sein, dass die Einkommens- und Vermögensverhältnisse der Befragten einen entscheidenden Einfluss auf das Ergebnis haben können. Dies gilt insbesondere bei gravierenden Unterschieden, wie das beispielsweise im globalen Kontext (Entwicklungsländer versus Industrieländer) der Fall ist.

Alles in allem können diese monetären Werte jedoch nur Näherungswerte sein. Dieses sollte der Politikberater dem Entscheidungsträger bewusst machen, wenn er seine Expertise vorlegt.

II. Internalisierung und/oder Reduzierung externer Effekte?

Um die externen Effekte wirtschaftlichen Handelns zu internalisieren, stehen dem Gesetzgeber verschiedene Wege offen, von der klassischen Pigousteuer, die den Preis beeinflusst, über eine Mengensteuerung mit Hilfe handelbarer Emissionszertifikate bis hin zur in der Vergangenheit dominierenden Regulierung über die Festschreibung von Grenzwerten oder Verboten. Einige auch für den Praktiker relevante Vor- und Nachteile dieser verschiedenen Internalisierungsverfahren seien an dieser Stelle kurz zusammengefasst:

- *Regulierungen und Verbote,* in der angelsächsischen Literatur auch *command and control* genannt, haben den Vorteil, dass sie tatsächlich direkt auf die (negativen) externen Effekte abzielen. Sie haben sich insbesondere dort bewährt, wo es um die Abwendung von Gefahren für die öffentliche Gesundheit geht, oder wo man es nicht den Marktkräften überlassen will, wo, ob und wann die Emissionsreduzierung stattfindet. Auch vermitteln sie der Gesellschaft das Gefühl „gerecht“ zu sein, weil sie jedem die gleichen Anstrengungen abzuverlangen scheinen, d.h. die Einhaltung derselben Grenzwerte unabhängig von Zahlungskraft oder Zahlungsbereitschaft. Andererseits haben sie jedoch den Nachteil, dass sie i.d.R. nicht „kosteneffizient“ sind, da sie ja von allen die Einhaltung der gleichen Grenzwerte verlangen, unabhängig von den damit für das einzelne Unternehmen verbundenen marginalen und Gesamtkosten.[6]
- *Umweltabgaben oder Umweltsteuern* (bzw. Subventionen im Fall positiver externer Effekte) haben für den Ökonomen den Reiz, dass sie sich die Marktkräfte zunutze machen, indem sie ein Preissignal setzen, auf das die Betroffenen dann selbst reagieren können. Allerdings kann mit Hilfe dieses Instruments nicht gewährleistet werden, dass ein eventuell bestehendes Mengen- oder Qualitätsziel, z.B. in Bezug auf die Luft- oder die Wasserqualität, erreicht wird. Gibt es jedoch solch ein Ziel, so muss sich der Gesetzgeber in einem iterativen Prozess an die richtige Höhe des Abgaben- oder Subventionssatzes herantasten. Falls jedoch mangels hin-

---

6 Modernere (europäische) Regulierungen versuchen jedoch mittlerweile, auf diese Kostendifferenzen Rücksicht zu nehmen, indem sie z.B. je nach verwendetem Produktionsprozess differenzierte Grenzwerte festlegen. Auch die Tradition, Altanlagen aus strengeren Umweltrichtlinien auszuklammern oder ihnen längere Übergangsfristen einzuräumen, sollte unter dem Blickwinkel der Kosteneffizienz gesehen werden.

reichend preiswerter Substitutionsmöglichkeiten die Preiselastizität der Nachfrage sehr gering ist, kann es vorkommen, dass dann die externen Effekte zwar als internalisiert betrachtet werden können, weil ihre Kosten ja in den Preismechanismus eingearbeitet worden sind, die Umweltverschmutzung selbst wird dennoch nicht reduziert. Ein weiterer Nachteil solcher Preissignale ist, dass ihre Signalfunktion i. d. R. mit zunehmenden Pro-Kopf-Einkommen oder Inflation erodiert, die Abgaben- oder Steuerhöhe also immer wieder nachjustiert werden muss, wenn sie denn ihre ursprünglich anvisierte Anreizfunktion beibehalten soll. Auch muss beachtet werden, dass die Mittelverwendung des Steueraufkommens bzw. die Mittelerhebung zur Finanzierung der Subventionen zu einer Verzerrung der relativen Preise in anderen Bereichen der Wirtschaft führen können. Schließlich stellt sich auch die ganz pragmatische Frage, ob die Motivation des Gesetzgebers bei der Erhebung einer Umweltsteuer wie z. B. der Mineralölsteuer im Straßenverkehr oder bei der Zahlung einer Umweltsubvention wie z. B. den Umweltsubventionen im Bereich der europäischen Agrarpolitik für eine erfolgreiche Internalisierung maßgeblich ist oder nicht. Denn Steuern und Subventionen haben nicht nur einen Lenkungs- sondern auch einen fiskalischen Effekt, so dass z. B. die Erhöhung der Mineralölsteuer auch nur den profanen Zweck verfolgen kann, zusätzliche Einnahmen in die öffentlichen Kassen zu spülen, anstatt negative externe Effekte zu internalisieren.

- *Emissionszertifikate:* Im Gegensatz zu Steuern und Subventionen, die über Preissignale Einfluss auf die Menge nehmen, wird bei den handelbaren Emissionszertifikaten die absolute Menge an insgesamt zulässiger Veschmutzung festgelegt und auf die einzelnen Akteure aufgeteilt. Der Preis für die auf einem Markt gehandelten Zertifikate ergibt sich dann in Abhängigkeit von Angebot und Nachfrage und der gerade zur Verfügung stehenden Vermeidungstechnologien und der durch sie determinierten Grenzkosten. Vorteil dieses Instruments ist sicherlich, dass es zu einer kosteneffizienten Internalisierung der externen Effekte führt. Sein Nachteil ist, dass es nicht angewandt werden kann, wenn es auch darauf ankommt, *wo* die Umweltverschmutzung reduziert wird. Für Politik und Bürokratie ist dieses Instrument jedoch häufig ohne jeglichen Charme, weil dadurch ihre Einflussnahme auf die Umweltpolitik gegen Null tendiert, wenn erst einmal die Mengen festgelegt und die Zertifikate zugeteilt sind, weil der Rest ja spontan am Markt geregelt wird. Hinzu kommt, dass die Erstausstattung der Marktteilnehmer mit Zertifikaten ein hoch brisantes politisches Geschäft ist. Allokationstheoretisch ist es nach Coase[7] zwar irrelevant, wie die Erstausstattung zugeteilt wird (Auktionen, Großvaterrechte oder anderes), wegen der distributiven Auswirkun-

[7] Vgl. z B. *Coase* (1988).

gen sollten die mit diesem Teil des Internalisierungsprozesses verbundenen Schwierigkeiten jedoch nicht unterschätzt werden.

Die Wahl eines Internalisierungsinstrumentes lässt ansatzweise bereits Rückschlüsse sowohl in Bezug auf die Höhe bzw. Bewertung der externen Effekte wie auch in Bezug auf die Notwendigkeit der Internalisierung zu. In der Tat kann man das Instrument der Regulierung wie auch das der handelbaren Zertifikate als Ausdruck des weiter oben beschriebenen *Vermeidungskostenansatzes* interpretieren, d.h. der Gesetzgeber verlangt von den (potentiellen) Umweltverschmutzern, dass sie Techniken installieren, die alle Verschmutzung oberhalb des festgelegten Grenzwertes verhindern. Gleichzeitig definiert der festgeschriebene Grenzwert denjenigen Schwellenwert, ab dem es internalisierungsbedürftige externe Effekte geben würde, alle externen Effekte unterhalb dieses Grenzwertes sind aus gesellschaftlicher Sicht, wenn denn der politische Willensbildungsprozess nicht deformiert ist, zu vernachlässigen.

Hingegen sind Steuer- oder Abgabenlösung als eine Anwendung des Prinzips der *Akzeptanzbereitschaft* anzusehen, d.h., wenn der Verschmutzer die Umweltsteuer oder Umweltabgabe zahlt, ist die Gesellschaft bereit, die von ihm verursachte Umweltverschmutzung zu akzeptieren. Analog verhält es sich mit Umweltsubventionen, die dann als Ausdruck der *Zahlungsbereitschaft* der Gesellschaft angesehen werden können. Bei beiden Ansätzen erhält man jedoch keine Informationen über den Schwellenwert, ab dem die Gesellschaft externe Effekte internalisieren und verhindern möchte. Diese Information erhält man, ebenso wie bei den Regulierungen, bei der *Zertifikatslösung,* da hier wieder absolute Obergrenzen für Emissionen vorgegeben werden.

Während es jedoch bei der Umweltabgabe lediglich zu einer Internalisierung der externen Effekte in den Preismechanismus kommt, wird bei den anderen Instrumenten darüber hinaus auch noch die Umweltverschmutzung direkt begrenzt. Dies mag zumindest von Teilen der Gesellschaft als Vorzug dieser Instrumente angesehen werden.

III. Die Berücksichtigung der Bedürfnisse zukünftiger Generationen

Artikel 174 des EGV[8], der sich mit den Zielen der europäischen Umweltpolitik befasst, schreibt in seinem Absatz 5 vor, dass die Gemeinschaft bei der Erarbeitung ihrer Umweltpolitik „die Vorteile und die Belastung auf-

---

[8] Vertrag zur Gründung der Europäischen Gemeinschaft, zuletzt geändert durch den Vertrag über die Europäische Union (EUV). Die Artikelnummern beziehen sich auf die konsolidierte Version des Vertrages mit den Änderungen aufgrund des am 2. Oktober 1997 unterzeichneten Vertrags von Amsterdam.

grund des Tätigwerdens bzw. eines Nichttätigwerdens" berücksichtigt.[9] Diese Vorschrift wurde bereits in der Vergangenheit dahingehend interpretiert, dass Vorschläge zur europäischen Umweltpolitik durch eine (quantifizierte) Bewertung der erwarteten Kosten und Nutzen unterstützt werden sollten.

Obwohl solche Kosten-Nutzen-Analysen lediglich ein – und vielleicht nicht einmal das wichtigste – Element bei der Vorbereitung einer Politikentscheidung sind, haben es Politikvorschläge mit einem negativen Nutzen-Kosten-Verhältnis schwer, letztendlich alle Hürden eines politischen Entscheidungsfindungsprozesses erfolgreich zu meistern.

Dort, wo Kosten und Nutzen zeitlich sehr stark auseinander klaffen, ist die Wahl des richtigen *Diskontierungsfaktors* von besonderem Belang. Die Klimaschutzpolitik ist ein Paradebeispiel für solch eine temporale Trennung von Kosten- und Nutzenströmen: Während die Kosten einer Klimaschutzpolitik der heutigen und der nächsten Generation aufgebürdet werden müssen, um sie überhaupt erfolgreich sein zu lassen, werden es aller Wahrscheinlichkeit nach vornehmlich zukünftige Generationen sein, die von dieser Politik profitieren werden. Würde man hier den Kapitalmarktzins zugrunde legen, so würden die Nutzen zukünftiger Generationen in dem Kosten-Nutzen Kalkül schlichtweg ignoriert und unter den Tisch fallen – eine aktive Klimaschutzpolitik hätte somit einen eindeutig negativen Barwert.[10]

Bei der Bewertung der Kosten und Nutzen ganzer Politiken, wie z.B. der Klimaschutzpolitik muss man jedoch berücksichtigen, dass sich Kapitalmarktzinsen (nach Steuern) normalerweise aus drei Komponenten zusammensetzen. Die erste Komponente ist die *soziale Zeitpräferenz,* d.h. die Kompensation dafür, dass der Geldgeber zugunsten eines zukünftigen Konsums auf heutigen Konsum verzichtet. Eine zweite Komponente spiegelt die Bonität des Gläubigers wider, das Risiko also, dass der Kreditgeber letztendlich gar nichts oder nur einen Teil des verliehenen Kapitals zurückbekommt. Eine dritte Komponente schließlich soll für das Sterblichkeitsrisiko des Kreditgebers eine Kompensation darstellen, d.h. für das Risiko, dass der in der Gegenwart zurückgestellte Konsumakt in der Zukunft nicht mehr vom Kreditgeber selbst getätigt werden kann. Da die beiden letzten Komponenten in dem hier relevanten Zusammenhang vernachlässigbar sind (Gesellschaften sind „unsterblich", und die uneingeschränkte Zahlungsfähigkeit der hier betrachteten europäischen Staaten kann als langfristig gegeben angenommen werden), bleibt als einzig zu berücksichtigende Größe die so-

[9] Die englische Version des Vertrages spricht sogar für einen Ökonomen noch deutlicher von den „benefits and costs of action or lack of action".

[10] Siehe z.B. *Nordhaus* (1994).

ziale Zeitpräferenz. Deren Höhe entspricht in etwa der Höhe des langfristigen realen Wachstums großer Volkswirtschaften, d.h. real in etwa zwei bis drei Prozent jährlich.[11]

B. Die Ambitionen – distributive Gesichtspunkte

Ein wichtiger Bestandteil der europäischen Umweltpolitik seit Beginn der 90er Jahre ist die Klimaschutzpolitik. Sie wurde erstmals 1987 auf die internationale Agenda gesetzt. Wissenschaftliche Erkenntnisse über sehr langfristige Trends von CO_2-Konzentrationen in der Atmosphäre und der globalen Durchschnittstemperatur zeigten einen Zusammenhang, der für die Zukunft nichts Gutes erwarten ließ und lässt: Während die natürliche Konzentration an CO_2 in der Erdatmosphäre im langfristigen Durchschnitt bei etwa 200 bis 300 ppm gelegen hatte, stieg sie seit der mit der Industrialisierung verbundenen Nutzung fossiler Energieträger in den letzten 100 Jahren bis jetzt auf ca. 350 ppm an, und die Projektionen sehen – je nach Szenario für die Entwicklung des Bevölkerungswachstums und der Weltwirtschaft, und hier insbesondere in den Ländern Asiens, Afrikas und Südamerikas – einen Anstieg auf 500 bis 800 ppm bis zum Ende dieses Jahrhunderts voraus[12] (siehe Abbildung 2). Obwohl die genauen Konsequenzen für das globale Klima noch nicht exakt prognostiziert werden können[13], wird deutlich, dass die Menschheit gegenwärtig dabei ist, das Weltklima einem bis dahin unvorstellbaren Experiment zu unterwerfen.

---

[11] Alternativ dazu wird in der Literatur auch vorgeschlagen, für Nutzenströme – nicht Kostenströme – eine hyperbolische Funktion anzuwenden, d.h. je weiter in der Zukunft der Nutzen anfällt, um so geringer sollte er abdiskontiert werden. Diese Vorschläge reichen bis zur Anwendung eines Diskontierungsfaktor von Null für die Nutzen zukünftiger Generationen. Im Detail dazu *Arrow et al.* (1996) oder *Cline* (1992). Vgl. zu einer kritischen Auseinandersetzung mit diesen Vorschlägen z.B. *Frederick/Loewenstein/O'Donoughue* (2002).

[12] Eine ausführliche Dokumentation findet man unter http://www.ipcc.ch.

[13] Mittlerweile spricht man deshalb nicht mehr vom *Treibhauseffekt* mit globaler Erwärmung und einem starken Anstieg des Meeresspiegels als Folge des Abschmelzens der Polkappen als Haupteffekt des Klimawandels. Vielmehr spricht man jetzt eher vom *Klimawandel,* der aufgrund der steigenden Durchschnittstemperatur vornehmlich zu extremeren regionalen Wetterbedingungen führen wird und auch zu regionalen Abkühlungen führen kann. Letzteres könnte z.B. auch in Westeuropa der Fall sein, wenn als Folge des Klimawandels und einer verstärkten Einbringung von Schmelzwasser im arktischen Meer der Golfstrom zum Erliegen käme.

I. Die Lastenverteilung auf globaler Ebene und zwischen den Generationen

Die *Gerechtigkeitsfrage* bezüglich der zu schulternden Internalisierungsanstrengungen stellte sich auf verschiedenen Ebenen, und ihre Beantwortung gestaltete sich aufgrund des Fehlens des *Schleiers der Ungewissheit* oder einer *Urvertragssituation* als äußerst schwierig.[14] Allerdings wurde schnell klar, dass man die wissenschaftlichen Empfehlungen des IPCC[15], die auf einen baldigen Einstieg in die kohlenstofffreie Wirtschaft hinausliefen, nicht zu schultern bereit war, dass man vielmehr einen langsamen, schrittweisen und graduellen Einstieg in einen Prozess zur langfristigen Entkopplung von Wirtschaftswachstum und CO_2-Emissionen anstreben würde.

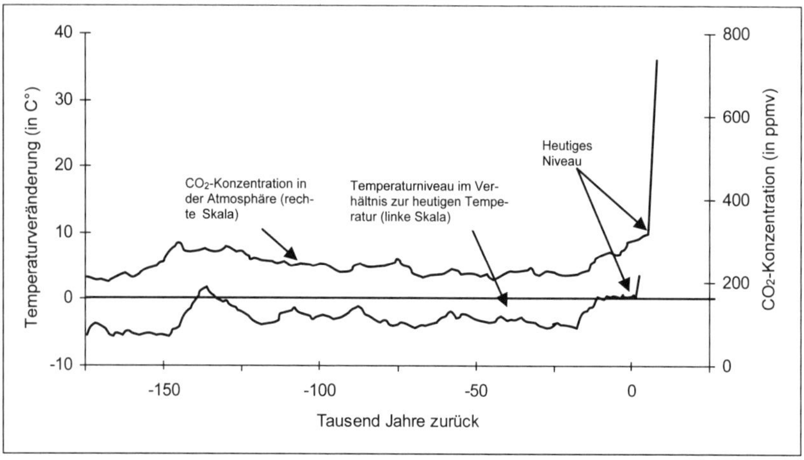

Abbildung 2: CO_2-Konzentrationen und Temperaturschwankungen – langfristige globale Trends

Kernelement einer im Oktober 1990 von einem gemeinsamen Ministerrat[16] der Umwelt- und Energieminister der Europäischen Gemeinschaft ver-

[14] Vgl. dazu *Buchanan/Tullock* (1962) und *Rawls* (1990).

[15] Das Intergovernmental Panel on Climate Change (IPCC) wurde 1988 von der World Meteorological Organisation (WMO) und dem United Nations Environment Programme (UNEP) eingesetzt. Es bringt Wissenschaftler aus aller Welt zum Zwecke der Erstellung von Synthesen des wissenschaftlichen Kenntnisstandes über die Erforschung des Klimawandels und seiner Konsequenzen zusammen. Das IPCC veröffentlicht regelmäßig Studien zu diesem Thema. Sie können unter http://www.ipcc.ch oder http://www.grida.no konsultiert werden.

abschiedeten ersten Rahmenvereinbarung für eine Klimaschutzpolitik war deshalb lediglich eine politische Selbstverpflichtung der Mitgliedstaaten, ihre CO_2-Emissionen bis zum Jahr 2000 trotz des zu erwartenden Wirtschaftswachstums auf dem Niveau des Jahres 1990 zu stabilisieren. Diese europäische Initiative wurde auf dem Weltgipfel in Rio de Janeiro im Jahr 1992 aufgegriffen und in eine globale Rahmenkonvention zum Klimawandel überführt.

Diese Rahmenkonvention[17], die 1994 in Kraft trat, sah wie die europäische Initiative vor, dass alle industrialisierten Unterzeichnerstaaten (einschließlich der Transformationsstaaten Mittel- und Osteuropas) ihre Emissionen bis zum Jahr 2000 auf das Niveau von 1990 stabilisieren sollten. Dies sollte ein erster Schritt sein, um langfristig den globalen Temperaturanstieg auf 2 °C oberhalb des vor der Industrialisierung beobachteten Niveaus zu begrenzen. Im Dezember 1997 wurde diese Selbstverpflichtung durch das Kyoto-Protokoll ergänzt, das insbesondere von diesen Industriestaaten weiter gehende Anstrengungen zur Reduzierung der Emissionen von Treibhausgasen vorsah.

Ausgehend von der These, dass es zunächst einmal die reichen Industriestaaten (einschließlich der Transformationsländer des ehemaligen Ostblockes) seien, die im Kontext des Klimawandels eine Bringschuld hätten, verpflichteten sich diese Staaten in rechtsverbindlicher Form, bis zur Periode 2008 bis 2012 ihre Emissionen an Treibhausgasen trotz des prognostizierten anhaltenden Wirtschaftswachstums im Durchschnitt auf ein Niveau etwa fünf Prozentpunkte unterhalb des Niveaus von 1990 zurückzuführen.[18] Hingegen wurden den Entwicklungsländern auch über das Jahr 2000 hinaus keine Emissionsziele vorgegeben. Vielmehr einigte man sich, einen Technologietransfer zu unterstützen, der diese Länder in die Lage versetzen sollte, auf freiwilliger Basis die Energie- und Kohlenstoffintensität ihrer Wirtschaften zu verbessern.

---

[16] Wenn in diesem Artikel von „Kommission“ oder „Europäische Kommission“, „Parlament“, „Rat“ oder „Ministerrat“ die Rede ist, so sind damit immer die Organe gemäß Artikel 7 EGV gemeint. Wird vom „Europäischen Rat“ gesprochen, so ist damit immer der Europäische Rat gemäß Artikel 4 EUV gemeint.

[17] Siehe UNEP/IUC (2000) oder http://unfccc.int für mehr Details.

[18] Das Kyoto-Protokoll sieht differenzierte Emissions(minderungs)ziele für die wichtigsten Industriestaaten vor. Während sich die Mitgliedstaaten der Europäischen Gemeinschaft (und die meisten Beitrittskandidaten Mittel- und Osteuropas) verpflichtet haben, ihre Emissionen um durchschnittlich acht Prozent zu reduzieren, beläuft sich die Reduktionsverpflichtung der USA auf sieben und die Japans auf sechs Prozent. Russland wurde eine Stabilisierung der Emissionen auf dem Niveau von 1990 zugestanden. Da aber weder die USA noch Russland das Kyoto-Protokoll bisher ratifiziert haben, ist es noch nicht in Kraft getreten. Für Details siehe UNEP/IUC (1998) oder http://unfccc.int.

II. Die Lastenverteilung innerhalb Europas

Auf *europäischer Ebene* musste geklärt werden, wie die Last innerhalb Europas gleichmäßig verteilt werden konnte. Zwar hatten die Mitgliedstaaten in Kyoto ein einheitliches Emissionsminderungsziel akzeptiert – acht Prozent unter den historischen Emissionen von 1990 –, doch hatte es schon im Vorfeld eine politische Vereinbarung gegeben, dass es zu einem differenzierten *burden sharing* kommen sollte.[19] Auch hier gestaltete sich die Konsensfindung als recht schwierig. Nach langwierigen Verhandlungen einigte man sich im Ministerrat der Umweltminister darauf, dass zwar das *baseline scenario* der Ausgangspunkt der Berechnungen sein sollte, also ein Szenario, das in den einzelnen Ländern zu erwarten gewesen wäre, falls es keine zusätzliche Klimaschutzpolitik gegeben hätte. Alle Staaten sollten dann in Bezug auf dieses Szenario gleiche oder zumindest stark ähnliche Anstrengungen zur (relativen) Emissionsreduzierung treffen. Allerdings wurden drei zusätzliche Faktoren besonders berücksichtigt: (i) sogenannte Einmaleffekte, die den betroffenen Ländern sozusagen als reife Früchte in den Schoß gefallen waren – dies galt insbesondere für Deutschland (Kollaps der energieintensiven Strukturen in Ostdeutschland nach 1990) oder Großbritannien (massive Umstellung der Elektrizitätserzeugung im Rahmen des Liberalisierungsprozesses auf dem heimischen Energiemarkt von emissionsintensiven Kohlekraftwerken auf emissionsarme und effizientere Gaskraftwerke), (ii) das technische Potential zur Emissionsreduktion – dies war besonders gering in Ländern wie Frankreich mit seinem hohen Anteil an emissionsfreien Atomkraftwerken oder Schweden und Österreich mit ihrem hohen Anteil emissionsfreier Wasserkraftwerke, und (iii) das Pro-Kopf-Einkommen, d. h. den ärmeren Ländern der Europäischen Gemeinschaft wurde eine zusätzliche Wachstumsdynamik in ihr *baseline scenario* eingerechnet. Letztendlich einigte man sich auf ein im Großen und Ganzen als fair angesehenes *burden sharing,* das anstelle einer ursprünglich vereinbarten linearen Reduzierung um jeweils acht Prozent eine differenzierte Lastenverteilung vorsieht, die von Emissionsreduzierungen von bis zu 28% (für Luxemburg) bis zur Möglichkeit von Emissionssteigerungen (!) von bis zu 27% (für Portugal) reicht.

---

[19] Auf Drängen der Mitgliedstaaten der Europäischen Gemeinschaft, die selbst auch Partei des Kyoto-Protokolls ist, enthält der Artikel 4 des Kyoto-Protokolls eine Vorschrift, die es den Unterzeichnern, wenn sie sich denn einigen können, erlaubt, eine sogenannte „Emissionsblase" zu bilden und die ihnen einzeln vorgeschriebenen Auflagen auch gemeinsam zu erfüllen. Dazu ist es notwendig, ein entsprechendes *burden-sharing*-Abkommen zeitgleich mit den Ratifizierungsabkommen beim Sekretariat des Protokolls einzureichen. Siehe UNEP/IUC (1998). Dies ist am 31. Mai 2002 geschehen.

Auf *nationaler Ebene* war und ist immer noch zu entscheiden, welchen Beitrag die einzelnen Wirtschaftssektoren und Wirtschaftssubjekte zur Erreichung der aus dem Kyoto-Protokoll erwachsenden Verpflichtungen zu leisten haben. Solange es bei der Klimaschutzpolitik darum ging, die sogenannten „niedrig hängenden Früchte" zu ernten, also lediglich solche Maßnahmen zu ergreifen, die entweder zu sehr niedrigen Kosten zu verwirklichen waren oder die sowieso schon vorgesehen oder absehbar waren, wie z. B. die Einführung technischer Entwicklungen oder die Umstellung auf neue Brennstoffe, die als Nebeneffekt auch die Emissionen reduzierten, war die nationale Gerechtigkeitsfrage kein Thema. Je steiler jedoch die Kostenfunktion und je verbindlicher die internationalen Verpflichtungen, um so schwieriger wurde es, einen Konsens über zusätzliche Maßnahmen zur Emissionsreduzierung zu erzielen. Erschwert wird die Konsensfindung auf nationaler Ebene auch dadurch, dass es i. d. R. anders als auf europäischer oder globaler Ebene keine institutionalisierten Verhandlungen gibt, die dann in ein allseits akzeptiertes Ergebnis münden. Trotzdem muss der nationale Gesetzgeber letztendlich, wenn auch nach und nach, ein Gesamtpaket schnüren, das die einzelnen auf die verschiedenen Industrien und Sektoren verteilten Lasten sowohl mit den nationalen Verpflichtungen wie auch mit dem europäischen Binnenmarkt vereinbar hält und insbesondere nicht zu Wettbewerbsverzerrungen innerhalb Europas führt. Bisher hat noch kein Mitgliedstaat einen von der Europäischen Kommission verlangten „nationalen Zuteilungsplan" vorgelegt. Doch erst wenn dieser vorliegt kann letztendlich überprüft werden, ob die darin enthaltene nationale Lastenverteilung mit den nationalen Verpflichtungen und mit dem europäischen Binnenmarkt kompatibel ist.

Schließlich wäre auf *sektoraler Ebene* ebenfalls nach Lösungen zu suchen, die von den beteiligten Unternehmen und Wirtschaftsakteuren als mehr oder weniger gerecht angesehen würden. Dies könnte eine Differenzierung nach Produktionsverfahren oder Alter des Kapitalstockes erforderlich machen.

Alles in allem könnte man die Gerechtigkeitsfrage auf internationaler Ebene zur Zufriedenheit aller vorerst als beantwortet ansehen, wenn sich denn alle an die einmal getroffenen Absprachen halten würden und wenn man einmal von der etwas zu großzügigen Zuteilung für einige Staaten, wie z. B. die europäischen Nachfolgestaaten der ehemaligen Sowjetunion, absieht. Allerdings haben sich die Amerikaner explizit aus ihren Verpflichtungen zurückgezogen, und auch Russland hat das Kyoto-Protokoll noch nicht ratifiziert.

Darüber hinaus muss man aber auch sehen, dass die gefundene Lösung auch gravierende allokative Konsequenzen hat. Denn da die zukünftigen Generationen nicht mit am Verhandlungstisch saßen, hat man sich letztendlich auf Anstrengungen zum Klimaschutz geeinigt, die nach heutigem Stand der Wissenschaft angesichts der Akkumulationseffekte der Emissionen – heutige CO_2-Emissionen haben z. B. eine Verweildauer in der Atmosphäre von ca. einhundert Jahren – unzureichend und aller Wahrscheinlichkeit nach mit einer nachhaltigen Entwicklung nicht vereinbar sind.

C. Die Instrumente – allokative Gesichtspunkte

Die europäische Umweltgesetzgebung umfasst mittlerweile mehr als 200 Rechtsakte, und jährlich kommen neue hinzu. Typischerweise legen Rechtsakte entweder bestimmte Umweltstandards (wie z. B. Wasser- oder Luftqualität) oder Emissionsstandards für genau spezifizierte Schadstoffe (wie z. B. Höchstwerte für die Einleitung von Schwermetallen in Oberflächengewässern) fest, oder aber sie schreiben bestimmte Produkt- und Prozesseigenschaften vor (wie z. B. das Verbot von Quecksilber in Batterien oder europäische Normen für Höchstgrenzen für Schadstoffemissionen bei Kraftfahrzeugen).[20] Bei der Auswahl der Instrumente der Umweltschutzpolitik auf europäischer Ebene dominierten somit lange Zeit Regulierungen. Es ist erst seit Ende der 80er Jahre, dass auch sogenannte marktwirtschaftliche Instrumente verstärkt zum Einsatz kommen.[21]

Bei der Entwicklung der europäischen Klimaschutzpolitik standen jedoch von vorneherein diese marktwirtschaftlichen Instrumente ganz oben auf der Tagesordnung. Grund dafür war zum einen, dass es ja gerade nicht darauf ankam, dass bestimmte, genau identifizierte Emittenten von Treibhausgasen ihre Emissionen reduzierten, um Umweltgefahren oder Risiken für die öffentliche Gesundheit abzuwehren. Zum anderen wurde es auch als politisch opportuner angesehen, mit Anreizen anstelle von Ge- und Verboten zu arbeiten, waren die anzustrebenden Verhaltensänderungen doch von erheblicher Dimension, und wuchsen die Nutzen dieser Anstrengungen doch aller Wahrscheinlichkeit nach „lediglich" zukünftigen Generationen zu. Somit ging es auch darum, das Ziel des Klimaschutzes kosteneffizient zu erreichen, und dafür waren nach allgemeiner Auffassung diese Instrumente bestens geeignet.

---

[20] Ein aktueller Überblick über die europäische Umweltgesetzgebung kann gefunden werden z. B. bei EU Committee of the American Chamber of Commerce (2002) oder auf der Internet-Seite http://europa.cu.int/eur-lex.

[21] Die OECD definierte solche (markt)wirtschaftlichen Instrumente als Instrumente, die eine Beeinflussung der Kosten und Nutzen von den Wirtschaftsakteuren zugänglichen alternativen Aktionen anstreben, so dass es zu der Umwelt förderlichen Verhaltensänderungen kommt. Eine von der Kommission mittlerweile bevorzugte weitere Definition dieses Begriffes schließt auch Instrumente wie freiwillige Selbstbeschränkungsabkommen oder Informationsinstrumente ein.

I. Kennzeichnungspflicht und Selbstbeschränkungsabkommen

Gemäß Artikel 5 EGV sollen die Maßnahmen der Gemeinschaft auf das zur Zielerreichung Notwendige beschränkt bleiben. Dies gilt nicht nur in Bezug auf die Ambitionen wie z. B. Grenzwerte, sondern auch in Bezug auf die Wahl des geeigneten Instrumentes. In diesem Zusammenhang können Informationskampagnen, Kennzeichnungspflichten, Förderprogramme oder auch Selbstverpflichtungserklärungen der Industrie als weiche und moderate Eingriffe angesehen werden, und sie sollten immer dann berücksichtigt werden, wenn sie auch hinreichend zur Zielerreichung beitragen.[22]

Informationskampagnen oder *Kennzeichnungsverpflichtungen* können dann als das Mittel der Wahl angesehen werden, wenn es erhebliche Informationsdefizite (auf Seiten der Endverbraucher) gibt, und die Behebung dieser Defizite zu angemessenen Verhaltensänderungen führen könnte. Beispiele für solche, auch für die Klimaschutzpolitik relevante Kennzeichnungsverpflichtungen sind sicherlich die Verordnungen über die Kennzeichnung des Energieverbrauchs bei Haushaltsgeräten und Leuchtmitteln, des Kraftstoffverbrauchs bei Kraftfahrzeugen oder, neuerdings, der CO_2-Emissionen von Kraftfahrzeugen. Die Effektivität solcher Informationsbereitstellung steht und fällt jedoch mit den beim Verbraucher durch diese zusätzlichen Informationen initiierten Verhaltensänderungen. Zurzeit gibt es noch keine wissenschaftliche Untersuchung, die den ökologischen Nutzen solcher Informationsbereitstellung hat quantifizieren können. Darüber hinaus wird häufig das Beharrungsvermögen der Verbraucher unterschätzt, denn selbst wenn sie zwei Produktvarianten indifferent gegenüber stehen (wie z. B. verbleitem und unverbleitem Benzin), bedarf es häufig noch zusätzlicher (finanzieller) Anreize oder Ge- und Verbote, um sie vom einmal eingeschlagenen Verhaltenspfad abzubringen.

Eine Ergänzung oder auch Alternative zur Informationsbereitstellung ist deshalb die finanzielle Unterstützung ökologisch weniger schädlichen Handelns oder ökologisch vorteilhafterer Technologien. Beides fällt prinzipiell in den Kompetenzbereich der Mitgliedstaaten, so dass die Europäische Gemeinschaft lediglich einige *Pilotprojekte* zur Förderung und zur beschleunigten Marktdurchsetzung umweltfreundlicherer Technologien finanziert. Mit Hilfe solcher Pilotprojekte werden dann Informationen gesammelt und die Machbarkeit und Marktfähigkeit neuer Technologien getestet.

Eine weiteres „weiches" Instrument zur Unterstützung der Klimaschutzpolitik ist die Aushandlung von sogenannten *freiwilligen Selbstbeschränkungsabkommen*[23]. Grundüberlegung ist, negativen Auswüchsen bei der

---

[22] Einen Überblick über solche Maßnahmen auf europäischer Ebene findet man z. B. bei Kommission der Europäischen Gemeinschaften (2001).

Energieineffizienz bereits vor der eigentlichen Vermarktung energieverschwendender Produkte das Wasser abzugraben. Dadurch, dass sich die Produzenten verpflichten, gewisse (unverbindliche) Mindeststandards bei der Energieeffizienz zu beachten, ist man nicht mehr darauf angewiesen, dass der Verbraucher selbst eine ökologisch vorteilhafte Auswahl trifft. Beispiele für solche Instrumente sind die Vereinbarungen über die Reduzierung von Stand-by Verlusten bei TV-Geräten und Video-Recordern, über Mindeststandards bei der Energieeffizienz von Waschmaschinen oder über die Reduzierung des Kraftstoff-Verbrauchs bei neu zugelassenen Personenkraftwagen.

Nachteil dieser „weichen" Instrumente ist, dass sie lediglich Anreize geben ohne dass genau absehbar ist, wie diese Anreize aufgenommen werden. Ein Nachteil der Selbstverpflichtungsabkommen ist darüber hinaus, dass sie nicht rechtsverbindlich sind, handelt es sich doch lediglich um nicht justiziable Versprechen. Damit sie nicht lediglich zu einer Verzögerung bei der Verabschiedung rechtsverbindlicher Normen und Standards führen, ist ein striktes *Monitoring* von Fortschritten und die glaubwürdige „Androhung" von legislativen Ersatzmaßnahmen vorzusehen. Darüber hinaus sind sie in der Regel auch nur dort ohne übermäßig hohe Transaktionskosten aushandelbar, wo die betroffenen Sektoren relativ wenige und große Anbieter umfassen, oder wo zumindest die wenigen großen und dominierenden Unternehmen bereit sind, potentielles *free-rider-Verhalten* der kleineren Unternehmen zu kompensieren.

II. Effizienz- und Emissionsstandards

Emissions- und Qualitätsstandards spielen sowohl in der nationalen wie auch in der europäischen Umweltpolitik eine herausragende Rolle, sei es in Bezug auf die Wasser- oder Luftqualität oder sei es in Bezug auf die Emission bestimmter Schadstoffe. Zwar basieren auch einzelne Elemente der europäischen Klimaschutzpolitik auf diesem aus der Umweltpolitik bekannten Ordnungsrecht, doch spielt es in hier eine relativ untergeordnete Rolle.[24] Relevant sind eigentlich nur die Vorschriften zu Energie- und Effizienzstandards. Und selbst diese waren ursprünglich zum einen als Teil einer europäischen Energiepolitik als Antwort auf die Energie- bzw. Ölpreiskrisen der

---

[23] Streng genommen handelt es sich hierbei nicht um Abkommen, da es sich bei diesen Vereinbarungen lediglich um einseitige Verpflichtungserklärungen handelt, in denen sich die Industrie verpflichtet, bestimmte Standards zu erreichen oder einzuhalten. Es handelt sich somit lediglich um eine Art von „Versprechen", die von der anderen Seite, wie z. B. der Kommission oder dem Rat positiv zur Kenntnis genommen wird.

[24] Vgl. dazu Kommission der Europäischen Gemeinschaften (2001).

70er und 80er Jahre entwickelt worden, als plötzlich die mit hohem Energieverbrauch verbundenen Kosten sowohl für die im internationalen Wettbewerb stehende Industrie wie auch für den Endverbraucher zu einer nicht mehr vernachlässigbaren Größe wurden. Zum anderen wurden diese Standards auch deshalb entwickelt, weil viele bekannte Umweltprobleme mit dem schmutzigen Verbrennen fossiler Brennstoffe zusammenhängen und die Hoffnung bestand, mit weniger Energieeinsatz auch die damit zusammenhängenden Umweltprobleme zu reduzieren.

III. Eine europäische CO_2- und Energiesteuer

Da breit angelegte Standards zur Verbesserung der Energieeffizienz schon aus praktischen Gründen nicht in Frage kommen, ist beim Klimaschutz zumindest theoretisch das Anwendungsfeld für marktwirtschaftliche Instrumente gegeben. Allerdings scheiterte die erste große Initiative im Rahmen einer expliziten europäischen Klimaschutzpolitik, die gleichzeitig auch ein erster Ansatz der Kommission zur Einführung einer europäischen Umweltsteuer war, kläglich.[25] Zwar wurde der Vorschlag zur Einführung einer europäischen *CO_2- und Energiesteuer* aus dem Jahre 1992 von mehreren Mitgliedstaaten, wie z.B. den Niederlanden, Luxemburg, Belgien, Dänemark, Italien und auch Deutschland, stark unterstützt, letztendlich setzten sich aber diejenigen Mitgliedstaaten und Interessengruppen durch, die durch solch eine nur in Europa eingeführte CO_2- und Energiesteuer die Wettbewerbsfähigkeit der europäischen Industrie zu stark gefährdet sahen. Im Dezember 1994 legten die Regierungschefs den Vorschlag endgültig zu den Akten, stellten den Mitgliedstaaten jedoch frei, eine solche Steuer auf nationaler Ebene zu erheben.

Der Reiz des Kommissionsvorschlages, der in seinem Vorfeld durch umfangreiche ökonomische Studien vorbereitet worden war[26], lag aus theoretischer Sicht sicherlich darin, dass er direkt an der Emissionsquelle ansetzte und starke Anreize zur Verbesserung der Energieeffizienz gab. Die glaubwürdige aber graduelle Internalisierung der externen Effekte – der Vorschlag sah (unter anderem) vor, ab 1993 eine CO_2-Abgabe in Höhe von 3 $ pro Tonne CO_2 zu erheben, die sukzessive bis zum Jahr 2000 auf 10 $ ansteigen sollte – hätte einen starken negativen Schock auf das Wirtschaftsleben verhindert und gleichzeitig der weiter oben beschriebenen Erosion der Wirksamkeit von Preissignalen entgegengewirkt. Das für das Jahr 2000 angestrebte Niveau von 10 $ pro Tonne CO_2 hätte auch den geschätzten

[25] Einen Kurzüberblick zum Schicksal dieser Initiative bietet z.B. EU Committee of the American Chamber of Commerce (2002).

[26] Siehe z.B. Kommission der Europäischen Gemeinschaften, Generaldirektion Wirtschaft und Finanzen (1992, 1992a).

marginalen Vermeidungskosten entsprochen, die notwendig gewesen wären, um die CO_2-Emissionen auf dem Niveau von 1990 zu stabilisieren.

Darüber hinaus wies die Kommission auf die auch aus theoretischer Sicht reizvolle Möglichkeit hin, durch eine ökologische Steuerreform, die zu einer Verringerung von Steuern oder Abgaben (auf den Faktor Arbeit) ohne Lenkungsfunktion und zu einer aufkommensneutralen Erhöhung von Steuern (auf den Faktor Umwelt) mit Lenkungsfunktion führen würde, gleichzeitig zwei Dividenden einzufahren: mehr Umweltschutz und mehr Arbeitsplätze.[27]

Schließlich hatte die Kommission in ihrem Vorschlag durch das Vorsehen großzügiger Ausnahmetatbestände für energieintensive Industrien auch einen Versuch unternommen das Argument zu entkräften, dass die Einführung einer CO_2- und Energiesteuer nur in Europa, nicht jedoch in den anderen Industrieländern, zu einer massiven Verlagerung dieser Industrien ins außereuropäische Ausland und zu einer dramatischen Verzerrung des internationalen Wettbewerbs zu Lasten der in Europa verbleibenden Industrie führen würde.

Dessen ungeachtet setzten sich letztendlich die Bedenkenträger durch, und der Vorschlag wurde vom Ministerrat nicht angenommen. Dies hatte zur Folge, dass in Abwesenheit einer einheitlichen europäischen Lösung einzelne Mitgliedstaaten auf nationaler Ebene ihre Energiesteuern – und hier insbesondere die Mineralölsteuern – zum Teil kräftig erhöhten und dadurch auch ein starkes Preissignal zur Energieeinsparung setzten.[28]

Diese unkoordinierten nationalen „Alleingänge" hatten jedoch zur Folge, dass sich die Niveaus der nationalen Mineralölsteuern immer weiter auseinander entwickelten. Auch kam es auf nationaler Ebene zu einer aus ökologischer Sicht „perversen" Ausgestaltung nationaler Energiesteuern, weil insbesondere energie- und damit emissionsintensive Unternehmen eine relativ geringe Steuerlast tragen sollten, um ihre internationale und innereuropäische Wettbewerbsfähigkeit nicht zu gefährden.

Vor diesem Hintergrund unternahm die Kommission 1997 einen erneuten Versuch, die Besteuerung von Energieträgern in Europa zu harmonisieren.[29] Dieses Mal trat das Argument des Klimaschutzes jedoch zu Gunsten des Binnenmarkt-Argumentes in den Hintergrund.[30] Auch war es nicht mehr erklärtes Ziel, die Höhe der Energiesteuer an das Niveau der CO_2-Emissio-

---

[27] Vgl. dazu auch Kommission der Europäischen Gemeinschaften (1994).

[28] Dieses Preissignal wurde bis 1998 jedoch durch den zwischenzeitlichen Verfall des Ölpreises auf bis unter 10 $ pro Barrel stark abgeschwächt.

[29] Siehe Kommission der Europäischen Gemeinschaften (1997).

[30] Während der Vorschlag von 1992 noch auf den Artikeln 174 EGV (Umweltpolitik) und 93 EGV (Steuerharmonisierung zur Sicherstellung der Funktionsfähig-

nen zu koppeln. Vielmehr wurde „lediglich" angestrebt, die Mindestsätze der Mineralölsteuer, die zum letzten Mal 1992 festgesetzt worden waren, an die aktuelle Entwicklung anzupassen und die Steuerbemessungsgrundlage auf alle anderen bisher noch nicht erfassten Energieträger auszuweiten. Ziel war es letztlich, eine potentielle Wettbewerbsverzerrung sowohl zwischen den Mitgliedstaaten wie auch zwischen einzelnen Energieträgern zu reduzieren. Auch waren die Ambitionen relativ moderat: Die vorgeschlagenen Mindestsätze hätten in lediglich drei Ländern (Spanien, Griechenland und Luxemburg) eine Erhöhung der Mineralölsteuer notwendig gemacht, die vorgeschlagenen Mindestsätze für die Ausweitung der Steuerbemessungsgrundlage waren eher symbolischer Natur, d.h. „niedrig, aber positiv".

Dessen ungeachtet dauerte es fast fünf Jahre, bis zum 13. Dezember 2001, bis der Rat sich auf der Ebene der Finanzminister erstmals offiziell und inhaltlich mit diesem Dossier auseinandersetzte. Zu diesem Zeitpunkt war der ursprüngliche Vorschlag der Kommission auf der „Arbeitsebene" des Ministerrats, auch angesichts der Notwendigkeit, letztendlich im Ministerrat ein einstimmiges Votum herbeiführen zu können, schon sehr verwässert worden.

Im Lichte dieser Erfahrungen – mehr als zehn Jahre sind seit Vorlage eines ersten Kommissionsentwurfes zu dieser Thematik verstrichen – ist es nicht verwunderlich, dass eine zielgerichtete Energiesteuer als dominierendes Element einer europäischen Klimaschutzpolitik keine Rolle spielt. Eine Internalisierung der externen Effekte des Energieverbrauchs über Preissignale ließ sich auf europäischer Ebene offensichtlich nicht durchsetzen. Vielmehr sind es andere Instrumente, wie z.B. freiwillige Selbstverpflichtungsabkommen, Pilotprojekte zur Erprobung neuer Technologien, Informationskampagnen und traditionelle Regulierungen, die bisher im Rahmen der europäischen Klimapolitik den Ton angeben.

IV. Emissionshandel in Europa

Prinzipiell bieten sich zur Lösung der mit der Emission von Treibhausgasen verbundenen Problematik aus ordnungspolitischer Sicht sowohl Preis- wie auch Mengenlösungen an, da es aus ökologischer Sicht nicht so sehr darauf ankommt *wer* seine Emissionen reduziert oder *wo* sie reduziert werden, sondern *dass* sie reduziert werden. Wie im vorhergehenden Abschnitt jedoch gezeigt wurde, sind effektive Preislösungen in Form einer CO_2-Steuer auf europäischer Ebene zumindest gegenwärtig nicht durchsetzbar. Darüber hinaus haben sie auch den konzeptionellen Nachteil, dass sie zwar

keit des Binnenmarktes) beruhte, bezog sich der Kommissionsvorschlag von 1997 nur noch auf Artikel 93 EGV.

eine effektive Internalisierung nicht jedoch eine Emissionsreduzierung garantieren können. Letzteres ist jedoch angesichts der globalen Trends und auch angesichts der in Zusammenhang mit der Ratifizierung des Kyoto-Protokolls eingegangenen Verpflichtung, die Emissionen absolut zu reduzieren, unumgänglich.

So war es kein Wunder, dass Ökonomen und auch Politikberater nach der Unterzeichnung des Kyoto-Protokolls die Stunde des Emissionshandels kommen sahen. Dies galt, zumindest was die Politik selbst betraf, zunächst nur auf globaler Ebene. Tatsächlich waren es die Amerikaner, die im Rahmen der Verhandlungen zum Kyoto-Protokoll darauf bestanden hatten, dass den einzelnen Industriestaaten (und ihren Unternehmen) die Möglichkeit eingeräumt werden sollte, Emissionsreduktionen handelbar zu machen. Nur unter der Voraussetzung, dass es (für sie und damit auch für andere) möglich wäre, (preiswerte) Emissionsreduktionen in anderen Staaten, seien es Industriestaaten oder aber auch sogenannte Entwicklungsländer, einzukaufen, war die US-Regierung überhaupt bereit gewesen, sich auf rechtlich verbindliche Zusagen zur Emissionsreduzierung einzulassen.

Während die europäischen Staaten im Rahmen dieser Verhandlungen nur widerwillig bereit waren, den Amerikanern in dieser Hinsicht Zugeständnisse zu machen, hat mittlerweile unter maßgeblichem Einfluss der Europäischen Kommission in Europa ein bedeutsamer Sinneswandel stattgefunden.[31] Dieser Sinneswandel kulminierte im Juli 2003 in der Verabschiedung einer Richtlinie zur Einführung eines europäischen Systems zum Handel mit CO_2-Zertifikaten.

Vorausgegangen war zunächst im Jahr 2000 die Präsentation eines *Grünbuches* durch die Kommission, um eine breite öffentliche Debatte auszulösen.[32] Im Lichte der Ergebnisse dieser alles in allem sehr positiven Diskussion erarbeitete die Kommission dann bereits im Jahr 2001 einen durch ausführliche ökonomische Analysen unterfütterten Richtlinienvorschlag, der die Etablierung eines Emissionshandels innerhalb Europas ab dem Jahr 2005 zum Gegenstand hatte.[33] Zusätzliche Dynamik gewann der Prozess dadurch, dass einige Mitgliedstaaten (insbesondere Dänemark und Großbritannien), ihre eigenen, nationalen Systeme zum Zertifikatehandel einführen wollten. Schließlich hat das Argument der Kommission das Pendel Rich-

---

[31] Bereits im Juni 1998 wies die Kommission in einer Mitteilung an Rat und Parlament auf die Notwendigkeit hin, einen innereuropäischen Emissionshandel zu etablieren, um die in Kyoto eingegangenen Verpflichtungen kosteneffizient umzusetzen. Siehe Kommission der Europäischen Gemeinschaften (1998).

[32] Kommission der Europäischen Gemeinschaften (2000).

[33] Kommission der Europäischen Gemeinschaften (2001 a), die in diesem Zusammenhang in Auftrag gegebenen ökonomischen Studien findet man unter http://europa.eu.int/comm/environment/enveco/climate_change.

tung „europäische Lösung" ausschlagen lassen, dass es auch ökonomisch vorteilhafter wäre, einen einzigen, liquiden europäischen Markt mit einem einzigen Gleichgewichtspreis anstelle von 15 kleinen nationalen Märkten mit 15 verschiedenen Gleichgewichtspreisen zu schaffen.

Die im Juli 2003 verabschiedete Richtlinie beschränkt sich zunächst nur auf die Einführung eines europäischen Systems zum Handel mit Kohlendioxidemissionsrechten der großen Emissionsquellen, d. h. vornehmlich Großfeuerungsanlagen zur Energieerzeugung, Ölraffinerien, Kokereien, Stahl und Metall erzeugende Industrien, Zementwerke, Ziegeleien und Glaserzeugung und die Holz und Papier verarbeitende Industrie. Diese Beschränkung deckt dessen ungeachtet bereits ca. 46% aller CO_2-Emissionen und mehr als 10.000 Produktionsstätten in Europa ab. Ziel der Beschränkung war es, zumindest in der Anfangsphase, die für alle Beteiligten ja auch eine Lernphase sein wird, die Transaktionskosten relativ gering und das gesamte System relativ überschaubar zu halten.

In Bezug auf die Erstausstattung mit Emissionszertifikaten schreibt die Richtlinie – vornehmlich auf Druck der betroffenen Industrie – den Mitgliedstaaten vor, dass für die Testperiode 2005 bis 2007 zumindest 95% gratis an die betroffenen Unternehmen vergeben werden müssen. Diese Quote sinkt für die Periode ab 2008, d. h. wenn die Vorschriften des Kyoto-Protokolls greifen, auf 90%. Zwar kann diese Vorschrift aus Sicht der Industrie als wünschenswert nachvollzogen werden, hätte eine Versteigerung doch wie eine durch die Hintertür eingeführte CO_2-Steuer gewirkt. Doch aus administrativer und politischer Sicht kann sich dahinter ein Sprengsatz für das ganze System entwickeln, müssen doch jetzt die Regierungen im Extremfall für die einzelnen beteiligten Unternehmen und betroffenen Produktionsstätten festlegen, wie viele Zertifikate jeder Produktionsstätte zugeteilt werden sollen. Und diese Erstausstattung muss nicht nur von allen Beteiligten als mehr oder weniger gerecht und nachvollziehbar angesehen werden. Sie muss darüber hinaus auch noch mit den nationalen Emissionszielen kompatibel sein und darf nicht zu einer Verzerrung des Wettbewerbs auf nationaler und europäischer Ebene führen. Eine Versteigerung der Erstausstattung hingegen hätte nicht zu solchen Komplikationen geführt, da sie zu einer Zuteilung gemäß Zahlungsbereitschaft geführt hätte, und der Preis wäre in Abhängigkeit von Angebot und Nachfrage ermittelt worden.

D. Weiterungen und Ausblick

Die Ergebnisse des globalen Verhandlungen in den 90er Jahren, die in der Verabschiedung des Kyoto-Protokolls gipfelten, sind Ausdruck einer Politik des kleinsten gemeinsamen Nenners, die auf drei fundamentale Gegebenheiten Rücksicht nehmen musste:

- Es musste politische Handlungsfähigkeit bewiesen werden, die über einfache Lippenbekenntnisse hinausging, da wissenschaftliche Erkenntnisse alarmierende Entwicklungen voraussagten.
- Da der jetzigen Generation und damit den Wählern zwar die Kosten, jedoch aller Wahrscheinlichkeit nach nicht die Nutzen einer aktiven Klimaschutzpolitik zuwachsen würden, wollte man die Grenzen der Belastbarkeit der heutigen Generation erst gar nicht testen.
- Klimaschutzpolitik ist ein Kollektivgut, bei dem die Kosten nur von denen geschultert werden, die Anstrengungen zur Reduzierung von Emissionen unternehmen, wohingegen die Nutzen allen Weltregionen zugute kommen. Eine übergeordnete Instanz, die allen einen Beitrag abverlangen könnte, gibt es nicht.

Auf europäischer Ebene hat eine aktive Klimaschutzpolitik mittlerweile einen hohen Stellenwert erreicht. Dabei kommt sowohl auf nationaler Ebene wie auch auf der europäischen Ebene selbst eine Vielzahl von Instrumenten zum Einsatz. Zwar dominieren hierbei die sogenannten marktwirtschaftlichen Instrumente, sei es bei der Förderung erneuerbarer Energien, bei der Reduzierung des Kraftstoffverbrauchs im Straßenverkehr oder bei der Verbesserung der Energieeffizienz in der Industrie. Jedoch besteht inzwischen zumindest für einige Sektoren die Gefahr einer Überdeterminierung des Instrumenteeinsatzes, d. h., diese Sektoren sind Ziel sowohl klassischer Regulierungen wie auch marktwirtschaftlicher Instrumente, die über Steuern oder Subventionen und einem Zertifikatehandel auf Preis *und* Menge einwirken wollen.

Letztlich sind jedoch all diese Bemühungen innerhalb Europas, selbst wenn sie zu einer kosteneffizienten Internalisierung der externen Effekte und zu signifikanten Emissionsreduzierungen in Europa führen würden, überspitzt formuliert lediglich „ein Tropfen auf den heißen Stein" und können die europäische Gesellschaft teuer zu stehen kommen, wenn die Akteure in den anderen Weltregionen nicht das Ihre zum Klimaschutz beitragen. Denn während 1990 die europäischen Staaten noch ca. 18 Prozent zu den globalen Emissionen beitrugen, werden sie bei Respektierung ihrer Kyoto-Verpflichtungen Mitte des 21. Jahrhunderts nur noch etwa 7 Prozent zu diesen Emissionen beisteuern.

Diese Kollektivgutproblematik, die sowohl auf globaler Ebene wie auch zwischen den verschiedenen Generationen besteht, zu lösen, ist bisher noch nicht gelungen. Denn anders als beim Abkommen von Montreal zum Schutz der Ozonschicht[34], das zu einem globalen Produktionsverbot von für

---

[34] Siehe UNEP – The Ozone Secretariat (2000). Zusätzliche Informationen unter http://www.unep.org.

die Ozonschicht schädlichen Substanzen führte, geht es diesmal aus ökonomischer Sicht weder um Kleinigkeiten, noch stehen günstige Alternativtechnologien bereit. Vielmehr verlangt eine Klimaschutzpolitik, soll sie denn letztendlich erfolgreich sein, eine erhebliche Änderung der Produktionsprozesse, auf denen das Wirtschaftssystem und letztlich der wirtschaftliche Erfolg der Industriestaaten beruht.

Literaturverzeichnis

Arrow, K./*Cline,* W./*Maler,* K./*Munasinghe,* M./*Squittieri,* R./*Stiglitz,* J. (1996): Intertemporal Equity, Discounting and Economic Efficiency, in: Bruce, J./Lee, H./ Haites, E. (Hrsg.): Economic and Social Dimensions of Climate Change, Cambridge, S. 125–144.

Buchanan, J./*Tullock,* G. (1962): The Calculus of Consent, Ann Arbor.

Cline, W. R. (1992): The Economics of Climate Change, Washington DC.

Coase, R. (1988): The Firm, the Market, and the Law, Chicago.

Cornes, R./*Sandler,* T. (1986): The Theory of Externalities, Public Goods, and Club Goods, Cambridge, u. a. O.

EU Committee of the American Chamber of Commerce (2002): EU Environment Guide 2003, Brussels.

Frederick, S./*Loewenstein,* G./*O'Donoghue,* T. (2002): Time Discounting and Time Preference: A Critical Review, in: Journal of Economic Literature, Vol. XL (June 2002), S. 351–401.

Grossekettler, H. (2002): Öffentliche Finanzen, in Bender, D. et al. (Hrsg.): Vahlens Kompendium der Wirtschaftstheorie und Wirtschaftspolitik, 8. Aufl., Bd. 1, München, S. 563–717.

Kommission der Europäischen Gemeinschaften (1994): Wachstum, Wettbewerbsfähigkeit, Beschäftigung. Die Herausforderungen und Wege in das 21. Jahrhundert. Weißbuch, Brüssel, Luxemburg.

– (1995): Faire und effiziente Preise im Verkehr: Politische Konzepte zur Internalisierung der externen Kosten des Verkehrs in der Europäischen Union. Grünbuch, KOM(95) 691 endg.

– (1997): Vorschlag für eine Richtlinie des Rates zur Restrukturierung der gemeinschaftlichen Rahmenvorschriften zur Besteuerung von Energieerzeugnissen, KOM(1997) 30 endg.

– (1998): Klimaänderungen – Zu einer EU-Strategie nach Kyoto, KOM(1998) 353 endg.

– (2000): Grünbuch zum Handel mit Treibhausgasemissionen in der Europäischen Union, KOM(2000) 87 endgültig.

– (2001): Third Communication from the European Community under the UN Framework Convention on Climate Change, Commission staff working paper, SEC(2001) 2053.

– (2001a): Vorschlag für eine Richtlinie des Europäischen Parlamentes und des Rates über ein System mit dem Handel von Treibhausgasemissionsberechtigungen in der Gemeinschaft und zur Änderung der Richtlinie 96/61/EG des Rates, KOM(2001) 581 endgültig.

Kommission der Europäischen Gemeinschaften, Generaldirektion Wirtschaft und Finanzen (1992): Die Klimaherausforderung. Ökonomische Aspekte der Gemeinschaftsstrategie zur Begrenzung der CO_2-Emissionen, in: Europäische Wirtschaft, Nr. 51.

– (1992a): The economics of limiting CO_2 emissions, in: European Economy, Special edition No 1 1992.

Nordhaus, W. D. (1994): Managing the Global Commons: The Economics of Climate Change, Cambridge.

Rawls, J. (1990): Eine Theorie der Gerechtigkeit, 5. Aufl., Frankfurt a. M.

Teutemann, M. (1991): Rationale Kompetenzverteilung im Rahmen der europäischen Integration. Ein Beitrag zur finanzwirtschaftlichen Ordnungspolitik, Berlin.

UNEP/IUC (United Nations Environment Programme/Information Unit on Conventions) (1998): The Kyoto Protocol to the Convention on Climate Change, o. O.

– (2000): Convention on Climate Change, o. O.

UNEP – The Ozone Secretariat (2000): The Montreal Protocol on Substances that Deplete the Ozone Layer, as either adjusted and/or amended in London 1990, Copenhagen 1992, Vienna 1995, Montreal 1997, Beijing 1999, Nairobi.

World Bank (1991): World Development Report 1992, New York.

Emissionshandel für CO_2-Zertifikate in der EU

Marktdesign und Kompatibilität mit Kyoto-Spielregeln?

Von Wolfgang Ströbele[1]

A. Das Kyoto-Protokoll als erster Schritt internationaler Klimapolitik

Die natürliche Konzentration so genannter Treibhausgase (THG) in den Bandbreiten der letzten Millionen Jahre erlaubt erst angenehme Temperaturen auf der Erde und damit Leben. Seit der Entwicklung leistungsfähiger Computer sind Wissenschaftler in der Lage, die Auswirkungen eines steigenden CO_2-Gehalts, der sich über die letzten 120 Jahre nachweisen lässt, sowie anderer sogenannter anthropogener THG wie Methan oder Lachgas in der Atmosphäre genauer zu analysieren. Bei Fortsetzung der bisherigen Emissionstrends werden in einigen Jahrzehnten und teilweise erst nach 2060 Klimaveränderungen prognostiziert, deren Konsequenzen überwiegend negativ sein werden: Meeresspiegelanstieg und Zunahme von Extremwetterlagen gelten als wichtigste Konsequenz. Auch wenn noch zahlreiche Zweifel an der Exaktheit und Zuverlässigkeit derartiger Modellrechnungen bestehen, so wurde international seit Beginn der neunziger Jahre Handlungsbedarf gesehen, die Emissionen derartiger Gase zukünftig zu beschränken. Da es sich beim Schutz des Weltklimas um ein globales öffentliches Gut handelt, das durch Kumulation bestimmter Gase beeinträchtigt wird und bei dem Ort und Zeitpunkt von bspw. CO_2-Emissionen praktisch unerheblich für den ausgelösten Schaden etwa im Jahre 2080 oder 2100 sind, ist internationale Kooperation unabdingbar, wenn derartige Beschränkungen erreicht werden sollen.

---

[1] Der Autor ist Professor für Volkswirtschaftslehre an der Westfälischen Wilhelms-Universität Münster.

Die meisten Überlegungen in diesem Aufsatz basieren auf Ergebnissen in einem Projekt zum EU-Richtlinien-Vorschlag, das im Jahre 2002 in Kooperation mit der Forschungsgruppe „Energiewirtschaft" des RWI im Auftrag der Firmen E.On, RWE, Vattenfall Europe, BASF, Degussa, der IG BCE und der Verbände der Zement-, Glas-, Papier- und Stahlindustrie sowie des Deutschen Steinkohlebergbaus durchgeführt wurde. Vgl. dazu *Hillebrand* u. a. (2002). Der Stand der politischen Beratungen gilt für Juni 2003.

Den bedeutendsten Anteil an weltweiten THG-Emissionen weisen die energiebedingten CO_2-Emissionen auf. Diese sind vom Ausgangswert 22,7 Mrd. t im Jahre1990 inzwischen auf rund 25 Mrd. t CO_2 angestiegen, wobei diese innerhalb Deutschlands um über 100 Mio. t zurückgegangen sind. Länder wie USA (+ 800 Mio. t) oder China (+ 400 Mio. t) haben seit 1990 stark zugelegt.[2]

In der Umsetzung der noch unverbindlichen und wenig konkretisierten Vereinbarungen der Konferenz von Rio de Janeiro im Jahre 1992 kam es 1997 auf der Konferenz in Kyoto zu einem ersten handfesten Ergebnis bezüglich der Verpflichtungen wenigstens für die Gruppe der Industrieländer. Aus dem Kyoto-Protokoll ergeben sich zwei wichtige Festlegungen:

- Die ratifizierenden so genannten *Annex-B-Staaten* haben bis zum Jahr 2012 eine individuelle Obergrenze für THG-Emissionen zu beachten, die jeweils vom Basisjahr 1990 aus ermittelt wird. Nicht-Annex-B-Staaten[3] und die nicht ratifizierenden Staaten wie etwa die USA, die unter Präsident Bush die Ratifizierung definitiv ablehnen, unterliegen keinen Beschränkungen. Damit wird die Welt in zwei Räume geteilt: Einer mit je nach Land unterschiedlichen Emissionsobergrenzen bis 2012 und die übrigen Länder ohne Beschränkungen.
- Mit *drei Instrumenten,* den sogenannten projektbezogenen Mechanismen Joint Implementation (JI) und Clean Development Mechanism (CDM) und zusätzlich dem Emissionshandel (ET) zwischen den ratifizierenden Vertragstaaten der Annex-B-Gruppe sollen flexible Mechanismen geschaffen werden.

Im Rahmen des Kyoto-Protokolls hat sich die EU auf eine Reduzierung der Emissionen der sechs im Kyoto-Protokoll benannten Treibhausgase (darunter CO_2 als das wichtigste) um 8% gegenüber dem Basisjahr 1990 verpflichtet, wobei innerhalb der EU im *Lastenverteilungsabkommen* (Burden Sharing Agreement) sehr unterschiedliche Beschränkungen vereinbart wurden: Deutschland, Großbritannien, Dänemark, Österreich und Luxemburg übernahmen anspruchsvolle Reduktionsvorgaben, während andere EU-Länder ihre THG-Emissionen sogar deutlich steigern dürfen.[4]

---

[2] Anthropogen verursachte zusätzliche CO_2-Emissionen gibt es in nennenswertem Umfang erst seit Beginn der Industrialisierung, d.h. seit rund 200 Jahren. Davor sorgten großflächige Waldvernichtungen etwa im Römischen Reich oder die Entstehung der „Lüneburger Heide“ für eher lokale Störungen im Weltgleichgewicht.

[3] Im Wesentlichen alle Entwicklungsländer aber auch Staaten wie Saudi-Arabien oder Kuwait, die kaum als „arm“ oder erst zu Beginn ihrer Industrialisierung einzustufen sind.

[4] Luxemburg ist ein statistischer Sonderfall: Der Betrieb eines Stahlwerks und die Stromwirtschaft haben extrem hohen Einfluss auf die CO_2-Emissionen von Luxemburg. Bereits ein Verfahrenswechsel (Elektrostahl anstelle von Oxygenstahl)

Wirksame Klimapolitik darf unter den besonderen Bedingungen des Kyoto-Protokolls nicht dazu führen, dass Maßnahmen seitens der Annex-B-Staaten vorrangig mit einer Verlagerung THG-intensiver Produktionen in bisher nicht beschränkte Bereiche beantwortet werden. Standortverlagerungen aus Annex-B in nicht begrenzte Regionen nützen offensichtlich dem *ökologischen Ziel* einer globalen Reduktion von THG-Emissionen nicht. Die Aufgabe lautet somit, Instrumente in den Annex-B-Staaten zu entwickeln, deren sogenannte „Leakage-Effekte" möglichst gering sind. Damit scheidet die einfache Übernahme zahlreicher Lehrbuchkonzepte, in denen die sachlich angemessene Reichweite der Instrumente nicht thematisiert sondern schlichtweg vorausgesetzt wird, für die Klimapolitik aus.

Die Logik der drei Kyoto-Instrumente macht klar, dass mit der Reduktionszusage der einzelnen Annex-B-Staaten vor allem eine primäre *Lastenverteilung zwischen den Staaten* zur Produktion eines globalen „öffentlichen Gutes" beabsichtigt ist und *keine Festlegung von nur im Inland zu erbringenden Reduktionen.* Durch JI, CDM und ET kann die faktische Reduzierung von THG-Emissionen auch in russischen Stahlwerken, in Kohlekraftwerken der Dritten Welt oder durch Tauschen zwischen den Vertragsstaaten erfolgen. Das macht besonders deshalb Sinn, weil bspw. die spezifischen CO_2-Emissionen etwa in der Stahlproduktion in Osteuropa oder China derart hoch sind in Relation zum erreichten deutschen Stand, dass die spezifischen Kosten für eine Senkung der CO_2-Emissionen etwa um 20 Mio. t CO_2 p. a. dort um eine Größenordnung niedriger liegen als in Deutschland.[5] Die Kyoto-Regeln ergeben insbesondere auch keine Vorgabe individueller Reduktionspflichten für heute lebende Personen oder produzierende Anlagen.[6]

Die spannende Frage liegt natürlich in der politischen Umsetzung auf jeweils nationaler oder EU-Ebene, d.h. mit welchen Instrumenten die jeweils individuellen Emittenten zu Reduktionsbeiträgen angereizt werden können,

---

oder technische Veränderungen im wichtigen Kraftwerk haben hohen Einfluss auf die direkten CO_2-Emissionen.

5 Vgl. *Buttermann* (1999), S. 144 ff.

6 Will man jedem Autofahrer eine individuelle Emissionsreduktion (gegenüber 1990?) vorschreiben, dann bestraft man diejenigen, die bereits heute ein sparsames Dieselfahrzeug benutzen. Die Vorgabe absoluter Emissionsgrenzen bestraft die Bewohner in Flächenstaaten. Das Basisjahr 1990 schließt Menschen aus, die 1990 jünger als 18 Jahre alt waren etc. etc. Ähnliches gilt für benötigte Heizenergie: Die Gradtagszahlen etwa in Schweden liegen deutlich ungünstiger als in Hamburg und dort ungünstiger als in Freiburg i. Br. etc. Die Liste der Absurditäten wird auf Individualebene sehr lang, will man extreme Wettbewerbsverzerrungen und soziale Härten vermeiden. Insofern sind auch alle Vorschläge, in den Annex-B-Staaten pro Kopf einheitliche CO_2-Rechte auszuteilen und diese dann per Verkauf handelbar zu machen, ähnlich politisch illusionär.

ohne dass lediglich eine räumliche Verlagerung von Emissionen entsteht. Diese Verknüpfung einer auf Staatenebene vorgegebenen Lastenverteilung samt einer eventuell politisch gewünschten effektiven Reduktion innerhalb der Staatsgrenzen mit einem angemessenen Instrumentarium stellt eine komplexe Aufgabe dar.

Hierbei gibt es einen Trade-Off zwischen auf weltweite und jeweils spezifisch nationale Reduktionen zielende Maßnahmen und den resultierenden CO_2-Preisen einerseits und einem Anreiz für Standortverlagerungen, d.h. dem Ausmaß der Leakage-Effekte, andererseits. Je mehr isolierte Anstrengungen innerhalb eines Teilraums wie bspw. der EU angestrebt werden, desto höher werden die CO_2-Preise, desto stärker schlägt diese Instrumentierung auf die internationale Wettbewerbsfähigkeit für Stromerzeugung, Raffinerien, Eisen- und Stahlerzeugung, Zementproduktion etc. durch. In einer zweiten Runde werden dann durch Verlagerungen energieintensiver Aktivitäten, durch Standortwechsel von Umwandlungsprozessen mit anschließendem Import von Halbfertigprodukten oder Endenergieträgern wie Heizöl, Kraftstoffe oder Strom letztendlich keine globalen THG-Reduktionen erreicht, sondern lediglich Wachstum und Arbeitsplätze in der EU gefährdet.

Für die Analyse derartiger Effekte sind offensichtlich Angewandte Allgemeine Gleichgewichtsmodelle erforderlich, wobei als Zusatzanforderung zu stellen ist, dass die räumliche Dimension und die Einsätze der einzelnen Energieträger angemessen dargestellt sind.[7]

B. Besonderheiten des „Schadstoffs“ CO_2

Das Kyoto-Protokoll legt Emissionsgrenzen für die so genannten Annex-B-Staaten (Industrie- und Transformationsländer) und für sechs wichtige THG (Kohlendioxid, Methan, Lachgas, Fluorkohlenwasserstoffe, Perchlorkohlenstoff, Sulfathexafluoride) fest. Diese THG lassen sich in CO_2-Äquivalente bezüglich ihrer Klimaschädlichkeit umrechnen. Kohlendioxid als das wichtigste THG hat folgende grundlegende Eigenschaften, die für die Instrumentierung der Klimapolitik zu beachten sind:

- Es gibt bisher praktisch keine umfassende Rückhaltetechnik und CO_2 wird aus Millionen von Anlagen bei Verbrennungsvorgängen emittiert. Damit sind Verweise auf Erfahrungen nach der Großfeuerungsanlagen-Verordnung für Schwefel- oder Stickoxide oder das US-amerikanische Handelssystem für SO_2 unsinnig. Und selbst wenn es eines Tages für Großemittenten wie Kohlekraftwerke oder Anlagen der Grundstoffindus-

---

[7] Ein dafür geeignetes Modell wurde am Lehrstuhl des Autors entwickelt. Vgl. dazu *Smajgl* (2002).

trie (voraussichtlich teure) Abspeicherungstechniken geben wird, so scheiden diese für die Milliarden Kleinemittenten aus.

- Es besteht als Vermeidungsoption bisher lediglich die Substitution durch Kapital („Energieeinsparung") bzw. CO_2-ärmere (Erdgas) oder -freie Energieträger (solare, regenerative und nukleare), wobei die Kosten großtechnischer solarer und regenerativer Energiesysteme überwiegend noch um Größenordnungen über denen der fossilen liegen.
- CO_2 ist ein global wirkender Schadstoff, der keine akuten Schäden anrichtet, sondern seine Wirkung über Kumulation über mehrere Jahrzehnte bis Jahrhunderte unabhängig vom Ort und Zeitpunkt der ursprünglichen Emissionen als veränderte Bestandsgröße entfaltet.
- Es gibt keine sogenannte „Hot Spot" – Problematik, d.h. keine lokale oder regionale geballte Beeinträchtigung von Konsum- und Produktionsprozessen durch Schadstoffkonzentrationen. Dieser Punkt begünstigt grundsätzlich flexible Instrumente der Umweltpolitik wie etwa Zertifikathandel.
- Die Zuordnung „fossile Energieträger $\rightarrow$ CO_2" erlaubt bisher eine einfache Ersatzbemessungsgrundlage für die statistische Erfassung. Allerdings ist erst auf Endenergieträgerebene eine standardisierte Homogenität der Energieträger festzustellen. Die Primärenergieträger Braun- und Steinkohle, aber auch Mineralöl und Erdgas weisen als Naturprodukte jeweils unterschiedliche Zusammensetzungen auf. Die jeweils spezifische Mischung von Kohlen- und Wasserstoffatomen sowie anderer brennbarer Stoffe kann für größere Abweichungen von den in Tabelle 1 angegebenen Werten sorgen.[8]

Tabelle 1

CO_2-Emissionsfaktoren fossiler Energieträger

Energieträger	kg CO_2/kg SKE
Braunkohle	3,23
Steinkohle	2,73
Mineralöl	2,19
Erdgas	1,64

Quelle: Forschungszentrum Jülich

[8] Dieser Punkt wird bei individuellen Emissionsrechten für CO_2-Preise von 20–30 €/t CO_2, wie sie im Folgenabschätzungsbogen des EU-Richtlinien-Entwurfs vom Oktober 2001 genannt werden, unvermeidlich zu Streitigkeiten über den wahren Kohlenstoffgehalt eines tatsächlich benutzten Brennstoffs führen.

C. Emissionshandel als Instrument

Ein Zertifikat-System für THG wird durch bestimmte institutionelle Punkte definiert, die sich insbesondere bei CO_2 auf dem institutionellen Hintergrund des Kyoto-Protokolls als nicht trivial erweisen:

Der „Emittent" ist zu identifizieren. Völkerrechtlich verbindlich haben sich in Kyoto die Staaten auf Reduktionsverpflichtungen festgelegt. Danach wären sie die Subjekte des Handels. Wenn hingegen Unternehmen oder Betreiber bestimmter Anlagen Subjekte des Handels wären, müsste eine Aufteilung der im Kyoto-Protokoll gesetzten nationalen Grandfathering-Quote gemäß Kyoto-Abkommen auf die einzelnen Emittenten vorgenommen werden.

Bei Einführung eines THG-Handelssystems auf der Ebene einzelner Wirtschaftssubjekte erfolgt die individuelle Erstausstattung juristisch wohl zwingend[9] nach Grandfathering. Dafür ist ein Basisjahr und der für die Zukunft anzustrebende zulässige Emissionspfad vorzugeben. Dieser kann für alle einen einheitlichen Prozentsatz vorsehen oder nach technischen Kriterien unterschiedlich gestaltet werden. Das Kyoto-Basisjahr 1990 ist gerade für Deutschland für Rechte-Zuweisungen an einzelne Unternehmen wegen der Wiedervereinigung kaum praktikabel: Viele der heutigen Unternehmen in den Neuen Bundesländern existierten noch nicht; die erheblichen Umstrukturierungen, die zum größten Teil auch mit Einsatz von Steuermitteln getragen wurden, fanden nach 1990 statt und generierten die Ernte von „Hot Air" innerhalb des Staatsgebiets von Deutschland. Sobald jedoch ein Basisjahr später als das Kyoto-Jahr 1990 gewählt wird, löst dies die Gefahr der nachträglichen Bestrafung von „Early Actions" aus, schafft somit negative Anreize für die Zukunft, weil sich Attentismus scheinbar auszahlt. Die aus umweltökonomischer Sicht auch denkbare generelle Versteigerung von Emissionsrechten hat diese Probleme nicht, löst aber erhebliche rechtliche Einwände aus und ist zudem in ihren Wirkungen mit einer maximalen Leakage-Quote verbunden, wäre somit nicht einmal ökologisch zielführend.

Energieträger unterliegen nach ihrer Förderung im Regelfall einer Umwandlung (zu Benzin, Elektrizität, Briketts, ...), bei der bereits selbst wegen der Umwandlungsverluste CO_2 emittiert wird.[10] Deswegen wäre ein

---

[9] Um die Konsequenzen anderer Zuteilungsverfahren aufzuzeigen: Das Stromerzeugungsunternehmen VEAG in den Neuen Bundesländern wurde in den letzten 10 Jahren durch die Politik geradezu gedrängt, bestimmte Standorte mit Braunkohleverstromung neu zu gestalten. Bei einem Versteigerungsverfahren würden diese Investitionen angesichts der von der EU abgeschätzten Preise faktisch sofort enteignet.

[10] Im Jahr 1998 emittierten die Kraft- und Fernheizwerke rund 38% der deutschen CO_2-Emissionen. Berücksichtigt man noch die Emissionen aus Raffinerien u. ä., so stellen die Umwandlungsanlagen rund 40% des Gesamtwerts.

weltweiter Ansatz auf der Primärenergieebene offensichtlich der sinnvollste.[11] Wegen der regionalen Teilmengenbildung ohne Reduktionsverpflichtungen in Nicht-Annex B-Staaten führte dies zu Standorteffekten: Kraftwerke in Algerien oder Raffinerien in Kuwait gewönnen zulasten von Gelsenkirchen oder Rotterdam, ohne dass dem Klimaschutz gedient wäre. Zudem erforderte ein Primärenergiekonzept die Mitwirkung aller Staaten; eine derartig weltweite Kooperation und institutionell zuverlässige Spielregeln sind derzeit politisch illusionär.

Überwachung und Durchsetzung sind in der EU nach einheitlichen messtechnischen Vorgaben zu organisieren. Sanktionen für Verpflichtete (z.B. die betroffenen Staaten gemäß Kyoto-Protokoll), die ihre Restriktionen nicht einhalten, sind zu gestalten. Weder Kyoto noch das EU-Lastenverteilungsabkommen kennen aber bisher Sanktionen für Staaten. Wenn nicht alle Emittenten innerhalb eines Staates einbezogen sind, gibt es zwingend ein Nebeneinander mit sehr unterschiedlichen Sanktionen und daraus resultierenden eigenen Anreizen für „grenzüberschreitende" Aktivitäten: Das Einkaufen von Heizöl für Heizung und dessen nachträgliche Umwidmung zur Stützfeuerung in einer Anlage des Emissionshandelssystems sind naheliegende Strategien, die nur durch Kontrollen bzw. Angleichen der Steuersätze an Zertifikatspreise zu unterbinden sind.

Die Beziehungen eines Zertifikatesystems zu bereits eingeführten Instrumenten (Standards, Ökosteuern, freiwillige Selbstverpflichtungen, ...) sind zu überprüfen, um Inkompatibilitäten oder Doppeleffekte zu vermeiden.

D. Der EU-Richtlinien-Vorschlag für ein EU-Handelssystem für CO_2-Rechte

Auf Vorschlag der EU-Kommission wird voraussichtlich im Sommer 2003 die Einführung eines sehr speziellen obligatorischen Handelssystem für THG-Zertifikate beschlossen. Dieses Handelssystem soll ab 2005 jeder einzelnen Anlage Obergrenzen für die CO_2-Emissionen bis zum Jahr 2012 vorgeben.[12] Im Einzelnen wird das System durch die folgenden Merkmale definiert:

---

[11] Bei diesem Verfahren könnte man auf die statistische Erfassung vieler kleiner Emittenten verzichten: Raffinerien und Kraftwerke müssten über Zertifikate verfügen; dementsprechend stiege der Marktpreis für den Endenergieträger um den anteiligen CO_2-Preis auf den vorgelagerten Stufen an. Ein solcher Ansatz scheitert aber neben den eigentumsrechtlichen Problemen auch an der räumlichen Zweiteilung der Kyoto-Welt und am politischen Widerstand gegen eine weltweite Erfassung aller Primärenergieträger auf Produzentenebene.

[12] Seit Oktober 2001 lag seitens der EU-Kommission ein Richtlinien-Vorschlag zur Einführung eines Zertifikatehandels für THG vor, der danach heftiger Kritik un-

- Gültigkeit nur für CO_2,
- nur Kraftwerke und Anlagen der energieintensiven Branchen werden einbezogen,
- Handel nur innerhalb der EU und nur vage Absichtserklärungen, dass die Kyoto-Instrumente JI und CDM zukünftig integriert werden sollen,[13]
- kostenlose Zuweisung von Zertifikaten (bspw. nach Grandfathering) für 2005–2007 und zu mindestens 90% kostenlos für 2008–2012 (Artikel 10),
- drakonische Strafen für Anlagen mit CO_2-Emissionen ohne Zertifikat (Artikel 16),
- Genehmigung der nationalen Allokationspläne vor allem auch unter Beihilfe-Aspekten bleibt der Kommission vorbehalten (Artikel 9).

Der Einführung eines solchen Teilsystems steht natürlich spiegelbildlich ein zweites Teilsystem gegenüber, in dem sich die übrige Industrie, die nicht betroffenen Anlagen (bspw. unter 20 MW), der Verkehr, die Haushalte und Kleinverbraucher und last but not least der Staat als Energieverbraucher selbst (öffentliche Gebäude, Bundeswehr, staatliche Fahrzeuge, ...) befinden. Für diesen zweiten Bereich gelten keine Sanktionen bei Nichterreichen individueller Emissionsziele. Alleine die sich daraus ergebenden Anreize für ein Ausnutzen unterschiedlicher Regimes schaffen erhebliche Überwachungs- und Durchsetzungsprobleme.

Die EU schätzt im Folgenabschätzungsbogen eine Bandbreite von CO_2-Preisen zwischen 20 und 33 €/t CO_2 ab. Dies geschieht allerdings mit einem Allgemeinen Gleichgewichtsmodell, in dem zwei wichtige Einflussgrößen fehlen:

---

terzogen wurde. Einige dieser Kritikpunkte wurden 2002 seitens der EU ernst genommen, andere jedoch bisher nicht berücksichtigt. Am 09.12.2002 haben sich die EU-Umweltminister auf einen „gemeinsamen Standpunkt" zum Emissionshandel für THG verständigt. Auch wenn gegenüber dem ersten Vorschlag vom 23. Oktober 2001 einige Verbesserungen erreicht werden konnten, so behält auch dieser aktuelle Richtlinien-Vorschlag gravierende Mängel bei. Zur Kritik vgl. *Hillebrand* u. a. (2002).

[13] Die EU-Kommission hat Ende Mai 2003 eine Anrechnung von JI- und CDM-Gutschriften bis zu 6% der nationalen Verpflichtungen, die der betroffenen Industrie auferlegt werden, vorgeschlagen. Dies liefe für die deutsche Industrie mit Anlagen im Handelssystem darauf hinaus, dass maximal eine Größenordnung von 23–25 Mio. t CO_2 durch projektbezogene Maßnahmen außerhalb der EU gewonnen werden dürften. Nach welchem Verfahren eine Aufteilung bzw. Anrechnung erfolgen soll, falls insgesamt eine höhere Summe aus JI und CDM entsteht, ist noch ungeklärt.

- Standortwechsel als Folge bestimmter CO_2-Preise in der EU können nicht modelliert werden. Damit ist das Ausmaß der (im Allgemeinen immer auftretenden, jedoch unterschiedlich starken) Leakage-Effekte per Modellierer-Annahme auf Null gesetzt.
- Der induzierte Brennstoffwechsel weg von Braun- und Steinkohle hin zu Erdgas wird wegen des engen Oligopols auf der europäischen Angebotsseite, in dem im Jahre 2010 nur noch Russland, Algerien und Norwegen als wichtige Spieler agieren, einen starken Preisschub für Erdgas auslösen. Diesen Anstieg der Erdgaspreise und die damit ausgelösten Terms-of-Trade-Effekte erfasst das EU-Modell nicht.

Eigene Modellrechnungen zeigen, dass bereits die zu erwartenden Leakage-Effekte und die damit ausgelösten Beschäftigungsprobleme sowie ein bescheidener Erdgaspreisanstieg auf Produzentenebene ausreichen, um die von der EU errechneten Effizienzgewinne des engen EU-Handelssystems zu eliminieren. Für die nachfolgende Diskussion unterstellen wir zunächst hilfsweise, die EU-Kommission hätte mit 30 €/t CO_2 eine gute Schätzung geliefert.

Dies hätte die folgenden Preiseffekte für zuzukaufende Energieträger zur Folge:

Tabelle 2

Preiseffekte eines CO_2-Preises von 30 €/t CO_2 auf Energieträger und Stromerzeugungskosten

	t CO_2/MWh Primärenergie	Wirkungsgrad im Kraftwerk	kg CO_2/kWh Strom	Zusatzkosten Cent/kWh
Braunkohle	0,40	39,0%	1,017	3,05
Steinkohle	0,34	42,0%	0,799	2,40
Heizöl	0,27	40,0%	0,673	2,02
Erdgas	0,20	56,0%	0,360	1,08

Da in einem liberalisierten Strommarkt der Marktpreis durch das marginale Steinkohle- oder Erdgaskraftwerk bestimmt wird, hätte dies in Staaten mit einem hohen Anteil Kohleverstromung einen Anstieg des Strompreises in einer Größenordnung von mindestens 1,1 Cent/kWh, realistischerweise aber über 2 Cent/kWh auf der Erzeugerebene zur Folge. Dort gelten derzeit Spotmarktpreise überwiegend unterhalb von 3 Cent/kWh. Beim Preiseffekt handelt es sich somit nicht um eine Quantité négligeable: Elektrostahlerzeugung oder bestimmte Elektrolyseverfahren würden unwirtschaftlich.

In Branchen mit einem hohen spezifischen Kohleeinsatz wie Zement- oder (Oxygen-)Stahlerzeugung würde bei diesen CO_2-Preisen nicht mehr hinzu gekauft, da dann die Produkte international nicht mehr wettbewerbsfähig wären: Die Gratis-Zuweisung von Emissionsrechten liefe faktisch direkt auf eine Produktionssteuerung im Inland hinaus.

Auf diesem Hintergrund sind die folgenden Punkte zu prüfen:

- Ist die EU-Richtlinie tatsächlich eine Umsetzung der Kyoto-Vereinbarungen, d.h. der Kyoto-Ziele und -Instrumente?
- Unter welchen Bedingungen kann auf die Erstellung eines „handhabbaren" nationalen Allokationsplans hin gearbeitet werden und lässt sich das Konzept der in Deutschland erfolgreichen Branchenselbstverpflichtungen in der Substanz bewahren? Wie sind mögliche Doppelbelastungen und politisch bedingte Zusatzkosten, wie sie etwa mit dem Kernenergieausstiegsbeschluss verbunden sind, zu minimieren?

E. Die EU-Richtlinie ist keine Umsetzung der Kyoto-Spielregeln

Die Kyoto-Ziele sollen gemäß dem Richtlinien-Entwurf in die nationalen Allokationspläne übernommen werden. Gleichzeitig sollen die technischen Potentiale zur weiteren Reduzierung von CO_2-Emissionen berücksichtigt werden.

In einer sogenannten Umsetzungsrichtlinie der EU sollen die individuellen Rechte zur Nutzung der flexiblen Kyoto-Mechanismen konkretisiert werden. Damit wäre grundsätzlich die weltweite Flexibilisierung der Klimamaßnahmen erreichbar. Nach dem derzeitigen Stand dieser EU-Richtlinie sollen aber die damit nutzbaren Potentiale auf 6% der von den jeweiligen Kraftwerken, Zementfabriken, Stahlwerken etc. anzusteuernden individuellen Pfade begrenzt werden. Somit schaltet der EU-Richtlinienvorschlag genau die flexiblen Kyoto-Mechanismen JI, CDM und ET sehr weitgehend aus und strebt eine isolierte europäische Lösung an. Diese muss zwangsläufig teurer werden als bei Anwendung aller Kyoto-Instrumente, da die Energieeffizienz gerade außerhalb der EU deutlich schlechter ist und sehr kostengünstig gesteigert werden könnte.

Die Kyoto-Instrumente stehen uneingeschränkt ab dem Jahr 2008 zur Verfügung. Die EU möchte ihr Handelssystem auf der Ebene der einzelnen Anlagen bereits zum 1.1.2005 beginnen. Dies kann dazu führen, dass es 2008 einen Preissprung für CO_2-Zertifikate nach unten gibt, weil erst ab 2008 die weltweiten günstigeren Handlungsmöglichkeiten wenigstens teilweise genutzt werden können.

Bei voller Übernahme der *Ziele* aus den Kyoto-Vereinbarungen – was natürlich noch nichts über individuelle Reduktionsverpflichtungen aussagt – ist die EU hinsichtlich der übrigen Größen des Kyoto-Protokolls eigenwilliger: Weder die *zeitliche* noch die *instrumentelle Abstimmung* ist gegeben.

Die vermeintliche Flexibilität eines Zertifikatehandelssystems wird zudem durch das seitens der EU geplante Zuweisungsverfahren an die einzelnen Anlagen stark eingeschränkt. Insbesondere die Verknüpfung der Betriebsgenehmigung für die einzelne Anlage („permits") mit den zugeteilten Emissionsberechtigungen („allowances") erweist sich unter dem Aspekt eines Brennstoffwechsels als außerordentlich restriktiv. Beispielsweise erlöschen bei einer Stilllegung einer Anlage die zugewiesenen Rechte. Wie dann bei Reduzierung von bisher 7000 Laststunden einer Kohleanlage im Jahr auf nur noch 1000 Stunden und gleichzeitigem Ersatz der Differenz durch eine Erdgasfeuerung verfahren werden soll, ist unklar. Damit stellen die Zertifikate entgegen der Lehrbuch-Konzeption keine völlig flexiblen verbrieften Ansprüche mehr dar.

F. Der nationale Allokationsplan

Jeder Annex-B-Staat, der das Kyoto-Protokoll umsetzen will, muss mit einer Perspektive bis 2012 einen nationalen Plan erstellen, der die Beiträge aus internationalen und einheimischen Reduktionsleistungen darstellt, so dass in der Summe die zugesagte THG-Minderung entsteht. Im Rahmen des EU-Richtlinien-Vorschlags bekommt diese Aufgabe einen besonderen Stellenwert.

In Artikel 9 des EU-Richtlinienvorschlags (EU-RLV) werden die Mitgliedsstaaten aufgefordert, auf nationaler Ebene in einem Allokationsplan den einzelnen Anlagen gemäß Annex 1 Emissionsrechte für THG zuzuweisen. Beim derzeitigen Stand handelt es sich hierbei um CO_2-Zertifikate. Darin muss für Deutschland aufgelistet werden, wie die im Kyoto-Protokoll und im EU-Lastenverteilungsabkommen vorgegebenen nationalen Reduktionsziele erreicht werden sollen. Die EU-Kommission will spätestens bis Ende 2003 Rahmenregeln für die Erstellung derartiger Pläne vorgeben, da sie sich eine Prüfung der Pläne nach Artikel 3, Paragraph 3 vorbehält.[14]

Angesichts der Kyoto-Regeln für sechs THG und der dort gültigen drei Instrumente und der eingeschränkten sektoralen und räumlichen Reichweite im EU-RLV stellt sich eine bereits statistisch und sachlich äußerst kom-

[14] Nach Artikel 25(a) soll ein vorübergehendes Ausschließen von Anlagen dann möglich sein, wenn sie nicht nur absehbar ein ähnliches Reduktionsergebnis erreichen, sondern auch den vergleichbaren Spielregeln und Sanktionen unterworfen sind wie Anlagen innerhalb des Systems.

plexe Aufgabe. In der erforderlichen Detaillierung gerade mit Blick auf das Kyoto-Basisjahr 1990 fehlen statistische Grundlagen in erheblichem Umfang. Es ist unklar, ob angesichts der angestrebten Umsetzung bis Frühjahr 2004 überhaupt ausreichend Zeit für eine gerichtsfeste und sachlich angemessene Erstellung gegeben ist.

Die Komplexität der Aufgabe verdeutlicht die Abbildung 1:

In den Feldern A5 und A6 sind bei Umsetzung des EU-RLV auf der Ebene der Einzelanlagen Reduktionsverpflichtungen als Pfade für die Jahre 2005–2012 vorzugeben, die spiegelbildlich die kostenlose (2005–2007) bzw. zumindest zu 90% kostenlose (2008–2012) Rechtezuweisung nach Artikel 10 EU-RLV ergibt.

Gemäß den drei Instrumenten des Kyoto-Protokolls sind die zugesagten Reduktionsbeiträge, die sich für Deutschland auf rund 255 Mio. t CO_2-Äquivalent belaufen, nicht notwendigerweise vollständig im Inland zu erbringen. In den Spalten A + B + C sind somit die 255 Mio. t CO_2 Reduktion zu erreichen. Damit ergibt sich eine Vorgehensweise in fünf Schritten:

a) Zunächst sind vorab die CO_2-Senken etwa durch Wälder u. ä. vorab herauszurechnen. Dadurch reduziert sich für Deutschland die Kyoto- bzw. EU-BSA-Reduktionszusage geringfügig, so dass für die übrigen Bereiche bis zum Jahr 2010[15] rund 250 Mio. t CO_2-Äquivalente zu erbringen sind (Felder A0 und B0 der Tabelle 3 abgezogen).

b) Der Staat muss zunächst festlegen, wie viele der verbleibenden 250 Mio. t im Inland (A+B) bzw. im Ausland (C) aufgebracht werden sollen. Für staatliche Aktivitäten im Ausland sind insbesondere zwei Begründungen denkbar.

   Zum einen gibt es politisch gewünschte zusätzlichen Maßnahmen der Entwicklungshilfe und des Technologietransfers. Wir gehen davon aus, dass durch staatliche Maßnahmen der Zusammenarbeit mit Ländern der Dritten Welt leicht rund 10–15 Mio. t CO_2-Äquivalent reduziert werden, die dem deutschen Konto gutzuschreiben sind.

   Zum anderen ist die Produktion öffentlicher Güter für die deutschen Bürger abzusichern, die etwa bestimmte Risiken der Stromerzeugung politisch nicht tragen wollen und damit zu einem allgemeinen höheren CO_2-Ausstoß gegenüber 1990 beitragen. Gravierendstes Beispiel ist hier der Ausstieg aus der Kernenergienutzung. Schweden hat sich aus diesem Grund gegenüber einem „Normalpfad“ gesondert höhere CO_2-Kon-

[15] Die Jahreszahl 2010 steht als Mittelwert für die Fünf-Jahres-Periode 2008–2012. Da die Kyoto-Ziele als Fünf-Jahres-Werte formuliert sind, ist somit der durchschnittlich zu erreichende Zielwert gemeint.

		A	B	C
		Inland: CO_2	Inland: übrige 5 Kyoto-THG	Ausland
0	CO_2 – Senken			
1	private Haushalte			
2	Straßen-, Schienen-, Schiff- und Luftverkehr, sonstiger Verkehr			
3	Gewerbe, Staat, Dienstleistungen			
4	übrige Industrie (keine Anlagen nach Annex I)			
5	Kraftwerke und Raffinerien gemäß Annex I	A 5		
6	energieintensive Ind. mit Anlagen gemäß Annex I	A 6		

Abbildung 1: Die Grundstruktur für einen Nationalen Allokationsplan

tingente einräumen lassen. Für Deutschland müsste dann wenigstens die Nutzung der Kyoto-Mechanismen dafür offen stehen.

Somit müsste der deutsche Staat die etwa für den Kernenergieausstieg langfristig erforderlichen 150 TWh Ersatzstromerzeugung durch Zertifikatebereitstellung aus anderen Aktivitäten wie CDM oder staatliches ET gewährleisten. Beim vollständigen Ausstieg wären langfristig je nach Ersatzstromerzeugung rund 85–90 Mio. t CO_2-Zertifikate für die Ersatzkraftwerke bereitzustellen.[16] Angesichts des derzeitig absehbaren Zeitplans zur Stilllegung der deutschen Kernkraftwerke sind bis 2012 weniger als die Hälfte dieser Menge relevant: In 2012 sind rund 40% der bisherigen Stromerzeugung aus Kernenergie durch andere Kraftwerke zu ersetzen.

Wenn der Staat somit einerseits die Folgen des Kernenergieausstiegs vollständig durch Zuweisung von Zertifikaten aus staatlichem Emis-

[16] Bei 10% erneuerbaren (15 TWh!!), 20% Braunkohle, 30% Steinkohle und 40% Erdgas ergäben sich rund 87 Mio. t CO_2 bei heutiger Technik, rund 80 Mio. t CO_2 bei modernster Braun- und Steinkohletechnik des Jahres 2010.

sionshandel und staatlich finanzierter CDM-Projekte gewährleistet, könnte diese Seite zumindest bis 2012/2015 als abgesichert betrachtet werden. Angesichts der großen Potentiale an kostengünstigen Reduktionsmöglichkeiten durch CDM-Projekte und der freien CO_2-Mengen in Russland und Osteuropa könnten hier nach unseren Modellrechnungen die erforderlichen CO_2-Rechte seitens des Staates im Jahr 2012 zu 200 Mio. € und langfristig bis zum Jahr 2020 zu rund 450 Mio. € jährlich beschafft werden. Die Mittel könnten bspw. aus der Ökosteuer oder den allgemeinen Steuern generiert werden.[17]

Die Felder C1–C6 wären somit vorab über die staatliche Nutzung der Kyoto-Mechanismen mit zwei Begründungen der staatlichen Aktivität zu bestimmen. Zum einen wären hierdurch die CO_2-Effekte des Kernenergieausstiegs nur auszugleichen. Deutschland müsste dafür auf einer vollen Anwendung der drei völkerrechtlich vereinbarten Kyoto-Mechanismen bestehen, die kaum durch den EU-RLV ausgehebelt werden können. Zum anderen könnten hier die entwicklungspolitischen und Technologietransferimpulse zu CO_2-Gutschriften in Höhe bis zu 15 Mio. t auf dem nationalen Konto führen. Ob diese staatlichen Aktivitäten wegen ihrer Auswirkungen auf die verbleibenden Reduktionsvorgaben für die Unternehmen seitens der EU als Beihilfetatbestand gewertet und nicht genehmigt werden, ist allerdings derzeit noch völlig offen.

Bei diesem Vorgehen bliebe für die durch im Inland ansässigen Wirtschaftssubjekte (und den „inländischen" Verkehr) zu erbringenden Reduktionen auch bei einem schrittweisen Kernenergieausstieg nach wie vor eine Größenordnung von 235–240 Mio. t CO_2-Äquivalent bis 2010 übrig.

c) Als nächstes sind die Potentiale für kostengünstige Reduktionen der übrigen Kyoto-THG abzuschätzen und die dafür geeigneten Felder B1–B6 zu bestimmen. Da diese Gase nicht der EU-Richtlinie unterliegen, sind die dort erzielbaren Reduktionen vorab abzuziehen. Nach den derzeit vorliegenden Erkenntnissen aus den bisher vorliegenden Berichten der damit befassten Arbeitsgruppen können hierfür bis 2012 rund 35–40 Mio. t CO_2-Äquivalente angesetzt werden. Bereits hier zeigt sich die problematische Struktur des EU-RLV: Je nach Ausgestaltung des Handelssystems und der Leakage-Effekte erhält man sehr unterschiedliche CO_2-Preise. Eine effiziente Umweltpolitik müsste die Anstrengungen für die übrigen fünf Kyoto-Gase auch an diesen Preisen ausrichten: Die letzte Einheit vermiedenes CO_2-Äquivalent müsste jeweils den gleichen €-Betrag kosten.

---

[17] Zu den verschiedenen CO_2-Preisen je nach institutioneller Ausgestaltung vgl. *Hillebrand u. a.* (2002).

d) Wenn die dann noch verbleibende Reduktionsleistung für das Gas CO_2 selbst in einer Größenordnung von bspw. 190–200 Mio. t CO_2 bis zum Jahr 2010 gegenüber dem Basisjahr 1990 liegt, ist die zentrale und für die Branchen im Ergebnis wichtigste Aufgabe die Erstellung einer Reduktionsvorgabe für CO_2 in den Bereichen A1–A6. Und hier werden sich für den Planersteller erhebliche Probleme zeigen, die nicht nur mit den Anlagen in A5 und A6 zu tun haben. Den betroffenen Unternehmen muss dann aber auch die Erfüllung in C5 und C6 ermöglicht sein.

Es ist bei einer strengen Bewirtschaftung von inländisch verursachtem CO_2, wie sie ja für die Bereiche A5 und A6 nach EU-RLV gelten soll, beispielsweise keineswegs einzusehen, dass ein Transitland wie Deutschland etwa bei stark ansteigendem Transitverkehr eine schlechte Bilanz im Feld A2 aufweist, die zu einer Verschärfung der Bedingungen in A5 und A6 führen muss. Dies gilt für den Nord-Süd- und Ost-West-Verkehr von Güter- und Personentransporten genauso wie für den Energieverbrauch von Pipelines, welche etwa aus Russland kommend Deutschland in Ost-West-Richtung durchqueren. Die Vorteile dieses Energieverbrauchs aus Transit kommen anderen zugute. Wie damit EU-weit umzugehen ist, muss noch geklärt werden. Je nach Regelung können hierbei deutsche Touristen mit Durchreise durch Frankreich und Österreich oder sehr indirekt die Industrie in den Feldern A5 und A6 zu den Leidtragenden zählen. Und sollte das durchaus vernünftige Prinzip zum Zuge kommen, dass beim Tanken mit der Mineralölsteuer auch die CO_2-Komponente zusätzlich bezahlt wird, dann stünde bei konsequenter Betrachtung bei wachsendem Transitverkehr und dadurch verursachter CO_2-Mehrbelastung für A5 und A6 eine Ersatzbeschaffung von CO_2-Rechten auf dem Weltmarkt an, die aus höherer Mineralölsteuer und Mautgebühren des Transitverkehrs zu finanzieren wäre. Auch dies müsste seitens der EU toleriert werden, da andernfalls Ineffizienzen entstehen.

Dieses Beispiel zeigt die komplexe Interdependenz des THG-Bewirtschaftungssystems an, die bei der Formulierung der EU-Richtlinie noch gar nicht bedacht wurde, die aber im Allokationsplan zu lösen sein wird.

e) Sollte es dann gelungen sein, die zu erbringenden Reduktionen in der Spalte A sachgerecht aufzuschlüsseln, dann ist intern für die Felder A5 und A6 zu prüfen, welches technische Potential die jeweilige Anlage noch hat, um zukünftig weniger CO_2 zu emittieren. Hierbei ist auch in vielen Fällen sinnvollerweise die Systemgrenze „Anlage" gegenüber dem EU-RLV zu erweitern: Bspw. in der Stahl- oder in der Chemieindustrie sind die komplexen integrierten Anlagen anders geschnitten als die enge Definition von „Anlagen" im EU-RLV, und gerade in den

Synergie- und Kopplungseffekten liegen die Potentiale für erhebliche Energieeinsparungen, weniger bei einzelnen Hochöfen oder Coker.

Objektiv haben die deutsche Industrie und die Energiewirtschaft den Löwenanteil der bereits zu tragenden CO_2-Reduktionen seit 1990 erbracht, wovon nur ein Teil auf das Konto „Wiedervereinigung" geht – und auch selbst dieser Beitrag ist keineswegs „kostenlos" als vermeintliche Wallfall-profits entstanden, sondern dank erheblicher Investitionen und Umstellungskosten auf den Weg gekommen. Hier ist für die Jahre ab 2005 darauf zu achten, dass in einem auf die Zukunft gerichteten System realistische Anreize zu weiteren Effizienzverbesserungen gesetzt werden, dass aber nicht durch Vorgaben utopischer Potentiale zerstörerische Effekte ausgelöst werden. Die CO_2-Mengen von inzwischen stillgelegten Anlagen wie die von Braunkohlekraftwerken der ehemaligen DDR oder der Max-Hütte in Bayern etc. können zunächst nur dazu dienen, die Gesamtvorgabe für A5–A6 zu mindern. Nur wenn durch neue oder zusätzliche Produktion auf anderen Anlagen die dortige frühere Produktion voll oder teilweise ersetzt wurde, kann individuell heutigen Anlagenbetreibern ein entsprechendes CO_2-Kontingent zugewiesen werden.

Da gemäß EU-Richtlinie Kondensationskraftwerke mit unterschiedlichem Brennstoff als jeweils unterschiedliche „Anlage" gelten werden, wird bei entsprechendem Grandfathering und Orientierung an den technischen Potentialen für weitere Effizienzsteigerungen der Brennstoffwechsel als eine wirkungsvolle Methode erschwert: Stellt ein Steinkohlekraftwerk auf Erdgas um, gilt es als „andere Anlage" und erhält entsprechend geringere Mengen an Zertifikaten. In dieses Problem kommt man zwangsläufig bei der Orientierung an der „Anlagen"-Definition gemäß bisheriger Praxis der Genehmigungsverfahren.

Die Kriterien des Annex III des EU-RLV sind kaum simultan zu erfüllen. Punkt (3) in Annex III eröffnet jedoch immerhin die Möglichkeit, ein „Korridor-Benchmarking"-Konzept einzuführen, das praktikabel sein kann und zudem an den Branchenselbstverpflichtungen anknüpft: Ziffer (3) nennt als angemessene Grundlage für die Zuweisung von Zertifikaten die durchschnittliche CO_2-Emission pro Einheit Produkt. Da gleichzeitig in Ziffer (9) die mögliche Beeinträchtigung der Wettbewerbsfähigkeit als ein Kriterium genannt ist, besteht hier eine Chance, allzu große Reduktionsvorgaben abzuwehren, die zu Standortgefährdungen führen müssten. Es ist aber angesichts der übrigen Kriterien keineswegs gesichert, dass auf dieser noch sachlich vertretbaren Grundlage die Rechtezuweisung tatsächlich erfolgt.

Entscheidend hierbei ist die Vorgabe an den Planersteller, die Ziffern (3) und (9) des Annex III als wichtigste Kriterien zu verwenden. Die Abschätzung der technischen Potentiale gemäß Ziffer (3) hat zum einen die langen Erneuerungszyklen in den betroffenen Branchen zu berücksichtigen, zum anderen die zumutbaren Kostenbelastungen in Relation zu den Bedingungen der ausländischen Wettbewerber zu beachten.

G. Wer erstellt den nationalen Allokationsplan?

Angesichts der weit reichenden Konsequenzen und der offenkundigen Auslegungsspielräume für eine Erstausstattung stellt sich natürlich die Frage, wer an dieser Planerstellung beteiligt wird:

- Da es massive Lenkungswirkungen für den Energiesektor geben kann, ist offensichtlich das Bundeswirtschaftsministerium mit den entsprechenden Fachabteilungen Energie und Umwelt betroffen: Die Erstellung eines nationalen Energiekonzepts muss auch die CO_2-Vorgaben integriert berücksichtigen.
- Als das für Umweltfragen zuständige Ministerium ist das BMU gefragt. Hier ist allerdings der energietechnische und energiewirtschaftliche Sachverstand nicht so überragend vertreten, sondern es steht zu befürchten, dass die Abwägung der realen Möglichkeiten und Hindernisse der jeweiligen Branchen hinter einer optimistischen Sichtweise über erreichbare Effizienzsteigerungen zurücksteht.
- Die Vorbereitung eines derart komplexen CO_2-Allokationsplans erfordert sehr detaillierte Kenntnisse in Energietechnik und Energiewirtschaft auf Branchenebene.[18] Je nachdem, welche Institutionen aus Wissenschaft und Technik bzw. aus dem staatlichen Bereich hier zuarbeiten und vorbereitende Analysen erstellen, kommt man zu unterschiedlichen Ergebnissen und etwa Einschätzungen der technischen Fortschritts-Potentiale.

Völlig offen und vom Verfahren her ungeklärt ist die EU-weite Harmonisierung der 15 zu erstellenden Allokationspläne: Es kann nicht im Sinne von Wettbewerbsneutralität und effizienter Klimapolitik sein, wenn einem Land X faktisch CO_2-Zertifikate für Steinkohleverstromung in Höhe von 1 Mio. t CO_2/TWh zugestanden wird, weil dieses Land noch Spielräume für seine CO_2-Emissionen hat, während in einem anderen Land für dessen gleich große Steinkohlekraftwerke lediglich 850.000 t CO_2/TWh veranschlagt werden. Außerdem wäre dabei auch die unterschiedliche Umsetzung von Umweltanforderungen im Bereich der „klassischen" Schadstoffe zu be-

[18] Aus der Sicht der Autoren zeigt sich hier eine gewisse Tragik der wissenschaftlichen Beratung in Deutschland: Während in den USA oder Großbritannien zahlreiche Forschungsinstitute und Universitätszentren mit der Analyse derartiger Fragen beschäftigt sind, schrumpft in Deutschland seit 10 Jahren die diesbezügliche Kapazität.

achten, die den spezifischen Brennstoffeinsatz beeinflusst. Hierfür müssten den deutschen Kraftwerken mit ihrer fortgeschrittenen Umwelttechnik, die aber Prozentpunkte energetischen Wirkungsgrad kostet, Zuschläge zugestanden werden.

H. Zusammenfassung

Entgegen den positiven Ideen, die ein Ökonom mit dem Stichwort „Handelssystem" assoziiert, strebt die EU ein sehr kompliziertes und in seinen Wirkungen keineswegs als positiv zu bewertendes System des CO_2-Zertifikatehandels nur für einen Teilbereich der Wirtschaft an. Insbesondere die nicht gewährleistete volle Integration der drei Kyoto-Mechanismen, das bürokratische Zuweisungsverfahren auf der Ebene einzelner Anlagen und die unklare und damit politisch manipulierbare EU-weite Abstimmung der Allokationspläne sind kritisch zu bewerten.

Literaturverzeichnis

Buttermann, H. G. (1999): Potentiale und Kosten einer globalen CO_2-Minderungsstrategie in der Stahlindustrie, in: RWI-Mitteilungen 50, Heft 3, S. 129–155.

Hillebrand, B./*Smajgl,* A./*Ströbele,* W./*Behringer,* J. M./*Heins,* B. (2002): Zertifikatehandel für CO_2-Emissionen auf dem Prüfstand: Ausgestaltungsprobleme des Vorschlags der EU für eine „Richtlinie zum Emissionshandel"; Forschungsergebnisse einer Projektgruppe, Münster.

Smajgl, A. (2002): Modellierung von Klimaschutzpolitik: ein allgemeines Gleichgewichtsmodell zur ökonomischen Analyse der Wirkungen von CO_2-Restriktionen auf den Einsatz fossiler Energieträger, Münster.

Teil 5

Ordnungs- und Wettbewerbspolitik

Angst und Furcht

Begleiterinnen der Freiheit

Von Guy Kirsch[1]

A.

Durch die wirtschaftswissenschaftliche Literatur geistert, bis in die jüngste Zeit weitgehend unangefochten, ein etwas eigenartiges Wesen: der homo oeconomicus. Getrieben durch offenkundig problemlos gegebene Bedürfnisse bewegt sich dieses Wesen in einer Welt, die es nur soweit wahrnimmt, wie sie Ressourcen zur Bedürfnisbefriedigung bereithält oder aber als „constraint“ dieser Befriedigung entgegensteht. Wäre dieses Wesen nicht geschlechtslos, so könnte man von einem „Mann ohne Eigenschaften“ sprechen; dies deshalb, weil es ein Wesen ohne Leidenschaften ist. In der Tat: Keine Gefühle und keine Leidenschaften stören den Ablauf des auf die Bedürfnisbefriedigung in einer geizigen Welt ausgerichteten rationalen Optimierungskalküls. Der „homo oeconomicus“ – ein menschgewordener Algorithmus, dem die natürliche Welt nur soweit etwas bedeutet, wie sie für seine Bedürfnisbefriedigung von Interesse ist, und der seine Mitmenschen nur dann wahrnimmt, wenn sie als Träger von Ressourcen, gar selbst als Ressourcen im Dienste seiner Bedürfnisbefriedigung instrumentalisiert werden können bzw. wenn sie dieser Bedürfnisbefriedigung im Wege stehen. Gefühle wie Mitleid oder Missgunst, Wohlwollen oder Feindschaft, Neid oder Mitfreude sind ihm ebenso fern wie die Leidenschaften des Hasses oder der Liebe. Der Sinn für Fairness geht ihm genau so ab, wie ihm Destruktivität und Urvertrauen fremd sind.

Inzwischen aber entsteht diesem Wesen ohne Eigen- und Leidenschaften ein Herausforderer: Die Wirtschaftswissenschaft ist dabei, das ihrer Theorie zugrunde liegende Menschenbild anzureichern. Man ist versucht zu sagen, dass – nachdem an ihren Anfängen die Reduzierung der Leidenschaften auf Interessen gestanden hatte – die Ökonomie nunmehr, von den Interessen ausgehend, die menschlichen Leidenschaften wiederentdeckt. Neben das „self-interest“ tritt als Handlungsmotiv das „interest in one’s own self“; die

---

[1] Der Autor ist Professor für Neue Politische Ökonomie an der Universität Freiburg (Schweiz).

Aufmerksamkeit richtet sich nicht mehr nur auf ressourcen- und constraints-fixierte interindividuelle Kooperationen bzw. Konflikte; zunehmend finden auch personenbezogene emotionale Beziehungen Beachtung.

B.

Allerdings scheint *ein* Gefühlskomplex – wenigstens vorerst – noch ausgeblendet zu werden: die Angst und die Furcht. Dies ist verständlich, nicht aber ist es unbedingt verständig. Es ist gleich aus mehreren Gründen verständlich: Bis in die jüngere Vergangenheit mochte die das Wirtschaftswachstum anfeuernde und von diesem angeheizte Erfolgseuphorie die Gefühle von Angst und Furcht – so sie denn lebendig waren – übertönt haben. Auch schien es überdeutlich, dass diese Gefühle wohl in den Diktaturen des real existierenden Sozialismus das Leben der Menschen weitgehend prägten, es sich aber in den liberal-demokratischen Rechtsstaaten ohne Angst und Furcht leben liess. Man mochte also der Ansicht sein, dass sich die Analyse von Angst und Furcht in einer freiheitlichen Ordnung erübrigt.

Dies ist dabei sich zu ändern. Es zeigt sich nämlich immer deutlicher, dass es wenig verständig ist, das Angst- und das Furchtgefühl zu übergehen; zu deutlich prägen sie auch in unserer Gesellschaft das Lebensgefühl vieler Menschen. Der Lärm einer sich an den eigenen Erfolgen berauschenden Wirtschaft ist abgeklungen; die sich häufenden Misserfolgserlebnisse, der allgegenwärtige Anblick des Scheiterns tragen zu einer Sensibilisierung für die Ungesichertheit des Lebens und damit für die Regungen von Angst und Furcht bei. Und weil es in nächster Nähe keine Diktaturen mehr gibt, können unsere eigenen Gefühle der Angst und der Furcht nicht mehr so einfach nach außen projiziert werden. Kein Wunder also, dass wir uns hier und heute selbst als die Opfer von Angst und Furcht entdecken.

Es wäre in dieser Situation höchst unverständig, wenn die Wirtschaftswissenschaft dies in ihrer Analyse nicht berücksichtigen wollte; dies um so mehr als sie durchaus in der Lage ist, zu diesem Thema etwas beizutragen. In der Tat wird sich im Folgenden zeigen, dass auch eine liberale Gesellschaft sich in weiten Teilen besser verstehen lässt, wenn man berücksichtigt, dass es in ihr Menschen gibt, die selbst Angst haben, die anderen Angst machen, die als Angstverstärker bzw. als Angstverbreiter ihre Geschäfte machen; auch lassen sich einige Einblicke in die Dynamik einer liberalen Ordnung gewinnen, wenn man ausdrücklich beachtet, dass wir nicht nur Angst haben (müssen), sondern dass wir uns auch fürchten (wollen).

C.

Mit der letzten Bemerkung ist auf die Notwendigkeit begrifflicher Klarheit, hier der konzeptionellen Unterscheidung von Angst und Furcht, verwiesen.

In den weiteren Überlegungen wird es sich nämlich als zweckmäßig erweisen, zwischen der Angst und der Furcht zu unterscheiden: Während die *Angst* ein diffuses Gefühl der Bedrohung ist, besteht die *Furcht* in dem Gefühl einer identifizierten oder doch wenigstens identifizierbaren Gefährdung. Man fürchtet sich vor etwas; doch hat man schlicht Angst. Wer sich vor etwas fürchtet, hat keine Angst; und wer Angst hat, weiss nicht, vor was er sich fürchten soll. Dabei mag der Übergang zwischen der Angst und der Furcht fliessend sein: Mit steigender Konkretisierung der Bedrohung steigt die Furcht und sinkt die Angst. Umgekehrt gilt, dass in dem Maße, wie eine konkrete Bedrohung zu einer undefinierten Gefährdung wird, die Furcht in Angst umschlägt. Angst hat man vor dem Namen- und Gesichtslosen; nur was man nennen und kennen kann, eignet sich als Furchtobjekt. Rumpelstilzchen verliert seinen angstauslösenden Schrecken, sobald jemand seinen Namen in Erfahrung bringt; mag man sich auch dann noch vor ihm fürchten, so verursacht es doch keine Angst mehr.

Wenn nun die Unterscheidung zwischen Angst und Furcht Sinn macht, dann stellt sich die Frage, ob und warum die Menschen Angst haben. Es stellt sich auch die Frage, wie es hier und heute um die Angst bestellt ist. Es stellt sich schließlich die Frage, ob, warum und wie die Menschen ihre Angst in Furcht transformieren.

D.

Es dürfte außer Frage stehen, dass die Angst gegenwärtig nicht nur ein Thema in den Lifestyle-Journalen und in den Lehrbüchern der Psychologie und der Psychiatrie, sondern für viele eine erfahrbare Realität ist. Über die Gründe hierfür kann man Hypothesen aufstellen. Plausibel dürfte folgende sein: Als Folge der mit dem Modewort Globalisierung angesprochenen Entwicklung erleben viele von uns, dass die für ihr Leben, ihr Wohlleben und ihr Überleben relevante natürliche und gesellschaftliche Welt nicht nur sehr weiträumig, sondern auch bis zur Undurchschaubarkeit komplex (geworden) ist. Man kann es auch so sagen: Viele von uns sollen, ja müssen ihr Leben, Wohlleben und Überleben in einer Welt bewerkstelligen, über die sie – etwa über das Internet – jede Menge *Informationen* haben können, über die es ihnen aber an einem *konsistenten und sinnhaften* Wissen fehlt. Sie ahnen, dass vieles, über das sie informiert sind, für ihr Schicksal von Bedeutung sein kann, nur wissen sie nicht, wie und in welchem Ausmaß, wenn überhaupt, es sie und ihr Leben tangiert. Entsprechend müssen sie damit rechnen, dass die Welt, in der sie leben, Gefährdungen birgt, deren Art sie nicht kennen und deren Eintretenswahrscheinlichkeit sie nicht berechnen können. Gewiss diese Welt mag auch Beglückungen in sich tragen, deren Art und Eintretenswahrscheinlichkeit ihnen unbekannt sind, doch ist die Annahme plausibel, dass gegenwärtig eher das Gefühl der potentiellen Gefährdung als jenes der möglichen Beglückung verbreitet ist.

Paradoxerweise sind es gerade die Vielzahl und die Vielfalt von *Informationen,* über welche der Mensch heute kostengünstig verfügt oder doch wenigstens verfügen kann, die dazu beitragen, dass seine Lebenswelt für ihn von geradezu undurchschaubarer Komplexität geworden ist. Wegen, nicht aber trotz einer überbordenden Informationsfülle über die Welt fehlt es dem Einzelnen an einem konsistenten und sinnhaften *Wissen* über die für sein Leben, sein gutes Leben, ja im Zweifel für sein Überleben relevante Welt. Dies ganz im Gegensatz etwa zu einem Bauern des Mittelalters. Dieser verfügte über weit weniger Informationen als der moderne Mensch, doch hatte er über seine vergleichsweise enge Lebenswelt ein (vielleicht aus heutiger Sicht falsches, aber als richtig geltendes) konsistentes und sinnhaftes Wissen. *Wir* können über die Zahl der BSE-infizierten Rinder informiert sein, doch wissen wir nicht, ob wir das Steak auf unserem Teller gefahrlos verzehren können. Der Bauer von ehedem konnte zwar über keine Suchmaschine praktisch jede irgendwo auf der Welt verfügbare Information abrufen, doch wusste er, dass man vor der Statue dieses oder jenes Heiligen eine Kerze stiften musste, damit die Kuh im Stall wieder Milch gab. Und dort, wo dieser Bauer etwas ahnte von Kräften und Mächten, die sich seinem Wissen entzogen, konnte er – anders als die meisten Menschen von heute – als gläubiger Mensch sich und diese Unbekannten in seiner Religiosität in einen sinnhaften Zusammenhang bringen.

In dem Maße nun, wie der Einzelne heute über die für ihn und sein Leben relevante Welt zwar im Prinzip gut informiert ist, aber im Zweifel wenig weiß, ist die Annahme plausibel, dass er vor dieser Welt – wenn er sich denn nicht, voll Vertrauen in die Menschenfreundlichkeit der Welt, als Hans-im-Glück sieht – Angst hat. In dieser Welt kann ihm im Zweifel jedes Unheil drohen; und er weiß selten mit einiger Gewissheit, vor was er sich eigentlich fürchten soll. Und dies nicht nur, weil in einer globalen Welt und Wirtschaft die für den Einzelnen relevanten Prozessabläufe immer weniger durchschaubar und gestaltbar sind. Auch die Strukturen und Institutionen, innerhalb derer sich das private, berufliche und politische Leben des Einzelnen abspielt, sind einem zunehmend rapiden, unvorhersehbaren und unsteuerbaren Wandel unterworfen. Mit der Folge, dass es für den Einzelnen selbst in seiner engeren Lebenswelt zunehmend schwierig wird, zielgerichtet zu handeln und so durch *Reaktionen im Kleinen* die *Turbulenzen der großen Welt* in ihren Auswirkungen auf sein Leben nach Möglichkeit als Chance zu nutzen, oder doch wenigstens als Gefährdung aufzufangen. Die Folge ist, dass hier und heute die Angst als starkes, gar als dominierendes Lebensgefühl so selten nicht ist; im Extrem mag alles und jedes zum angstauslösenden Unheil werden, doch kann kaum etwas als konkrete Gefahr identifiziert und gefürchtet werden.

E.

Auch jener, der diese Schilderung als Überzeichnung empfindet, wird im Zweifel nicht abstreiten, dass sie einen Kern an Wahrheit enthält. In dem Maße, wie dies der Fall ist, also die Angst, vorerst aber weniger die Furcht ein wichtiges Lebensgefühl ist, erweisen sich zwei Verhaltensmuster als wenig hilfreich: Für jenen, der im Prinzip durch alles und jedes gefährdet werden kann, ist es nicht sinnvoll, offensiv etwas Bestimmtem entgegenzuarbeiten; auch macht es unter diesen Umständen keinen Sinn, vor etwas Bestimmtem die Flucht zu ergreifen. Allenfalls bietet es sich an, aggressiv *gegen alles und jedes* vorzugehen oder aber *vor allem und jedem* zu flüchten. Und sollten weder die *Aggression* gegen noch die *Flucht* vor allem und jedem möglich sein, so bleibt dann, wenn die Angst ein gewisses Maß übersteigt, nur noch die *katatone Erstarrung*: Wem es gelungen ist, alle Lebendigkeit in sich abzutöten, kann von nichts und niemandem bedroht werden. Jedenfalls wird ihn kein drohender Verlust, vielleicht nicht einmal die Gefahr des Verlustes der eigenen Existenz affizieren. Selbst das eigene Sterben ist für jenen, der schon abgestorben ist, ohne Schrecken.

Diese angstinduzierten Verhaltensweisen haben – trotz aller Unterschiede – eines gemeinsam: Sie sind nicht konstruktiv; im Gegenteil. Man möchte deshalb versucht sein, die Angst als ein durchgehend disfunktionales Gefühl abzuwehren: Nur keine Angst! Dieser Versuchung sollte man nicht erliegen; wer nämlich keine Angst hat, dem fehlt die Sensibilität für mögliche Gefahren. Es ist demnach geradezu existenznotwendig, angstfähig zu sein, also ein Gefühl für die potentielle Bedrohlichkeit von allem und jedem, von allen und jeden haben zu können.

Allerdings: So wichtig es ist, Angst haben zu können, so wichtig ist es auch, dass es nicht bei diesem diffusen Gefühl der Angst bleibt, sondern dass es gelingt, diese diffuse Angst in eine konkrete Furcht zu transformieren. Soll nämlich ein konstruktives Verhalten möglich werden, so ist es nötig, dass jene Gefahren identifiziert werden, die entweder *gezielt-offensiv* angegangen werden sollen bzw. vor welchen die Flucht zu ergreifen ist. Nur so sind ein ersprießliches Leben des Einzelnen und ein gedeihliches Zusammenleben in der Gesellschaft wenigstens nicht a priori ausgeschlossen.

Es kann also nicht darum gehen, die Angst, also die Sensibilität für die Bedrohlichkeit der Welt und für die Brüchigkeit der menschlichen Existenz, wie sie auch für den psychisch gefestigten, also nicht neurotisch fixierten oder psychotisch gefangenen Menschen natürlich ist, abschaffen, gar wegtherapieren zu wollen: Wer völlig ohne Angst wäre, wäre in der Tat in höchster Gefahr. Allerdings ist es von entscheidender Bedeutung für das Gelingen des individuellen Lebens und für das konstruktive Zusammenleben, dass die Angst in Furcht umgesetzt wird. Es muss also angestrebt werden, vom diffusen Gefühl der Bedrohung zur Wahrnehmung von konkreten Gefahren zu gelangen. Erst dann, wenn dies erreicht ist, wird ein gezielt-konstruktiver Umgang mit den Risiken und Fährnissen des Lebens und Zusammenlebens möglich. *Die Transformation der diffusen Angst vor allem und jedem in eine konkrete Furcht vor diesem und jenem ist, wenn auch nicht die conditio per quam, so doch die conditio sine qua non für den konstruktiven Umgang des Menschen mit sich, mit den Mitmenschen und mit den Dingen dieser Welt.* Dies ist eine Einsicht, zu der nicht erst wir kommen müssen. Schon jener junge Mann im Märchen, der auszog, das Fürchten zu lernen, wusste, dass ihm etwas Wichtiges fehlte. Warum sonst hätte er sich auf die hartnäckig-verzweifelte Suche nach Furchtobjekten machen sollen?

Im Übrigen: Man kann sich fragen, ob dieses Suchen nach Furchtobjekten nicht seine Ursache in der evolutionsgeschichtlich gebildeten psychisch-physischen Grundausstattung nicht nur, aber besonders des Menschen findet. In der Tat kann der Mensch offenkundig leichter mit der Furcht als mit der Angst umgehen; entsprechend drängt es ihn dann, wenn er Angst, also das diffuse Gefühl einer nichtidentifizierten Bedrohung hat, jene Gefahr zu identifizieren, die ihn konkret bedroht. *Wer Angst haben muss, möchte sich fürchten können.* Und: Wer sich nicht fürchten kann, lebt im Zweifel nicht nur schlecht, sondern auch eher kurz.

Es ist demnach vorerst festzuhalten: Es ist für den Menschen hoch funktional, angstfähig zu sein. Allerdings ist es für den Einzelnen und für das gesellschaftliche Zusammenleben höchst bedenklich, wenn vornehmlich oder gar nur die Angst, nicht aber auch die Furcht, das Denken und Fühlen der Menschen beherrscht.

Gewiss: Man kann darauf hinarbeiten, ein Mindestmaß an Vertrauen in die Lebensfreundlichkeit der Welt und in die Humanität der Mitmenschen zu schaffen, also pathologische Extremformen der Angst zu therapieren. Allerdings sollte man sich hierbei keinen Illusionen hinzugeben: Die völlige Angstfreiheit *soll* nicht dadurch erreicht werden, dass die Angstfähigkeit abgetötet wird; und: Die völlige Angstfreiheit *kann* nicht nur dadurch erreicht werden, dass alle Gefährdungen aus der Welt geschafft werden und nur noch die Beglückungen übrigbleiben. Es ist vielmehr realistischerweise davon auszugehen, dass das Leben, das Wohlleben, ja das Überleben in einer Welt der knappen Ressourcen immer wieder bedroht sind und immer wieder von Neuem gesichert werden müssen; die Welt ist ein potentiell gefährlicher Ort. Gewiss lassen sich im Prinzip die Fährnisse des Lebens bis zu einem bestimmten Punkt begrenzen, und das Beglückungspotential der Welt kann bis zu einem bestimmten Punkt erschlossen werden. Doch muss jenseits dieses Punktes – soll die Angst gemindert werden – das Fürchten ermöglicht werden. Wohl ist damit noch nicht unbedingt gewährleistet, dass die Menschen auch die Möglichkeit zur Flucht bzw. zum offensiven Handeln haben. Nur wissen sie dann wenigstens, vor was sie flüchten bzw. welcher Art von Gefährdung sie offensiv begegnen sollen.

Letzteres scheint unproblematisch zu sein. Da nämlich die diffuse Angst für den Einzelnen schwerer zu ertragen ist als eine konkrete Furcht, tendieren die meisten von sich aus dazu, nach jenen Ursachen zu suchen, die ihr Leben und ihre Wohlfahrt bedrohen (können): Wer ein *angst*auslösendes Geräusch im Keller seines Hauses hört, sucht im Zweifel so lange, bis er jene Ratte gefunden hat, vor der er sich *fürchten* und die er jagen bzw. vor der er davonlaufen kann. Man kann also geradezu von einem gewissen Appetenzverhalten sprechen: Die Menschen suchen nach Möglichkeiten und Gelegenheiten, die ihnen erlauben, ihre Angst in Furcht umzuwandeln. Weil sie Angst haben, suchen sie nach jenem, vor dem sie sich (endlich) fürchten können. In Goethes Ballade hat der kleine Junge nicht deshalb Angst, weil er in Gestalt der Weiden den Erlkönig fürchtet, sondern er sucht, weil er Angst hat, eine konkrete Bedrohung und (er)findet diese im Erlkönig.

F.

Man möchte also meinen, dass nichts leichter und einfacher ist, als jene und jenes zu identifizieren, die bzw. das man als konkrete Gefahr fürchten, also auch entweder offensiv angehen oder evasiv meiden soll. In der Tat fürchten wir hier und heute vieles: Elektrofelder, Steaks, SARS-Viren, den Verlust des Arbeitsplatzes, ganze Bevölkerungsgruppen wie Muslime, Ausländer, Skins sowie Abstracta wie etwa die Globalisierung. Und dann, wenn wir mal nichts finden, vor dem wir uns fürchten können, erfinden wir etwas: „Aliens". Und nicht nur, dass wir vieles fürchten; auch wechseln die Furchtobjekte nicht selten in schnellem Rhythmus: Was gestern harmlos war, gilt heute als ernste Bedrohung und wird morgen im Zweifel als Gefahr wieder völlig verharmlost, wenn nicht gar völlig vergessen sein.

Gerade Letzteres nun ist ein Phänomen, das der obigen Feststellung, es sei schwierig, geeignete Furchtobjekte zu (er)finden, paradoxerweise ein hohes Maß an Plausibilität verleiht. Dass die Furchtobjekte zum Teil schneller wechseln als die Mode, mag verschiedene Gründe haben. Einer dürfte darin bestehen, dass wir auch dann, wenn wir dies oder jenes fürchten, immer noch Angst haben. Nichts von dem, wovor wir uns fürchten, erweist sich als so bedrohlich, als dass seine Bekämpfung bzw. seine Vermeidung unsere Angst völlig besänftigen könnte. Man kann mit einiger Plausibilität sagen, dass wir – angstbesessen – gierig nach Furchterregendem suchen und in dieser Suche immer wieder wenigstens zum Teil enttäuscht werden. *Unsere Angstbesessenheit leben wir als Sucht nach Furchtobjekten aus.* Und weil diese Objekte, wenn wir sie denn er- oder gefunden haben, sich gemeinhin nicht als so gefährlich erweisen, dass sie unserer Angst entsprechen, suchen wir hastig und verzweifelt nach immer Neuem, das wir fürchten können. Auch entstehen laufend neue Gefährdungen, die das Gefühl der Angst immer von neuem solange schüren, bis wir sie als *konkrete* Bedrohungen identifiziert haben.

Dass die Befriedigung unserer Sucht nach Furcht wenigstens auf die Dauer nie dem Ausmaß und der Intensität unserer Angst entspricht, ist dann nicht überraschend, wenn man sich in Erinnerung ruft, was eingangs über das – trotz einer Überfülle von Informationen – Fehlen eines konsistenten und sinnhaften Wissens über die für den Einzelnen relevante Lebenswelt und über den für viele vollzogenen Verlust jedweder Transzendenz gesagt worden ist. In der Tat: Weil und in dem Maße, wie die für das Leben, Wohlleben und Überleben des Einzelnen relevante Welt undurchschaubar ist, kann in ihr im Prinzip alles bedrohlich sein, doch ist in praxi vergleichsweise wenig als konkrete Gefahr identifizierbar. Weil aber der Mensch darnach strebt, seine Angst in Furcht zu transformieren, ent- und besteht so eine im Letzten nicht vollends und endgültig zu befriedigende Nachfrage nach immer neuen, wenigstens vorübergehend überzeugenden Furchtobjekten.

G.

Ist aber erst einmal die Rede von einer *Nachfrage* nach Furchtobjekten, so drängt es sich geradezu auf, nach einem entsprechenden *Angebot* Ausschau zu halten. Um ein solches Angebot zu finden, braucht man nicht lange zu suchen. Es lassen sich nämlich leicht – *erstens* – eine Vielzahl und eine Vielfalt von Akteuren auf dem Marktplatz und auf dem Forum der Politik ausmachen, die den Erfolg dadurch suchen und finden, dass sie auf konkrete Bedrohungen hinweisen, also *dartun, vor was man sich fürchten muss.* Ein Wissenschaftler, der zeigt, dass BSE mit einiger Sicherheit auf den Menschen übertragbar ist, bietet Kalbshirn als Furchtobjekt an; ein Politiker, der glaubwürdig dartun kann, dass Al Kaida eine echte Gefahr ist, vermittelt, dass Muslime zum Fürchten sind; ein Unternehmer, dem es gelingt, die Botschaft an den Mann zu bringen, dass die „kleinen Fältchen“ das Wohlleben ernsthaft beeinträchtigen, übermittelt die Botschaft: Zu fürchten sind die Runzeln des Älterwerdens.

Entscheidend ist nun, was die hier exempli causa genannten Beispiele trotz aller Unterschiedlichkeit gemeinsam haben: Diese Angebote an Furchtobjekten werden gemacht, weil auf diese Weise deren Anbieter ihre eigene Wohlfahrt – sei es durch wissenschaftliches Prestige, Wählergunst bzw. unternehmerischen Gewinn – zu erhöhen hoffen; was nichts anderes bedeutet, als dass Einzelne auf vielfältige Weise dadurch ihr Glück machen wollen, dass sie bei anderen Angst in Furcht transformieren.

Doch nicht genug damit; neben jenen, die Furchtobjekte ausmachen und anbieten, gibt es – *zweitens* – jene, deren Geschäft darin besteht, etwa als Journalisten, *Furchtobjekte zu verbreiten*: Mit einer glaubwürdigen Story über krebsverdächtige, bei der Baumwollverarbeitung gebräuchliche Chemikalien und die potentielle Gefährlichkeit von T-Shirts lassen sich auflagenfördernde Schlagzeilen machen.

Neben den Anbietern und den Verbreitern von Furchtobjekten gibt es auf dem Markt von Furchtobjekten auch – *drittens* – eine Kategorie von Menschen, deren Angebot darin besteht, Objekte, die anderwärts als furchteinflößend angeboten worden sind, als harmlos auszuweisen.

Allerdings: Viele jener Objekte, die als furchterregend vermittelt worden sind, verlieren nicht deshalb an Aufmerksamkeit, wenn und weil sie als ungefährlich ausgewiesen werden, sondern wenn und weil andere Furchtobjekte sie verdrängen. Dies ist deshalb symptomatisch, weil es die Hypothese nahe legt, dass das Interesse an Furchtobjekten stärker ist als das Interesse, dass einem Objekte, die man fürchtet, (wieder) als harmlos nahegebracht werden. Offensichtlich ist das Bedürfnis der Einzelnen, ihre diffuse Angst in konkretes Fürchten zu transformieren, so groß, dass sie dazu neigen, jene Furchtobjekte, die sie haben, auch dann, wenn diese Objekte nicht gefährlich sind, erst in dem Augenblick loszulassen, wo neue Objekte zum Fürchten an ihre Stelle treten können. Dies belegt die obige Feststellung, dass es für den Einzelnen gemeinhin leichter ist, mit der Furcht als mit der Angst umzugehen.

Eine *vierte* Art von Akteuren tritt als Anbieter auf dem Markt der Furcht auf; hierbei handelt es sich um jene, die Mittel und Wege, Techniken und Strategien, Instrumente und Rezepte anbieten, um jenen konkreten Bedrohungen, die gerade als furchterregend gelten, zu begegnen: BSE – eine furchterregende Gefahr; Gegenmaßnahme – Kalbshirn meiden. Al Kaida – eine furchterregende Gefahr; Gegenmaßnahme – Verstärkung von Sicherheitsvorkehrungen und „preemptive strikes". „Kleine Altersfältchen" – furchterregende Gefahr; Gegenmaßnahme – regelmäßiges Auftragen von Feuchtigkeitscreme.

Diese vier Typen von Akteuren – (Er)finder von Furchtobjekten, Verbreiter von Furchtobjekten, Verharmloser von Furchtobjekten, Anbieter von

Techniken und Mitteln der Gefahrenabwehr – auf dem Markt für Furchtobjekte sind hier *analytisch* auseinander gehalten. Dies bedeutet nicht, dass zwei oder gar mehr Akteurstypen in *einem* Anbieter vereint sein mögen. Dazu zwei Beispiele: Ein Politiker sucht etwa den Erfolg bei den Wählern, indem er deren diffuse Ängste in die konkrete Furcht vor einer terroristischen Bedrohung umsetzt. Gleichzeitig bietet er jene Mittel an, die geeignet sind (oder doch sein sollen), mit dieser Bedrohung fertig zu werden. Es wäre nun gewiss ungerechtfertigt zu unterstellen, dass die Furchtobjekte durchwegs in Tat und Wirklichkeit nicht zum Fürchten sind, sondern von dem besagten Politiker um des eigenen Erfolges willen als Bedrohung weniger gefunden als erfunden werden. Allerdings auszuschließen ist es nicht; genauso wenig wie übersehen werden kann, dass Politiker durchaus einiges an Geschick darin haben, bestimmte Vorkommnisse zu nutzen, um bestimmte Furchtobjekte mit Erfolg zu vermarkten. Man kann wenigstens darüber spekulieren, ob ohne den 11. September der Präsident der Vereinigten Staaten die Möglichkeit gehabt hätte, Saddam Hussein als furchterregende Gefahr konkret werden zu lassen und die schon lange vorher entwickelte Strategie zur Positionierung der USA in der Welt wenigstens im Inland als Strategie zur Bekämpfung dieser Gefahr zu vermitteln.

Zweites Beispiel: Die Zeit der Pubertät ist für viele insofern eine angstvolle Zeit, als der junge Mensch, sich und die Welt nicht (mehr) versteht und dabei spürt, dass er – um einen, um seinen Platz in dieser Welt zu finden und zu behaupten – sich und die Welt begreifen und wenigstens in Teilen in den Griff bekommen muss. Der Jugendliche ahnt, dass hier die Gefahr eines tiefen, aber noch undefinierten Scheiterns (allerdings auch die Chance eines gleichermaßen undefinierten Gelingens) besteht. Entsprechend schwankt er zwischen verzagter Ängstlichkeit und freudiger Zuversicht. In dieser Situation mag nun ein Zigarettenfabrikant naheliegenderweise die Angst des jungen Menschen in eine Furcht vor einer defizitären Männlichkeit transformieren. Gleichzeitig mag dann die Werbung nahe legen, dass jener, der Marlboro raucht, nicht nur ein echter Kerl, ein richtiger Mann ist, sondern auch in einer heilen und überschaubaren Welt im Kreis gleichfalls unverdächtiger Männer seinen Platz hat.

Die Liste der Beispiele ließe sich mühelos verlängern. Darauf kann an dieser Stelle verzichtet werden, zeigen doch die beiden genannten Exempel mit hinreichender Deutlichkeit jenen Zusammenhang, um dessen Klärung es hier geht: Ein Anbieter von Furchtobjekten kann *seine* Ziele – Prestige, Wählerstimmen, Gewinne u.a. – dadurch erreichen, dass er *bei anderen* eine diffuse Angst in ein konkretes Fürchten umsetzt und/oder indem er glaubwürdig Mittel und Wege anbietet, um jenen Gefahren, die als Furchtobjekte konkretisiert worden sind, zu begegnen. Dabei mag es Anbieter geben, die ihren Erfolg eher in der *Identifizierung von Furchtobjekten* suchen, und solche, die sich in der Hauptsache auf die *Mittel zur Bewältigung von konkreten Gefahren* verlegen. In vielen, wenn nicht gar in den meisten Fällen dürften allerdings die Anbieter beides – Furchtobjekte und Techniken der Gefahrenbewältigung – anbieten.

Letzteres anzunehmen drängt sich nicht nur auf der Grundlage eines ersten Eindrucks auf; auch ist es aus folgendem empirisch abgesicherten Grund plausibel: Man weckt als Politiker, Unternehmer, Wissenschaftler, Journalist, Geistlicher usw. bei Menschen dann am ehesten *Interesse,* wenn man sie bei ihren *Ängsten* anspricht und ihnen Fruchtobjekte anbietet; und: Man *motiviert* diese Menschen um so eher *zu einem bestimmten Verhalten* als Wähler, Käufer, usw., wenn man ihnen *Instrumente aufzeigt, mittels derer die konkrete Bedrohung und Gefahr abgewendet werden kann.* Wenn dem aber so ist, dann liegt es für einen Politiker bzw. für einen Unternehmer nahe, die Wähler bzw. die *Kunden bei ihrer Angst zu packen und sie an der Leine ihrer Furcht zu führen:* „Du hast Angst. In Wirklichkeit fürchtest Du, kein richtiger Mann zu sein. Rauche Marlboro und Du bist ein echter Kerl unter echten Kerlen“. Oder: „Du hast Angst. In Wirklichkeit fürchtest Du Dich vor terroristischen Anschlägen. Unterstütze meine Politik der Terrorismusbekämpfung und Deine Sicherheit vor terroristischen Anschlägen ist gewährleistet.“

H.

Es liegt nahe, die hier angesprochenen Verhaltensmuster sowohl auf Seiten der Anbieter als auch auf Seiten der Nachfrager als bedauerliche und im letzten pathologische Erscheinungen einer liberalen Gesellschafts-, Staats- und Wirtschaftsordnung anzusehen. In der Tat – so mag man argumentieren – ist es einigermaßen misslich, dass die Nachfrager nach Furchtobjekten, getrieben von ihrer Angst vor der Angst, auf der Suche nach immer neuen konkreten Bedrohung und Gefahren sind, vor denen sie fliehen oder die sie offensiv angehen können. Auch mag man nicht ohne Grund bedauern, dass in einer freiheitlichen Ordnung Unternehmer, Politiker, Journalisten, Wissenschaftler u. a. ihr Aus- und Einkommen finden, indem sie den Menschen das Fürchten beibringen und ihnen wohl Wege aufzeigen, mit den Risiken und Gefährdungen des Lebens umzugehen, aber diese Wege so wählen, dass sie ihren, d. h. der Anbieter Interessen förderlich sind.

I.

Doch auch dann, wenn diese Kritikpunkte nicht immer ohne jede Berechtigung sind, zeigt ein zweiter Blick, dass es sein Gutes hat, dass eine liberale Ordnung Institutionen vorhält, mittels derer die Angst in Furcht umgewandelt werden kann und mittels welcher Furchtobjekte gefunden, erfunden, angeboten, verbreitet, diskreditiert und durch andere Furchtobjekte abgelöst werden, die dann ihrerseits gefunden bzw. erfunden sein werden, angeboten, verbreitet und schließlich selbst durch neue Furchtobjekte verdrängt werden, die ihrerseits …

Es ist nämlich für den Einzelnen höchst funktional, dass er nicht mit einer Lebens- und Weltangst konfrontiert bleiben muss, angesichts derer er in seiner Hilflosigkeit nur vor allem fliehen bzw. alles angreifen oder aber in katatoner Leb- und Weltlosigkeit erstarren müsste. Indem seine Angst in Furcht umgesetzt wird, wird wenigstens *eine* notwendige Bedingung dafür erfüllt, dass der Einzelne gegenüber sich selbst, den Mitmenschen und den Dingen dieser Welt ein zielgerichtetes und wenigstens nicht aggressives bzw. destruktives, sondern gar ein konstruktives Verhalten entwickelt. In etwas anderer Formulierung: *Die Umwandlung von Angst in Furcht erlaubt es dem Menschen, den Preis des Lebens in dieser Welt nicht in den großen Scheinen der Existenzangst, sondern in der kleinen Münze des Fürchtens zu zahlen.*

Dies ist für den Einzelnen auch deshalb sinnvoll, insofern er in den wenigsten Fällen die Kraft haben dürfte, sich der Existenzangst zu stellen, er aber durchaus in der Lage ist, immer wieder kleinen Bedrohungen und Gefährdungen ins Auge zu sehen und zu begegnen.

Die Umsetzung von Angst in Furcht ist nicht nur für den Einzelnen, sondern auch für das gesellschaftliche Zusammenleben von Wert. Dies aus folgendem Grund: Indem sich auf diese Weise den Gesellschaftsmitgliedern die Möglichkeit eröffnet, nicht umfassend *destruktiv* miteinander umzugehen, sondern *offensiv* aufeinander zuzugehen oder sich aus dem Wege zu gehen, *sinkt das Aggressionspotential in der Gesellschaft.* Wenn es in liberalen Gesellschaften – trotz aller nicht zu leugnenden (Selbst)destruktivität – in überraschendem Ausmaß friedlich und konstruktiv zugeht, so wohl auch deshalb, weil sich die Menschen der Angst nicht unmittelbar, sondern vermittelt über Furchtobjekte stellen müssen. Es entspricht diesen eher theoretisch-spekulativen Überlegungen, dass – wie empirische Studien belegen – gegenwärtig eine Mehrzahl von Menschen die *allgemeine* Lage negativ einschätzen, ihre *eigene* Situation aber eher positiv beurteilen. Eine durchaus plausible Erklärung für diesen doch eher überraschenden Befund dürfte darin bestehen, dass die Frage nach der allgemeinen Lage Ängste wachruft, denen sich der Einzelne ausgeliefert fühlt, die Frage nach seiner Situation aber die Furcht vor konkreten Problemen anspricht und der Befragte sich diesen eher gewachsen fühlt.

Im Übrigen: Weil in einer liberalen Gesellschaft die Möglichkeit besteht, die Angst wenigstens zum Teil als Furcht bewältigen zu können, ihr also nicht in ihrer im Zweifel überwältigenden Gewalt begegnet werden muss, besteht wenigstens die Möglichkeit ihrer *Enttabuisierung*. Sie kann ein Thema des gesellschaftlichen Austauschs sein; der Einzelne ist also nicht gezwungen, sich ihr allein zu stellen. *In einer liberalen Gesellschaft hat der Einzelne nicht nur Angst; er darf auch Angst haben.* Es ist geradezu ein Gradmesser für die Liberalität einer Gesellschaft, ob und wie viel Angst man haben darf. Auch ist es ein Gradmesser für die Liberalität einer Gesellschaft, ob und wie viel Angst in Furcht transformiert werden kann.

Diese hier der freiheitlichen Ordnung zugeschriebenen Vorzüge werden besonders deutlich, wenn man sie in der Differenz zu den freiheitsfremden Verhältnissen etwa in Diktaturen sieht. So gibt es dort durchaus die Angst, ja Diktatoren tendieren dazu, die Angst zu verstärken. Nur darf über jene Angst, die im Zweifel jeder spürt, nicht geredet werden; ein jeder soll mit seiner Angst *allein* bleiben und so als Einzelner, als Vereinzelter als hilf- und widerstandsloses Menschenmaterial der Diktatur zur Verfügung stehen. Der Einzelne soll aber nicht nur mit seiner Angst *allein* bleiben, er soll auch mit seiner *Angst* allein bleiben, sie also nicht in Furcht umsetzen können. Bleibt es nämlich bei der Angst und gelingt es dem Diktator – er steht hier für alle Typen unliberaler Herrschaft – die Aggressivität der Bürger in Schach zu halten und die Flucht zu unterbinden, dann bleibt als Ausweg für den Einzelnen nur das Abdriften in die Katatonie, eine Entwicklung, die dem Diktator durchaus genehm sein mag; dies um so mehr als sich dieses so abgestorbene Menschenmaterial bestens zur Veranstaltung von Massenaufmärschen fähnchen- und blumenschwenkender Menschen mit glücklichstrahlenden Gesichtern eignet. Die Berichte und Filmdokumente von Hitlers Ritualen in Nürnberg, Stalins Feiern auf dem Roten Platz und Kim Song Ils Aufmärsche in Pjongjang illustrieren ad nauseam den hier angesprochenen Zusammenhang.

Nur am Rande erwähnt, aber durchaus symptomatisch ist in diesem Kontext auch, dass in Diktaturen von Hitler über Stalin, zu Mao Tsedong und Ceaucescu die Angst als menschliches Problem im öffentlichen Diskurs negiert wird. Gleichfalls symptomatisch ist, dass Diktatoren gemeinhin darauf achten, dass über jenes, was konkret zum Fürchten ist – die Gestapo, die Konzentrationslager, der Gulag, die Folterungen – *nicht* geredet wird.

Nicht ohne Übertreibung kann man sagen, dass unliberale, gar diktatorisch-totalitäre Regime dazu tendieren, gegenüber den Beherrschten die Stelle des Schicksals hinzunehmen. So wie die Menschen diesem in seiner Undurchschaubarkeit mit Existenzangst begegnen, so sollen sie auch „den Vorsitzenden", „den Führer", „das Politbüro" mit diffuser Angst eher erahnen als begreifen. Sie sollen – wie in Goethes „Iphigenie" das Menschengeschlecht vor den Göttern – zittern, denn „sie halten die Herrschaft in ewigen Händen und können sie brauchen wie's ihnen gefällt."

Es ist demnach festzuhalten: Im Gegensatz zu freiheitsfeindlichen Regimes zeichnet sich eine Ordnung nach Maßgabe ihrer Liberalität dadurch aus, dass – *erstens* – der Einzelne im Verkehr mit anderen Menschen seine Angst artikulieren kann, er also Angst haben darf, dass – *zweitens* – niemand den anderen Gesellschaftsmitgliedern im Dienste seiner eigenen Ziele Angst machen kann und – *drittens* – dass es nicht ein Angebotsmonopol von Furchtobjekten gibt, sondern diese im Wettbewerb angeboten werden.

Man kann demnach eine liberale Ordnung als ein institutionelles Arrangement bezeichnen, in welchem der Einzelne Angst, *seine* Angst haben darf und in dem ihm die Möglichkeit geboten wird, diese seine Angst in *seine* Furcht umzusetzen.

Ein weiterer Punkt kommt hinzu: Indem es in einer liberalen Ordnung einen wettbewerblichen Markt gibt, wo sich das Angebot und die Nachfrage von immer neuen Furchtobjekten treffen, besteht auch ein Ort, wo jene Bedrohungen, die das Leben, das Wohlleben, gar das Überleben der Menschen gefährden mögen, identifiziert, bekannt gemacht werden können. Und weil es – siehe oben – für den Erfolg der Anbieter wichtig ist, dass sie auch Techniken und Instrumente zur Bedrohungsabwehr anbieten, besteht der Antrieb, nach immer neuen Wegen zur Abwehr immer neuer Gefahren zu suchen.

Gewiss, nicht wenige der angebotenen Furchtobjekte sind in Wirklichkeit weniger gefährlich als jene erklären, die sie „anpreisen". Dem steht allerdings entgegen, dass solche in ihrer Bedrohlichkeit überschätzten Furchtobjekte in einer liberalen Gesellschaft vergleichsweise schnell als mehr oder weniger harmlos entlarvt werden. Aus dieser Perspektive erweist sich demnach der schnelle Wechsel von einem Furchtobjekt zu nächsten, wie er oben mit negativem Vorzeichen angesprochen worden ist, als ein Vorgang, der auch positive Seiten hat. Damit erweisen sich mittelbar die Angst und unmittelbar die Furcht als Gefühle, die als psychische Triebkräfte dem wissenschaftlich-technischen Fortschritt, dem wirtschaftlichen Wachstum und der gesellschaftlichen Entwicklung förderlich sind. Eine Gesellschaft, in welcher die Menschen *keine* oder *nur* Angst haben ist zum Untergang verurteilt; eine Gesellschaft, in welcher die Menschen auch Furcht haben, kann prosperieren.

Auch hier zeigt sich die spezifische Eigenart einer freiheitlichen Ordnung in der Differenz zu ihrem unliberalen Pendant. In der Tat: Es ist für Diktaturen eher typisch, dass in ihnen die Beherrschten nichts fürchten sollen; jedenfalls sollen sie nur, nein: müssen sie offen äussern, dass sie jenes fürchten, das ihnen der Diktator zum Fürchten aufgezwungen hat. Ansonsten haben die Beherrschten zu zeigen, dass sie ihr Leben in sorgloser Heiterkeit, ohne Angst und ohne Furcht leben. Aus eigenem Antrieb sollen sie nichts und niemand fürchten; entsprechend sollen sie auch von sich aus weder etwas offensiv angehen noch sollen sie aus eigener Initiative etwas aus dem Wege gehen. Man kann es auch so sagen: Diktatoren tendieren dazu, ihre Untergebenen über die Angst in katatoner Erstarrung zu halten und sie nur dort über die Furcht zu aggressivem bzw. evasivem Handeln zu verführen, wo dies seinen Zielen entspricht. Es ist also nicht verwunderlich, dass unliberale Ordnungen gemeinhin nur in solchen Bereichen nicht steril, (wenn auch nicht unbedingt konstruktiv), sind, die von der Führung als jene vorgegeben worden sind, in denen vom Diktator vorgegebenen Bedrohungen so oder anders zu begegnen ist.

J.

Eingangs hatten wir die gängige Ansicht erwähnt, dass die Angst und die Furcht wohl in freiheitsfeindlichen Regimen verbreitete Gefühle sind, dass sie aber einer liberalen Ordnung eher fremd, ja dort eher pathologische Erscheinungen sind. Unsere Überlegungen haben gezeigt, dass dem nicht so ist. Richtig ist vielmehr, dass sowohl in liberalen als auch in unliberalen Ordnungen der Mensch mit der Angst vor den Fährnissen des Lebens konfrontiert ist und dass diese Angst um so größer ist, desto leerer der Himmel über ihm und desto unüberschaubarer die für ihn relevante Welt um ihn ist. Beide – die liberale und die unliberale Ordnung – unterscheiden sich aber darin, dass in dieser die Angst der Menschen durch Menschen im Dienste der Mächtigen instrumentalisiert werden kann. Sie unterscheiden sich auch darin, dass nach dem Grade der Freiheitsfeindlichkeit die Einzelnen nicht nur mit ihrer Angst isoliert bleiben, sondern sie entweder nur Angst und keine Furcht oder aber nur jene Furcht haben dürfen, die ihnen wiederum im Dienste der Herrschenden aufgezwungen worden ist. Hingegen dürfen die Einzelnen in einer liberalen Ordnung jene Angst haben, die *sie* haben, nicht aber jene, die andere ihnen machen; auch ist es ein Zeichen der Liberalität einer Gesellschaft, wenn in ihr, die Menschen ihre Angst nicht bloß in Furcht umwandeln können, sondern auch jenes fürchten können, was *sie* als Bedrohung für *sich* ansehen, nicht aber, was andere ihnen als Furchtobjekte aufdrängen. Unter dem Aspekt von Furcht und Angst ist jener frei, der sagen kann: Ich stelle mich *meiner* Angst und ich fürchte, was *ich* als Bedrohung ansehe.

Wirtschafts- und Finanzpolitik „am Rand des Chaos“: Systemtheoretische Renaissance der Ordnungspolitik?

Von Aloys Prinz[1]

A. Einleitung

Heinz Grossekettler beschäftigt sich seit geraumer Zeit mit der prozessualen Seite der Markträumung und mit Gleichgewichten auf realen Märkten. Damit unterscheidet er sich erheblich von Ansätzen einer komparativ-statischen Gleichgewichtstheorie, für die das Gleichgewicht alles und der Anpassungsprozess nichts ist. Das von ihm entwickelte Koordinationsmängel-Diagnosekonzept (KMD) als heuristisches Indikatorsystem liefert Kenngrößen, anhand derer überprüft werden kann, in welchem Zustand sich ein Markt, eine Industrie oder eine Branche befinden.[2] Dahinter stecken Überlegungen der österreichischen Schule (der *Austrians*), welche sich mit dem neoklassischen, zustandsorientierten Gleichgewichtsbegriff nicht anfreunden konnten.[3] Grossekettler benutzt kybernetische Konzepte und Begriffe, um Marktprozesse zu untersuchen, und gelangt auf diese Weise zu evolutorischen Vorstellungen einer zum Gleichgewicht tendierenden Ökonomie.

Diese Sichtweise und das entwickelte Analyseinstrumentarium sind hochaktuell. In diesem Beitrag wird versucht, die Perspektive noch etwas schärfer zu fassen. Dazu ist ein Seitensprung erforderlich, nämlich zur theoretischen Physik. Dort werden zur Zeit unter dem Begriff *Econophysics* Konzepte und Ideen der statistischen Physik auf ökonomische Sachverhalte übertragen,[4] die geeignet sind, einige lieb gewordene ökonomische Vorstellungen über Bord zu werfen. Schon vorher wurde in der Soziologie von Niklas Luhmann systematisch neues systemtheoretisches Denken eingeführt, das alle bis dahin verwendeten Ansätze in den Schatten stellt.[5] Das gemeinsame Band zwischen Grossekettler, Luhmann und der Econophysics besteht in der *Selbstorganisation*[6] komplexer Systeme, die u. a. von Luh-

---

[1] Der Autor ist Professor am Institut für Finanzwissenschaft der Westfälischen Wilhelms-Universität Münster.

[2] Siehe *Grossekettler* (1999).

[3] Vgl. z. B. *Kirzner* (1997).

[4] Siehe dazu z. B. *Dacorogna* (1999).

[5] Siehe z. B. *Luhmann* (2002).

mann auch als *Autopoiesis* bezeichnet wird. Die Eigenarten solcher Systeme zu untersuchen ist gleichzeitig faszinierend und höchst relevant. Wie anders sollte es ohne Kenntnis der Systemmechanik möglich sein, die Ergebnisse der Systeme zu beeinflussen?

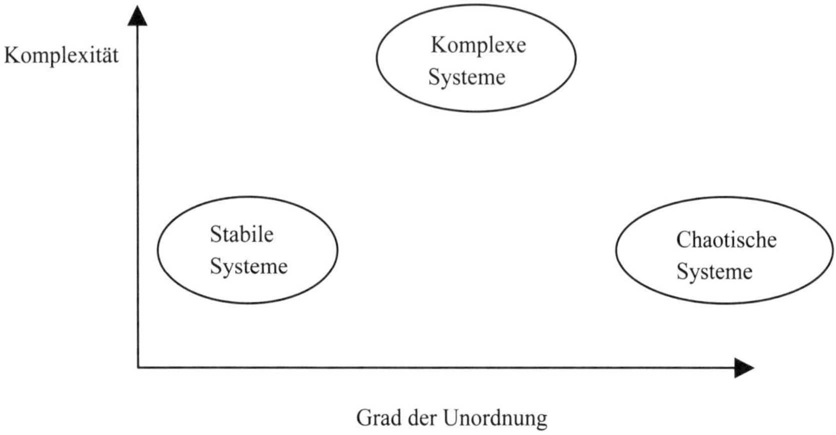

Quelle: EVALife (2003), S. 1.

Abbildung 1: Stabile, komplexe und chaotische Systeme

Der etwas eigenartige Titel dieses Beitrags stammt aus der neueren Komplexitätsforschung. Dort werden Systeme als komplex bezeichnet, wenn durch (nichtlineare) Rückkopplungen der Elemente eines Systems untereinander Vielschichtigkeit entsteht, die dazu führt, dass *Emergenz* auftritt, d.h. das Ganze mehr ist als die Summe seiner Teile.[7] Ökonomisch gesprochen heißt das, dass z.B. das Makro-Verhalten einer Volkswirtschaft selbst bei vollständiger Kenntnis des Verhaltens der Mikro-Elemente nicht mehr vorausgesagt werden kann.[8] Eine wesentliche Eigenschaft komplexer Systeme besteht darin, dass sie zwischen vollständiger Ordnung und vollständiger Unordnung (Chaos) angesiedelt zu sein scheinen (Abbildung 1). Daraus ergibt sich dann das Diktum, welches im Titel des Beitrags gewählt wurde: Komplexe Systeme bewegen sich „am Rand des Chaos“[9].

---

[6] „Die Interaktion von Teilen eines Gesamtsystems führt ‚von selbst‘ und ohne äußeres Zutun zu Erscheinungsformen (z.B. Mustern oder Strukturen), die neuen (emergenten) Ordnungsprinzipien unterliegen“, *Richter/Rost* (2002), S. 125 f.

[7] Vgl. ebd., S. 3.

[8] Siehe *Mateos et al.* (2002) für eine Analyse der Unterschiede linearer und komplexer ökonomischer Systeme.

Im Folgenden geht es dementsprechend darum, wie eine Volkswirtschaft sinnvollerweise in ihrer Systemeigenschaft charakterisiert werden kann und welche Auswirkungen dies für die Möglichkeit und Wirksamkeit von Ordnungs- und Prozesspolitik hat. Im Detail ist der Beitrag wie folgt aufgebaut: Zunächst wird untersucht, ob die grundlegende Systemmetapher eine *Wasser-*, *Sand-* oder *Honig*-Ökonomie ist. Daran schließt sich die Frage an, ob eine moderne Volkswirtschaft notwendigerweise komplex (im hier verwendeten Sinn) sein muss, um funktionsfähig zu sein. Im nächsten Abschnitt werden die politischen (externen) Steuerungsnotwendigkeiten für das System Wirtschaft dargestellt, dem dann die Steuerungsmöglichkeiten und -grenzen gegenübergestellt werden. Dies führt unmittelbar zu der Frage, ob diese Sichtweise der Wirtschaft eine Renaissance ordnungspolitischen Denkens hervorrufen kann. Abgeschlossen wird der Beitrag mit einem kurzen Fazit und Ausblick.

B. Sandkastenspiele

Wie verhält sich eine moderne Volkswirtschaft als System? Gleicht sie einer *Wasser*-Ökonomie, die nach einer Störung relativ schnell zum Gleichgewicht zurückfindet, oder eher einer *Sand*-Ökonomie, die sich ständig im Zustand selbstorganisierter Kritizität fern vom Gleichgewicht befindet, oder eher einer *Honig*-Ökonomie, die sich langsam und zähflüssig ihrem Gleichgewicht nähert?

Diese Begriffe sind natürlich nur *Metaphern* für die Erfassung wesentlicher Systemeigenschaften. Unter einer *Wasser-Ökonomie* stellt man sich eine Volkswirtschaft vor, die nach Störungen zwar in Bewegung gerät und sich nicht mehr im Gleichgewicht befindet, aber nach relativ kurzer Anpassungszeit wieder zum Gleichgewicht zurückfindet. Eine solche Ökonomie entspräche wohl am ehesten dem neoklassischen (aber auch dem keynesianischen) Ideal einer Volkswirtschaft.[10] Bereits Anfang der fünfziger Jahre wurde an der London School of Economics ein solches wasserwirtschaftsbasiertes gesamtwirtschaftliches Modell gebaut.[11] Diese wasserwirtschaftliche Metapher wird aber innerhalb der Ökonomik schon seit geraumer Zeit als nicht angemessen angesehen.[12]

Aus dem Bereich der theoretischen Physik kommt dagegen die Vorstellung, dass eine Volkswirtschaft systembedingt wie ein Sandhaufen reagiert.

---

[9] Angespielt wird auf den Titel eines Beitrags von *Kauffman* (1991).

[10] Vgl. *Bak* (1996), S. 183 f.

[11] Siehe *Phillips* (1950).

[12] Siehe *Lagueux* (1992) für eine Analyse und Kritik einiger hydraulischer Modellansätze.

Diese auf Per Bak[13] zurückgehende Vorstellung basiert darauf, dass die Beweglichkeit der Mikro-Elemente eines Wirtschaftssystems nicht diejenige des Wassers erreicht, sondern eher mit der von Sand zu vergleichen ist.[14] Ein Sandhaufen befindet sich grundsätzlich – zumindest solange Sandkörner von außen darauf herabrieseln – nie im Gleichgewicht. Vielmehr führen Störungen dazu, dass Anpassungsprozesse auftreten, die aber selbst wiederum plötzlich Lawinen unterschiedlicher Größen (Katastrophen) auslösen.[15] Den Zustand des Sandhaufens als System bezeichnet Bak als *self-organized criticality* (selbstorganisierte Kritizität).[16] Das bedeutet, dass der Sandhaufen sich ständig an der Grenze zwischen Ordnung und Unordnung befindet; von einem Gleichgewicht im herkömmlichen Sinn kann daher keine Rede sein.

Bak selbst argumentiert, dass eine Volkswirtschaft sich so verhält wie ein Sandhaufen. Dazu hat er (zusammen mit Chen, Scheinkman und Woodford) ein Modell[17] entwickelt, das verschiedene vernetzte Produzenten in einer Wertschöpfungskette und Konsumenten enthält. Er beobachtet dann, wie sich eine Störung (z.B. eine Bestellung) im System fortpflanzt und auf das System auswirkt. Unter den Annahmen des Modells resultiert tatsächlich das Sandhaufen-Verhalten, d.h. das System erreicht den Zustand der selbstorganisierten Kritizität. Demnach ist jede Volkswirtschaft inhärent instabil – und scheint damit keynesianische Ideen zu replizieren. Im Gegensatz zu keynesianischem Gedankengut lässt sich im Bak-System diese inhärente Instabilität nicht beseitigen; sie ist quasi system-definierend, man muss mit ihr leben.[18]

Eine dritte Metapher kann in Luhmanns systemtheoretischer Interpretation des Subsystems Wirtschaft gefunden werden.[19] Wirtschaft gilt als autopoietisches (selbstorganisiertes) soziales System, dessen Zweckrationalität in der Reduktion von Knappheit besteht. Luhmann erkennt, dass die Aufrechterhaltung der Zahlungsfähigkeit zentral für die Funktionsfähigkeit des Systems ist. Damit kommt das zentrale Selbststeuerungsmedium des Systems, nämlich Geld, ins Spiel. Alle Systeme haben sich nach Luhmann

---

13 Zur Person von *Per Bak* siehe *Høgh Jensen* (2002).

14 Vgl. *Bak* (1996), S. 185 ff.

15 Vgl. dazu *Bak/Tang/Wiesenfeld* (1988), *Bak/Chen* (1991) sowie *Bak* (1996), S. 49 ff. Im Anschluss an diese Arbeiten wurde eine große Zahl von Folgearbeiten zu den Eigenschaften des Sandhaufenmodells publiziert. Dieser Prozess ist noch nicht abgeschlossen; siehe den Überblicksaufsatz von *Turcotte* (1999).

16 Vgl. z.B. *Bak* (1991). Der Begriff ist mittlerweile in der theoretischen Physik und in den Wissenschaften von der Komplexität fest verankert, wenn auch nicht unumstritten. Siehe z.B. *Richter/Rost* (2002), S. 54 ff.

17 Vgl. *Bak et al.* (1993).

18 Vgl. *Bak* (1996), S. 191 f.

19 Siehe dazu und dem Folgenden *Luhmann* (1988).

herausgebildet, um Komplexität zu reduzieren.[20] Folglich gilt die Komplexität, z.B. des Systems Wirtschaft, als geringer als diejenige der Umwelt des Systems. Dies ist aber erst die halbe Geschichte. Die Wirtschaft selbst entwickelt sich durch Ausdifferenzierung, d.h. mit der Schaffung eigener Komplexität. Entscheidend und für die hier behandelte Fragestellung von hoher Relevanz ist die Erkenntnis, dass die Systemkomplexität funktional ist. Umgekehrt könnte man sagen, dass ein Wirtschaftssystem, das nicht hinreichend komplex ist, nicht das leisten kann, was es soll.[21] Ökonomisch gesprochen setzt eine moderne Volkswirtschaft ein hohes Maß an Komplexität durch Arbeitsteilung voraus und schafft diese Bedingung auch gleichzeitig; gerade in diesem scheinbaren Zirkelschluss kommt der Systemcharakter voll zum Tragen.[22] Ursache und Wirkung können nur durch willkürliche Trennung der Zusammenhänge an einer Stelle unterschieden werden und sind damit Artefakte. Systemtheoretisch verhält sich die Wirtschaft eben als System, und damit autopoietisch. Genau das ist unter Selbstorganisation zu verstehen.

Im Gleichgewicht befindet sich das System Wirtschaft, wenn der Kreislauf der Zahlungen sich ständig (mehr oder weniger störungsfrei) reproduzieren kann. Der Gleichgewichtsbegriff kann daher nicht statisch, sondern nur evolutorisch sein. Es ist somit nicht prognostizierbar, welche künftigen Gleichgewichte sich ergeben werden. Diese Sicht der Wirtschaft soll mit der *Honig*-Metapher belegt werden: Weder das komparativ-statische Gleichgewicht der Ökonomen, noch das Nicht-Gleichgewicht der Physiker, sondern ein zähes Fließgleichgewicht beschreibt demnach den Zustand des Systems.

Welche dieser Metaphern ist geeignet, das System Wirtschaft am besten zu beschreiben? Dass die Ökonomik mit der komparativ-statischen Gleichgewichtsdefinition eine Vergleichsbasis für das tatsächliche Verhalten von Volkswirtschaften konstruiert hat, ist unzweifelhaft. Dass dies nicht ausreicht, ist Ökonomen bekannt. Daher gewinnen evolutorische Modelle, die auch institutionelle Charakteristika von Volkswirtschaften berücksichtigen, an Bedeutung. Spätestens mit Schumpeters Arbeit zur ökonomischen Ent-

---

[20] Vgl. *Kneer/Nassehi* (2000), S. 40 ff. sowie *Krause* (2001), S. 6 ff. und S. 157 f. mit entsprechenden Belegen aus dem Werk Luhmanns.

[21] Eine einfache Erklärung für die geringe Funktionalität der Wirtschaft der ehemaligen DDR kann darin gesehen werden, dass der Grad der Arbeitsteilung und der darauf aufbauenden Vernetzung viel zu niedrig war. Kürzer gesagt, zu geringe Komplexität (zu viel Ordnung) führt zu Ineffizienz. Der Grund dafür ist die Nichtplanbarkeit solch komplexer Systeme; sie bedürfen der Selbstorganisation und nicht der Planungskommission.

[22] „Im Unterschied zu linearen Ursache-Ziel-Zusammenhängen besteht das erste Prinzip jedes auch nur rudimentären kybernetischen Systems in der Kreiskausalität.“ *Narr,* W. D., Einführung in die Systemtheorie, zitiert nach *Jursa* (o.J.), S. 16.

wicklung[23] und den Ansätzen der *Austrians* haben solche Ansätze Eingang in die volkswirtschaftliche Theoriebildung gefunden, aber über lange Zeit kaum Beachtung erfahren. Dies hat sich mittlerweile durch den Aufstieg der Institutionenökonomik geändert.[24] Was den Ökonomen bisher fehlte, waren mathematische Methoden, um die vermuteten Zusammenhänge in Modellen rigoros zu analysieren.

Der soziologische Ansatz von Luhmann ist auch für die Ökonomik insofern eine Bereicherung, als er die ausschließliche Fixierung auf die Wirtschaft durchbricht und Wirtschaft als Teilsystem der Gesellschaft erfasst. Trotz der dabei auftauchenden Gefahr, in leere holistische Nominalismen abzugleiten, liefert Luhmann eine Einbettung wirtschaftlicher Vorgänge in das Gesellschaftssystem und zeigt dabei, was Wirtschaft gegenüber den anderen Teilsystemen auszeichnet. Hierbei werden – wie noch zu zeigen sein wird – die Grenzen der Steuerbarkeit wirtschaftlicher Prozesse deutlich; m. a. W., das Wirtschaftssystem zeigt Reaktanz gegenüber politischen Ein- und Übergriffen, die systembedingt in der Selbststeuerung dieses Subsystems verankert ist.

Der physikalische Ansatz zeichnet sich dadurch aus, dass sowohl das Verhalten der Mikro-Einheiten als auch des gesamten Systems geschlossen modelliert und analysiert werden können. Dazu werden die mathematischen Instrumente der statistischen Physik verwendet. Die Besonderheit dieser Instrumente besteht darin, dass auch Herdenverhalten – und damit Formen nicht vollständig rationalen Verhaltens – der Mikro-Elemente berücksichtigt werden kann. Der große Vorteil des physikalischen Ansatzes liegt in der Quantifizierbarkeit der Analysen, ihr großer Nachteil in der Annahme mechanischen, nicht-optimierenden Verhaltens.[25] Immerhin können aus den statistischen Verteilungen von Variablen bestimmte Rückschlüsse auf die Beschränkung des Verhaltens der Mikro-Einheiten gezogen werden.[26]

Letzten Endes kann festgehalten werden, dass keiner der Ansätze bisher in der Lage ist, ein vollständiges Abbild des Systems einer Volkswirtschaft zu liefern. Die Ansätze betonen bestimmte Abläufe und Muster, ohne das Gesamtsystem hinreichend zu beschreiben. Andererseits sind die Aussagen der Teilanalysen interessant genug, um sie in Untersuchungen anzuwenden.

---

[23] Siehe *Schumpeter* (1926) sowie auch *Schumpeter* (1999).

[24] Siehe dazu auch *Williamson* (2000).

[25] Siehe dazu aus der mittlerweile kaum noch überschaubaren Literatur z. B. *Canning et al.* (1998), *Stanley et al.* (2000) und *Stanley et al.* (2002).

[26] So kommen *Canning et al.* (1998) aufgrund der Analyse der Verteilung von Schocks auf das BIP-Wachstum zum Ergebnis, dass sich daraus Beschränkungen für die Interaktion der Mikro-Einheiten ergeben; vgl. ebd.

In diesem Beitrag soll im Folgenden untersucht werden, welche Möglichkeiten die Wirtschafts- und Finanzpolitik hat, wenn eine Volkswirtschaft als komplexes System im Sinne der systemtheoretischen Ansätze angesehen wird. Bevor das analysiert wird, soll im nächsten Abschnitt noch etwas näher auf das wirtschaftliche System „am Rand des Chaos“ eingegangen werden.

C. Wirtschaft „am Rand des Chaos“

Die These dieses Abschnitts lautet: Eine moderne Volkswirtschaft muss hochkomplex sein, um ihre Funktion der Knappheitsbewältigung zu erfüllen. Eine solche Volkswirtschaft bewegt sich am „Rand des Chaos“. Diese These wird damit begründet, dass Arbeitsteilung und Spezialisierung moderne Volkswirtschaften charakterisieren. Dies ist zunächst einmal nichts Neues. Neu dagegen sind das Ausmaß der Arbeitsteilung und Spezialisierung, das sich in der immer weiteren Aufspaltung der Wertschöpfungsketten zeigt, sowie die Vernetzung der einzelnen Elemente von Wertschöpfungsketten und der Wertschöpfungsketten untereinander. Hier hat sich eine neue Qualität herausgebildet, die das Systemverhalten einer solcherart vernetzten Volkswirtschaft beeinflussen kann. Hinweise darauf ergeben sich jedenfalls aus der neuen physikalischen Netzwerktheorie, die seit 1998 entwickelt wurde.[27]

Diese Theorie zeigt, dass zwischen egalitären und hierarchischen Netzwerken unterschieden werden muss.[28] Egalitäre Netzwerke sind solche, in denen jeder Netzwerkknoten (z. B. ein Unternehmen, ein privater Haushalt etc.) eine etwa gleich hohe Zahl ein- und ausgehender Verbindungslinien von bzw. zu anderen Netzwerkknoten hat. Die Konsequenz davon ist, dass die Clusterung solcher Netzwerke niedrig ist und neue Verbindungen mit etwa gleicher Wahrscheinlichkeit an beliebigen Netzwerkknoten ansetzen. Hierarchische Netzwerke weisen demgegenüber eine hohe Clusterung und *preferential linking*[29] auf, d. h. neue Verbindungslinien kommen gezielt an denjenigen Knoten (Superknoten) zustande, die schon das dichteste Netz an Verbindungslinien aufweisen.[30]

Eine real existierende Volkswirtschaft kann auf der Produzenten- wie auf der Konsumentenseite als riesiges Netzwerk verstanden und modelliert werden. Hier interessiert die Produzentenseite zunächst mehr als die der Konsu-

---

[27] Siehe *Watts/Strogatz* (1998) sowie *Watts* (1999).

[28] Vgl. dazu und dem Folgenden *Buchanan* (2002), S. 139 f. sowie *Albert/Barabási* (2002).

[29] Siehe dazu *Dorogovtsev/Mendes/Samukhin* (2000) sowie *Redner* (2001).

[30] Vgl. ebd.

menten. Die Wertschöpfungsketten, die schließlich zu einem konsumierbaren Endprodukt führen, sind ebenso als Netzwerke aufzufassen wie das Netzwerk aller Produkte, die substitutiv oder komplementär untereinander in Verbindung stehen. Der Grad der Arbeitsteilung und Spezialisierung sowie der Grad der Aufspaltung der Wertschöpfungsketten und deren Vernetzung untereinander determinieren die Netzwerkstruktur. In dieser Modellvorstellung wird auch auf einfache Weise deutlich, worin der Einfluss des Internet und des E-Commerce letztlich bestehen wird: Beides kann dazu führen, dass es zu einer weiteren Aufspaltung der Wertschöpfungskette mit Arbeitsteilung und Spezialisierung kommt und das Verbindungsnetz zwischen den einzelnen Unternehmen immer dichter wird.

Netzwerktheoretisch gesprochen lautet die zentrale Frage, ob die Wirtschaftsstruktur ein egalitäres oder ein hierarchisches Netzwerk darstellt. Zurzeit spricht einiges dafür, dass es sich um ein hierarchisches Netzwerk handelt. Große Unternehmen dominieren in den entwickelten Volkswirtschaften hinsichtlich Produktion und Umsatz, während bei der Beschäftigung bei weitem kleine und mittlere Unternehmen vorne liegen. Große Unternehmen müssen als Superknoten der Volkswirtschaft angesehen werden, da von ihnen und zu ihnen die meisten Verbindungslinien laufen. Dies sind Indizien, die für eine hierarchische Netzwerkarchitektur sprechen.

Dies muss aber nicht so bleiben. Große Unternehmen tendieren inhärent und unvermeidlich zur Ineffizienz infolge zunehmender *diseconomies of scale*. Sollten die dem entgegenstehenden *economies of scale* künftig abnehmen, wäre das Ende der Großunternehmen in Sicht. Internet und *E-Commerce* könnten sich als Instrumente erweisen, die Netzwerkstruktur zumindest stärker in Richtung eines egalitäreren Netzwerks zu verändern.

Diese Netzwerkstruktur einer Volkswirtschaft ist deshalb von Bedeutung, weil aus ihr wichtige Stabilitätseigenschaften des Wirtschaftssektors folgen. Zwei Fehlerkomponenten werden dabei unterschieden: Toleranz gegenüber Zufallsfehlern und Toleranz gegenüber gezielten Attacken.[31] Zufallsstörungen entstehen dadurch, dass zufällig Verbindungslinien gekappt werden (z. B. kleine Unternehmen oder Kunden, die insolvent werden). Gezielte Attacken richten sich dagegen darauf, Hauptverbindungslinien zu zerstören (z. B. die Insolvenz von Großbanken, spekulative Attacken gegen einzelne Währungen oder Länder). Die sich daran anschließende Frage lautet dann:[32] Welcher Anteil der Verbindungslinien muss zerstört werden, bevor der Zusammenhang des Netzwerks zerstört wird? Der Zusammenhang des Netzwerks ist dann zerstört, wenn es nicht mehr möglich ist, von einem bestimmten Netzknoten zu einem beliebigen anderen Netzknoten zu gelan-

[31] Vgl. *Albert/Jeong/Barabási* (2000).

[32] Vgl. *Albert/Jeong/Barabási* (2000) sowie *Albert/Barabási* (2002), S. 89 ff.

gen. Ist das der Fall, dann müssen isolierte Netzknoten oder isolierte Teilnetze entstanden sein. Selbst wenn dies noch nicht der Fall ist, können Zufallsstörungen bzw. gezielte Attacken auch dazu führen, dass die Weglänge in Netzwerken zunimmt. D.h., die Zahl der Schritte von einem beliebigen Netzknoten zu einem anderen wird größer. Wirtschaftlich gesehen steigen dadurch die Transaktionskosten, mit der Folge, dass die Zahl der gegenseitig vorteilhaft durchführbaren Transaktionen sinkt.

Hierarchische Netzwerke zeichnen sich dadurch aus, dass sie eine hohe Fehlertoleranz gegenüber Zufallsstörungen und eine sehr geringe Toleranz gegenüber gezielten Attacken haben.[33] Egalitäre Netzwerke sind demgegenüber etwas weniger tolerant gegenüber Zufallsstörungen, aber weitgehend unsensibel gegenüber gezielten Attacken.[34] Für das gegenwärtige Wirtschaftssystem bedeutet das, dass es eine hohe Fehler- und eine geringe Attackentoleranz aufweist. Letzteres deutet darauf hin, dass es insbesondere Finanzkrisen sind, welche einer modernen, hoch arbeitsteiligen Volkswirtschaft gefährlich werden können. Interessanterweise könnte diese Anfälligkeit dadurch reduziert werden, dass das Netzwerk egalitärer wird. Hier könnte eine Aufgabe der Wirtschaftspolitik darin bestehen, über Wettbewerbs- und Technologiepolitik darauf hinzuarbeiten, den Grad der Hierarchie des bestehenden Netzwerks zu reduzieren.

D. Steuerungsbegründung und Steuerungsillusion

Als nächstes muss die Interaktion zwischen dem System Wirtschaft und dem System Politik untersucht werden, um einer Antwort auf die Frage nach der relativen Bedeutung von Ordnungs- und Prozesspolitik näher zu kommen. Dafür wird von einer ganz einfachen Überlegung ausgegangen, die eine systemtheoretische Grundlage hat. Es wird angenommen, dass die Wirtschaft über den Markt mittels Preis- und Mengenreaktionen gesteuert wird. Anbieter auf der einen Seite und Nachfrager auf der anderen Seite stehen sich gegenüber und im Marktgleichgewicht ergibt sich eine Preis-Mengen-Kombination, welche die gegenläufigen Interessen soweit wie möglich ausgleicht. Preissteigerungen beeinflussen die Nachfrage negativ, das Angebot positiv. Damit etabliert der Markt eine insgesamt negative Rückkopplung, welche die Stabilität von Marktprozessen grundsätzlich sichern kann.

---

[33] Vgl. *Albert/Jeong/Barabási* (2000), *Albert/Barabási* (2002), S. 89 ff. sowie *Cohen et al.* (2001).

[34] Vgl. *Watts/Strogatz* (1998), *Solé/Montoya* (2000), *Albert/Jeong/Barabási* (2000) und *Cohen et al.* (2000).

Im politischen Regelkreis wird angenommen, dass Zustimmung zu den Maßnahmen der Politik zu einem Politik-Gleichgewicht führt. Auch dazu ist eine negative Rückkopplung erforderlich. Es wird unterstellt, dass die Generatoren von Zustimmung bzw. Ablehnung von Politikmaßnahmen dieselben Personen sind wie die Anbieter und Nachfrager in der Wirtschaft. Die Nachfrager werden im politischen Bereich als Wähler, die Anbieter als Lobbyisten bezeichnet. Sinkt der Preis am Markt, so wird angenommen, dass die Anbieter in ihrer Rolle als Lobbyisten auftreten und im politischen Bereich Maßnahmen verlangen, welche die Preise konstant halten. Davon machen sie ihre generelle Zustimmung zur Politik abhängig. Umgekehrt führt ein Preisanstieg am Markt zur politischen Forderung der Nachfrager als Wähler, den Preis konstant zu halten. Davon machen die Wähler ihre Zustimmung zur Politik abhängig. Insgesamt wird auf diese Weise wiederum eine negative Rückkopplung im politischen Bereich etabliert, die geeignet ist, auch dort grundsätzlich ein Gleichgewicht zu gewährleisten.

Die Identität von Anbietern und Lobbyisten einerseits sowie Nachfragern und Wählern andererseits und der Interessengegensatz zwischen diesen beiden Gruppen schafft ein komplexes System, in welchem Wirtschaft und Politik miteinander gekoppelt sind. Wenn beide Systeme im Gleichgewicht sind, erreichen sie eine gewisse Unabhängigkeit voneinander. Sobald aber in einem der beiden Systeme eine Störung auftritt, die das System aus dem Gleichgewicht bringt, ergeben sich Anpassungsprozesse, die beide Teilsysteme betreffen. In diesem Sinn sind die Teilsysteme interdependent und bilden zusammen ein System.

Aus der Kybernetik ist bekannt, dass solche Systeme polistabil sein können.[35] Das bedeutet, dass das Gesamtsystem, bestehend aus dem Wirtschafts- und dem Politik-System, vier verschiedene Zustände annehmen kann (Abbildung 2).

	Wirtschaft	
Politik	(stabil, stabil)	(stabil, instabil)
	(instabil, stabil)	(instabil, instabil)

Quelle: Eigene Darstellung

Abbildung 2: Statische Polistabilität des Politik-Wirtschaft-Systems

[35] Vgl. *Principia Cybernetica* (2003), Stichwort „Polystability“. Dabei wird ausgeblendet, dass sowohl Wirtschaft als auch Politik selbst aus vielen Teilsystemen bestehen, welche polistabil sein können.

Diese Darstellung erfasst lediglich das statische Ergebnis des Zusammenwirkens der beiden Teilsysteme Politik und Wirtschaft. Da hier etwas über die Wirkungen und Vorteile bestimmter Politikarten ausgesagt werden soll, ist es erforderlich, diese statische Sichtweise durch eine dynamische zu ergänzen. Was ergibt sich also, wenn ein instabiles Politik-System auf ein stabiles Wirtschafts-System trifft etc.? Unter der Annahme, dass das Systemverhalten jeweils gegeben ist, kann das Ergebnis mittels Abbildung 3 dargestellt werden.

	Wirtschaft	
Politik	(stabil, stabil)	(stabil, instabil oder stabil)
	(instabil, instabil oder stabil)	(instabil, instabil oder stabil)

Quelle: Eigene Darstellung.

Abbildung 3: Dynamische Polistabilität des Politik-Wirtschaft-Systems

Die Klarheit der statischen Polistabilität scheint dynamisch nicht gegeben zu sein. In Abbildung 3 ist gezeigt, dass nur das Zusammentreffen eines stabilen Wirtschafts- und Politiksystems auch (fast trivialerweise) dynamisch polistabil ist. In allen anderen Fällen muss davon ausgegangen werden, dass politische Instabilität bzw. Stabilität entweder die wirtschaftliche Stabilität gefährdet oder die wirtschaftliche Instabilität stabilisieren kann. Allgemein lässt sich jedoch kaum mehr dazu sagen, da die Vernetzung der beiden Systeme rein logisch zu viele Möglichkeiten offen lässt.

Allerdings muss beachtet werden, dass Stabilität im systemtheoretischen Sinn nicht unbedingt positiv zu bewerten ist. Stabilität bedeutet grundsätzlich, dass ein dynamisches System nach einer kleinen Störung wieder in einen Bereich zurückkehrt und dort bleibt, der nahe am Ausgangsgleichgewicht liegt.[36] Strukturelle Stabilität liegt vor, wenn die qualitative Dynamik des Systems nach einer kleinen Störung unverändert bleibt.[37] Angenommen, man befindet sich in einem Unterbeschäftigungsgleichgewicht. Dies dürfte kaum als „gutes Gleichgewicht“ angesehen werden. Ähnliches gilt für eine Wirtschaftsdynamik, die strukturell stabil ist und daher permanent Unterbeschäftigungsgleichgewichte nach Störungen generiert. Es gilt daher: „Damit ein System sich entwickeln kann, darf es nicht im Gleichgewicht sein.“[38] M. a. W., ein stabiles Wirtschafts- und Politik-System ist insofern

---

[36] Vgl. *Jen* (2003), S. 2.

[37] Vgl. ebd.

konservativ, als sich nichts Neues entwickeln kann. Die Polistabilität des Wirtschafts- und Politik-Systems und ihre wechselseitige Beeinflussung sind vielmehr Voraussetzungen dafür, dass sich etwas ändern kann. Gefährlich könnte es sogar sein, wenn das System aus Wirtschaft und Politik *ultrastabil* wäre. Ultrastabile Systeme passen sich durch Umorganisation ihrer internen Struktur an Störungen derart an, dass sie stabil bleiben.[39] Positiv daran ist die Erhaltung des Systems. Bedenklich kann Ultrastabilität aber dann sein, wenn sich z. B. das ökonomische System ständig so organisiert, dass hohe Unterbeschäftigung im Gleichgewicht besteht. Insofern kann es durchaus positiv sein, wenn sich das Wirtschafts- und Politik-System – nach Bak – im Zustand der selbstorganisierten Kritizität befindet. Dann nämlich sind die Systeme permanent außerhalb eines Gleichgewichts und können daher als *inhärent entwicklungsfähig* bezeichnet werden.

Entwicklungsfähigkeit ist aber nicht gleichbedeutend mit *Steuerbarkeit.* Die klassische Vorstellung, welche bis heute auch in den Wirtschaftswissenschaften noch zu dominieren scheint, geht davon aus, dass die Politik (mit Hilfe der Machtmittel des Staates) eine gegenüber der Wirtschaft dominante Stellung hat. Spieltheoretisch gesprochen sind in diesem Konzept Staat und Politik *Stackelberg-Führer.* In Kenntnis der Reaktionsfunktionen der Wirtschaftssubjekte kann die Politik ihre Ziele mittels geeigneten Instrumenteneinsatzes durchsetzen. Es bestehen jedoch bereits seit einiger Zeit ernsthafte Zweifel an der Relevanz dieses Konzepts.[40] Mittels netzwerktheoretischer Überlegungen lässt sich plausibel erklären, warum die hohe und zunehmende Vernetzung der Wirtschaft nicht unerhebliche Konsequenzen für die politische Steuerfähigkeit der Wirtschafts- und Finanzpolitik hat: *Je dichter und je vermaschter das Netz der Wirtschaft ist, desto schwieriger wird es, die Reaktionen des Systems Wirtschaft auf politische Interventionen vorherzusagen.* Das liegt daran, dass mit der Vernetzung und Vermaschung die Möglichkeiten für *Ausweichreaktionen* enorm zunehmen und gleichzeitig die Kosten solcher Reaktionen sinken. Das wiederum bedeutet, dass politische Interventionen unsicherer werden. Je mehr die Politik versucht, durch ein immer feiner gestricktes Netz von Regelungen diese Ausweichreaktionen unter Kontrolle zu bekommen, desto mehr Lücken zu ihrer Umgehung schafft sie zwangsläufig. Das liegt daran, dass die Ausdehnung von Spezialregelungen eindeutige Festlegungen verlangt, um justitiabel zu sein; dies aber eröffnet Spielräume zur Umgehungsgestaltung. Dieses Hase-Igel-Spiel kann die Politik nicht gewinnen. Ein Indiz dafür mag der

---

[38] *Richter/Rost* (2002), S. 30.

[39] Vgl. *Principia Cybernetica* (2003), Stichwort „Ultrastability“.

[40] Siehe dazu bereits *Willke* (1983) und (1984); der Grund ist bei Willke die funktionale Differenzierung und Eigendynamik (Komplexität) gesellschaftlicher (Sub-)Systeme.

ständige Wunsch und Anspruch sein, das *Steuerrecht* zu vereinfachen; nach jedem Reformversuch erweist sich jedoch das entsprechende Rechtsgebiet komplizierter als zuvor.

Trifft diese Analyse zu, dann besteht einerseits durchaus hoher Steuerungsbedarf in modernen Volkswirtschaften, da sie in unterschiedliche Gleichgewichtszustände geraten können (wohlfahrtsökonomisch „gute" bzw. „schlechte") und die Politik dafür sorgen sollte, die „guten" zu realisieren. Andererseits führt die hohe Komplexität moderner Volkswirtschaften dazu, dass die Steuerungsfähigkeit der Politik enorm abnimmt. Komplexität (als Ergebnis von funktionaler Differenzierung, Vernetzung und Vermaschung) erweist sich dann als qualitativ neues Problem für die Interaktion von Wirtschaft und Politik.

E. Renaissance der Ordnungspolitik?

Wirtschafts- und finanzpolitische Instrumente lassen sich generell zwei unterschiedlichen Klassen zuordnen: der Ordnungs- bzw. Prozesspolitik. Die Ordnungspolitik bestimmt dabei bekanntermaßen die Spielregeln einer Volkswirtschaft mittels Gesetzen, Verfahrensvorschriften und Institutionen.[41] „Die ordnungspolitischen Regelungen beschränken die Handlungsalternativen der Wirtschaftssubjekte in Bezug auf die Wahl der prozesspolitischen Instrumente."[42] Demgegenüber nimmt die Prozesspolitik direkten Einfluss auf die Plan- und Entscheidungsvariablen der Wirtschaftssubjekte und versucht, das Marktergebnis in bestimmter Weise zu verändern.[43] Die im hier untersuchten Zusammenhang entscheidende Frage lautet, ob die Komplexität einer modernen, hochentwickelten Volkswirtschaft unterschiedliche Implikationen für die Ordnungs- und Prozesspolitik hat.

Für die Prozesspolitik ist es mittlerweile nicht mehr ausgeschlossen, dass der Staat bzw. die Politik den Status eines privilegierten Spielers möglicherweise verloren hat. Im systemischen Aktions-Reaktions-Geflecht wären Staat bzw. Politik dann nur noch als nicht-kooperative Nash-Spieler zu behandeln und nicht mehr als Stackelberg-Führer. Metaphorisch könnte man sagen, dass Staat und Politik ihre Schiedsrichter-Funktion gegen die eines Mitspielers tauschen mussten. Das bedeutet, dass Staat und Politik zwar immer noch Einfluss auf das Marktgeschehen im Wirtschafts-System haben, aber eben nicht mehr dominieren. Dies macht es unsicherer – und auch unwahrscheinlicher –, dass Politikziele gegen den Markt erreicht werden können. Sind die Ziele von Markt und Politik gleichgerichtet, stehen

---

[41] Vgl. *Pfaar* (1997), S. 106.

[42] Ebd.

[43] Vgl. ebd.

die Chancen wesentlich besser, sie zu realisieren. Die Prozesspolitik ist unter diesen Bedingungen wesentlich stärker von der Wirtschaft abhängig geworden als zu der Zeit, als die volkswirtschaftliche Systemkomplexität noch niedriger war.

Prozesspolitik ist zwar nicht gänzlich unmöglich geworden, aber zumindest unsicherer und teurer. Wirtschaft und Politik sind stärker miteinander und aneinander gekoppelt, als das in der Vergangenheit der Fall war. Vielleicht könnte man die neue Situation als „nicht-kooperative Kooperation“[44] bezeichnen. Dies würde auch die Ambivalenz erklären, die sich m. E. zunehmend in der Interaktion von Wirtschaft und Politik zeigt. An die Stelle des Primats der Politik ist Gleichstellung von Wirtschaft und Politik getreten.

Trifft dies auch für die Ordnungspolitik zu? Diese Frage ist von kaum zu unterschätzender Brisanz; für den Fall, dass Staat und Politik auch ihre ordnungspolitische Dominanz verloren haben, werden – wiederum metaphorisch gesprochen – die Spielregeln Teil des Spiels. Alle Beteiligten (Anbieter/Lobbies und Nachfrager/Wähler) können dann versuchen, entweder direkt am Markt oder aber über eine Veränderung der Spielregeln das zu erhalten, was sie möchten. Dies würde zwar zu einer sehr hohen Dynamik des „Spiels“ führen, könnte aber auch in vollständiger Unordnung des Systems enden. Wenn Abbildung 1 richtig ist, wäre dies sehr nachteilig, weil die erforderliche Komplexität der Volkswirtschaft verloren gehen würde (niemand lässt sich auf einen hohen Grad von Spezialisierung und Arbeitsteilung ein, wenn es keine klaren Regeln gibt, unter denen die Austauschprozesse ablaufen), mit sprichwörtlich „chaotischen“ Verhältnissen.

Dieses Ergebnis ist aber nur *ein* mögliches, und es ist noch nicht einmal sehr wahrscheinlich. Auch ein Fußballspiel ohne Schiedsrichter muss nicht zwangsläufig „chaotisch“ werden. Nach dem Prinzip der Selbstorganisation ist vielmehr damit zu rechnen, dass sich (möglicherweise nach anfänglichem Chaos) eine neue Ordnung herausbildet.

Dennoch: Wie stehen die Chancen, dass in der Ordnungspolitik die Dominanz von Staat und Politik erhalten bleibt? Institutionen verleihen bekanntermaßen Struktur und Stabilität. Aus dynamischer Sicht wird ihre Rolle aber ebenfalls ambivalent: Institutionen neigen dazu, extrem am Überleben interessiert zu sein, auch wenn sie längst schon zu Hindernissen für die weitere Entwicklung geworden sind. Dominieren Staat und Politik in der Ordnungspolitik, gibt es keine Garantie dafür, dass die Institutionen-Struktur einer Volkswirtschaft den Erfordernissen entsprechend zügig angepasst wird. Bisweilen bedarf es wirtschaftlichen Drucks, um verkrustete

---

[44] Oded Stark hat für eine solche Situation in Unternehmen den Begriff der „cooperating adversaries“ geprägt; vgl. *Stark* (1987).

institutionelle Arrangements (Arbeitsrecht, Bürokratien etc.) aufzubrechen. Anders ausgedrückt, das „Leben am Rand des Chaos“ hat nicht nur schlechte, sondern auch gute Seiten. Wäre immer alles im Gleichgewicht, wäre der absolute Stillstand erreicht. Staat und Politik sind selbst Institutionen der Ordnungspolitik. Aber auch in diesem Bereich spricht vieles dafür, dass er sich im Zustand der selbstorganisierten Kritizität befindet. Ist dies der Fall, sind Veränderungen immerhin möglich – und auch wahrscheinlich.

Die Veränderungen im Wirtschafts-System sind durchaus groß genug, um das politische System zu destabilisieren. Dies lässt erwarten, dass trotz des Beharrungsvermögens institutioneller Regelungen in der Vergangenheit neue Spielregeln gefunden werden können, welche den herrschenden Bedingungen besser entsprechen als die hergebrachten. Selbst wenn Politik und Staat auch im Bereich der Ordnungspolitik ihre dominante Stellung verloren haben sollten, spricht nichts dagegen, dass sich die Beteiligten auf eine veränderte institutionelle Struktur einigen. Das Konzept der nicht-kooperativen Kooperation trägt dem insofern Rechnung, als nicht mehr vorausgesetzt wird, dass hinter dem Rawlsschen Schleier des Unwissens entschieden wird, sondern unter *Ergebnisunsicherheit.* Der Entscheidungsprozess selbst unterliegt ebenfalls der Unsicherheit, hier *Prozessunsicherheit* genannt, da niemand in einem interdependenten dynamischen System weiß, in welcher Konstellation letztendlich Entscheidungen fallen. Es ist zu betonen, dass gerade dieses aleatorische Element in der Entscheidungsfindung bezüglich ordnungspolitischer Regeln die Entscheidung selbst vor massiver Einflussnahme organisierter Interessen schützen kann. Daher wäre generell zu überlegen, verstärkt solche Elemente auch bei vorgeschriebenen Entscheidungswegen einzusetzen. In hochentwickelten modernen Volkswirtschaften mit interdependentem Wirtschafts- und Politik-System besteht grundsätzlich die Gefahr der Erstarrung bzw. der Blockade: „Es soll alles bleiben wie es ist.“ Dabei wird oft verkannt, dass diese Erstarrung systemgefährdende Entwicklungen zulässt. Daher ist es vorteilhaft, diese Erstarrung aufzuheben. Das System aus Wirtschaft und Politik jedenfalls, soweit es sich selbst organisiert, tendiert dazu, im Ungleichgewicht zu sein und damit Veränderungen zu forcieren.

Zusammenfassend kann festgehalten werden, dass m. E. eine Renaissance der Ordnungspolitik alten Stils (Dominanz von Staat und Politik) durch systemtheoretische Überlegungen, wie sie hier vorgetragen wurden, nicht gestützt werden. Ordnungspolitik wird system-endogen erzeugt und nicht quasi von außen an das System herangetragen. Nicht jede system-endogen erzeugte Ordnungspolitik ist im wohlfahrtstheoretischen Sinn „gut“. Sie kann aber nur endogen verändert werden. Die weiter oben angedeutete funktionale Differenzierung der Gesellschaft hat u. a. auch die wissenschaftliche Politikberatung hervorgebracht, welche wiederum system-endogen und in den Systemgrenzen mehr oder weniger Einfluss auf die Politikgestaltung hat. Sie ist ein funktionaler Baustein der Politikgestaltung, und kann diese weder determinieren noch ersetzen.[45]

In einem zweiten Sinn dagegen kann eine systemtheoretisch begründete Renaissance der Ordnungspolitik tatsächlich bejaht werden. Im Unterschied zur Prozesspolitik ist die Ordnungspolitik langfristiger angelegt und wirkt indirekter über die Veränderung von institutionellen Strukturen.[46] Letzteres ist geeignet, die strukturelle Stabilität des vorhandenen Wirtschafts- und Politik-Systems aufzubrechen und so zu einem veränderten Verhalten der Systemdynamik beizutragen. Dies ist immer dann erforderlich, wenn die bisherige Dynamik vom Ergebnis her pathologische Züge trägt. Prozesspolitik dagegen spielt sich im Rahmen gegebener Strukturen ab. Wie weiter oben argumentiert, führt die Vernetzung und Vermaschung moderner, hochentwickelter Volkswirtschaften zu großer Wirkungsunsicherheit in der Prozesspolitik. Daher liegt es nahe, deutlich weniger auf prozesspolitische Instrumente zurückzugreifen als in der Vergangenheit. Allerdings muss zugegeben werden, dass auch der Einsatz von Prozesspolitik – und sei sie auch nur symbolischer Natur – system-endogen zustande kommt.

F. Fazit

Ziel der Ausführungen in diesem Beitrag war, den Systemcharakter volkswirtschaftlicher Prozesse einerseits und der Interaktion von Wirtschaft und Politik andererseits aufzuzeigen sowie Konsequenzen für die Wirtschafts- und Finanzpolitik daraus zu ziehen. Dabei wurde davon ausgegangen, dass moderne, hochentwickelte Volkswirtschaften komplex sein müssen – und sich daher, wie neuere physikalische Theorien nahe legen, „am Rand des Chaos" bewegen. Insbesondere wurde darauf hingewiesen, dass die Vernetzung und Vermaschung dazu beiträgt, dass die Wirksamkeit prozesspolitischer Eingriffe unsicherer geworden ist.

Des Weiteren wurde argumentiert, dass sich das Verhältnis von Wirtschaft und Politik geändert hat. Die Dominanz von Politik und Staat wurde angezweifelt und dafür plädiert, das Verhältnis von Wirtschaft und Politik als nicht-kooperative Kooperation zu verstehen. Dahinter steckt die systemtheoretische Vorstellung, dass zwei miteinander interagierende Systeme sich gegenseitig beeinflussen und teilweise *nolens volens* voneinander abhängig werden. Da Politik ebenfalls als komplexes (selbstorganisierendes) System

---

45 Siehe dazu bereits *Klanberg* (1984).

46 Willke bezeichnet dies als „dezentrale Kontextsteuerung" bzw. „Konditionalisierung der Randbedingungen", und trifft damit m. E. den ordnungspolitischen Kern; vgl. *Willke* (1984), S. 48.

anzusehen ist, steht auch dieses System „am Rand des Chaos“. Weiter wurde argumentiert, dass dieser Verlust an Stabilität im wohlfahrtstheoretischen Sinn nicht schädlich sein muss. Vielmehr lehrt die Komplexitätstheorie, dass Entwicklung nur außerhalb eines Gleichgewichts möglich ist. Selbstorganisierte Kritizität bringt zwar unerwünschte Unsicherheit in die Systeme, ist aber andererseits erforderlich für Entwicklungsprozesse.

Letzten Endes ergab sich, dass Ordnungspolitik zukünftig sowohl erforderlich als auch möglich bleibt, selbst wenn die Dominanz von Politik und Staat verloren geht bzw. verloren gegangen ist. Dies trifft in gleichem Maße für die Prozesspolitik nicht zu. Ihr wird durch die zunehmende Vernetzung und Vermaschung der Volkswirtschaft die Sicherheit der Wirkungen entzogen. Dies macht es riskant, Prozesspolitik unvermindert einzusetzen. Sie droht zu rein symbolischer Politik zu degenerieren. Eine Renaissance der Ordnungspolitik könnte es demnach insofern geben, als Prozesspolitik zunehmend schwieriger, unsicherer und teurer wird.

Zum Abschluss möchte ich Herrn Grossekettler für viele anregende Diskussionen und die angenehme Arbeitsatmosphäre am Institut für Finanzwissenschaft danken. *Ad multos annos* „am Rand des Chaos“!

Literaturverzeichnis

Albert, R./*Barabási,* A.-L. (2002): Statistical mechanics of complex networks, in: Reviews of Modern Physics, Vol. 74, S. 47–97.

Albert, R./*Jeong,* H./*Barabási,* A.-L. (2000): Error and attack tolerance of complex networks, in: Nature, Vol. 406, S. 378–382.

Bak, P. (1996): How nature works: The science of self-organized criticality, New York.

Bak, P. *et al.* (1993): Aggregate fluctuations from independent shocks: Self-organized criticality in a model of production and inventory dynamics, in: Ricerche Economiche, Vol. 47, S. 3–30.

Bak, P./*Chen,* K. (1991): Selbstorganisierte Kritizität, in: Spektrum der Wissenschaft, Oktober, S. 62–71.

Bak, P./*Tang,* Ch./*Wiesenfeld,* K. (1988): Self-organized criticality, in: Physical Review A, Vol. 38, S. 364–375.

Buchanan, M. (2002): Small Worlds, Frankfurt/New York.

Canning, D. *et al.* (1998): Scaling the volatility of GDP growth rates, in: Economics Letters, Vol. 60, S. 335–341.

Cohen, R./*Erez,* K./*ben-Avraham,* D./*Havlin,* Sh. (2001): Breakdown of the Internet under intentional attack, in: Physical Review Letters, Vol. 86, No. 16, S. 3682–3685.

– (2000): Resilience of the Internet to random breakdown, in: Physical Review Letters, Vol. 85, No. 21, S. 4626–4628.

Dacorogna, M. (1999): Econophysists find a forum, in: Physics World, September, URL: http://www.physicsweb.org/artcle/world/12/9/3 [08.04.2003].

Dorogovtsev, S. N./*Mendes,* J. F. F./*Samukhin,* A. N. (2000): Structure of growing networks with preferential linking, in: Physical Review Letters, Vol. 85, No. 21, S. 4633–4636.

EVALife (2003): Applying complexity theory to evolutionary algorithms, Internet: URL: http://www.evalife.dk/projects/showproject.php?file=soc_operators [20.01.2003].

Grossekettler, H. (1999): Das Koordinationsmängel-Diagnosekonzept als didaktisches Instrument, in: Lübke, E. und Grossekettler, H. (Hrsg.), Beiträge zur Finanz- und Wirtschaftspolitik. Festschrift für Ingolf Metze zum 65. Geburtstag, Berlin, S. 95–142.

Høgh Jensen, M. (2002): Bak, P. (1947–2002), in: Nature, Vol. 410, 21. November 2002, S. 284.

Jen, E. (2003): Stable or robust? What's the difference?, Working Paper Santa Fe Institute, January 7, 2003.

Jursa, O. (o. J.): Kybernetik die uns angeht, Gütersloh.

Kauffman, St. A. (1991): Leben am Rand des Chaos, in: Spektrum der Wissenschaft, Oktober, S. 90–99.

Kirzner, I. (1997): Entrepreneurial discovery and the competitive market process: An Austrian approach, in: Journal of Economic Literature, Vol. 35, S. 60–85.

Klanberg, F. (1984): Gutachten, Gutachten … und keine Entscheidungen?, in: Finanzarchiv N.F., Bd. 42, S. 224–236.

Kneer, G./*Nassehi,* A. (2000): Niklas Luhmanns Theorie sozialer Systeme, 4. Aufl., München.

Krause, D. (2001): Luhmann-Lexikon, 3. Aufl., Stuttgart.

Lagueux, M. (1992): What's wrong with metaphors in economics: the case of hydraulic metaphors, in: Loury, S. T. (ed.), Perspectives on the history of economic thought, Volume VIII, Aldershot, S. 35–50.

Luhmann, N. (1988): Die Wirtschaft der Gesellschaft, Frankfurt am Main.

– (2002): Einführung in die Systemtheorie (posthum herausgegeben von Dirk Baecker), Heidelberg.

Mateos, R. *et al.* (2002): From linearity to complexity: Towards a new economics, in: Compexity International, submitted preprint under review, paper ID: olmedo02. URL: http://www.csu.edu.au/ci/draft/olmedo02/ [10.04.2003].

Pfaar, A. (1997): Felder und Aufgaben der Wirtschaftspolitik, in: Rüther, G. (Hrsg.), Ökologische und soziale Marktwirtschaft, Bonn, S. 86–108.

Phillips, A. W. (1950): Mechanical models in economic dynamics, in: Economica, N.S., Vol. 17, S. 283–305.

Principia Cybernetica (2003): Polystability, Internet: URL: http://pespmc1.vub.ac.be/ASC/POLYSTABILI.html [10.04.2003].

– (2003): Ultrastability, Internet: URL: http://pespmc1.vub.ac.be/ASC/ULTRASTABIL.html [10.04.2003].

Redner, S. (2001): Aggregation kinetics of popularity, Center for BioDynamics, Center for Polymer Studies, and Department of Physics, Boston University.

Richter, K./*Rost,* J.-M. (2002): Komplexe Systeme, Frankfurt am Main.

Schumpeter, J. A. (1999): The fundamental phenomenon of economic development, in: Leube, K. R. (Hrsg.): The essence of Joseph Alois Schumpeter, Bd. 3, Frankfurt a. M., S. 182–276.

– (1926): Theorie der wirtschaftlichen Entwicklung, 2. Aufl., München, Leipzig.

Solé, R. V./*Montoya,* J. M. (2000): Complexity and fragility in ecological networks, in: arXiv:cond-mat/0011196 v1 10 Nov 2000.

Stanley, H. E. *et al.* (2000): Scale invariance and universality of economic fluctuations, in: Physica A, Vol. 283, S. 31–41.

– (2002): Self-organized complexity in economics and finance, in: PNAS, Vol. 99, Supplement 1, February 19, 2002, S. 2561–2565, Internet: URL: http://www.pnas.org/cgi/doi/10.1073/pnas.022582899 [06.08.2003].

Stark, O. (1987): Cooperating adversaries, in: Kyklos, Bd. 40, S. 515–528.

Watts, D. J. (1999): Small worlds. The dynamics of networks between order and randomness, Princeton, N. J.

Watts, D. J./*Strogatz,* St. H. (1998): Collective dynamics of ‚small-world‘ networks, in: Nature, Vol. 393, S. 440–442.

Williamson, O. (2000): The new institutional economics: Taking stock, looking ahead, in: Journal of Economic Literature, Vol. 38, S. 595–613.

Willke, H. (1984): Gesellschaftssteuerung, in: Glagow, M. (Hrsg.), Gesellschaftssteuerung zwischen Korporatismus und Subsidiarität, Bielefeld, S. 29–53.

– (1983): Entzauberung des Staates. Überlegungen zu einer sozietalen Steuerungstheorie, Königstein/Ts.

„Gehört das Preisbindungsverbot abgeschafft?“

Eine disziplinübergreifende Betrachtung auf der Basis des Koordinationsmängel-Diagnose-Konzepts

Von Dieter Ahlert[1]

A. Deregulierungen im Spannungsfeld zwischen Wettbewerbstheorie, Wettbewerbsrecht und Marketingwissenschaft

„*Marketing* als Teilgebiet der Betriebswirtschaftslehre, *Recht* als selbstständige wissenschaftliche Disziplin und *Wettbewerb* als Erkenntnisgegenstand der Volkswirtschaftstheorie und -politik überschneiden sich in einem ganz bestimmten Sinn: Sie beziehen sich auf denselben Gegenstand, das Handeln der Unternehmen im Markt, an den jedoch unterschiedliche (fachspezifische) Fragestellungen herangetragen werden:

Der Betriebswirt fragt, wie ein Unternehmen bei gegebenem Rechtsrahmen nach Maßgabe der Unternehmensziele optimal im Markt agieren kann und was aus dieser Perspektive am Rechtsrahmen störend ist.

Der Jurist will die Probleme lösen, die mit der Anwendung des Rechts zusammenhängen, und die Unklarheiten und Lücken des Rechtsrahmens beseitigen.

Der Volkswirt fragt nach den sozialen Missständen, die mit einem bestimmten Rechtsrahmen verbunden sind, d.h. nach Mängeln, die sich als ungewollte Folgen eingestellt haben und den Erwartungen widersprechen, die wir mit einer menschenwürdig geordneten Marktwirtschaft verbinden.

Sollen Erkenntnisfortschritte erzielt werden, so müssen bei der Bearbeitung jeder dieser Fragestellungen häufig Ergebnisse berücksichtigt werden, die in den jeweils anderen beiden Wissenschaften gewonnen worden sind. Es sollte deshalb Kooperationsmöglichkeiten für die Disziplinen geben. Die Abhängigkeiten sind teilweise dermaßen eng, dass ein (dreiseitiger) Austausch der Arbeitsergebnisse nicht nur zweckmäßig, sondern sogar unum-

---

[1] Der Autor ist Professor für Betriebswirtschaftslehre, insbesondere Distribution und Handel, an der Westfälischen Wilhelms-Universität Münster.

gänglich ist. Dies gilt nicht nur dann, wenn Betriebswirte, Juristen und Volkswirte Probleme wissenschaftlich bearbeiten, sondern auch dann, wenn Aufgaben aus diesen Bereichen in der Praxis zu bewältigen sind.

Will man z.B. wissen, wie eine bestimmte Marketing-Praxis im Lichte des geltenden Rechts (*de lege lata*) zu beurteilen ist, so müssen die Strategien, die von den Betriebswirten entwickelt worden sind, von Juristen am geltenden Recht und von Volkswirten am Allgemeinwohl gemessen werden. Dabei muss berücksichtigt werden, dass die Imitation einer zunächst neuen Strategie durch mehr und mehr Unternehmen zu sozialen Missständen führen kann, die anfänglich (noch) nicht sichtbar waren.

Oder denken wir an die Aufgaben und Fragen, die sich stellen, wenn Recht oder Gesetz fortgebildet werden sollen: Wandelt sich die Rechtsprechung oder zielt man darauf ab, einen solchen Wandel herbeizuführen, sollen bestehende Rechtsnormen novelliert werden oder sind neue Gesetze dort zu schaffen, wo bisher noch keine Regelung bestand, argumentiert man also *de lege ferenda,* so benötigt der Jurist wirtschaftswissenschaftliche Empfehlungen, die zwischen den beiden Teildisziplinen der Volkswirtschaftslehre und der Betriebswirtschaftslehre einerseits sowie zwischen Wirtschaftswissenschaften und Wirtschaftspraxis ausdiskutiert sein sollten."[2]

Um ein anschauliches Beispiel dafür zu finden, in welch engen Wechselbeziehungen Marketinglehre, Jurisprudenz und Wettbewerbstheorie untereinander stehen, braucht man nicht lange zu suchen: Die Reglementierung von Marketingstrategien durch die restriktiven Normen des Wettbewerbsrechts drängen sich insoweit geradezu auf.

Dabei ist davon auszugehen, dass im Rahmen eines von Zeit zu Zeit fälligen „Rechts-Audit" alle Regelungen, welche die wirtschaftliche Freiheit (Handlungs- und Vertragsfreiheit) der Marktteilnehmer beschneiden, auf ihre aktuelle Legitimation und Verhältnismäßigkeit zu überprüfen sind.

Exemplarisch ist an das Rabattgesetz, das Ladenschlussgesetz, das Recht der Sonderveranstaltungen zu denken, deren Deregulierung in jüngster Zeit eifrig, mit großer Publikumswirkung betrieben wird. Es drängt sich die Frage auf: Hat der Gesetzgeber in seiner Deregulierungseuphorie die anderen Restriktionen wie beispielsweise das *Verbot von Vereinbarungen über Preisgestaltung oder Geschäftsbedingungen* (kurz: Preisbindungsverbot, PBV)[3] oder das (zum Flankenschutz des PBV zwingend notwendige) *Dis-*

---

[2] *Ahlert/Grossekettler/Sandrock (*1988), S. V f.

[3] Seit 1.1.1999 lautet der neu gefasste § 14 GWB wie folgt: „Vereinbarungen zwischen Unternehmen über Waren oder gewerbliche Leistungen, die sich auf Märkte innerhalb des Geltungsbereichs dieses Gesetzes beziehen, sind verboten, soweit sie einen Beteiligten in der Freiheit der Gestaltung von Preisen oder Geschäfts-

kriminierungsverbot, Verbot unbilliger Behinderung (§ 20 GWB) schlicht vergessen oder bewusst übergangen?

Als Begründung für ein solches Versäumnis könnte herhalten, dass das PBV für Unternehmungen und Verbraucher dermaßen unbedeutend sei, dass es sich nicht lohne, auch nur einen Gedanken daran zu verschwenden. Dass dem wohl nicht so ist, soll in Abschnitt II deutlich gemacht werden.

Die entgegengesetzte Begründung erscheint plausibler: Das PBV sei, ähnlich wie das Kartellverbot (§ 1 GWB), so evident unverzichtbar, um den Wettbewerb zu Gunsten der optimalen Verbraucherversorgung funktionsfähig zu erhalten, dass schon ein lautes Nachdenken über den Sinn dieser Verbote einem Sakrilegium gleich käme. Unter dieser weitgehenden Tabuisierung leidet die Grundsatzdiskussion offenbar schon seit Einführung des Verbots der vertiklalen Preisbindung durch die Kartellrechtsnovelle im Jahre 1973[4], allerdings in den letzten Jahren in zunehmendem Maße.

Die Basis der Legitimations- und Verhältnismäßigkeitsprüfung restriktiver Rechtsnormen kann nur ein anerkanntes wettbewerbspolitisches Leitbild sein. M.E. ist das Koordinationsmängel-Diagnose-Konzept von Heinz Grossekettler das dafür am besten geeignete.[5] Mit Heinz Grossekettler verbinden den Verfasser des vorliegenden Beitrages Jahrzehnte lange, lebhafte, nicht selten auch kontroverse Diskussionen, z.B. über die wettbewerbspolitische Beurteilung Vertraglicher Vertriebssysteme zwischen Industrie und Handel und so auch über das hier in Frage stehende Preisbindungssystem.[6] Einigkeit besteht darüber, dass im Sinne einer Art Beweislastumkehr diejenigen, die an restriktiven Rechtsnormen festhalten wollen, begründet darzulegen haben, dass solche wettbewerbspolitischen Interventionen nicht das Potenzial haben, Koordinationsmängel in den Märkten erst zu verursachen, sondern, im Gegenteil, dass sie zur Heilung (bzw. Prävention) solcher Mängel beizutragen geeignet, notwendig und angemessen sind.[7]

In der hier gebotenen Kürze kann die Würdigung des PBV auf der Basis des KMDK nur pointiert und fragmentarisch erfolgen. Eine umfassende Darstellung kann in der gemeinsam von Heinz Grossekettler und dem Verfasser betreuten Dissertation von J. P. Horst nachgelesen werden.[8]

---

bedingungen bei solchen Vereinbarungen beschränken, die er mit Dritten über die gelieferten Waren, über andere Waren oder über gewerbliche Leistungen schließt.“

[4] Vgl. *Ahlert/Schröder* (1996), S. 239 ff.

[5] Vgl. *Grossekettler* (1994), S. 8 ff.

[6] Schon Ende der 1970er Jahre haben wir in disziplinübergreifenden Hauptseminaren und Symposien mit der Wirtschaftspraxis diesen Gedankenaustausch gepflegt; vgl. *Grossekettler* (1981); *Ahlert* (1981).

[7] Vgl. *Fritsch/Wein/Ewers* (1993), S. 280 ff.

[8] Vgl. *Horst* (1992), weiterhin *Heußinger* (2000).

Ziel des Beitrages ist es, die Preisbindungsdiskussion neu zu beleben, den Widerspruch des Jubilars anzufachen und damit den Grundstein für einer fortdauernde, in dessen aktiven Ruhestand hinein reichende, fachliche Auseinandersetzung zu legen.

B. Zur aktuellen Krise: Wertevernichtung durch Preiskriege

In der gegenwärtigen Situation wird in den Medien und der Unternehmenspraxis über kein Thema so leidenschaftlich diskutiert wie über Preiskriege, Rabattschlachten und Schnäppchenjagden als angebliche Ursachen der „aktuellen Misere".[9] Tatsächlich ist der Wunsch der Markenartikelindustrie, *Preispflege in ihren Absatzkanälen* betreiben zu dürfen, kein neues Phänomen, sondern mindestens so alt wie das Preisbindungsverbot. Der Verfasser erinnert sich noch gut an eine Aussage von Herrn König Mitte der 70er Jahre, er wäre bereit, den Studenten und Mitarbeitern des Faches Distribution und Handel jedes Jahr eine Exkursion in die Vereinigten Staaten zu finanzieren, wenn sie eine Idee hätten, wie die Ramschangebote für König Pilsener im Lebensmitteleinzelhandel zu unterbinden seien.

Die als negativ empfundenen Wirkungen des „ungezügelten Preiswettbewerbs" treten nach weit verbreiteter Einschätzung nicht punktuell, sondern spiralenförmig auf. Als Meilensteine dieser dynamischen Entwicklung werden die immer weiter voranschreitende Konzentration der integrierten Handelssysteme, das Abschmelzen solitärer Fachgeschäfte, eine radikale Änderung des Verbraucherverhaltens und erhebliche Erosionserscheinungen im Bereich des Markenartikels apostrophiert.[10] Die Symptomatik äußert sich in einem zunehmenden Kaufwiderstand der Verbraucher und in einem *Teufelskreis der systematischen Wertevernichtung.*

Diesen Teufelskreis hat Peter Zernisch schon im Jahre 1998 als Downtrading-System bezeichnet und als eine unsägliche Abfolge von Fehlverhaltensweisen der Anbieter und der verheerenden Reaktionen der Verbraucher entlarvt[11].

Der initiierende Strategiefehler zahlreicher Markenartikelhersteller besteht darin, auf den wachsenden Kaufwiderstand der Verbraucher mit *forciertem Kostenmanagement* und einer *Inflationierung der Angebotsmengen,* nicht selten zu Lasten der Qualität, zu reagieren. Man könnte dies in Abwandlung einer fatalen Beraterweisheit auch so kommentieren: „Auf der

---

[9] Vgl. *Ahlert* (2001), S. 17.

[10] Vgl. *Ahlert/Schröder* (1999), S. 250 ff. und dort angegebene Literatur.

[11] Vgl. *Zernisch* (1998), S. 8 ff.

Erfahrungskurve reitet der Markenartikler in sein strategisches Verderben“. Die Reaktionen seitens der Arbeitnehmer und letztendlich der Konsumenten sind die *Angst vor Arbeitsplatz- und Einkommensverlust.* Währendessen überführen die Unternehmen fortwährend die realisierten Kosteneinsparungen in *Preissenkungen.* In der Hoffnung auf eine Präferenzstellung in den Konsumentenköpfen aufgrund des niedrigen Preises werden diese Preissenkungen von Industrie und Handel gleichermaßen aktiv beworben. Die Wettbewerber folgen dieser Strategie der Kostenführerschaft und damit dem Ziel, einen Umsatzzuwachs durch *Mengenausweitung* aufgrund von Preissenkungen zu erreichen. Die Verbraucher reagieren aus ihrer Unsicherheit heraus mit *Sparmaßnahmen,* entwickeln sich zu Schnäppchenjägern und zelebrieren „Askese“ in ihrem Konsumverhalten. Die Schnäppchenjagd führt zu einer *Entbindung von der Treue zu bestimmten Markenprodukten,* so dass sich der Markenproduktkonsum zum Billig- oder Discount-Konsum wandelt und zudem mengenmäßig abnimmt. Grund für die *Verringerung der Konsummenge* ist, dass nicht mehr der spaßorientierte, ideelle oder auch werteorientierte Konsum im Vordergrund steht, sondern vielmehr der sachlich-rationale und preissensible Grundkonsum. Anbieter im Niedrigpreissegment und Handelsmarken gewinnen einen zunehmend höheren Stellenwert in der Konsumgüterdistribution. Preiskriege und Verdrängungswettbewerb in den Absatzkanälen auf Ebene der Hersteller und Händler schreiten immer weiter fort, und die Produkte werden in den Augen der Konsumenten zunehmend austauschbar und wertlos. Die Konsequenz ist ein weiterer *Rückgang des Marktvolumens sowie der Handels- und Herstellerrenditen.* Als Sieger gehen im Handel die Discountsysteme aus diesem Prozess hervor.

In gesättigten Märkten funktioniert also die altbewährte Erfolgsformel „Preise runter – Mengen rauf“ nicht mehr. Mit Grossekettler könnte man sagen, der Markträumungsprozess ist systematisch gestört.[12] Die Verbrauchsmengen sinken, nicht trotz fallender Preise – sondern aufgrund fallender Preise: „Empfindungsgemäß haben unsere Käufer den Preisvorteil unserer Waren als Verfall ihres Wertes erlebt und den wachsenden Warenüberfluss mit wachsendem Konsumüberdruss beantwortet“.[13]

Im Hinblick auf das Thema des vorliegenden Beitrages stellt sich die Frage, ob diese in (nahezu) sämtlichen Konsumgüterbranchen aktuell zu beobachtende „Wertevernichtung“ gestoppt werden könnte, wenn die vertikale Preisbindung wieder zulässig wäre. Diese Frage zu beantworten, käme dem Versuch gleich, den „Wettbewerb als Entdeckungsverfahren in seiner Wirkung zu antizipieren: zweifellos eine Anmaßung der Vernunft![14]

---

[12] Vgl. *Grossekettler* (1994), S. 8.

[13] *Zernisch* (1998), S. 15.

Mit einiger Sicherheit kann allerdings angenommen werden, dass es keineswegs ausreicht, die Preise einfach zu erhöhen und im Handel festzuschreiben, um die Downtrading-Spirale zu beenden: Vielmehr ist der Ausweg aus dem Dilemma eher in innovativen Problemlösungen für den Verbraucher, nach Grossekettler also in neuen Preis-Leistungs-Kombinationen[15], in einer daran angepassten integrierten Markenführung und im Gefolge dieser Strategie in einem adäquaten vertikalen Preismanagement zu vermuten.

Den durch Downtrading verursachten Niedergang des Markenwesens hat schon der Ahnherr des Markenmanagements, Hans Domizlaff, im Jahre 1939 vorausgeahnt. In seinen „*Grundgesetzen der natürlichen Markenbildung*" hat Domizlaff siebzehn unabdingbare Faktoren für die Entstehung einer Marke benannt. Mit Blick auf den Teufelskreis können sieben Regeln in dem vorliegenden Kontext hervorgehoben werden[16], gegen die zahlreiche Anbieter in Handel und Industrie gegenwärtig verstoßen:

- Vertrauen in die Qualität.
- Geringe Zahl der Verkaufseinheiten (Verkaufsmengen).
- Kein forcierter Verkauf.
- Preiskonstanz.
- Unterscheidbarkeit von anderen Produkten.
- Seriöse Werbung (keine laute Reklame).
- Unaufdringliche Vornehmheit im Umgang mit der Marke.

Es ist anzunehmen, dass in den vorstehend aufgezeigten kumulativen Prozessen des mengenorientierten Preiswettbewerbs Marken nicht entstehen, sondern vernichtet werden.

Daher lautet die Empfehlung des Domizlaff-Schülers Peter Zernisch für den Ausweg aus der beschriebenen Krise: *Aufwertung,* d.h. Mehrwert schaffen durch eine „merkwürdige" Problemlösung und Ermutigung zur persönlichen Leistung.

Die Markenartikelindustrie sollte Widerstand gegen den Vernichtungswettbewerb leisten, und zwar durch die *Schaffung eines ideellen Mehrwertes* ihrer Produkte und Dienstleistungen. Anstelle der austauschbaren Massenkonsumartikel kommt es darauf an, innovative Produkte, d.h. genauer Problemlösungen für den (anspruchsvollen) Konsumenten anzubieten, und dies nach Möglichkeit nicht in inflationären Mengen, sondern restriktiv. Auf diese Weise können Konsumenten *Restriktion als Provokation zur eigenen Leistung* erleben. Je größer die Eigenleistungen des Verbrauchers in

---

14 Vgl. *v. Hayek* (1968).

15 Vgl. *Borchert/Grossekettler* (1985), S. 219 ff.

16 Vgl. *Domizlaff* (1939), S. 33 ff.

Form von Geld, Zeit und vor allem anstrengenden Bemühungen sind, umso höher ist das Wertempfinden des Verbrauchers für die angebotene Problemlösung. Die Preise müssen daher werteorientiert erhöht werden, so dass der *Konsum als bewusste Investition in die eigene Person* betrachtet wird. Durch die aufgezeigten Maßnahmen kann eine Aufwertung vollzogen werden, die zur Festigung von Kunden- und Markenbindungen, Entlastung von Preis- und Wettbewerbsdruck und nachhaltigem Wachstum führen kann.[17]

Nun erscheint es an dieser Stelle müßig, darüber zu streiten, ob diese Empfehlungen der führenden Markenexperten für den Markenartikelhersteller tatsächlich zielführend sind. Dies wird sich nur im Rahmen eines *Marktexperimentes* eruieren lassen. Wichtig ist, dass den Akteuren die Gelegenheit geboten wird, ein solches Experiment unverfälscht durchzuführen. Von geradezu vernichtender Wirkung auf diese Uptrading-Strategie wäre zweifellos ein preispolitisches Ramschverhalten des Handels, welches der Aufwertungsstrategie diametral entgegenstünde. Solange den Akteuren die aktive Preispflege im Absatzkanal verwehrt ist, werden wir nie erfahren, ob es sich um eine – möglicherweise auch für den Verbraucher nützliche – Innovation handelt:

Dies ist ein erstes, allerdings noch recht formales Argument dafür, das PBV abzuschaffen, wie im Folgenden noch zu sehen sein wird.

C. Das Preisbindungsverbot auf dem Prüfstand einer marketingwissenschaftlich fundierten Wettbewerbstheorie

I. Ein allgemeiner Bezugsrahmen für die disziplinübergeifende Analyse des vertikalen Preismanagements

Das vertikale Preismanagement kann insofern als ein hochkarätiges Problemfeld der *betriebswirtschaftlichen Forschung* angesehen werden, als hier alle denkbaren strategischen und operativ/taktischen Entscheidungsprobleme der Preispolitik „unter einem Dach“ und überdies noch in einer komplexen Vernetzung gemeinsam in Erscheinung treten. Vertikales Preismanagement ist, aus der Perspektive des Herstellers betrachtet, stets und zugleich

- eine stufenübergreifende, aus den Konstellationen der Folgemärkte abzuleitende Preisoptimierung,
- Preis- (und Konditionen-)Differenzierungsmanagement (sowohl innerhalb als auch zwischen den Wertschöpfungsstufen),

---

[17] Vgl. *Zernisch* (1998), S. 16 ff.

- dynamisches Preismanagement (mit erheblichen Folgewirkungen auf die Strukturentwicklung und das Verhalten der Akteure im Absatzkanal) und
- Preismanagement unter Ungewissheit.

Beim indirekten Absatzweg über eine oder mehrere Handelsstufen ist die Preispolitik des Herstellers in das Gesamtkonzept der verbraucher- und handelsgerichteten Absatzpolitik einzubetten. Den Ausgangspunkt bilden Entwicklungsprognosen sowohl über das preisabhängige Verbraucherverhalten im dynamischen Phasenablauf des Produktlebenszyklus (u.a. auch in Abhängigkeit vom Verhalten der konkurrierenden Anbieter) als auch über Ziele und das Kalkulationsverhalten der an der Distribution beteiligten Absatzmittler. Dem ist einerseits bei der Festlegung der Herstellerabgabepreise, d.h. der Standardpreissetzung für die betreffende Handelsstufe sowie der Konditionendifferenzierung zwischen den Händlersegmenten innerhalb der jeweiligen Handelsstufe Rechnung zu tragen.

Andererseits ist die stufenübergreifende Preisgestaltung ein Mittel im Rahmen des vertikalen Marketing, um auf die für den Hersteller relevanten Handelsleistungen (zu denen u.a. auch die Preispolitik des Handels gehört) den Herstellerzielen entsprechend nachhaltig Einfluss zu nehmen. In diesem Sinne kann von leistungsbezogenen, dynamischen Preisdifferenzierungsstrategien gesprochen werden. Da von der stufenübergreifenden Preisgestaltung die Gewinnverteilung zwischen Industrie und Handel und (z.T. daraus resultierend) die Strukturentwicklung innerhalb des Distributionssystems, aber auch im Endverbrauchermarkt (u.a. durch Konkurrenzreaktionen beeinflusst) abhängig sind, bedarf es entsprechender Wirkungsprognosen nicht nur für die Planungsperiode, sondern auch für die Folgeperioden.

Die Entwicklungs- und erst recht die Wirkungsprognosen sind in hohem Maße durch Ungewissheit belastet, nicht zuletzt aufgrund des spieltheoretischen Aspekts der Hersteller/Händler-Interaktion. Eine algorithmische Lösung dieses komplexen Entscheidungsproblems nach dem Muster der klassischen preistheoretischen Modelle scheidet aus. Vielmehr werden im Bereich des vertikalen Preismanagements Intuition und die Kunst heuristischer Problembewältigung weiterhin dominieren.

Dieser Aussage wird man spätestens dann zustimmen können, wenn ergänzend der *Einfluss der Rechtsordnung* ins Blickfeld gerückt wird. Die Freiheitsgrade im preispolitischen Beziehungsfeld zwischen Industrie und Handel sind durch eine Reihe von Rechtsnormen (insbesondere des Wettbewerbsrechts) reglementiert, die in ganz besonderem Maße das Ungewissheitsproblem der Marketingplanung begründen und verschärfen.

Im Gegensatz zu den erklärten gesellschaftlichen Funktionen der Rechtsordnung, dauerhafte Orientierungen herzustellen und die Konsistenz relevanter Verhaltensmuster zu verbürgen, sind die im Bereich des vertikalen

Preismanagements relevanten Rechtsnormen (einschließlich der Rechtsprechung) durch die Merkmale

- mangelnde Akzeptanz bei den Betroffenen,
- mangelnde Stabilität und Kontinuität sowie Beeinflussbarkeit,
- Unübersichtlichkeit und Komplexität sowie
- Subsumtions- und Rechtsfolgeunsicherheit

gekennzeichnet.

Wenn nun weiterhin bedacht wird, dass die rechtliche Reglementierung des preispolitischen Beziehungsfeldes zwischen Industrie und Handel wiederum Ausfluss einer *wettbewerbstheoretischen Würdigung* ist (sein sollte), wird noch einmal die Zweckmäßigkeit einer disziplinübergreifenden Diskussion deutlich.

Gegenstand der folgenden Ausführungen ist daher die Frage, ob die gegenwärtig vorherrschende Reglementierungspraxis im Bereich des vertikalen Preismanagements einer wettbewerbstheoretischen Prüfung, die auch marketingwissenschaftliche Erkenntnisse berücksichtigt, standhält.

II. Einige kritische Anmerkungen zur vorherrschenden Reglementierungspraxis

Spätestens seit der zweiten Novellierung des Kartellgesetzes im Jahre 1973 sind die stufenübergreifende Preisgestaltung und leistungsbezogene Konditionendifferenzierung vor allem durch das PBV und das Diskriminierungsverbot[18] streng reglementiert. Die Zangenwirkung von preispolitischer Einflussbegrenzung und Belieferungspflicht führt für bestimmte (nicht alle) Hersteller im Ergebnis dahin, dass sie ihre Absatzgüter nach Abgabe in das Distributionssystem einem ungewissen, ihrer vertikalen Vermarktungskonzeption möglicherweise diametral zuwiderlaufenden preispolitischen Schicksal überantworten müssen.[19]

Im Rahmen eines „Rechtsaudit" stellt sich einerseits die Frage, ob die Reglementierungspraxis ausgewogen und effizient, d.h. vor allem verzerrungsfrei funktioniert. Dabei ist ggf. sogar eine Verschärfung der Regulierung in Betracht zu ziehen.

Andererseits ist eine generelle oder partielle Deregulierung zu erwägen.[20]

---

[18] Vgl. *Böger* (1990), S. 224.

[19] Vgl. dazu ausführlich *Schröder* (1990), S. 20 ff.

[20] Vgl. zu Ansatzpunkten für eine Deregulierung des GWB: *Ahlert/Wellmann* (1988b), S. 258 ff.

Dass an der Effektivität und Ausgewogenheit der bestehenden Rechtsrestriktionen erhebliche Zweifel anzumelden sind, sei hier lediglich anhand einiger Beispiele verdeutlicht:

1. Die Reglementierungspraxis kann insofern eine *systematische Veränderung der Wettbewerbsverhältnisse auf der Herstellerstufe* bewirken, als nicht alle konkurrierenden Hersteller in gleicher Weise davon tangiert werden:

   - Eine erste Gruppe von Herstellern wird nicht betroffen, weil sie aufgrund ihrer Größe, Finanzkraft, Sortimentsbreite usw. in der Lage sind, die Ware unter Ausschluss des Handels direkt an die Verbraucher zu vertreiben (Vertikalisierung in Form der so genannten Vorwärtsintegration) oder mit dem Handel spezifische Vertragssysteme zu praktizieren, bei denen die Händler bezüglich der Distribution der Herstellerprodukte nicht als Eigenhändler, sondern als Handelsvermittler fungieren (Handelsvertreter- bzw. Kommissionsagentensysteme).
   - Eine zweite Gruppe von Herstellern fällt wegen ihrer relativ geringen Marktstärke nicht unter den Verbotsadressatenkreis des Diskriminierungsverbots und kann ohne sachlich gerechtfertigte Gründe alle Handelsbetriebe, die zu einem nicht genehmen Preisverhalten tendieren, aus ihrem Absatzsystem fernhalten.
   - Eine dritte Gruppe von Herstellern versteht sich darauf, ihre Preiskalkulationsvorschläge bzw. „unverbindlichen" Preisempfehlungen mit wirksamer Überzeugungsarbeit oder wettbewerbsrechtlich nicht kontrollierbarem Sanktionsdruck bei den Absatzmittlern faktisch durchzusetzen.

   Betroffen ist also nur jene Gruppe von Markenartikelherstellern, die sich mangels Umgehungsphantasie oder geeigneter Sanktionsgrundlagen der Zangenwirkung von Preisbindungs- und Diskriminierungsverbot nicht entziehen können.[21]

2. Die Reglementierungspraxis führt zu einer *Ungleichverteilung der Freiheitsgrade zwischen der Industrie- und Handelsstufe:*

   So steht dem Belieferungszwang für Hersteller kein äquivalenter Listungszwang für Händler gegenüber.

   Vor allem ist es den Massenfilialsystemen des Handels unbenommen, für bestimmte Sortimentsteile die Marketingführerschaft zu übernehmen und diese als exklusiv geführte Herstellermarken oder als Handelsmarken in allen Geschäftsstätten zum zentral festgelegten Preis anzubieten.

---

[21] Vgl. zur Umgehungsphantasie die empirische Untersuchung von *Witt* (1988), S. 417 ff.

3. Schließlich ist auf *zahlreiche Ausnahmebereiche* (Verlagserzeugnisse, Fertigarzneimittel, Tabakerzeugnisse und sämtliche kartellrechtlichen Bereichsausnahmen) hinzuweisen, die wettbewerbstheoretisch nicht hinreichend begründet werden können.

Bevor nun aber eine Ausdehnung der Reglementierung auf diese Umgehungsmodelle und Ausnahmebereiche ins Auge gefasst wird, erscheint es nahe liegender, eine *leitbildgerechte Deregulierung* der vorhandenen Einschränkungen der wirtschaftlichen Freiheiten im vertikalen Marketing zu erwägen.

III. Das Konzept der funktionalen Marktprozesse als Leitbild der Wettbewerbspolitik

Es bereitet bekanntlich Schwierigkeiten, allgemeingültig festlegen zu wollen, welcher *Zustand eines Marktes* im Sinne eines bestimmten wettbewerbspolitischen Zielsystems optimal wäre. Versuche, *die* optimale Marktform (etwa die vollständige Konkurrenz oder das weite Oligopol) zu definieren oder zu bestimmen, welches *die* optimale Wettbewerbsintensität ist, müssen heute als gescheitert gelten.[22]

Ebenso wenig erscheint es generell möglich, ein allgemeingültiges Werturteil über alternative Preisbildungsverfahren (z. B. die vertikale Preisbindung) in Distributionssystemen fällen zu wollen. Für die Frage nach dem funktionsfähigen Wettbewerb ist dies auch gar nicht erforderlich:

Von funktionsfähigem Wettbewerb ist vielmehr dann zu sprechen, wenn bestimmte Marktprozesse weitgehend störungsfrei ablaufen.[23]

Bezüglich der Frage, auf welche Marktprozesse es dabei ankommt, besteht ein breiter Konsens in der wirtschaftswissenschaftlichen Literatur sowie in der Praxis. Besonders prägnant hat Grossekettler im Rahmen des sog. Koordinationsmängel-Diagnose-Konzepts diese vertragstheoretisch legitimierbaren Marktprozesse formuliert.[24]

---

[22] Vgl. zu den Grundlagen dieser Sichtweise *v. Hayek* (1968).

[23] Vgl. zur Funktionsfähigkeitsanalyse *Grossekettler* (1991), S. 467 ff.

[24] Damit von einem Markt gesagt werden kann, dass er seine Koordinationsaufgaben mängelfrei erfülle, dass auf ihm funktionsfähiger Wettbewerb herrsche, müssen die folgenden Anforderungen an die Marktprozesse zufrieden stellend erfüllt sein:

„1. Es soll durch Preisvariationen dafür gesorgt werden, dass Märkte bis auf ökonomisch gerechtfertigte Lagerbestände und tolerierbare Restungleichgewichte geräumt werden [Markträumung].

2. Es soll über Kapazitätsvariationen dafür gesorgt werden, dass mit Kapazitätsengpässen verbundene Überrenditen und mit Überkapazitäten einhergehende Unterrenditen befriedigend ausreguliert werden [Renditennormalisierung].

Für die wettbewerbstheoretische Würdigung alternativer Preisbildungsverfahren (unter Einschluss des vertikalen Preisbindungssystems) ist unter diesen Marktprozessen dem *an den Konsumentenbedürfnissen orientierten Produktfortschrittsprozess*[25] eine ganz besondere Bedeutung beizumessen. In der hier gebotenen Kürze beschränken wir uns daher auf diesen Aspekt.[26]

Ausgangspunkt des Produktfortschrittsprozesses ist der Tatbestand, dass in einem bestimmten Markt alle Marktteilnehmer, so auch die potenziellen Anbieter neuer Produkte, nur über vage Hypothesen darüber verfügen, was die Konsumenten akzeptieren und durch ihre Kaufentscheidung honorieren werden. Selbst die Konsumenten wissen vor der Entstehung neuer Güter im Allgemeinen nicht genau, welche Präferenzen sie haben werden. Bedürfnisse für „ungeborene" Güter sind allenfalls latent vorhanden.

In dieser Situation kommt es darauf an, dass den Konsumenten ein möglichst breiter Fächer alternativer Problemlösungen (Objekte der Bedürfnisbefriedigung) im Zuge eines Marktexperimentes dargeboten wird. Die Konsumenten bestimmen mit ihren Kaufentscheidungen die Überlebenschancen der einzelnen Preis-Leistungs-Kombinationen (im Folgenden kurz PLK) und damit auch die Renditechancen der anbietenden Unternehmen. Hierin äußert sich die sog. Konsumentensouveränität.

> „Hat sich der Prototyp einer neuen Produktgattung in der Experimentierphase des neuen Marktes bewährt, tritt dieser Markt in der Regel in eine Expansionsphase ein. Diese zeichnet sich durch rasches Nachfragewachstum, eine hohe Zahl produktions- und/oder absatztechnischer Neuerungen sowie einen raschen Kapazitätsausbau durch alte und neue Anbieter aus. In dieser Phase kann man besonders gut beobachten, dass und wie der Wettbewerb als Entdeckungsverfahren wirkt und wie es (normalerweise) zu Verbesserungen der Produkt- und Absatzgestaltung kommt. Der Entdeckungsprozess ist in drei Teilprozesse gegliedert: den Mutations-, den Selektions- und den Imitationsprozess.
>
> Der *Mutationsprozess* kommt dadurch zustande, dass alte und neue Anbieter ihr produktions- und absatzpolitisches Instrumentarium nutzen, um – angetrieben

---

3. Es soll über Strukturvariationen und hier wieder vorrangig durch Markteintritte auf der jeweils stärkeren Marktseite für einen hinreichenden Ausgleich der Macht von Anbietern und Nachfragern auf möglichst niedrigem Niveau gesorgt werden [Übermachterosion].

4. Es soll über Mutationsprozesse (Innovationen), Selektionsprozesse (verzerrungsfreie Tests von Innovationen am Markt) und Imitationsprozesse dafür gesorgt werden, dass neue Produkte geschaffen werden und sich bei Bewährung durchsetzen [Produktfortschritt].

5. Es soll über Mutations-, Selektions- und Imitationsprozesse dafür gesorgt werden, dass neue Verfahren geschaffen werden und sich bei Bewährung ausbreiten [Verfahrensfortschritt]." *Grossekettler* (1985), S. 174 f.

[25] Vgl. *Grossekettler* (1988), S. 109 f.

[26] Vgl. zu einer umfassenden Würdigung der Preisbildungsverfahren: *Horst* (1992).

vom Streben nach Gewinn und Wachstum und auf der Suche nach konkurrenzfreien Räumen – einen breiten Fächer von PLK zu erzeugen. Diese PLK unterscheiden sich in der Regel in vielfältiger Hinsicht: in Bezug auf den Grundnutzen und seine verschiedenen Dimensionen, in Bezug auf den Zusatznutzen und die damit verbundene Werbekonzeption, in Bezug auf die Betriebsform und die Art der Angebotspräsentation und natürlich auch in Bezug auf den Preis. Alle PLK stehen aber in einem Wettbewerb um systematische Bevorzugung durch die Nachfrager.

Der *Selektionsprozess* ist der zweite Teilprozess des Entdeckungsverfahrens. Er umfasst die Auswahltätigkeit der Nachfrager und erzeugt Informationen: Die Nachfrager lernen aus eigenen und beobachteten Erfahrungen, welche PLK zur Befriedigung ihrer Bedürfnisse besonders gut geeignet sind, und signalisieren den Produzenten das Ergebnis ihrer Lernprozesse durch ihr Selektionsverhalten.

Auf die Manifestation des Nachfragewillens, der sich in unterschiedlichen Marktanteilsentwicklungen und Gewinnen für die einzelnen PLK niederschlägt, reagieren die Anbieter im Zuge des *Imitationsprozesses*: Diejenigen, deren PLK sich ausweislich steigender Marktanteile und hoher Renditen als überdurchschnittlich erfolgreich erwiesen haben, … verstärken ihr bisheriges Verhalten, indem sie ihre Kapazitäten ausbauen und ihre Position mit bewährten Mitteln zu festigen versuchen (Prozess der Selbstimitation); diejenigen, deren PLK sich ausweislich sinkender Marktanteile und geringer Renditen als unterdurchschnittlich erfolgreich erwiesen haben, müssen umlernen und orientieren sich dabei typischerweise an den erfolgreicheren Vorbildern (Prozess der Fremdimitation)“.[27]

Von Funktionsfähigkeit des Wettbewerbs (als Entdeckungsverfahren) kann in einem bestimmten Markt also nur dann gesprochen werden, wenn diese Marktprozesse störungsfrei funktionieren. Welche Marktstrukturen oder Beziehungskonstellationen zwischen hintereinander geschalteten Marktsystemen in diesem Sinne optimal sind, vermag dagegen niemand eindeutig zu sagen.

So ist es durchaus denkbar, dass angebotsseitig praktizierte Systeme der vertikalen Preisbindung nicht nur nicht störungsverursachend sind, sondern sogar als unverzichtbare Voraussetzung anzusehen sind, um die einem bestimmten Markt innewohnenden Störungstendenzen zu beheben, d. h. z. B. Innovationsanreize zu schaffen.[28]

IV. Die Rolle des Preises im Rahmen des „Wettbewerbs als Entdeckungsverfahren“

Dreh- und Angelpunkt des Produktfortschrittsprozesses ist der Begriff Preis-Leistungs-Kombination. Es handelt sich um ein „Problemlösungs- bzw. Bedürfnisbefriedigungs-Päckchen“, dessen Wert aus der *subjektiven*

---

[27] *Grossekettler* (1981), S. 269 f.

[28] Vgl. dazu auch *Hoppmann* (1980), S. 52.

Beurteilung von Seiten der Nachfrager erwächst. Diese ist das Ergebnis eines Informationsverarbeitungsprozesses, bei dem die wahrgenommenen positiven und negativen Komponenten in Relation zu alternativen PLK abgeglichen werden.

Der so genannte *Januskopfcharakter des Preises*[29] besteht darin, dass der Preis

- einerseits neben weiteren Aufwendungen in Form von Geld, Zeit und Mühen für Erwerb und Verwendung eines Gutes als *negative* Antriebskomponente zu Buche schlägt;
- andererseits kann die Preishöhe nicht nur über den sog. Indikatoreffekt die Wahrnehmung des Bedürfnisbefriedigungspotenzials *positiv* beeinflussen, sondern – was von entscheidender Bedeutung ist – der Preis kann unmittelbar Zusatznutzen stiften, z.B. aufgrund der Veblen- und Snobeffekte.

Wird der Begriff PLK in der Weise interpretiert, dass *Preis* für die negativ und *Leistung* für die positiv bewertete Eigenschaft eines Angebotes stehen, gelangen wir zu der paradox anmutenden Aussage: Die Preishöhe eines angebotenen Gutes ist zugleich einer unter mehreren Bestandteilen des „Preises" *und* der „Leistung".

Dies ist keine Wortspielerei, sondern von essentieller Bedeutung für die wettbewerbstheoretische Würdigung der Preissicherung und Preispflege im Absatzkanal.

Um dies zu verdeutlichen, wollen wir nun die *Seite des Angebots von PLK* beleuchten. Wer ist überhaupt der Anbieter einer PLK, der Hersteller eines Produktes und/oder der Absatzmittler? Welche Rolle spielt der Handel bei der Erstellung von PLK in mehrstufigen Distributionssystemen?

Im Hinblick auf die *Rolle des Handels* sind zwei völlig unterschiedliche Interpretationen denkbar:

1. PLK werden vom Hersteller erzeugt, und der *Handel* tritt als *potenzielle Verzerrung zwischen den Anbieter und den Nachfrager*. Bei dieser Interpretation wäre es im Sinne eines funktionsfähigen Produktfortschrittsprozesses als Marktstörung zu bewerten, wenn die vom Erzeuger intendierten PLK auf der Handelsstufe systematisch verfälscht werden (können). Dadurch wäre es bestimmten PLK verwehrt, sich im Zuge des „Marktexperimentes" um dic Gunst der Verbraucher zu bewerben. Zu verweisen ist exemplarisch auf Luxus-, Prestigegüter und hochwertige Geschenkartikel[30], bei denen die aggressive Niedrigpreis- bzw. Lockvogelpolitik des Handels Imageschädigungen bewirken kann.[31]

[29] Vgl. *Sölter* (1984).

Es kann zwar nicht Aufgabe der Wettbewerbspolitik sein, durch direkte Interventionen diese Rolle des Handels als Gatekeeper für Preis-Leistungs-Innovationen zu beseitigen. Sie sollte aber geeignete Rahmenbedingungen schaffen, die es den Innovatoren erlauben, die von ihnen für aussichtsreich befundenen PLK möglichst unverfälscht an die Verbraucherstufe heranzutragen:

Maßnahmen des vertikalen Markenschutzes unter Einschluss des stufenübergreifenden Preismanagements sollten insoweit prinzipiell zulässig sein.[32]

2. Die zweite denkbare Interpretation der Rolle des Handels lautet: Erzeuger der PLK ist jeweils derjenige im Distributionssystem, der im direkten Kontakt mit dem Verbraucher steht. Danach wäre die *Angebotsleistung eines jeden Einzelhändlers als eigenständige PLK* aufzufassen, die ein Konglomerat von industrieller Ware und handelsbetrieblicher Dienstleistung darstellt.

   Die Forderung nach Vielfalt der dem Verbraucher zur Auswahl gestellten PLK ist umso besser erfüllt,

   - je vielfältiger die Handelslandschaft beschaffen ist (Wettbewerb zwischen Betriebstypen des Einzelhandels) und
   - je vielfältiger die hinter dem Angebot des Handels stehenden Distributionsstrukturen gestaltet sind (Wettbewerb zwischen vertikalen Systemen mit differenten Formen der Funktionsaufteilung zwischen Industrie- und Handelsstufe).

   Von entscheidender Bedeutung ist dabei auch, dass funktionsfähiger Wettbewerb zwischen alternativen Preisbildungsverfahren besteht.

   Das bedeutet, dass die zentrale Preisfestsetzung in integrierten oder einstufigen Systemen mit der individuellen Preisbildung in nicht integrierten, mehrstufigen Systemen und diese wiederum mit vertikalen Preisbindungen oder kooperativer Preisgestaltung um die Bevorzugung durch den Verbraucher konkurrieren:

   Erst dieser Wettbewerb der Preisbildungsverfahren stellt sicher, dass der Verbraucher (und nicht der Gesetzgeber oder Bundesrichter) die Konsumgüterdistribution steuert.

---

[30] Vgl. zu äußeren Einwirkungen auf den Nutzen eines Gutes: *Leibenstein* (1966), S. 236.

[31] Vgl. zu den Auswirkungen von Niedrigpreisartikeln auf Markenartikel *Ahlert* (1983), S. 463 f.

[32] Vgl. Näheres zu den Maßnahmen des vertikalen Markenschutzes bei *Schröder* (1990), S. 133 ff.

Für welche der beiden Interpretationen der Rolle des Handels bei der Erzeugung von PLK man sich auch entscheiden mag (der Verfasser tendiert zur zweiten Interpretation), grundsätzlich gilt:

Solange preisgebundene mit nicht preisgebundenen Handelssortimenten (innerhalb der oder auch zwischen den einzelnen Einkaufsstätten) und solange innerhalb der verschiedenen Produktgattungen preisgebundene Markenware mit nicht preisgebundenen Produkten intensiv konkurrieren, sich also im Rahmen funktionierender Marktprozesse (im Sinne Grossekettlers) um die Bevorzugung seitens der Verbraucher bewerben, sind wettbewerbspolitische Interventionen nicht legitim.

Soweit die Ausweichmöglichkeiten der Verbraucher nicht eingeschränkt werden und Marktzutritte möglich sind, bedeutet die einseitige Reglementierung eines der alternativen Preisbildungsverfahren, hier des PBV, eine nicht leitbildgerechte Beschränkung des Wettbewerbs als Entdeckungsverfahren.

Die frühen 70er Jahre (vor PBV) waren durch die *Dominanz des mittelständischen Fachhandels* bei nahezu sämtlichen Markenartikeln gekennzeichnet. Nach Erlass des PBV, welches eigentlich dem Schutz des Fachhandels dienen sollte, hat sich die Situation in die heute anzutreffende *Dominanz der hochkonzentrierten Massenfilialsysteme des Handels* gewandelt. Dass dadurch die Marktzutrittsbarrieren größer geworden sind, erscheint evident. Dass das PBV dieser Entwicklung Vorschub geleistet hat, erscheint zumindest plausibel, auch wenn der Nachweis kaum gelingen dürfte. Ähnliches gilt für die mittelständische Industrie. Wie bei vielen anderen Rechtsrestriktionen gilt offensichtlich auch beim PBV, dass diejenigen Wirtschaftssubjekte, die eigentlich geschützt werden sollten, davon den größten Nachteil erleiden.

V. Offene Fragen bei der wettbewerbstheoretischen Beurteilung der Preissicherung und Preispflege im Absatzkanal

Angesichts dieser nur holzschnittartig vorgetragenen Überlegungen lassen sich nunmehr einige *Defizite der wettbewerbspolitischen Preisbindungsdiskussion* lokalisieren:

Zunächst hat unsere eingehende Analyse der seit den 60er Jahren vorliegenden Argumentationen ergeben, dass nur selten die Wertungsgrundlagen und Prämissen offen gelegt werden *(mangelnde Leitbildorientierung der Preisbindungsdiskussion).*

Ferner sind die Auswirkungen der Preisbindung auf das Funktionieren der o. g. Marktprozesse, insb. des Produktfortschrittsprozesses, nach unserem Erkenntnisstand bis zum Erscheinen der Dissertation von Horst[33] eher fragmentarisch untersucht worden.[34] So wurden zwar die Freerider-Probleme, Indikatoreffekte, Transparenzwirkungen, stabilitätspolitischen und Strukturkonservierungseffekte herausgearbeitet und mal pro, mal contra PBV ins Feld geführt. Eine umfassende, systematische und nach Warentypen differenzierte Analyse von Marktprozessstörungen durch zulässige Preisbindungen bzw. einer Mängelheilung durch das PBV liegt einzig mit der Arbeit von Horst vor. Eine disziplinübergreifende Auseinandersetzung mit dieser Arbeit findet unverständlicher Weise nicht statt *(Tabuisierung der Preisbindungsdiskussion).*

Weiterhin fällt auf, dass die zu beurteilenden Alternativen nur unvollständig erfasst werden *(nicht sachgerechte Schwarz-/Weiß-Malerei in der Preisbindungsdiskussion):*

Tatsächlich lauten die Alternativen *nicht,* dass in einem relevanten Markt *alle* Marktteilnehmer oder *kein* Marktteilnehmer die Preise binden. Vielmehr ist das Alternativenspektrum in der Realität vielgestaltiger, wie die folgende Übersicht (ohne Anspruch auf Vollständigkeit) zeigt:

1. Jeglicher Verzicht auf eine stufenübergreifende Preissicherung.
2. Preisbindung bei einem kleinen Anteil der Markenprodukte einer Produktgattung (intensiver Wettbewerb der Preisbildungsverfahren).
3. Preisbindung bei dem überwiegenden Anteil der Markenprodukte einer Produktgattung (jedoch *ohne* horizontales Parallelverhalten der Hersteller).
4. Preisbindung bei dem überwiegenden Anteil der Markenprodukte einer Produktgattung (*mit* horizontalem Parallelverhalten der Hersteller).
5. Vertikale Kooperationen auf der Basis vertraglicher Vertriebssysteme zwischen Industrie und Handel (weit über vertikale Preisabsprachen hinausreichend; z. B. Alleinvertriebssysteme, Franchisesysteme).
6. Integrierte Distributionssysteme mit zentraler Preisfestsetzung (z. B. einstufige Direktvertriebs- bzw. Filialsysteme, Systeme der Vorwärts- bzw. Rückwärtsintegration, Handelsmarkensysteme, Kommissionsagentensysteme etc.).

Das PBV wäre unter Umständen wettbewerbspolitisch legitimierbar, ginge es tatsächlich nur um eine Wahlentscheidung zwischen Alternative (1) (mit PBV) und Alternative (4) (ohne PBV). Dabei wird jedoch einerseits übersehen, dass das PBV gerade die Alternativen (5) und (6) entscheidend begünstigt hat.[35] Andererseits war in Zeiten der Zulässigkeit vertikaler Preis-

---

[33] Vgl. *Horst* (1992).

[34] Vgl. zur Preisbindungsproblematik exemplarisch *Bredt* (1965); *Brühl* (1982); *Hax* (1961); *Mellerowicz* (1963); *Ott* (1966); *Röper* (1955); *Schenk* (1971); *Wilhelm* (1960); *Wörmer* (1962).

bindungen nach unseren Recherchen in keinem relevanten Markt die Konstellation (4) anzutreffen, sondern überwiegend die Konstellation (2). Mit dieser realistischeren Einschätzung des Alternativenraumes war dem PBV die Legitimationsbasis von vornherein entzogen.

Das Hauptdefizit der Preisbindungsdiskussion besteht im Hinblick auf das Grossekettlersche Leitbild allerdings darin, dass es an einer dynamischen Analyse der Folgewirkungen von zulässigen versus verbotenen Preisbindungen mangelt *(fehlende Wirkungsanalyse und -prognose von Preisbindungssystemen)*. Im Zentrum der immer noch ausstehenden Untersuchungen, ob Preisbindungen Koordinationsmängel hervorrufen oder heilen (können), muss letztlich die Frage stehen, ob dadurch Marktzutrittsbarrieren auf der Seite des Angebots von PLK aufgebaut oder abgebaut werden. Sollte sich diese Prognose als nicht möglich erweisen (Stichwort: Anmaßung der Vernunft), gilt im Sinne der oben postulierten Beweislastumkehr in Deregulierungsfragen:

Das Preisbindungsverbot gehört abgeschafft!

D. Thesen zur Neubelebung der disziplinübergreifenden Preisbindungsdiskussion

Der einleitend erwähnte Grundstein für eine neu zu entfachende Diskussion mit dem angehenden Ruheständler, Heinz Grossekettler, bedarf einer konturierten Griffigkeit. Für diesen Zweck schließt der Beitrag mit 7 provokanten Thesen.[36]

These 1

In einer dynamischen Umwelt sollten durch einen periodischen Rechtsaudit alle Rechtsnormen auf ihre Relevanz, Verhältnismäßigkeit und Aktualität überprüft werden, welche die wirtschaftliche Freiheit der Marktteilnehmer beschneiden. Das PBV gehört zu eben dieser Klasse der restriktiven Rechtsnormen, das es die Vertrags- und Handlungsfreiheit der Wirtschaftssubjekte einschränkt.

These 2

Die Preisbindung besitzt keine bisher eindeutig nachgewiesenen positiven oder negativen Wirkungen auf die Marktprozesse. Insofern muss von einer ambivalenten Wirkung der vertikalen Preisbindung gesprochen werden.

---

[35] Vgl. *Eichhorn* (1982), S. 253.

[36] Vgl. zu diesen Thesen *Ahlert/Horst* (1990).

These 3

Ein potenzielles (wettbewerbspolitisch bedenkliches) Parallelverhalten der Hersteller wird im Zusammenhang mit der Preisbindung durch folgende Aspekte gefördert und gesichert:

- durch die unmittelbare Kontrolle der Endverkaufspreise,
- durch die mit einer Preisveränderung entstehenden Kosten,
- durch die erleichterte Anwendung gleicher Preiskalkulationsverfahren,
- durch die erhöhte Transparenz auf der Herstellerstufe.

These 4

Ein durch Preisbindung induziertes oder abgesichertes Parallelverhalten ist jedoch nur bei Abwesenheit der Konkurrenz der Preisbildungsverfahren (Systemwettbewerb) plausibel.

These 5

Preisbindung bewirkt keine Störungen der Marktprozesse, wenn nur wenige Hersteller mit geringen Marktanteilen in einer Branche die Preise binden.

Preisbindung ist dagegen prinzipiell kritisch zu beurteilen, wenn die überwiegenden Mehrzahl der Hersteller einer Branche ihre Produkte einer Preisbindung unterwerfen und der Markt die Struktur des engen Oligopols aufweist.

These 6

Je mehr Produkte jedoch preisgebunden sind, umso eher werden sich Hersteller und Händler bereit finden, preisbindungsfreie Produkte zu vertreiben.

Je mehr Produkte vom Handel frei im Preis gestaltet werden, umso eher werden sich Hersteller und Händler bereit finden, Preisbindungssysteme für ihre Artikel zu akzeptieren.

These 7

Zwischen den extremen Alternativen Beibehaltung oder Aufgabe des bestehenden Preisbindungsverbots sind Modelle der partiellen Deregulierung diskussionswürdig. Dabei geht es insbesondere darum, ein Mindestmaß an Preispflege in den Absatzkanälen zuzulassen, z.B. in der Form von Preiskorridoren, um den extremen Auswüchsen der Preiskriege und des Ramschens Einhalt zu gebieten. Weiterhin sollte ein zwischen der Industrie- und Handelsstufe koordiniertes Markenmanagement, welches wir „Vertical Brand Coordination“[37] nennen, zulässig sein.

Literaturverzeichnis

Ahlert, D. (Hrsg., 1981): Vertragliche Vertriebssysteme zwischen Industrie und Handel, Grundzüge einer betriebswirtschaftlichen, rechtlichen und volkswirtschaftlichen Beurteilung, Wiesbaden.

– (1983): Die Bedeutung der offensiven Untereinstandspreispolitik im Handel für die Hersteller hochwertiger Markenartikel des aperiodischen Bedarfs, in: WRP, 9/1983, S. 459–469.

– (2001): Integriertes Markenmanagement in kundengetriebenen Category Management Netzwerken, in: Ahlert, D./Olbrich/Schröder (Hrsg.), Jahrbuch Handelsmanagement 2001, Frankfurt a. M., S. 15–59.

Ahlert, D./*Grossekettler,* H./*Sandrock,* O. (1988): Vorwort zur Schriftenreihe „Marketing-Recht-Wettbewerb“, in: Ahlert, D.: Marketing-Rechts-Management, Köln u. a.

Ahlert, D./*Horst,* J. P. (1990): Vertikales Preismanagement, Arbeitspapier Nr. 12 des Lehrstuhls für Betriebswirtschaftslehre, insb. Distribution und Handel, Westf. Wilhelms-Universität Münster.

Ahlert, D./*Köster,* L. (2002): Strategic Brand Coordination – vertikal integriertes Markenmanagement in ECR-Wertschöpfungspartnerschaften, in: Diskussionsforum für Handel, Distribution und Netzwerkmanagement 2002, Hrsg.: Ahlert, D., Münster, S. 19–25.

Ahlert, D./*Schröder,* H. (1996): Rechtliche Grundlagen des Marketing, 2. Aufl., Stuttgart u. a.

– (1999): Binnenhandelspolitische Meilensteine der Handelsentwicklung, in: Dichtl, E./Lingenfelder, M. (Hrsg.): Meilensteine im deutschen Handel, S. 241–292.

Ahlert, D./*Wellmann,* Th. (1988 a): Von der Machtkonzentration zur dynamischen Marktbeherrschung im Handel – Wirtschaftswissenschaftliche Grundlagen einer Diskussion zur Kartellrechtsnovelle, in: Betriebswirtschaftliche Forschung und Praxis (BFuP), Heft 3/1988, S. 193–219.

– (1988 b): Deregulierung oder Verschärfung des GWB? – Wettbewerbspolitische und wettbewerbsrechtliche Konsequenzen der Konzentration im Handel, in: BFuP, Heft 3/1988, S. 250–275.

Baxter, W. (1984): Vertikale Preisbindung, in: Neue Entwicklungen des Antitrustrechts zu vertikalen Beschränkungen, FIW-Dokumentation 5/1984, S. 1–12.

[37] *Ahlert/Köster* (2002).

Böger, R. (1990): Konditionenspreizung der Hersteller gegenüber dem Lebensmittelhandel, Wirtschaftspolitische Studien 80, Göttingen.

Borchert, M./*Grossekettler,* H. (1985): Preis- und Wettbewerbstheorie – Marktprozesse als analytisches Problem und ordnungspolitische Gestaltungsaufgabe, Stuttgart u. a.

Bredt, O. (1965): Die volks- und betriebswirtschaftliche Bedeutung der vertikalen Preisbindung, Düsseldorf.

Brühl, R. (1982): Das kartellrechtliche Preis- und Konditionenbindungsverbot, Berlin.

Diller, H. (1988): Die Preis-Qualitäts-Relation von Konsumgütern im 10-Jahresvergleich, in: DBW, S. 195–200.

Domizlaff, H. (1939): Die Gewinnung des öffentlichen Vertrauens. Ein Lehrbuch der Markentechnik, Hamburg/Berlin.

Eichhorn, W. (1982): Vertikale Preisbindung, in: Böcker, F.: Preistheorie und Preisverhalten, München, S. 249–262.

Fritsch, M./*Wein,* T./*Ewers,* H. J. (1993): Marktversagen und Wirtschaftspolitik: Mikroökonomische Ursachen staatlichen Handelns, München.

Grossekettler, H. (1981), Die gesamtwirtschaftliche Problematik vertraglicher Vertriebssysteme, in: Ahlert, D. (Hrsg.): Vertragliche Vertriebssysteme zwischen Industrie und Handel, Wiesbaden, S. 255–314.

– (1985): Wettbewerbstheorie, in: Borchert, M./Grossekettler, H., Preis- und Wettbewerbstheorie, Stuttgart u. a. S. 115 ff.

– (1987a): Marktprozesse, Volkswirtschaftliche Diskussionsbeiträge, Beitrag Nr. 96, Westfälische Wilhelms-Universität Münster.

– (1987b): Volkswirtschaftliche Aufgaben von Marktprozessen, in: WiST, Heft 4, April 1987.

– (1991): Eine neue Methode zur Messung der Funktionsfähigkeit von Märkten: Die KMK-Funktionsfähigkeits-Analyse, in: Die Betriebswirtschaft 4/91, S. 467 ff.

– (1994): Die Messung der Funktionsfähigkeit von Märkten mit Hilfe des Konzepts zur Koordinationsmängeldiagnose, Volkswirtschaftliche Diskussionsbeiträge, Beitrag Nr. 195, Westfälische Wilhelms-Universität Münster.

Hax, H. (1961): Vertikale Preisbindung in der Markenartikelindustrie, Köln/Opladen.

Hayek, F. A. v. (1968): Der Wettbewerb als Entdeckungsverfahren, Kiel.

Heußinger, M. (2000): Koordinationsdefizite in der Bekleidungswirtschaft: Eine konzeptionelle und empirische Analyse mit Hilfe des Koordinationsmängel-Diagnose-Konzeptes, in: Ahlert, D. (Hrsg.): Schriften zu Distribution und Handel, Frankfurt am Main u. a.

Horst, J.-P. (1992): Das Verbot der vertikalen Preisbindung, in: Ahlert, D. (Hrsg.): Schriften zu Distribution und Handel, Band 9, Frankfurt am Main u. a.

Krämer, T. (1992): Simulation und Funktionsfähigkeitsanalyse verbundener Marktprozesse, Frankfurt.

Leibenstein, H. (1966): Mitläufer-, Snob- und Veblen-Effekte in der Theorie der Konsumentennachfrage, in: Streissler, E. und M. (Hrsg.): Konsum und Nachfrage, Köln/Berlin, S. 231–255.

Mellerowicz, K. (1963): Markenartikel – Die ökonomischen Gesetze ihrer Preisbildung und Preisbindung, 2. Aufl., München/Berlin.

Ott, A. E. (1966): Vertikale Preisbildung und Preisbindung, Göttingen.

Röper, B. (1955): Die vertikale Preisbindung bei Markenartikeln, Tübingen.

Schenk, H.-O. (1971): Vertikale Preisbindung als Form der vertikalen Kooperation, Berlin.

Schröder, H. (1990): Vertikaler Markenschutz als Problem des Markenartikelherstellers – Der Schutz des Markenartikels vor rufschädigenden Kommunikationsmaßnahmen des Einzelhandels als Gegenstand werbewirkungstheoretischer, rechtlicher und wettbewerbspolitischer Überlegungen, in: Ahlert, D./Bern u. a. (Hrsg.): Schriften zu Distribution und Handel.

Sölter, A. (1984): Der Januskopf des Preiswettbewerbs, Heidelberg.

Steffenhagen, H./*Keller,* D. (1989): Herstellerkonditionen und Handelsleistung, in: Trommsdorff, V. (Hrsg.): Handelsforschung, Berlin, S. 77–89.

Wilhelm, H. (1960): Preisbindung für Markenartikel, Freiburg im Breisgau.

Witt, F. J. (1988): Das Verbot der vertikalen Preisbindung nach §§ 15 ff. GWB auf dem „Effizienzprüfstand" seiner Praxiswirkung, in: WRP 7–8/1988, S. 417–422.

Wörmer, P. (1962): Vertikale Preisbindung, Berlin.

Zernisch, P. (1998): Uptrading. Programmentwurf, Düsseldorf.

– (2003): Markenglauben managen. Eine Markenstrategie für Unternehmer, Weinheim.

Eine ökonomische Theorie der veröffentlichten Meinung

Von Hendrik Munsberg[1]

A. Einführung und Überblick

Als „Neue Politische Ökonomie“ wird derjenige Zweig der Wirtschaftswissenschaften bezeichnet, der eigennütziges Handeln nicht nur auf Produzenten und Konsumenten bezieht, sondern ausdrücklich auch auf andere Bereiche des menschlichen Lebens. Grundlegend sind die Anwendung auf die Politik[2], auf die öffentliche Verwaltung[3] sowie auf Verfassungsprobleme[4].

Im vorliegenden Beitrag soll es darum gehen, das Eigennutzaxiom auf den Journalismus anzuwenden, um auf diese Weise eine – mikroökonomisch fundierte – Theorie der veröffentlichten Meinung zu skizzieren. Im Kern stellen sich dabei folgende Fragen: Warum berichten Journalisten so, wie man es tagtäglich in den Medien verfolgen kann? Wie lässt sich der Nutzen spezifizieren, den Journalisten zu maximieren suchen? Und was sind die Nebenbedingungen ihrer Arbeit?

Üblich ist bei Medien die Unterscheidung in Ressorts. Hier sollen nur die Bereiche „Politik“ und „Wirtschaft“ betrachtet werden; ausgeblendet bleiben damit Ressorts wie „Vermischtes“, „Feuilleton“ oder „Sport“. Der Grund für solche Eingrenzung des Erkenntnisobjektes liegt im tieferen Zweck dieses Beitrags: letztlich verfolgt er das Ziel, eine normative Theorie der veröffentlichten Meinung zu ermöglichen. Insbesondere den wissenschaftlich arbeitenden Ökonomen, die ihre Erkenntnisse und Empfehlungen einer breiteren Öffentlichkeit zugänglich machen wollen, sollen auf diese Weise Einsichten in die Arbeitsweise von Journalisten und in den Umgang mit ihnen vermittelt werden. Oft genug wundern sich Wissenschaftler nämlich, sobald sie eigene Erfahrungen als Informanten oder Interviewpartner von Medienvertretern machen, wie wenig der Output noch mit ihrem Input zu tun hat. Solche unangenehmen Überraschungen zu vermeiden, möge die-

[1] Der Verfasser ist stellvertretender Chefredakteur der „Berliner Zeitung“, vorher war er wirtschaftspolitischer Korrespondent des „Spiegel“ und der „Süddeutschen Zeitung“ in Berlin beziehungsweise Bonn.

[2] Vgl. *Downs* (1957).

[3] Vgl. *Tullock* (1965).

[4] Vgl. *Buchanan* (1962), S. 307–322.

ser Beitrag helfen. Im Übrigen liegt es auch im Interesse der Ökonomie insgesamt, dass ihr Lösungspotenzial für wirtschaftspolitische Probleme stärker als bisher furchtbar gemacht wird. Im politischen Prozess, wo es um das Organisieren von Mehrheiten geht, scheitern Lösungsbeiträge der Wirtschaftswissenschaft bis heute nicht selten daran, dass einer breiten Öffentlichkeit das Verständnis für grundlegende ökonomische Zusammenhänge, etwa für das Gebot der Trennung von Allokations- und Verteilungsfragen, fehlt. Aus dieser Erkenntnis heraus gehörte zum Programm des Ordoliberalismus auch das Bemühen, einer breiteren Öffentlichkeit ökonomisch vorteilhafte Lösungen nahe zu bringen.[5]

B. Journalismus in Deutschland

Typisch für Presseunternehmen ist, dass sie auf zwei Märkten agieren – zum einen auf dem Leser-, zum anderen auf dem Anzeigenmarkt. Zu beachten ist dabei, dass zwischen Leser- und Anzeigenmarkt eine enge Verbindung besteht. Üblicherweise richten sich die Anzeigenpreise in Medien nach der Zahl ihrer Leser (Reichweite). Die Werbung treibende Wirtschaft schaltet und bezahlt ihre Anzeigen nach Maßgabe des so genannten Tausenderpreises, der Auskunft darüber gibt, wie viel es den Inserenten kostet, je Tausend Leser zu erreichen. Verluste auf dem Lesermarkt können bei Unterschreiten bestimmter Schwellenwerte zu empfindlichen Einbußen bei den Anzeigenerlösen führen. Für Zeitungen gilt die Faustregel, dass sie ihre Kosten zu zwei Drittel über Anzeigenerlöse und zu einem Drittel über den Verkauf decken.

In Deutschland gab es im Jahr 2001 – so die jüngste Statistik des Deutschen Journalisten-Verbandes – 69000 hauptberufliche Journalisten; 15300 davon arbeiten für Tages- und Wochenzeitungen, 11500 für Rundfunkanstalten. Man unterscheidet fest angestellte Redakteure, regelmäßig für bestimmte Medien arbeitende Pauschalisten sowie freie Mitarbeiter, die in der Regel per Zeilenhonorar entlohnt werden. Die beiden letztgenannten Gruppen müssen wie Selbständige Sozialversicherungen gegen Risiken des Alters, der Gesundheit und Pflege sowie der Arbeitslosigkeit abschließen. Redakteure hingegen sind über ihren Arbeitgeber sozial versichert.

Im Folgenden soll es nur um Redakteure überregionaler deutscher Zeitungen gehen. Beispielhaft seien genannt: „Frankfurter Allgemeine Zeitung", „Süddeutsche Zeitung", „Die Welt", „Frankfurter Rundschau", „Handelsblatt", „Financial Times Deutschland"; daneben wöchentlich erscheinende Publikationen wie „Der Spiegel", „Die Zeit" und „Wirtschaftswoche". Den erwähnten Zeitungen gemeinsam ist, dass sie sich große

[5] Vgl. hierzu *Grossekettler* (1987).

Redaktionen mit einer mindestens zweistelligen Anzahl von Fachredakteuren leisten. Diese Blätter bilden in der Bundesrepublik unverändert das Fundament für die publizistische Abbildung (wirtschafts-)politischer Debatten. Insbesondere was die Darstellung komplizierter ökonomischer Zusammenhänge anbetrifft, kommt ihnen auch heute noch eine Schlüsselrolle zu.[6] Wachsende Bedeutung erlangen in diesem Zusammenhang die Fernsehanstalten. Wie noch zu zeigen sein wird, erhalten diese jedoch häufig Anstöße für ihre Berichterstattung durch die Zeitungen.

I. Die Nutzenfunktion von Journalisten

Unterstellt man, auch Journalisten seien Nutzenmaximierer, so taucht die Frage auf, welche Argumente in ihre Zielfunktion eingehen. In erster Näherung kann man annehmen, dass auch Zeitungsredakteure vorrangig ihr Einkommen zu maximieren suchen. Das ist ihnen in der Praxis allerdings nur unter Einschränkungen möglich. In Deutschland kennt die Entlohnung von Redakteuren, Pauschalisten und freien Mitarbeitern üblicherweise keine variablen Teile, die bei Erfolgsgrößen – etwa bei Auflage oder Verkaufserlösen – anknüpfen. Üblich ist vielmehr eine Entlohnung nach Tarif, die häufig durch außertarifliche, aber nicht unmittelbar erfolgsgrößenabhängige Aufschläge ergänzt werden. Die Regel ist eine erfolgsorientierte Entlohnung nur für Chefredaktionen, anzutreffen ist sie darüber hinaus für Ressortleiter.

Natürlich besitzen auch Redakteure die Möglichkeit, ihre Einkommen zu steigern. Allerdings ist das normalerweise nur in bestimmten Zeitintervallen möglich: in Betracht kommt der Wechsel zu einem besser bezahlenden Arbeitgeber; außerdem Gehaltsverhandlungen mit dem aktuellen Arbeitgeber, die man jedoch nicht beliebig häufig führen kann.

Wir wollen deshalb von nun an unterstellen, dass Journalisten ihren Marktwert zu maximieren suchen. Mit steigendem Marktwert wächst nämlich die Chance, bei den nächsten Gehaltsverhandlungen höhere Bezüge durchzusetzen oder zu einem andern Arbeitgeber wechseln zu können, der mit besserer Bezahlung lockt. Natürlich ist in der Praxis nicht jeder Journalist fortwährend vorrangig damit beschäftigt, seinen Marktwert zu steigern. Aber zu heuristischen Zwecken dürfte sich diese Annahme sehr gut eignen.

Wie stellen es Journalisten an, ihren Marktwert zu erhöhen? Als Tendenzaussage lautet die Antwort: sie müssen durch ihre Artikel für größtmögliche Aufmerksamkeit sorgen. Dabei gilt der Grundsatz: je spektakulä-

[6] Ähnliche Anforderungen hinsichtlich Ausstattung und Qualität erfüllen große Regionalzeitungen wie die „Stuttgarter Zeitung“, der „Tagesspiegel“ und die „Berliner Zeitung“.

rer die Nachricht, je größer das angesprochene Publikum, desto höher ist die Wahrscheinlichkeit, dass der Marktwert des Urhebers wächst.

Ein wichtiges Kriterium journalistischer Arbeit ist in diesem Zusammenhang die Exklusivität, also die Tatsache, dass man eine Nachricht vor der Konkurrenz veröffentlicht. Exklusivität ist die notwendige Bedingung dafür, dass ein Journalist seinen Marktwert steigern kann. Als hinreichende Bedingung muss allerdings hinzukommen, dass eine möglichst breite Öffentlichkeit auch erfährt, welches Medium Urheber der Exklusivnachricht ist. Beispielsweise ist aus Sicht eines „Focus"-Journalisten eine Exklusivnachricht vor allem dann geeignet, den eigenen Marktwert zu steigern, wenn beispielsweise die „Tagesschau" unter ausdrücklicher Berufung auf „Focus" berichtet, dass die Bundesregierung eine – vordem nicht bekannte – Steuererhöhung plant. Unterbleibt der Hinweis auf „Focus", so ist die Öffentlichkeit zwar um eine Exklusivinformation reicher, aber niemand erfährt, wer der Urheber ist. Und der Marktwert des Journalisten steigt kaum oder gar nicht.

Nur wenn die notwendige und die hinreichende Bedingung erfüllt sind, hat der betreffende Journalist sein Ziel erreicht. Für die Öffentlichkeit ist es prinzipiell gleichgültig, aus welchem Medium sie eine Neuigkeit zuerst erfährt. Durch die Nachrichtenagenturen[7] werden auch Exklusivmeldungen in aller Regel sehr rasch allgemein zugänglich gemacht. Folgt die Nachrichtenagentur den Regeln journalistischer Arbeit, von denen weiter unten ausführlicher zu sprechen sein wird, dann verbreitet sie nicht nur die Nachricht, sondern auch deren Urheber. Führt zum Beispiel „Der Spiegel" ein Exklusiv-Interview mit dem Bundeskanzler, in dem dieser erstmals eine Steuerreform ankündigt, dann berichtet die Nachrichtenagentur normalerweise unter Berufung auf den „Spiegel"; eigene Erkenntnisse liegen ihr ja nicht vor.

Abgesehen davon, dass solche Zitiererfolge die Eitelkeit eines Journalisten bedienen und tendenziell seinen Marktwert steigern, hat auch der Verlag etwas davon: Nachrichten, die mit dem Hinweis auf das Urhebermedium in viel beachteten Fernsehnachrichtensendungen publiziert werden, kosten den Verlag keinen Zusatzaufwand. Wollte die Zeitung gleiche Aufmerksamkeit durch Werbung erzielen, so wäre das ungleich kostspieliger, weil sie dann auf eigene Rechnung Anzeigen schalten müsste. Und selbst dann wäre der Erfolg nicht der gleiche: in Werbebeiträgen können Medien höchstens von sich behaupten, dass sie etwas vom Nachrichtengeschäft verstehen, Zitierungen in anderen Medien hingegen belegen – jedenfalls prima facie –, dass dem wirklich so ist.

---

[7] Die wichtigsten deutschsprachigen Nachrichtenagenturen sind: Deutsche Presse-Agentur (dpa), Reuters, Agence France Presse (AFP) sowie Associated Press (AP). Wohl alle größeren Zeitungen haben Verträge mit mindestens drei dieser Nachrichtenagenturen.

Der Wert solcher Zitierungen wächst mit ihrem Verbreitungsgrad. In der Praxis bedeutet das: den größten Erfolg erzielt ein Journalist, wenn seine Meldungen – unter Nennung des Mediums – einem Millionenpublikum in den Abendnachrichten der großen Fernsehanstalten vorgetragen werden. Ebenfalls als – allerdings etwas geringerer – Erfolg gilt es, wenn eigene Meldungen in Rundfunkanstalten zitiert werden, möglichst von solchen Anstalten, die im Verbreitungsgebiet der eigenen Zeitung senden.

Das Medien Tenor Institut für Medienanalysen mit Sitz in Bonn untersucht seit 1994 tagtäglich den Politik- und Wirtschaftsteil der wichtigsten deutschen Tageszeitungen, Wochenmedien und Fernsehnachrichtensendungen. Nach der aktuellen Statistik für das 1. Halbjahr 2003 wird die Liste der am häufigsten zitierten Medien mit großem Abstand vom „Spiegel" angeführt. Auf der Basis von 6374 Zitaten in 17 Medien entfielen auf das Hamburger Nachrichtenmagazin 624 Zitate. Platz 2 belegte das Boulevardblatt „Bild" (295 Zitate), gefolgt vom Münchner „Focus" (267), „ARD" (243), „Bild am Sonntag" (224), „ZDF" (222), „Berliner Zeitung" (181), „Welt am Sonntag" (176) und „Süddeutscher Zeitung" (171).[8]

Das Medien Tenor Institut überschreibt seine Publikation als „Positionierung der Meinungsführer-Medien in der Politik- und Wirtschaftsberichterstattung"[9]. Unter Journalisten finden diese Auswertungen große Beachtung. Sie gelten als Ausweis von Nachrichtenkompetenz. Insbesondere „Der Spiegel" hat seinen Ruf als Nachrichtenmagazin vor allem dadurch begründet, dass seine Exklusivmeldungen vielfach Ausgangspunkt für die Berichterstattung anderer Medien waren und sind. Gesteigert hat sich die Aufmerksamkeit für die Auswertung des Medien Tenor Instituts noch, seit die Auflagenzahlen der Printmedien insgesamt stagnieren und seit viele Titel durch sinkende Werbeerlöse in eine wirtschaftliche Krise geraten sind.

Als konstitutiv dafür, dass eine Meldung „zitierfähig" ist, gilt – wie gesagt –, dass man sie „exklusiv" hat. In ökonomische Kategorien übersetzt, kann man unter Exklusivität eine Art Eigentumsrecht des Journalisten verstehen, das ähnliche Fragestellungen aufwirft wie sie sich bei Erfindungen von Ingenieuren stellen. Letztere werden durch Patente geschützt, damit ihre Inhaber Vorsprungsgewinne realisieren können, die mindestens den Erfindungsaufwand decken und somit dafür sorgen, dass es überhaupt einen systematischen Anreiz für technischen Fortschritt gibt. Bezogen auf Journalisten verhalten sich die Dinge ähnlich. Auch hier gibt es das Problem, sein Eigentumsrecht gegenüber anderen durchzusetzen. Nicht selten kommt es nämlich vor, dass Meldungen nur ganz allgemein unter Hinweis auf „Medieninformationen" oder „Zeitungsinformationen" verbreitet werden, ohne

---

[8] Vgl. Medien Tenor Institut für Medienanalysen (2003).

[9] Siehe S. 1, ebenda.

dass die für die Neuigkeit verantwortliche Zeitung explizit genannt wird. Für den Urheber einer Nachricht ist in diesem Fall das Ziel, den eigenen Marktwert zu steigern, nicht erfüllt. Grund dafür, den Hinweis auf die Urheber einer Exklusivmeldung zu unterschlagen oder zu verschleiern ist nicht selten der Konkurrenzdruck unter den Medien. Anstatt den Wettbewerber zu nennen, wird nur der allgemeine Hinweis gegeben „..., sagte der Bundeskanzler in einem Zeitungsinterview."

In der Praxis fallen Journalisten, die wiederkehrend für Zitierungen in anderen Medien sorgen, ihren Kollegen, ihren Vorgesetzten und meist auch den Verlagsleitungen positiv auf. Die Folge davon ist, dass der Marktwert des betreffenden Redakteurs kontinuierlich steigt. Mitunter kann eine einzige Exklusivnachricht dazu führen, dass ein Journalist besser bezahlte Stellenangebote der Konkurrenz bekommt.[10]

Bleibt noch zu klären, auf welche Weise Journalisten an Exklusivinformationen gelangen? Eine Möglichkeit bieten Interviews mit (möglichst) prominenten und einflussreichen Politikern, die Stellungnahmen zu einem bestimmten Sachverhalt abgeben. Allerdings muss der Journalist dafür sorgen, dass sich derselbe Politiker nicht am selben Tag zum selben Sachverhalt in anderen Medien ein weiteres Mal äußert. Käme es dazu, wäre die Nachricht nicht mehr exklusiv, der Hinweis auf einen einzelnen Urheber wäre unangebracht. In der journalistischen Praxis ist es deshalb üblich, dass man mit seinem Interviewpartner vereinbart, dieser möge sich am selben und möglichst auch am Folgetag kein weiteres Mal zum fraglichen Sachverhalt äußern. Hält sich der Befragte nicht an die Absprache, kann man allerdings kaum mit Sanktionen drohen. Einzig der „Spiegel" war früher – als es „Focus" noch nicht gab und die Hamburger Zeitschrift Monopolist auf dem Markt für Nachrichtenmagazine war – in der Lage, abspracheuntreue Interviewpartner zu bestrafen, indem sie für die Zukunft von der Liste potenzieller Interviewpartner gestrichen wurden. Heute gingen die derart Sanktionierten prompt zur Konkurrenz.

Eine zweite Möglichkeit, an Exklusivinformationen zu kommen, besteht darin, Tatbestände zu recherchieren, die nicht offen zutage liegen und von

---

[10] Dem Verfasser wurde beispielsweise folgender Fall eines Wirtschaftskorrespondenten der „Süddeutschen Zeitung" bekannt: Dieser hatte unter Berufung auf einen Bericht des Bundesrechnungshofs gemeldet, dass es in der Nürnberger Bundesanstalt für Arbeit bei der Stellenvermittlung zu systematischen Unregelmäßigkeiten gekommen sei. Der Zeitungsbericht hatte zur Folge, dass der damalige Behördenchef Bernhard Jagoda sein Amt aufgeben musste. Außerdem reagierte die Politik mit umfassenden, aber umstrittenen Korrekturen der Arbeitsmarktpolitik im Rahmen der so genannten „Hartz"-Reform. Wenige Wochen nach der Veröffentlichung bekam der fragliche Journalist ein Angebot des „Spiegels", das eine deutliche Gehaltssteigerung vorsah.

denen die Öffentlichkeit bisher noch nichts erfuhr. Dieses Vorgehen unterscheidet sich von Interviews in zweierlei Hinsicht: Zum einen ist der Erfolg solcher Recherchen nicht vorhersehbar, zum anderen ist der Aufwand, den Journalisten dafür treiben müssen, ungleich höher. Dagegen lässt sich bei Interviews (die auch Kurzinterviews sein können) in der Regel bereits vorab klären, ob der Gesprächspartner relevante Neuigkeiten mitzuteilen hat; außerdem ist – wie gesagt – der Aufwand für Interviews sehr begrenzt. Diese Zusammenhänge machen deutlich, warum es im Journalismus eine systematische Tendenz gibt, weniger auf umfangreiche Recherchen und stattdessen mehr auf vergleichsweise rasch zu führende Interviews zu setzen.

II. Nebenbedingungen der journalistischen Arbeit

1. Standesregeln und journalistische Arbeitsgrundsätze

Bei ihrer Arbeit sind Journalisten einer Fülle von Nebenbedingungen unterworfen. Die wohl fundamentalste Nebenbedingung des Journalismus lautet: Nachrichten müssen wahr sein. Diese Aussage klingt trivial. Tatsächlich jedoch kommt es in der Praxis nicht selten vor, dass Medien Falschmeldungen verbreiten, die zunächst Aufsehen erregen, bis sie beispielsweise von zuständigen Behörden oder Ministerien dementiert werden. Wegen der beschriebenen Attraktivität von Exklusivmeldungen besteht für Journalisten die Versuchung, auf Gegenrecherchen zu verzichten, die eine spektakulär klingende Information einer Quelle wieder in Frage stellen könnten. Ein in der Branche bekanntes Bonmot besagt, dass man Falschmeldungen ganz bestimmt exklusiv hat. Was dabei nur ironisch anklingt, verweist allerdings auf einen wahren Kern – nämlich dass es im Journalismus den systematischen Anreiz gibt, es mit der Wahrheit nicht allzu genau zu nehmen. Wer wiederholt Falschmeldungen produziert, setzt allerdings die eigene Glaubwürdigkeit aufs Spiel; gleichzeitig schädigt er die Reputation seiner Zeitung. Im Extremfall drohen dem Journalisten Sanktionen, bis hin zum Verlust des Arbeitsplatzes.[11]

Sehr verbreitet ist auch in deutschen Zeitungsredaktionen das so genannte „Zuspitzen“ von Meldungen. Dabei geht es darum, eine Nachricht so zu formulieren, dass sie möglichst sensationell klingt, unter der Nebenbedingung, dass sie darüber nicht falsch oder dementierbar wird. Folgendes Beispiel möge belegen, was gemeint ist: Anstatt zu schreiben, dass es innerhalb einer Koalitionsregierung Streit zwischen den Koalitionspartnern

---

[11] Der Extremfall einer „Zeitungsente“ war die Veröffentlichung angeblicher Hitler-Tagebücher durch die Hamburger Illustrierte „Stern“, die sich später als falsch erwiesen. Auch in diesem Fall handelte es sich um eine exklusive Nachricht, die dazu höchst spektakulär klang, aber leider falsch war.

gibt, wird – wenn das nicht zutrifft – geschrieben, „in der Koalition droht Streit …“. Aus Sicht von Journalisten, die ihren Marktwert steigern wollen, ist der Streit in der Politik die Entsprechung zur Sensation in anderen Lebensbereichen. Anders gewendet: Es gibt (auch) in den deutschen Medien einen unverkennbaren Trend, über Streitereien im politischen Prozess zu berichten. Oder wie es in der angelsächsischen journalistischen Tradition heißt: „only bad news are good news“.

Für alle Journalisten gelten die „Richtlinien für die publizistische Arbeit nach den Empfehlungen des Deutschen Presserates“ (sog. „Pressekodex“). Sie sollen die Berufsethik der Presse konkretisieren.[12] Dabei geht es vor allem um die Wahrung der Persönlichkeitsrechte derjenigen Menschen, die Objekt der Berichterstattung werden. Verstöße gegen den Pressekodex werden vom Presserat sanktioniert, die schärfste Form ist die öffentliche Rüge. Auch wenn dabei kein finanzieller Schaden entsteht, können insbesondere wiederholte Tadel des Pressrates das Ansehen einer Zeitung beziehungsweise eines Radio- oder Fernsehsenders mindern. Das kann nicht nur mittelfristig zum Rückgang der Nutzerzahlen führen, sondern auch kurzfristig dazu, dass bisherige und potenzielle Informanten von der Zusammenarbeit mit dem betreffenden Medium absehen. Ebenfalls einschneidende Folgen können für Journalisten Klagen von Personen haben, die Gegenstand der Berichterstattung waren und die durch die Art und Weise ihre Persönlichkeitsrechte verletzt sehen.

Zum Verständnis der journalistischen Arbeitsweisen gehört auch die Kenntnis der verschiedenen Genres. In der Praxis hat es sich eingebürgert, folgende Gattungen zu unterscheiden: Meldungen berichten in möglichst objektivierter und nüchterner Form über neue Sachverhalte; sie soll(t)en frei von Meinungsäußerungen sein. Analysen sind dafür gedacht, Hintergründe zu erläutern, durch Gewichtungen fließend aber meist auch Urteile des Autors ein. Platz für Meinungsäußerungen bieten Kommentare und Leitartikel.

Journalistische Laien übersehen häufig, dass der Platz in Zeitungen meist sehr beschränkt ist. Üblicherweise umfasst die Textzeile eines Zeitungsartikels zwischen 35 und 40 Anschläge. Meldungen haben normalerweise eine Länge zwischen 20 und 140 Zeilen. Das reicht in aller Regel kaum aus, um komplexere Sachverhalte – beispielsweise einen Neuzuschnitt des Bund-Länder-Finanzausgleichs oder eine Reform der Gemeindefinanzen – darzustellen.

Hinzukommt, dass Meldungen, einer angelsächsischen Tradition folgend, nach dem Prinzip abnehmender Wichtigkeit aufgebaut sind oder jedenfalls sein sollten. Am Anfang steht dabei die wichtigste Neuigkeit. Der Sinn sol-

---

[12] Den „Pressekodex“ findet man im Wortlaut zum Beispiel auf dem Internet-Server des Deutschen Presserats unter www.presserat.de.

cher Gliederung entspringt in erster Linie, aber nicht nur dem informationsökonomischen Aspekt, dass der Leser das Wichtigste zuerst erfahren soll. Im journalistischen Alltag kommt es häufig vor, dass Meldungen bei veränderter Nachrichtenlage rasch gekürzt und an eine andere Stelle verschoben werden müssen. Wurde das Gebot abnehmender Wichtigkeit befolgt, so kann die Meldung leichter und damit rascher – nämlich vom Schluss her – gekürzt werden, wobei im Idealfall das Unwichtigste zuerst wegfällt.

Bedenkt man, dass Meldungen nach dem Gebot abnehmender Wichtigkeit konzipiert werden und dass am Anfang eine möglichst spektakuläre Nachricht stehen soll, so wird deutlich: Komplexere Sachverhalte, die eine sorgfältige Wägung von Argumenten erfordern, haben tendenziell weniger Chancen, Gegenstand einer Zeitungsmeldung zu werden. Allerdings gibt es in Qualitätszeitungen meist auch ausreichend Platz für Hintergrundanalysen.

2. *Organisation von Redaktionen*

Politik- und Wirtschaftsredaktionen großer deutscher Zeitungen sind nach sehr ähnlichen Maßstäben organisiert. Üblich ist eine fachliche Spezialisierung der Redakteure. Wirtschaftsredaktionen kennen als oberste Gliederung die Einteilung in „Wirtschaftspolitik“ und „Firmennachrichten“, schließlich folgt der „Finanzteil“. Als weiterer Anknüpfungspunkt für die innerredaktionellen Zuständigkeiten dient dabei meist der Zuschnitt von Ministerien oder Branchen.[13] Im Ressort „Politik“ ist die Aufteilung in „Innenpolitik“ und „Außenpolitik“ üblich.

Grund für diese Spezialisierung ist das Bemühen, eine qualitativ hochwertige Berichterstattung sicherzustellen: der Journalist soll ausreichend Gelegenheit haben, sich in sein Fachgebiet einzuarbeiten; außerdem ist er gehalten, sich ein Netz von Informanten aufzubauen, die Angehörige einer Regierung, einer Verwaltung, eines Verbandes, eines Unternehmens oder einer Forschungseinrichtung sein können. Bei größeren Zeitungen ist es darüber hinaus üblich, ein System von Urlaubsvertretungen einzurichten: Kollegen werden angewiesen, sich auch in bestimmte andere Sachgebiete einzuarbeiten und auf dem Laufenden zu halten, damit die Qualität der Berichterstattung auch dann nicht leidet, wenn der erstzuständige Redakteur Urlaub nimmt.

Welche Themen des Tages ins Blatt gelangen, wird in allen Zeitungen auf Redaktionskonferenzen entschieden: Üblich ist eine morgendliche Frühkonferenz, bei der Ressortvertreter ihr jeweiliges Programm vortragen. In aller Regel wird das Programm im Lichte der Aktualität bei einer Mittagskonferenz ergänzt und erweitert. Redaktionsschluss ist bei überregionalen

---

[13] Vgl. dazu *Eick/Jeske/Barbier* (2000).

Zeitungen meist zwischen 18 und 20 Uhr; Grund dafür sind die langen Transportwege zum Leser. Technische Neuerungen – etwa der gleichzeitige Druck von Zeitungen an mehreren Standorten – führen aber dazu, dass die Redaktionsschlusszeiten immer weiter in den Abend verschoben werden können, was der Aktualität des Mediums zustatten kommt.

Angesichts des beschränkten Platzes in Zeitungen stehen die verschiedenen Themen des Tages zueinander in Konkurrenz um die besten Plätze. Als prominentester und begehrtester Platz gilt der „Zeitungsaufmacher“, also die oberste Meldung auf der Seite 1. Zeitungen werden nicht allein im Abonnement, sondern sie müssen – tagtäglich – auch in Kiosken verkauft werden. Dort ist regelmäßig nur die (obere Hälfte der) Seite 1 sichtbar, wo der „Zeitungsaufmacher“ steht; er genießt vor allem deshalb so große Aufmerksamkeit der Redaktion, weil er im so genannten Einzelverkauf besonderen Anreiz geben soll, das Blatt zu erwerben.

Eine Sonderrolle bei der Themenauswahl und der Platzverteilung kommt innerhalb der Redaktionen dem Blattmacher zu. Er hat eine Schlüsselfunktion, wenn es darum geht, die begrenzten Plätze im Blatt zu verteilen. Der Blattmacher ist die Schaltstelle einer Redaktion; zwischen den Redaktionskonferenzen überwacht er die eingehenden Nachrichten der Nachrichtenagenturen, bei ihm gehen tagsüber die Telefonate der Korrespondenten ein. Der Blattmacher entscheidet in Absprache mit Ressortleitungen und Chefredaktion, in welcher Form die Zeitung aufgemacht wird. Größte Chance, auf den Aufmacherplatz zu gelangen, haben jene Meldungen, bei denen – gemessen an den konkurrierenden Nachrichten – ein größtmögliches Leserinteresse vermutet wird.

3. Das Verhältnis zwischen Journalisten und Informanten

Um an Informationen zu gelangen, brauchen Journalisten Informanten oder Interviewpartner. Das Verhältnis zwischen beiden Seiten ist entweder langfristiger oder kurzfristiger Natur. Eine kurzfristige Beziehung zwischen Journalist und Informant kann man auch als „konsumtiv“ bezeichnen: für eine einmalige Recherche spricht der Journalist mit dem ihm vorher nicht näher bekannten Informanten, zum Beispiel mit dem Mitarbeiter einer Behördenpressestelle, dabei versucht der Rechercheur möglichst viel in Erfahrung zu bringen. Entscheidend ist hierbei, dass der Journalist nicht damit rechnet, den Informanten zu einem späteren Zeitpunkt wieder zu benötigen. Deshalb ist sein Anreiz eher gering, neben seinen eigenen auch die Interessen des Informanten ins Kalkül zu ziehen. Oft ist Informanten nicht klar, welchen Zweck das Gegenüber mit seiner Recherche verfolgt. Sie müssen befürchten, dass das, was sie sagen, selektiv, möglicherweise auch zu ihren Ungunsten verwendet wird.

Unterhält ein Journalist hingegen wiederkehrend Kontakt zu einem Informanten, so ist das Verhältnis eher investiv angelegt. In solcher Konstellation hat der Journalist wesentlich größeres Interesse auch die Belange seines Gegenübers einzubeziehen – er will ihn bei anderer Gelegenheit ja wieder anrufen können. Seriöse Journalisten sind auf derart dauerhafte Beziehungen angewiesen, weil sie sich nur so zuverlässige Informationen beschaffen können.

Charakteristisch für das Verhältnis zwischen Journalist und Informant ist eine bilaterale Informationsasymmetrie. Der Journalist weiß nicht, was der Informant weiß, und er möchte möglichst viel in Erfahrung bringen. Umgekehrt weiß der Informant, was der Journalist wissen möchte, ihm ist aber zunächst nicht klar, ob der Journalist, wenn er alles erführe, damit auch angemessen, also im Sinne des Informanten, umginge. Diese Ungewissheiten lassen sich nur durch Vertrauen auflösen. Kluge Informanten testen deshalb ihr Gegenüber im Zeitablauf; sie geben erst weniger brisante Informationen preis, um zu überprüfen, ob der Journalist damit verantwortlich umgeht. Tut er es, so lassen sie ihm beim nächsten Mal auch brisantere Informationen zukommen.

Professionell arbeitende Journalisten werden auch immer für Quellenschutz sorgen. Oft wollen Informanten nicht namentlich genannt werden, weil sie zum Beispiel mit Sanktionen ihres Arbeitgebers, bis hin zur Kündigung, rechnen müssen. Nicht selten ist es deshalb nötig, aus Gründen des Quellenschutzes falsche Spuren zu legen. Was das bedeutet, soll folgendes Beispiel illustrieren: In der Energiebranche mögen fünf Leute, Mitglieder eines Arbeitskreises, Kenntnis von brisanten Informationen haben. Einer von ihnen besitze ein Interesse daran, die Öffentlichkeit zu informieren. Würde er sich an einen ihm unbekannten Journalisten wenden, müsste er befürchten, später als Quelle enttarnt zu werden. Ein vertrauenswürdiger Journalist wird dagegen für Quellenschutz sorgen; etwa indem er sich die Telefonnummern der übrigen vier Arbeitskreismitglieder geben lässt und diese der Reihe nach anruft, nur um jedem Einzelnen persönlich zu sagen, dass er bereits mit allen Arbeitskreismitgliedern gesprochen habe. Steht die Neuigkeit anderntags in der Zeitung, so wird innerhalb des fraglichen Arbeitskreises jeder jeden der Indiskretion verdächtigen – und gerade dadurch ist der wahre Informant vor Enttarnung geschützt.

C. Zusammenfassung und Ausblick

Die Arbeitsweise von Journalisten lässt sich sehr gut und wirklichkeitsnah beschreiben, wenn man ihnen eigennütziges Verhalten unterstellt. Nimmt man an, dass Journalisten ihren Marktwert zu mehren suchen, so dürfte das eine solide Basis für eine mikroökonomisch fundierte Theorie der veröffentlichten Meinung sein. Komplexe Sachverhalte haben es eher schwer, Platz in den Medien zu finden. Sie sind kaum geeignet, den Marktwert eines Journalisten zu steigern, der sich in Einkommenszuwachs ummünzen ließe.

Gerade in Zeiten wachsenden Wettbewerbsdrucks unterliegen Medien dem starken Anreiz, einem möglichst breiten Publikum möglichst spektakuläre Exklusivnachrichten zu präsentieren. Gelingt das, dann treffen sich die Interessen des Journalisten und des Verlegers: der Journalist betreibt Werbung in eigener Sache, die seine Verdienstmöglichkeiten erhöht; der Verleger kann sich Hoffnung auf eine steigende Auflage machen; zugleich spart er Werbeausgaben – jedenfalls dann, wenn mit der Exklusivnachricht auch die eigene Zeitung als Urhebermedium genannt wird.

Informanten laufen in diesem Geschäft Gefahr, buchstäblich „verheizt" zu werden. Um das zu vermeiden, müssen sie – sofern überhaupt das Interesse besteht, einer breiteren Öffentlichkeit eigene Anschauungen mitzuteilen – dafür sorgen, ein Verhältnis zu Journalisten aufzubauen, das auf längere Sicht angelegt ist. Hilfreich ist oft schon, sich die zur Veröffentlichung bestimmten Zitate – möglicht in Zusammenhang mit dem gesamten Artikel – vor der Publikation zur Abstimmung vorlegen zu lassen. Erst dann wird der Grundtenor deutlich und erst dann wird klar, ob der Zusammenhang wirklich eigenen Vorstellungen entspricht. Und erst dadurch bekommt man die Option, das Gesagte im Zweifel – auch kurzfristig – zurückzuziehen.

Literaturverzeichnis

Buchanan, J. M. (1962): Marginal Notes on Reading Political Philosophy, Appendix 1 in: Buchanan, J. M./Tullock, G. (1962), S. 307–322.

Downs, A. (1957): An „Econimc" Theory of Democracy, New York.

Eick, J./*Jeske,* J./*Barbier,* H. D. (2000): Handbuch Wirtschaft. So nutzt man den Wirtschafts- und Finanzteil einer Tageszeitung, Frankfurt am Main.

Grossekettler, H. (1987): Der Beitrag der Freiburger Schule zur Theorie der Gestaltung von Wirtschaftssystemen, Volkswirtschaftliche Diskussionsbeiträge, Nr. 90, Münster.

Medien Tenor Institut für Medienanalysen (2003): Medien-Zitateranking, Ausgabe 01–06/2003, Bonn.

Tullock, G.: (1965): The Politics of Bureaucracy; Downs, A. (1967): Inside Bureaucracy, Boston, sowie Niskanen, W. A. (1971) Bureaucracy an Representative Government, Chicago/New York.

Lebenslauf Prof. Dr. Heinz Grossekettler

1939	geboren in Istanbul
1959	Abitur in Mainz
1959–1963	Ausbildung zum Marineoffizier
1963–1968	Studium der Volkswirtschaftslehre in Mainz
1968–1975	Wissenschaftlicher Mitarbeiter am Institut für Finanzwissenschaften der Universität Mainz
1972	Promotion (bei Prof. Dr. Otto Gandenberger)
1975	Habilitation (bei Prof. Dr. Otto Gandenberger)
1975	Professor an der Universität Münster (Lehrstuhl für Volkswirtschaftslehre, speziell Wettbewerbs- und Kooperationsforschung sowie Wirtschaftswissenschaften für Juristen)
1976	Mitdirektor am Institut für Genossenschaftswesen der Universität Münster
1978–1982	Leiter der DFG-Forschergruppe „Kooperation und Wettbewerb“
seit 1979	Professor an der Universität Münster (Direktor des Instituts für Finanzwissenschaft)
seit 1989	Mitglied des Wissenschaftlichen Beirats beim Bundesministerium der Finanzen
1990–1995	jährliche Sommer-Universität „The German Economy and the European Community“ an der Universität Kristiansand/Norwegen
seit 2002	Vorsitzender des Wissenschaftlichen Beirats beim Bundesministerium der Finanzen

Autorenverzeichnis

Professor Dr. *Dieter Ahlert,* Westfälische Wilhelms-Universität Münster, Institut für BWL, ins. Distribution und Handel, Am Stadtgraben 13–15, 48143 Münster

Dr. *Manfred Bergmann,* Europäische Kommission, Rue de la Loi 200, BU-1 2/178, B-1049 Brüssel

Staatssekretär Dr. *Ingolf Deubel,* Ministerium der Finanzen, Kaiser-Friedrich-Straße 5, 55116 Mainz

Professor Dr. *Gustav Dieckheuer,* Westfälische Wilhelms-Universität Münster, Institut für industriewirtschaftliche Forschung, Universitätsstraße 14–16, 48143 Münster

Professor Dr. *Otto Gandenberger,* Finkenstraße 4a, 85630 Grasbrunn

Professor Dr. *Karl-Heinrich Hansmeyer,* Unter den Ulmen 124, 50968 Köln

Professor Dr. *Bernd Huber,* Ludwig-Maximilians-Universität München, Lehrstuhl für Finanzwissenschaft, Ludwigstraße 28/VG/III, 80539 München

Professor Dr. *Guy Kirsch,* Universität Fribourg, Seminar für Neue Politische Ökonomie, Av. de Beauregard 13, CH-1700 Fribourg

Ministerpräsident Professor Dr. *Georg Milbradt,* Sächsische Staatskanzlei, Büro des Ministerpräsidenten, Archivstraße 1, 01097 Dresden

Dr. *Hendrik Munsberg,* Jägerstieg 3, 14532 Kleinmachnow

Professor Dr. *Alois Oberhauser,* Waldackerweg 14, 79194 Gundelfingen

Professor Dr. *Rolf Peffekoven,* Johannes Gutenberg-Universität Mainz, Institut für Finanzwissenschaft, Haus Recht und Wirtschaft, Saarstraße 21, 55099 Mainz

Professor Dr. *Aloys Prinz,* Westfälische Wilhelms-Universität Münster, Institut für Finanzwissenschaft, Wilmergasse 6–8, 48143 Münster

Professor Dr. *Wolfgang Ströbele,* Westfälische Wilhelms-Universität Münster, Lehrstuhl für Volkswirtschaftstheorie, Universitätsstraße 14–16, 48143 Münster

Professor Dr. *Ulrich van Suntum,* Westfälische Wilhelms-Universität Münster, Institut für Siedlungs- und Wohnungswesen, Am Stadtgraben 9, 48143 Münster

Studien zu Finanzen, Geld und Kapital

1 **Finanzinnovationen und Geldpolitik.** Von Thomas Blank. 203 S. 1991 ⟨3-428-07146-8⟩ € 52,– / sFr 90,–

2 **Die Mindestreserve: Ausgestaltung und Wandlungen eines Instruments der deutschen Zentralbank seit 1984.** Von Angelika Müller. XII, 288 S. 1992 ⟨3-428-07348-7⟩ € 52,– / sFr 90,–

3 **Wechselkursunsicherheit und Außenhandel.** Eine empirische Analyse unter besonderer Berücksichtigung bilateraler und sektoral disaggregierter Handelsströme. Von Rolf Schwier. Tab., Abb.; XII, 230 S. 1993 ⟨3-428-07830-6⟩ € 44,– / sFr 78,–

4 **Die Geldvermögenshaltung von Produktionsunternehmen.** Eine empirische Analyse für die Bundesrepublik Deutschland. Von Egon Bellgardt. Tab., Abb.; XIX, 259 S. 1995 ⟨3-428-08340-7⟩ € 52,– / sFr 90,–

5 **Kommunen vor neuen Herausforderungen.** Festschrift für Werner Noll zum 65. Geburtstag. Herausgegeben von Eva Lang, William Brunton und Werner Ebert. Frontispiz, Tab., Abb.; 345 S. 1996 ⟨3-428-08847-6⟩ € 68,– / sFr 117,–

6 **Aktienkursbildung.** Eine handlungstheoretisch fundierte „Erklärung des Prinzips“. Von Rainer Kasperzak. Abb.; 202 S. 1997 ⟨3-428-09095-0⟩ € 42,– / sFr 74,–

7 **Die Erwartungstheorie der Zinsstruktur, Geldpolitik und zeitvariable Risikoprämien.** Eine empirische Analyse des Euro-€-Geldmarktes. Von Jörn Wasmund. 204 S. 1999 ⟨3-428-09714-9⟩ € 52,– / sFr 90,–

8 **Asymmetrische Information und Finanzierungsstruktur.** Rationierung auf dem Kapitalmarkt: Empirische Befunde, informationsökonomische Mikrofundierung und makroökonomische Modellierung. Von Vera Schubert. Abb., 269 S. 1999 ⟨3-428-09645-2⟩ € 56,– / sFr 97,–

9 **Gleichgewicht und Kapitalzins.** Eine Untersuchung über den Wandel des Gleichgewichtsbegriffs in der Kapital- und Gleichgewichtstheorie. Von Volker Caspari. 338 S. 2000 ⟨3-428-09736-X⟩ € 68,– / sFr 117,–

10 **Beiträge zur Finanz- und Wirtschaftspolitik.** Festschrift für Ingolf Metze zum 65. Geburtstag. Hrsg. von Eckhard Lübke u. Heinz Grossekettler. Tab., Abb.; 248 S. 1999 ⟨3-428-09837-4⟩ € 72,– / sFr 124,–

11 **Die Koordinierung der Vergabe öffentlicher Aufträge in der Europäischen Union.** Von Kirsten Michaela Frank. 399 S. 2000 ⟨3-428-09956-7⟩ € 76,– / sFr 131,–

12 **Die Stabilisierung des Rubels und die Transformation des russischen Geldwesens.** Von Johann Butting. Tab., Abb.; 229 S. 2000 ⟨3-428-09266-X⟩ € 58,– / sFr 100,–

13 **Risikowirtschaft.** Eigen- und Fremdfinanzierung im gesamtwirtschaftlichen Kontext. Von H. Baisch und W. Kuhn. Abb.; 210 S. 2001 ⟨3-428-10376-9⟩ € 69,– / sFr 119,–

Duncker & Humblot · Berlin